fit fürs abi

Abiwissen in Bestform

Mit **Fit fürs Abi** hast du das **optimale Rundum-Sorglos-Paket** für deine **Abiturvorbereitung**.

Bücher

Das **Fit fürs Abi Oberstufenwissen** gibt es für Biologie, Chemie, Deutsch, Englisch, Erdkunde, Erziehungswissenschaften, Geschichte, Mathematik, Physik, Musik, Politik und Wirtschaft.

Nutze auch das **Fit fürs Abi Klausur-Training**. Es bietet realistische Klausuraufgaben mit Lösungen zu wichtigen Prüfungsthemen der Fächer Biologie, Chemie, Mathematik und Physik.

Als Lernskript für den Endspurt empfehlen wir **Fit fürs Abi Express.**

Apps

In unserer **Glossar-App** findest du viele Fachbegriffe leicht verständlich erklärt. In unserer **Express-App** warten pro Fach 100 interaktive Test-Aufgaben auf dich.

Lernzettel

Die praktischen **Lernzettel** enthalten die wichtigsten Inhalte aus jedem Kapitel. Du kannst sie zum Lernen ausdrucken oder auf deinem Handy nutzen, wenn du das Buch nicht dabei hast.

Alexa Skill

Teste dein Wissen mit dem **Fit fürs Abi Alexa Skill:** In den Fächern Biologie, Deutsch, Mathematik sowie Politik und Wirtschaft warten über 200 Fragen auf dich.

Videos zur mündlichen Prüfung

Das Abitur ist eine Ausnahmesituation – speziell die mündliche Prüfung. **Julias Videos** helfen dir dabei, den bestmöglichen Auftritt hinzubekommen.

Unser vielfältiges und kostenloses digitales Angebot zu den Büchern findest du auf **www.fit-fuers-abi.de**

fit fürs abi

Oberstufenwissen

Chemie

fit fürs abi **Oberstufenwissen**
Chemie

Autorinnen und Autoren:

Wolfgang Kirsch ist Dozent in der Chemielehrerfortbildung und hat langjährige Erfahrung in der Abiturvorbereitung.

Michael Korb unterrichtet seit 2015 die Fächer Chemie und Geographie an einem Oberstufengymnasium und hat im Rahmen seiner Tätigkeit Einblick in die Abiturvorbereitung verschiedener Bundesländer erhalten.

Marietta Mangold und **Brigitte Schlachter** haben beide langjährige Erfahrung in der Abiturvorbereitung an einem Oberstufengymnasium.

Druck A[1] / Jahr 2024
Alle Drucke der Serie A sind im Unterricht parallel verwendbar.

Redaktion: imprint, Zusmarshausen
Kontakt: lernhilfen@westermanngruppe.de
Umschlaggestaltung und Layout: Janssen Kahlert Design und Kommunikation GmbH, Hannover
Umschlagfoto: iStockphoto.com, Calgary, YvanDube
Druck und Bindung: Westermann Druck GmbH, Georg-Westermann-Allee 66, 38104 Braunschweig

ISBN 978-3-07-**003143**-3

Liebe Abiturientin, lieber Abiturient,

das Abitur rückt näher und du möchtest dich auf deine Prüfungen vorbereiten? *Fit fürs Abi* hilft dir dabei. Du findest hier alle Inhalte, die du für dein Abitur brauchst. Du musst dazu aber nicht das ganze Buch von vorne bis hinten durchlesen.

- Finde zunächst heraus, welches die **Prüfungsthemen** für deinen Jahrgang sind. Frage dazu deine Lehrkraft oder schaue im Internet die aktuellen Prüfungsvorgaben deines Bundeslandes nach.
- Wähle dann die **Kapitel im Buch** aus, die du bearbeiten möchtest. Du könntest so vorgehen:
  - Welche Themen sind besonders wichtig?
  - Wo hast du die größten Lücken?
- Mache einen **Plan** und teile dir die Zeit gut ein, wann du welches Kapitel durcharbeiten möchtest.
- Arbeite die **Inhalte** dann nach deinem Plan durch.
- Am Ende des (Teil-)Kapitels findest du praktische **Lernzettel**, auf denen das Wichtigste noch einmal zum Lernen zusammengefasst ist. Die Lernzettel gibt es auch als **Download** auf www.fit-fuers-abi.de. Du kannst sie auf dein Handy laden oder ausdrucken und auch dann damit lernen, wenn du dein Buch nicht dabeihast.
- Alle wichtigen **Fachbegriffe** findest du am Ende des Buchs im **Glossar** zum Nachschlagen und zum Lernen. Das Glossar gibt es auch als **kostenlose App**. Einfach im *Apple Store* oder bei *Google Play* „Fit fürs Abi“ eingeben!
- Wenn du den Stoff durchgearbeitet hast, ist es Zeit für **Aufgaben**. Dazu empfehlen wir dir als Ergänzung zu diesem Band das *Fit fürs Abi Klausur-Training*. Es bietet dir Aufgaben, mit denen du dich gezielt auf deine **Klausur** oder deine **mündliche Prüfung** vorbereiten kannst – mit vielen Tipps, wie du die perfekte Lösung findest!
- Auf www.fit-fuers-abi.de findest du noch weitere hilfreiche Informationen und Tipps zum Thema Abi.

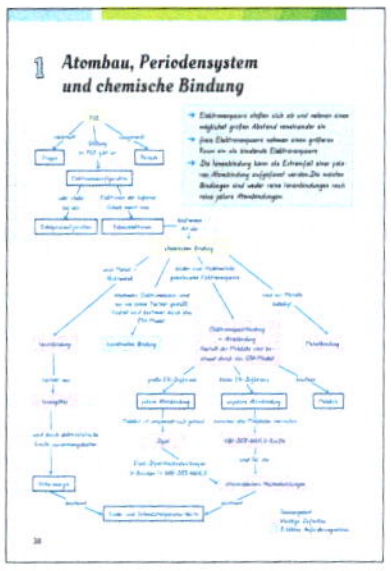

Lernzettel

Glossar, als gratis App

So gehst du perfekt vorbereitet in die Prüfung.
Wir wünschen dir viel Erfolg!

Dein Fit-fürs-Abi-Team

Hinweis: Dieses Werk ist konform mit den Bildungsstandards im Fach Chemie für die Allgemeine Hochschulreife, die ihrerseits auf den Bildungsstandards für den für den Mittleren Schulabschluss basieren.

Inhalt

Einführung: Chemie verstehen

Alle Fachinhalte der Chemie lassen sich übergeordneten Prinzipien, den Basiskonzepten, zuordnen. Die Basiskonzepte gewährleisten einen strukturierten Wissensaufbau, sind Systematisierungshilfen und helfen bei der Lösung chemischer Problem- und Aufgabenstellungen. Sie tragen zu einem besseren Verständnis bei.

Chemie besser verstehen mit Basiskonzepten

1. Konzept vom Aufbau und von den Eigenschaften der Stoffe und ihrer Teilchen

Siehe Kapitel „Atombau, Periodensystem und chemische Bindung“

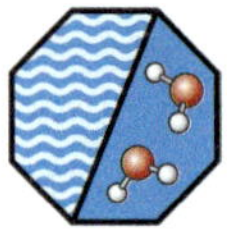

Dieses Konzept umfasst die Basiskonzepte der **„Stoff-Teilchen-Beziehungen“** und der **„Struktur-Eigenschafts-Beziehungen“** der Bildungsstandards für den für den Mittleren Schulabschluss. Somit umfasst das Konzept die Tatsache, dass Chemie die Wissenschaft von den Stoffen und den Stoffänderungen ist und dass Stoffe wie auch Stoffänderungen mit Sinnesorganen erfahrbar sind. Erklärbar sind sie jedoch nur mit submikroskopischen Teilchen wie Atomen, Molekülen und Ionen.

Siehe Kapitel „Chemische Bindung“ und die Kapitel zur organischen Chemie.

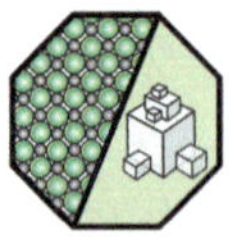

Die Strukturen auf der Teilchenebene sind für die Eigenschaften eines Stoffes bestimmend. Physikalische wie chemische Eigenschaften hängen davon ab, wie die Teilchen aufgebaut sind, wie sie angeordnet sind, welche Typen der chemischen Bindung und welche funktionellen Gruppen vorliegen und welche Wechselwirkungen zwischen den Teilchen existieren.

2. Konzept der chemischen Reaktion

Chemie basiert auf chemischen Reaktionen, die folgendermaßen unter Einbeziehung der Basiskonzepte der Bildungsstandards des Mittleren Schulabschlusses systematisiert werden können:

Elektronentausch: Redoxreaktionen
Protonentausch: Säure-Base-Reaktionen (Protolysen)

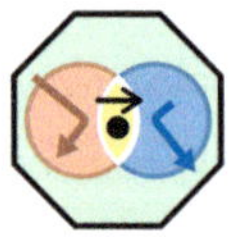

- **Donator-Akzeptor-Konzept:** Teilchen können bei einer chemischen Reaktion Energie, aber auch Partikel wie Protonen oder Elektronen miteinander austauschen.

- **Konzept des chemischen Gleichgewichts:** In geschlossenen Systemen laufen bei vielen umkehrbaren chemischen Reaktionen Hin- und Rückreaktion gleichzeitig nebeneinander ab. Dabei stellt sich bei konstanten Bedingungen ein mathematisch beschreibbarer, stabiler Gleichgewichtszustand zwischen Ausgangs- und Endstoffen ein.

3. Energiekonzept

Stoffe können bei chemischen Reaktionen Energie abgeben oder auch aufnehmen. Das Energiekonzept umfasst sowohl Teilchen als auch chemische Reaktionen. Bei freiwillig ablaufenden Reaktionen wird **Energie** an die Umgebung abgegeben. Der Ordnungszustand des reagierenden Systems nimmt dabei häufig ab, was einer **Entropie**-Zunahme entspricht. Energie-Abgabe sowie Entropie-Zunahme sind die Triebkräfte chemischer Reaktionen.
Neben thermodynamischen Prinzipien können auch **kinetische Prinzipien** beim Ablauf chemischer Reaktionen betrachtet werden: Manche Stoffe können innerhalb von Sekundenbruchteilen miteinander reagieren, andere Stoffe brauchen für eine chemische Umsetzung Jahre. Ausschlaggebend hierfür sind – neben der Natur der beteiligten Stoffe – Faktoren wie Zerteilungsgrad, Temperatur, Konzentration und Katalysator. Über diese Faktoren kann eine Reaktion auch **gesteuert** werden (**Konzept der Reaktionsgeschwindigkeiten**).

In allen Stoffen ist Energie gespeichert. Somit sind alle Stoffänderungen, das heißt alle chemischen Reaktionen, auch mit messbaren Energieänderungen verbunden. Vorhersagen über den quantitativen Verlauf einer chemischen Reaktion sind somit möglich.

Erkenntnistheoretisches Dreieck der Chemie

Nach Johnstone beschäftigt sich die Chemie häufig gleichzeitig mit drei bedeutsamen einander bedingenden Bereichen:

1. dem makroskopischen Bereich der sichtbaren Phänomene: **Stoffebene**,
2. dem nichtsichtbaren submikroskopischen Bereich der Teilchen: **Teilchenebene** in der Nano- und Pikometer-Längendimension
3. dem Repräsentationsbereich, also mit Symboldarstellungen, Formeln, Graphen und Gleichungen: **Formelebene**.

Diese drei Bereiche kann man sich als „Eckpunkte eines Dreiecks" miteinander verbunden vorstellen, das als „erkenntnistheoretisches Dreieck der Chemie nach Johnstone" bezeichnet wird.

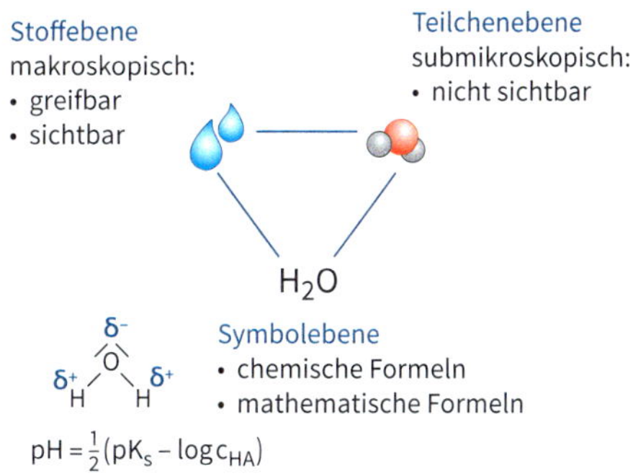

Um die Identifizierung des Bereichs, der im Text gerade angesprochen wird, zu erleichtern, ist in der Randspalte das Symbol mit der markierten Ecke des entsprechenden Bereichs platziert:

Stoffebene

Teilchenebene

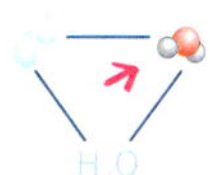

Symbolebene

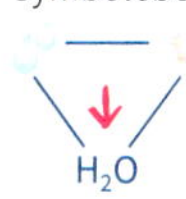

Basiskonzepte der Chemie

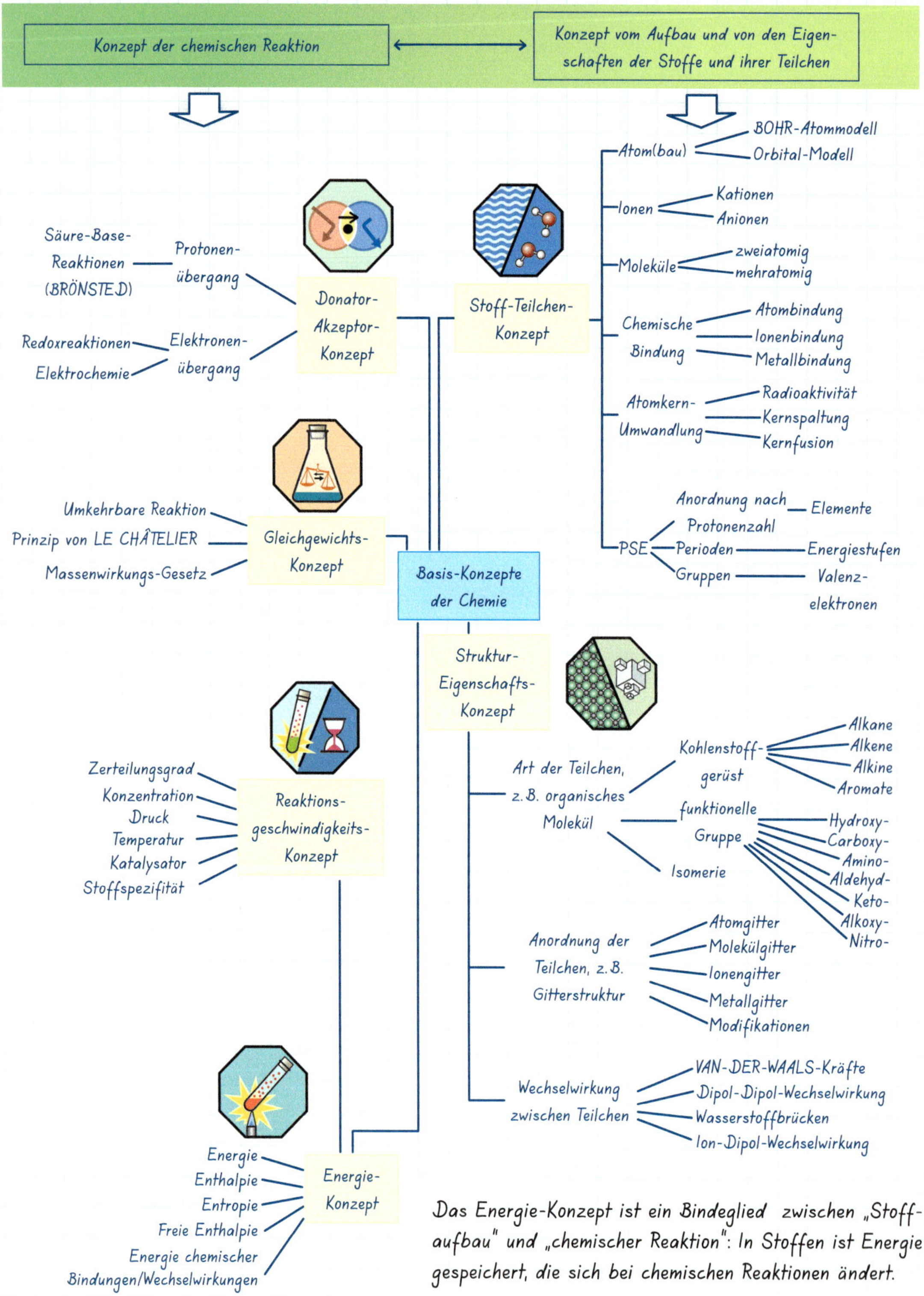

Das Energie-Konzept ist ein Bindeglied zwischen „Stoffaufbau" und „chemischer Reaktion": In Stoffen ist Energie gespeichert, die sich bei chemischen Reaktionen ändert.

Atombau, Periodensystem und chemische Bindung

1

Entsprechend ihrem Atombau sind die verschiedenen Elemente im Periodensystem der Elemente nach der Protonenzahl angeordnet.
Die Kationen und Anionen einer salzartigen Verbindung werden durch Coulomb-Kräfte zusammengehalten.
Moleküle setzen sich aus Atomen zusammen, die durch Elektronenpaarbindung (Atombindung) miteinander verbunden sind. Da in Molekülen aufgrund der mehr oder weniger polaren Atombindungen höchstens Teilladungen vorhanden sind, sind die elektrostatischen zwischenmolekularen Anziehungskräfte sehr viel geringer ausgeprägt als die Anziehungskräfte bei Ionen.

Basiskonzept: Stoff-Teilchen-Beziehungen

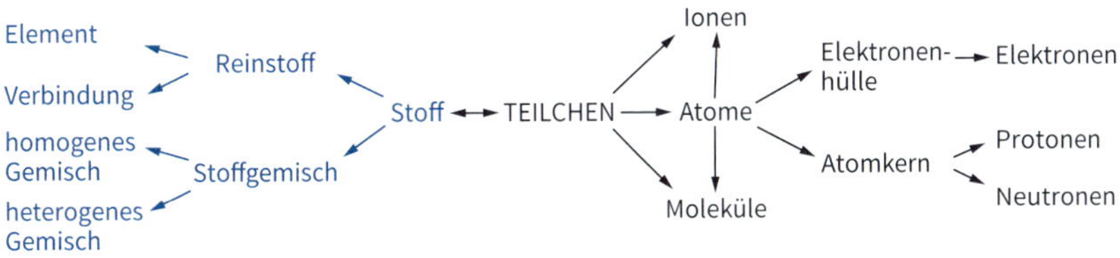

Abb. 1.1: Schlüsselbegriffe des Stoff-Teilchen-Konzepts im Überblick

Die erfahrbaren Phänomene der stofflichen Welt können auf der Teilchenebene gedeutet werden.

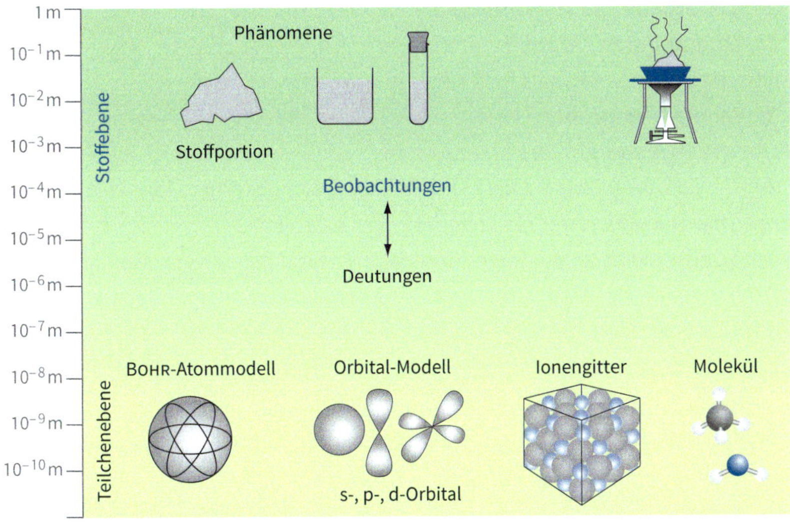

Abb. 1.2: Stoff-Teilchen-Konzept im Überblick

1.1 Orbitalmodell

Bestimmte Experimente mit Elektronen lassen sich nur deuten, wenn man das Elektron als Welle betrachtet. In anderen Experimenten verhalten sich Elektronen wie Teilchen. Je nach zu beobachtender Eigenschaft des Elektrons muss man also entweder das Teilchenmodell oder das Wellenmodell des Elektrons heranziehen (**Welle-Teilchen-Dualismus**). Da es prinzipiell nicht möglich ist, gleichzeitig den Ort und die Geschwindigkeit eines Elektrons exakt anzugeben (HEISENBERG, 1927), lassen sich keine Aussagen über den momentanen Aufenthaltsort des Elektrons im Atom machen. Die Vorstellung, dass sich Elektronen auf Elektronenbahnen (Orbits) bewegen, wird daher aufgegeben. Stattdessen werden die Elektronen durch Orbitalfunktionen im dreidimensionalen Raum beschrieben.

Abb. 1.3: WERNER KARL HEISENBERG 1901 - 1976, einer der bedeutendsten Physiker des 20. Jahrhunderts und Nobelpreisträger. 1927 formulierte er die **HEISENBERG'sche Unschärferelation**.

Ein **Orbital** ist damit der **Aufenthaltsbereich**, in dem ein Elektron mit großer Wahrscheinlichkeit anzutreffen ist.

Vier **Quantenzahlen** charakterisieren den Zustand des Elektrons im Atom:

- Die **Hauptquantenzahl** n ($n = 1, 2, 3, \ldots$) gibt die Größe des Orbitals an.
- Die **Nebenquantenzahl** l ($l \leq n - 1$) gibt die Form des Orbitals an:
  $l = 0$: s-Orbital, kugelförmig
  $l = 1$: p-Orbitale, hantelförmig
  $l = 2$: d-Orbitale, kleeblattförmig
  ($l = 3$: f-Orbitale, $l = 4$: g-Orbitale)
- Die **Magnetquantenzahl** m ($-l \leq m \leq +l$) gibt die Lage des Orbitals im Raum an.
- Die **Spinquantenzahl** s $\left(s = +\frac{1}{2},\ s = -\frac{1}{2}\right)$ gibt die Eigenrotation des Elektrons an.

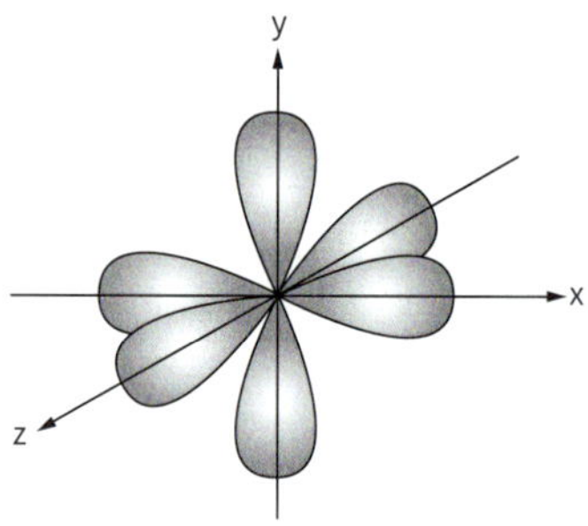

Abb. 1.4: Die Form der p-Orbitale: Die $2p_x$- und $2p_y$-Orbitale liegen in der Zeichenebene, das $2p_z$-Orbital steht senkrecht darauf.

Hauptquantenzahl 1: nur ein kugelförmiges s-Orbital (1s)
Hauptquantenzahl 2: ein kugelförmiges s-Orbital (2s), das größer ist als das 1s-Orbital; drei hantelförmige p-Orbitale, die senkrecht aufeinander stehen ($2p_x$, $2p_y$, $2p_z$), → Abb. 1.4
Hauptquantenzahl 3: ein kugelförmiges s-Orbital (3s), das größer ist als das 1s- und das 2s-Orbital; drei hantelförmige p-Orbitale, die senkrecht aufeinanderstehen ($3p_x$, $3p_y$, $3p_z$) und größer sind als die 2p-Orbitale; fünf 3d-Orbitale

1.2 Elektronenkonfigurationen

Die **Elektronenkonfiguration** eines Atoms erhält man, indem man alle Elektronen des Atoms Orbitalen zuordnet. In der **PAULING-Schreibweise** wird das Orbital als Kästchen dargestellt, die Elektronen werden durch Pfeile symbolisiert, wobei die entgegengesetzte Pfeilrichtung für die entgegengesetzte Rotationsrichtung (Spin) des Elektrons steht.

LINUS CARL PAULING 1901 – 1994, US-amerikanischer Chemiker und Nobelpreisträger in Chemie

BEISPIEL

[↑↓] symbolisiert ein Orbital, das mit zwei Elektronen mit entgegengesetztem Spin besetzt ist.

Beim Aufstellen von Elektronenkonfigurationen sind folgende Prinzipien zu beachten:

- **Energieprinzip:** Energieärmere Zustände werden vor energiereicheren besetzt.
- **HUND'sche Regel:** Energiegleiche Orbitale gleicher Nebenquantenzahl werden zunächst einfach besetzt.
- **PAULI-Prinzip:** Elektronen eines Atoms dürfen nicht in allen vier Quantenzahlen übereinstimmen. Das heißt ein Orbital kann maximal zwei Elektronen (unterschiedlichen Spins) aufnehmen.

FRIEDRICH HUND 1896 – 1997, deutscher Physiker

WOLFGANG ERNEST PAULI 1900 – 1958, einer der bedeutendsten Physiker des 20. Jahrhunderts, Nobelpreisträger

Beim Aufstellen von Elektronenkonfigurationen ist Folgendes zu beachten:

- Die Orbitale müssen nach dem Energieprinzip (Energieniveauschema) besetzt werden.
- Es gibt jeweils:
  - ein s-Orbital,
  - drei energiegleiche p-Orbitale,
  - fünf energiegleiche d-Orbitale.
- p- und d-Orbitale einer Hauptquantenzahl werden zunächst einfach besetzt (HUND'sche-Regel).
- Ein Orbital kann mit höchstens zwei Elektronen besetzt sein, die dann einen entgegengesetzten Spin haben.

In der PAULING-Schreibweise („Kästchenschreibweise") werden die Orbitale („Kästchen") mit gleicher Nebenquantenzahl ohne Zwischenraum aneinander gehängt.

TIPP

Als Merkhilfe für das Energieniveauschema der Orbitale eignet sich das **Schachbrett**.
Es wird zeilenweise von links nach rechts gelesen, wobei man mit der unteren Zeile anfängt.

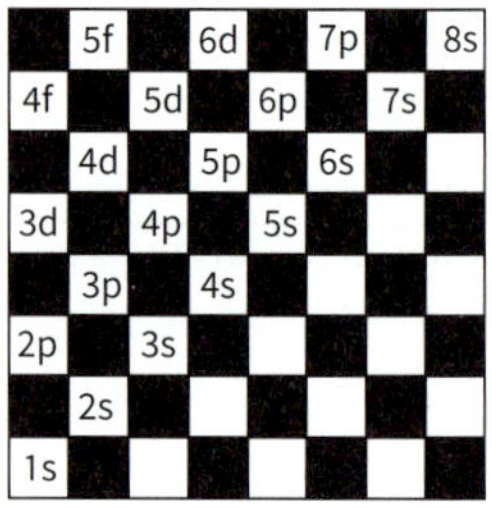

Abb. 1.5: Schachbrett

- s-Orbitale sind mit maximal 2 Elektronen,
- die drei p-Orbitale einer Hauptquantenzahl mit maximal 6 Elektronen,
- die fünf d-Orbitale einer Hauptquantenzahl mit maximal 10 Elektronen und
- die sieben f-Orbitale einer Hauptquantenzahl mit maximal 14 Elektronen

besetzt.

BEISPIELE

Kurzschreibweise für die Elektronenkonfiguration von Phosphor (P): $1s^2\ 2s^2\ 2p^6\ 3s^2\ 3p^3$
($1s^2$ gesprochen: „eins-s-zwei").

Die Elektronenkonfiguration für Arsen (As) mit 33 Elektronen lautet also in Kurzschreibweise:
$1s^2\ 2s^2\ 2p^6\ 3s^2\ 3p^6\ 4s^2\ 3d^{10}\ 4p^3$

Grundzustand = energieärmster Zustand

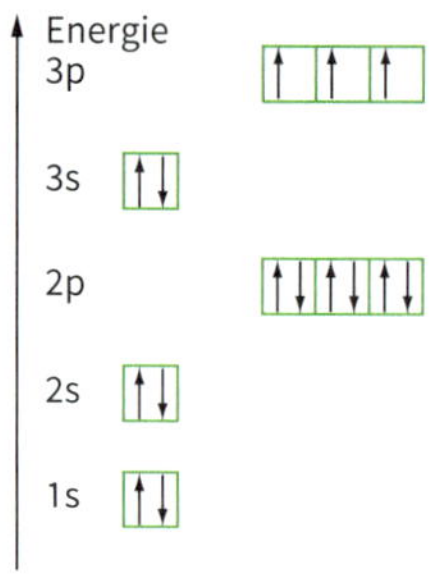

Abb. 1.6: Elektronenkonfiguration von Phosphor (P) im Grundzustand

Die **Elektronenkonfiguration von Chrom** (Cr) mit 24 Elektronen lautet:

$1s^2\ 2s^2\ 2p^6\ 3s^2\ 3p^1\ 4s^{\mathbf{1}}\ 3d^5$.

Dies ist eine **Ausnahme** von den üblichen Regeln für das Aufstellen der Elektronenkonfiguration. Normalerweise würde man erwarten, dass die Elektronen vollständig das 4s-Orbital füllen, bevor sie die 3d-Orbitale besetzen. **Chrom** erreicht aber mit der $3d^5$-Besetzung eine große Stabilität (HUND'sche Regel).

1.3 Periodensystem

Aufbau

Die Stellung eines Elements im Periodensystem ist auf seine Elektronenkonfiguration zurückzuführen. Die **Ordnungszahl** entspricht der Protonenzahl, beim Atom auch der Elektronenzahl. Elektronen mit gleicher Hauptquantenzahl werden als **Schale** zusammengefasst. Elektronen mit der Hauptquantenzahl $n = 1$ gehören dabei zur K-Schale, die Elektronen mit der Hauptquantenzahl $n = 2$ bilden die L-Schale. Es folgen dann M-, N-, O-, P- und Q-Schale. Je größer die Hauptquantenzahl ist, desto größer ist auch der Radius der Kugelschale. Die maximale Elektronenbesetzung für die *n*-te Schale ist mit $2n^2$ Elektronen erreicht. Alle Elemente einer **Periode** (horizontale Reihe) besitzen dieselbe Schalenzahl. Die Elemente einer **Gruppe** (vertikale Reihe) besitzen die gleiche Anzahl an Elektronen auf der äußeren Schale (**Valenzelektronen**). Bei den Hauptgruppen stimmt dabei die Zahl der Valenzelektronen mit der Gruppennummer überein.
Bei den **Nebengruppenelementen** werden die Eigenschaften nicht durch die Valenzelektronen bestimmt, sondern durch die Elektronen der darunterliegenden Schale.

Name der Gruppe	Elektronenkonfiguration der Valenzelektronen
Alkalimetalle	s^1
Erdalkalimetalle	s^2
Borgruppe	s^2p^1
C-Si-Gruppe	s^2p^2
Stickstoffgruppe	s^2p^3; stabil
Chalkogene	s^2p^4
Halogene	s^2p^5
Edelgase	s^2p^6; sehr stabil (Edelgaskonfiguration)

Tab. 1.1: Hauptgruppen des Periodensystems

Atomradien und Ionenradien

Kationen haben einen kleineren Radius als Atome, da sie eine Schale weniger besitzen. **Anionen** haben einen größeren Radius als Atome, da sich die Elektronen der äußeren Schale untereinander stärker abstoßen. Innerhalb einer **Gruppe** nehmen die **Atomradien** mit zunehmender Ordnungszahl (von oben nach unten) zu, da neue Schalen aufgebaut werden.

Zur Begriffsdefinition von Kationen und Anionen → Glossar

Innerhalb einer **Periode** nehmen die Atomradien mit zunehmender Ordnungszahl ab, da die Elemente einer Periode dieselbe Schalenzahl besitzen, die Kernladung aber zunimmt und die Elektronen daher stärker angezogen werden. Die **Radien** der Kationen und Anionen nehmen ebenfalls innerhalb der Gruppe von oben nach unten zu, innerhalb der Periode von links nach rechts ab.

1.4 Chemische Bindung

Basiskonzept: Struktur-Eigenschafts-Beziehungen

Art, Anordnung und Wechselwirkung der Teilchen bestimmen die Eigenschaften eines Stoffes.

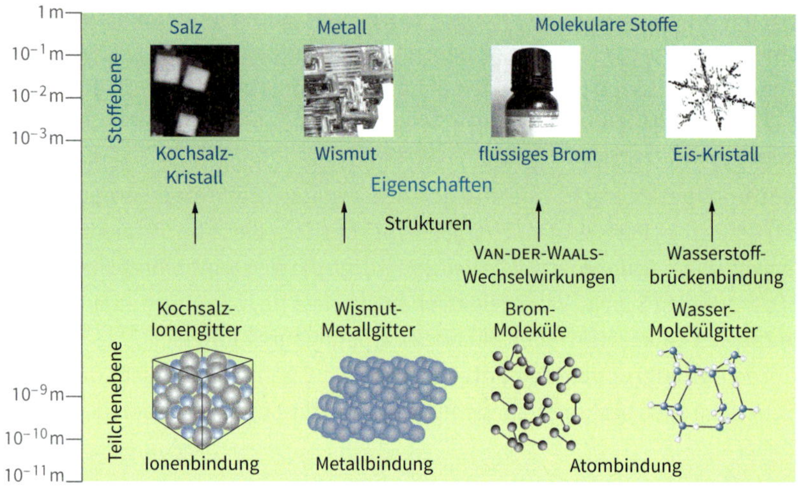

Abb. 1.7: Chemische Bindung und Struktur-Eigenschafts-Konzept (© Fotos: Marietta Mangold)

Ionenbindung

Bildung der Ionen

In der Reaktion zwischen Metallen und Nichtmetallen erreichen **Metalle** die stabile (= energiearme) **Edelgaskonfiguration**, indem sie ihre Valenzelektronen abgeben. **Nichtmetalle** erreichen die Edelgaskonfiguration, indem sie ihre äußere Schale durch Elektronenaufnahme zum Oktett (s^2p^6) auffüllen.

Beispiel: Bildung von Natriumchlorid aus den Elementen:

- Na-Metall sublimiert (= verdampft), sodass isolierte Na-Atome vorhanden sind.
- Chlor-Moleküle werden in Atome gespalten.
- Na-Atome geben je ein Elektron ab:
  $Na \rightarrow Na^+ + e^-$
- Cl-Atome nehmen je ein Elektron auf:
  $Cl + e^- \rightarrow Cl^-$
- Die in der Gasphase vorliegenden Na^+ und Cl^--Ionen lagern sich zu einem Ionengitter zusammen.

BEISPIEL

$2\,Na + Cl_2 \rightarrow 2\,NaCl;\ \Delta H \leq 0$ (exotherm)

Elektronenkonfigurationen

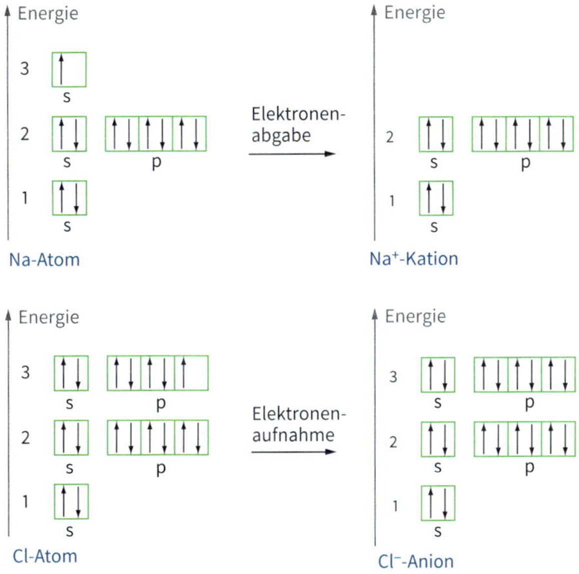

Abb. 1.8: Bildung von Na^+- und Cl^--Ionen

REGEL VON KOSSEL

Die Reaktionsfähigkeit von Atomen beruht auf deren Bestreben, durch Abgabe oder Aufnahme von Elektronen in der Reaktion mit anderen Atomen Edelgaskonfiguration zu erreichen.

Metalle geben Elektronen ab und werden zu **Kationen**.
Nichtmetalle nehmen Elektronen auf und werden zu **Anionen**.

DEFINITION

Kation = positiv geladenes Teilchen
Anion = negativ geladenes Teilchen

Kationen wandern im elektrischen Feld zur Kathode (Minuspol).
Anionen wandern im elektrischen Feld zur Anode (Pluspol).

Typische Nichtmetalle sind: Halogene (F, Cl, Br, I), und die Elemente O, S, N, P, C, H. Deren Anionen bilden zusammen mit den Metallkationen ein **Ionengitter**.

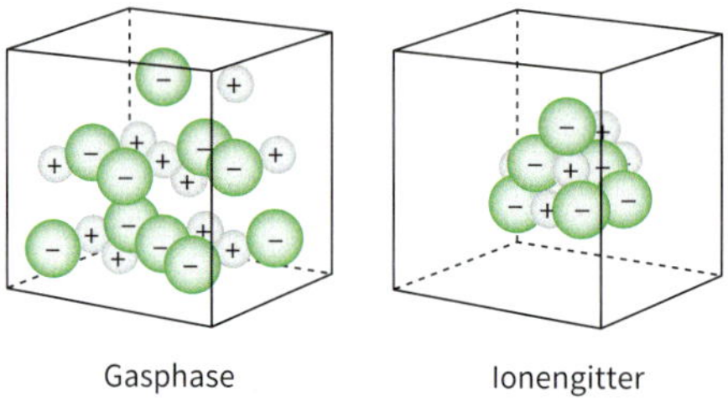

Abb. 1.9: Bildung des Ionengitters aus der Gasphase heraus

Ionenverbindungen werden als **salzartige Stoffe** bezeichnet. Bei der Bildung des Ionengitters aus den Ionen der Gasphase wird ein großer Energiebetrag (**Gitterenergie**) frei. Die Gitterenergie liefert die Energie für die energieverbrauchenden Teilschritte der Salzbildung.

VORSICHT, FALLE

Die **Gitterenergie** – und nicht etwa das Entstehen einer Edelgaskonfiguration – ermöglicht die Bildung eines Salzes. Es gibt auch stabile Kationen, die auf der äußeren Schale keine s^2p^6-Konfiguration besitzen.

CHARLES AUGUSTIN DE COULOMB 1736–1806, französischer Physiker

Die **Gitterenergie** gibt an, wie viel Energie frei wird, wenn Ionen aus der Gasphase heraus ein Ionengitter bilden. Die Kationen und Anionen im Kristallverband werden durch elektrostatische Anziehungskräfte (COULOMB-Kräfte) zusammengehalten. Diese Kräfte sind ungerichtet und wirken gleichmäßig nach allen Seiten. Die Anionen sind größer als die Kationen und bilden eine **dichteste Kugelpackung**. Die kleineren Kationen liegen in den Lücken zwischen den Anionen.

Ionengitter und Gitterenergie

Salzartige Stoffe

- besitzen hohe Schmelz- und Siedetemperaturen,
- sind spröde,
- sind gut in Wasser löslich und
- leiten als Schmelze und in wässriger Lösung den elektrischen Strom.

BEISPIEL: NACL (KOCHSALZ)

Die großen Cl^--Anionen bilden die dichteste Kugelpackung, in deren Lücken die kleinen Na^+-Kationen liegen. Jedes Kation ist von sechs Anionen umgeben, jedes Anion von sechs Kationen.
Die **Koordinationszahl** (= Anzahl der nächsten Nachbarn im Ionengitter) beträgt daher für jede Ionenart 6.

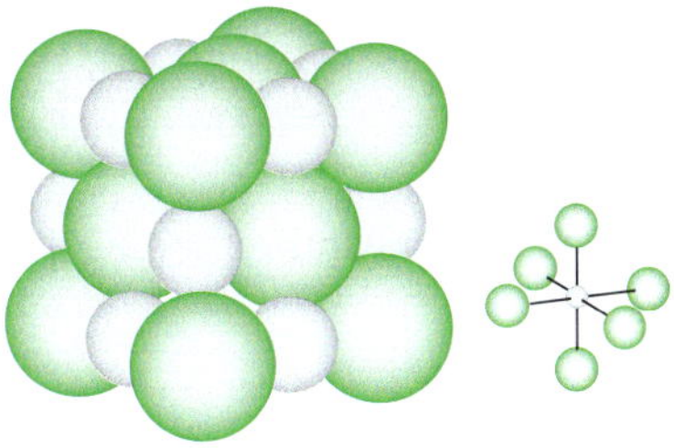

Abb. 1.10: NaCl-Ionengitter

Die Gitterenergie ist im Wesentlichen abhängig

① von der Ladung der Ionen: Je höher die Ladung ist, desto stärker ziehen sich Kationen und Anionen an.

② vom Radius der Ionen: Je kleiner der Radius ist, desto größer ist die Ladungsdichte des Ions, desto stärker ziehen sich Kationen und Anionen an.

Da beim Schmelzen und Sieden von salzartigen Verbindungen die Ionen aus dem Gitter gelöst werden und die elektrostatische Anziehung der Ionen überwunden werden muss, sind Schmelz- und Siedetemperatur von der Gitterenergie abhängig.

Formeln von Ionenverbindungen sind **Verhältnisformeln**. Sie geben das Zahlenverhältnis von Kationen und Anionen im Ionengitter an.

BEISPIEL

Ordnen von Salzen nach Schmelz- und Siedetemperaturen

NaCl, CaS, Al_2O_3, KBr, MgO nach fallender Schmelz- und Siedetemperatur geordnet:

1. Ordnen nach der Ladung: Die Ladung der Kationen (Metalle) entspricht bei den Hauptgruppenmetallen der Gruppennummer, bei den Anionen (Nichtmetallen) der Differenz zwischen acht Elektronen und der Gruppennummer.
$Al_2^{3+}O_3^{2-}$; $Ca^{2+}S^{2-}$; $Mg^{2+}O^{2-}$; Na^+Cl^-; K^+Br^-

2. Ordnen nach dem Ionenradius: Da innerhalb einer Gruppe im Periodensystem die Ionenradien mit steigender Ordnungszahl (von oben nach unten) zunehmen (→ Seite 17), ergibt sich die Reihenfolge:

Al_2O_3, MgO, CaS, NaCl, KBr
→
Abnahme von Schmelz- und Siedetemperatur

Übersicht: Salzartige Stoffe

Eine **Ionenbindung** liegt vor, wenn in einer Verbindung **Metall und Nichtmetall** enthalten sind. Wichtige salzartige Verbindungen sind daher:

Metall + Nichtmetall (binäre Verbindungen)	Hydrogensalze	Metall + Säurerest
Oxide (O^{2-})	Hydrogencarbonat (HCO_3^-)	Sulfate (SO_4^{2-})
Sulfide (S^{2-})	Hydrogensulfit (HSO_3^-)	Sulfite (SO_3^{2-})
Nitride (N^{3-})	Hydrogensulfat (HSO_4^-)	Nitrate (NO_3^-)
Halogenide (F^-, Cl^-, Br^-, I^-)	Dihydrogenphosphat ($H_2PO_4^-$)	Nitrite (NO_2^-)
Hydroxide (OH^-)	Hydrogenphosphat (HPO_4^{2-})	Phosphate (PO_4^{3-})
		Carbonate (CO_3^{2-})

Tab. 1.2: Wichtige salzartige Verbindungen

Hinweis: Das NH_4^+-Ion (Ammonium-Ion) verhält sich wie ein Metall-Kation. Bei Ammonium-Verbindungen handelt es sich daher um salzartige Stoffe.

Elektronenpaarbindung (Atombindung)

Abb. 1.11: GILBERT NEWTON LEWIS 1875 – 1946, US-amerikanischer Physikochemiker

LEWIS-Formeln und Oktettregel

Die Bindung zwischen Nichtmetall-Atomen beruht auf der Bildung **gemeinsamer Elektronenpaare**. Es entstehen **Moleküle**.

Bei der **koordinativen Bindung** wird das bindende Elektronenpaar nur von einem Partner gestellt. Beispiel hierfür ist Ammoniak (NH_3), das sein freies Elektronenpaar für eine koordinative Bindung zur Verfügung stellt.

Solche **bindenden Elektronenpaare** werden aus ungepaarten Valenzelektronen der Atome gebildet. Durch die gemeinsamen Elektronenpaare erreichen die Atome **Edelgaskonfiguration**. Valenzelektronen, die nicht an der Bindung beteiligt sind, bezeichnet man als **freie Elektronenpaare.**

In den **LEWIS-Formeln** (Valenzstrichformeln) werden Elektronenpaare als Strich, einzelne Elektronen als Punkte dargestellt.
Beispiel: LEWIS-Formel des HCl-Moleküls: $H-\overline{\underline{Cl}}|$
Durch das gemeinsame Elektronenpaar erreicht das Chlor-Atom Edelgaskonfiguration (s^2p^6), das Wasserstoff-Atom erreicht die Edelgaskonfiguration von Helium (s^2). Das Chlor-Atom hat drei freie Elektronenpaare.

Oktettregel: Jedem Atom werden vier Elektronenpaare zugeordnet.

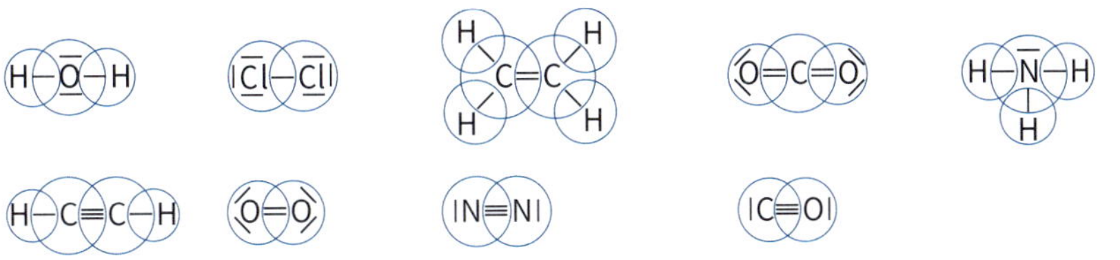

Abb. 1.12: Lewis-Formeln und Oktettregel

TIPP

Strategie zum Aufstellen von Lewis-Formeln

① Summe der Valenzelektronen aller Atome bestimmen.

② Oktettbedarf für alle Atome berechnen (für H-Atome zwei Elektronen, für alle anderen Atome acht Elektronen).

③ $\frac{\Sigma \text{ Oktettbedarf} - \Sigma \text{ Valenzelektronen}}{2}$ = Anzahl gemeinsamer Elektronenpaare. Bei Molekül-Anionen und -Kationen muss die Ladung der Teilchen zu den Valenzelektronen addiert bzw. von der Zahl der Valenzelektronen subtrahiert werden.

④ Wasserstoff bindet in der Regel an Sauerstoff.

⑤ Mit freien Elektronen zum Oktett ergänzen.

BEISPIEL

HClO-Molekül

Summe Oktettbedarf = 2 + 8 + 8 = 18;

Summe Valenzelektronen = 1 + 7 + 6 = 14

$\frac{18-14}{2}$ = 2 gemeinsame Elektronenpaare, Wasserstoff bindet an Sauerstoff.

Lewis-Formel: H—$\overline{\underline{\text{O}}}$—$\overline{\underline{\text{Cl}}}$|

Ausnahmen: Die Oktettregel ist eine Regel, von der es natürlich Ausnahmen gibt. So ist z. B. bei BF_3 das Bor-Atom nur von drei Fluor-Atomen umgeben. Es weist also eine Elektronenlücke auf. Bei NO ist die Summe der Valenzelektronen ungerade.

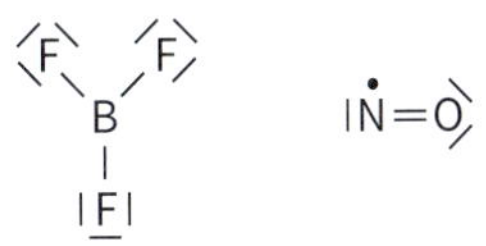

Abb. 1.13: Ausnahmen von der Oktettregel

Formalladungen eines Atoms in einer Verbindung erhält man, indem man von der Anzahl der Valenzelektronen des freien Atoms die freien Elektronen und die Hälfte der Bindungselektronen des Atoms im Molekül subtrahiert.

BEISPIELE

CO-Molekül

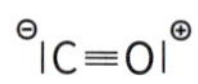

C-Atom: 4 Valenzelektronen;
in der Bindung:
2 freie Elektronen + 3 Elektronen: 4 – 5 = – 1;

O-Atom: 6 Valenzelektronen;
in der Bindung:
2 freie Elektronen + 3 Elektronen: 6 – 5 = + 1

SO_4^{2-}-Ion

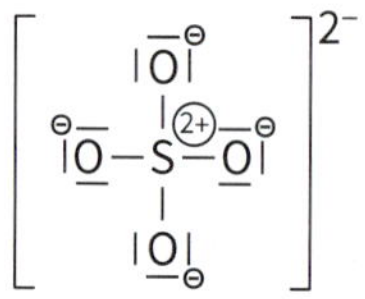

S-Atom: 6 Valenzelektronen;
in der Bindung:
4 Elektronen: 6 – 4 = + 2;

O-Atom: 6 Valenzelektronen;
in der Bindung:
6 freie Elektronen + 1 Elektron: 6 – 7 = – 1

Modell: Elektronenpaarabstoßung (= EPA-Modell)

Lewis-Formeln ermöglichen keine Aussage über die Gestalt eines Teilchens. Dies ist erst mit dem **Elektronenpaarabstoßungs-Modell** möglich:

- Elektronenpaare stoßen sich ab und nehmen einen möglichst großen Abstand voneinander ein.
- Freie Elektronenpaare beanspruchen einen etwas größeren Raum als bindende Elektronenpaare.
- Elektronen einer Mehrfachbindung werden als Einheit betrachtet. Sie beanspruchen etwas mehr Raum als Elektronen einer Einfachbindung.
- Jede Einfachbindung, jede Mehrfachbindung und jedes freie Elektronenpaar stellt eine Elektroneneinheit dar.

Das C-Atom in CH_4, das N-Atom in NH_3 und das O-Atom in H_2O sind jeweils von vier Einheiten umgeben. Jedes C-Atom in C_2H_4 ist von drei Einheiten umgeben. Das C-Atom in C_2H_2 und das C-Atom in CO_2 sind jeweils von zwei Einheiten umgeben. Durch die Abstoßung der Elektronenpaare ergibt sich eine bestimmte Molekülgeometrie.

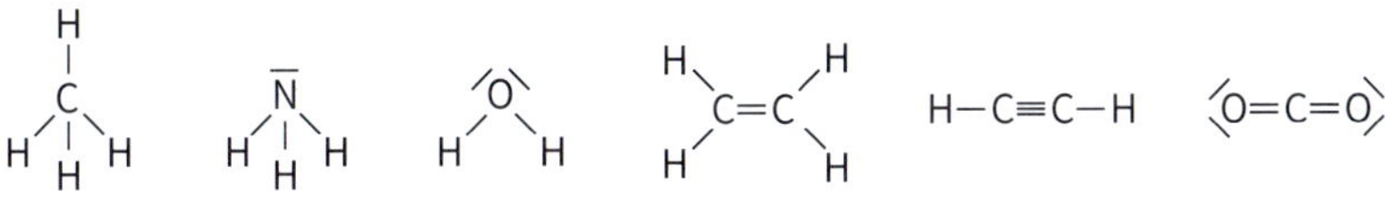

Abb. 1.14: Molekülstrukturen nach der Elektronenpaarabstoßung

Mit dem Elektronenpaarabstoßungsmodell lässt sich auch die räumliche Struktur der Moleküle erklären:

*	Struktur	Bindungswinkel	Beispiele
4	Zentralatom liegt im Zentrum eines Tetraeders, die vier Elektronenpaare ragen in die Ecken des Tetraeders	109° tetraedrisch	CH_4, NH_3, H_2O
3	Zentralatom liegt in der Mitte eines gleichseitigen Dreiecks, die Elektroneneinheiten ragen in die Ecken des Dreiecks	120° trigonal-planar	Ethen (C_2H_4)
2	lineare Anordnung der Elektroneneinheiten des Zentralatoms	180° linear	Ethin (C_2H_2), CO_2

* Anzahl der Elektroneneinheiten, die das Zentralatom umgeben

Tab. 1.3: Übersicht über die Molekülstruktur

Bindungswinkel: Winkel zwischen Atombindungen eines Atoms zu zwei benachbarten Atomen

Modell: Molekülorbitale

Molekülorbitale entstehen durch Überlappen benachbarter Atomorbitale.

Beispiel: H_2-Molekül

Die beiden einfach besetzten s-Orbitale des Wasserstoffs überlappen zu einem Molekülorbital: s-s-Überlappung. Man bezeichnet die Bindung als **σ-Bindung** (sigma-Bindung). Die σ-Bindung ist rotationssymmetrisch zur Bindungsachse der beiden Atomkerne und ermöglicht daher eine **freie Drehbarkeit** der Atome um die Bindungsachse. Molekülorbitale gehorchen dem **PAULI-Prinzip** (zwei Elektronen mit entgegengesetztem Spin).

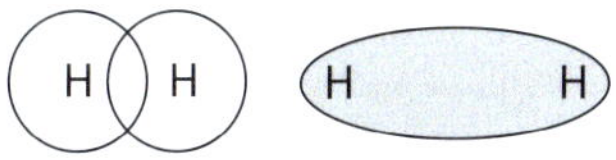

Abb. 1.15: Überlappende Atomorbitale beim Wasserstoff

σ-Bindungen können durch Kombination zweier s-Orbitale, eines s- und eines p-Orbitals, zweier p-Orbitale oder durch Verknüpfung von Hybridorbitalen (→ Seite 26) zustandekommen.

a) sp^3-Hybridisierung

Ein Kohlenstoff-Atom besitzt zwei einfach besetzte 2p-Orbitale. Die einfachste (stabile) C–H-Verbindung müsste daher die Formel CH_2 haben; Kohlenstoff müsste also zweibindig sein.

Um die vier energetisch gleichen Bindungen des Kohlenstoffs – z. B. im Methan (CH_4) – zu beschreiben, muss das Orbital-Modell „angepasst“ werden, damit aus zwei einfach besetzten Orbitalen vier einfach besetzte Orbitale entstehen, die zudem untereinander energetisch gleich sind.

- **Promotion:** Ein Elektron wird vom 2s-Niveau auf das (energiereichere) 2p-Niveau angehoben. Es entstehen vier einfach besetzte Orbitale, die aber nicht energiegleich sind (angeregter Zustand).
- **Hybridisierung:** Vier gleiche Orbitale entstehen, indem sich das 2s- und die drei 2p-Orbitale mischen (Valenzzustand).

sp^3-Hybridisierung: Ein s- und drei p-Orbitale mischen sich.

Orbitale, die durch Hybridisierung entstanden sind, werden als **Hybridorbitale** bezeichnet. Sie bestehen aus einem großen und einem kleinen Orbitallappen. sp^3-Hybridorbitale ordnen sich tetraedrisch an.

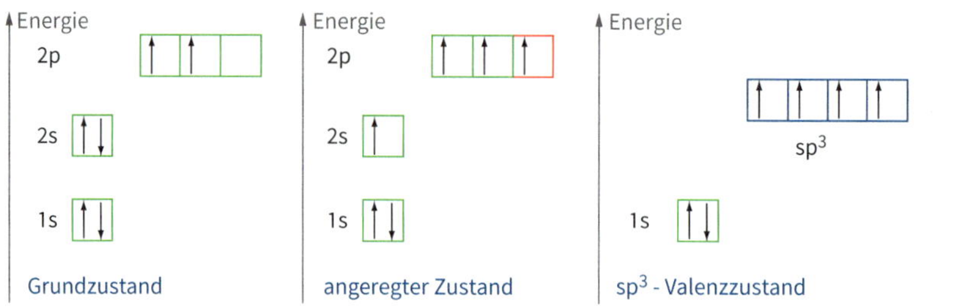

Abb. 1.16: sp^3-Hybridisierung des Kohlenstoffs

Methan

Überlappungen: 4-mal C—H-σ-Bindung: sp^3-s-Überlappung.

Die Bindungswinkel betragen 109°. Die vier Molekülorbitale ragen in die vier Ecken des Tetraeders, in dessen Zentrum das C-Atom liegt.

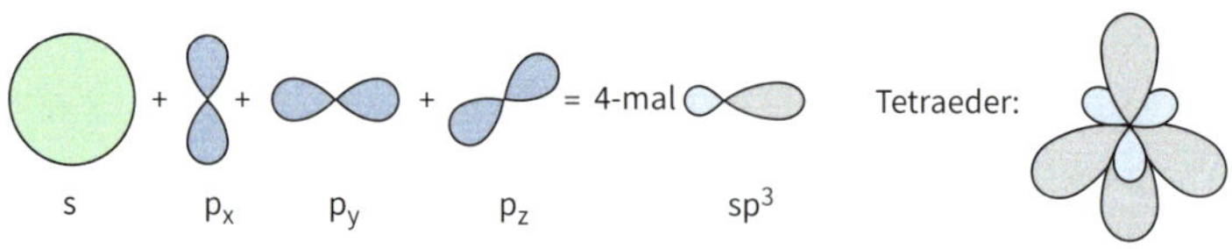

Abb. 1.17: Hybridorbitale und Molekülorbitalmodell von Methan

b) sp^2-Hybridisierung

Im Ethen ($H_2C{=}CH_2$) betragen die Bindungswinkel 120° (→ Seite 172, Abb. 10.9). Der Kohlenstoff kann daher nicht sp^3-hybridisiert sein.

Ein s- und zwei p-Orbitale mischen sich (**sp^2-Hybridisierung**). Die drei sp^2-Hybridorbitale bilden σ-Bindungen aus. Beide C-Atome im Ethen besitzen je ein p-Orbital, das an der Hybridisierung nicht teilgenommen hat.

Eine Überlappung von p-Orbitalen, die nicht hybridisiert sind, bezeichnet man als **π-Bindung (pi-Bindung).**

Überlappungen:

4-mal C—H-σ-Bindung: sp^2-s-Überlappung;
1-mal C—C-σ-Bindung: sp^2-sp^2-Überlappung;
1-mal C—C-π-Bindung: $2p_y$-$2p_y$-Überlappung.

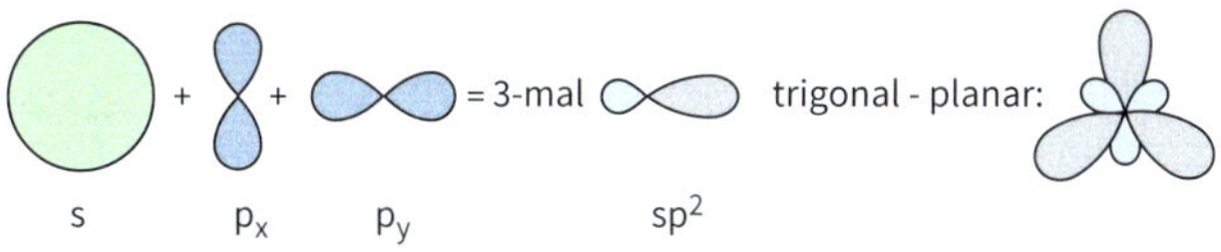

Abb. 1.18: Hybridorbitale/Molekülorbitalmodell von Ethen

Alle Atome liegen in einer Ebene, die Bindungswinkel betragen etwa 120°.
Die **π-Bindung** steht senkrecht auf der σ-Bindungsebene.

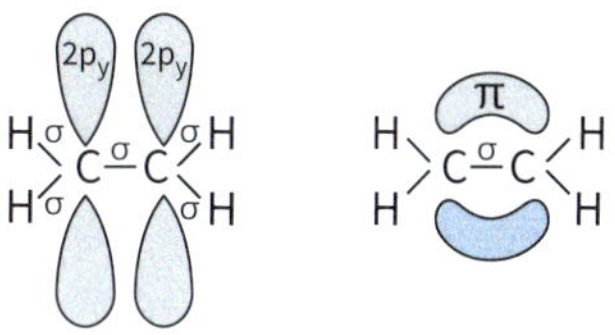

Abb. 1.19: Bildung der π-Bindung

Die 2p-Orbitale der beiden C-Atome überlappen ober- und unterhalb der σ-Bindungsebene zur π-Bindung. Da sich die p-Orbitale nur gering durchdringen, benötigt man zum Aufspalten der π-Bindung weniger Energie als zur Aufspaltung der **σ-Bindung**. Damit p-Orbitale überlappen können, müssen sie dieselbe Orientierung im Raum haben.

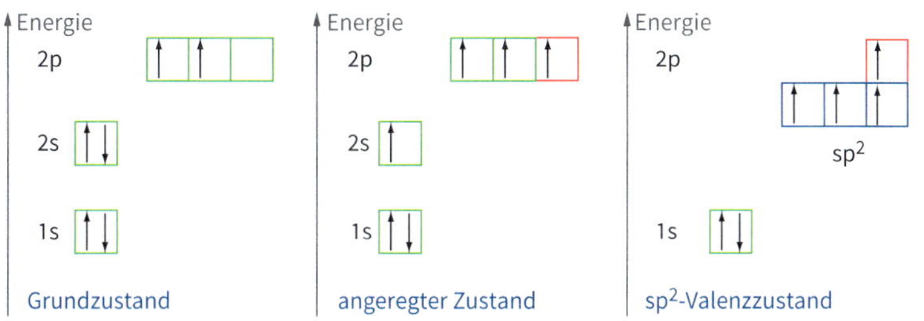

Abb. 1.20: sp^2-Hybridisierung des Kohlenstoffs

Bindungsenergie: Energie, die zur Spaltung einer Elektronenpaarbindung erforderlich ist

Bindungslänge: Abstand zwischen den Atomkernen

Da p-Orbitale nicht so stark überlappen, benötigt man zur Aufspaltung einer π-Bindung weniger Energie als zur Aufspaltung einer σ-Bindung.

Bindung	Bindungslänge [pm = 10^{-12} m]	Bindungsenergie [kJ · mol^{-1}]
C—C	154	348
C=C	135	614
C≡C	120	839

Tab. 1.4: Vergleich von Einfach-, Doppel-, Dreifachbindung

TIPP

Strategie zur Anwendung des Molekülorbital-Modells

- LEWIS-Formel unter Beachtung der Oktettregel aufstellen. Nach dem Elektronenpaarabstoßungsmodell den ungefähren Bindungswinkel ermitteln.
- Bindungswinkel ≈ 109°: sp^3-Hybridisierung
  Bindungswinkel ≈ 120°: sp^2-Hybridisierung
- Elektronenkonfiguration für das Atom im Grundzustand aufstellen. Ist die Zahl einfach besetzter Orbitale geringer als die der Bindungen, so muss vor dem Hybridisieren promoviert werden.

Bindungswinkel	109°	120°
Hybridisierung	sp^3	sp^2
Molekülgeometrie	tetraedrisch	trigonal-planar
Anzahl der Elektroneneinheiten	4, z. B. nur Einfachbindungen am Atom	3, z. B. eine Doppelbindung am Atom
Beispiele	CH_4 (alle Alkane), NH_3, H_2O	Ethen (alle C-Atome der Alkene mit C=C-Doppelbindung), C-Atom und O-Atom der Carbonyl-Gruppe

Tab. 1.5: Übersicht über die Hybridisierungen

Eine Bindung entsteht also durch Überlappung von einfach besetzten Orbitalen zweier Atome zu Molekülorbitalen.

Die sp-Hybridisierung (Beispiel: Ethin) entsteht durch Mischung von einem s- und einem p-Orbital. Die beiden entstehenden sp-Hybridorbitale sind linear angeordnet.

Mesomerie

Für das Carbonat-Ion (CO_3^{2-}) ergibt sich unter Berücksichtigung des Elektronenpaarabstoßungsmodells als LEWIS-Formel die Darstellung wie in → Abb. 1.22 gezeigt. Experimentell wurde aber nachgewiesen, dass alle C–O-Bindungen gleich lang sind. Die Bindungswinkel betragen 120°. Der Kohlenstoff muss aufgrund des Bindungswinkels sp^2-hybridisiert sein. Da aber alle C–O-Bindungen gleichartig sind, lässt sich die Doppelbindung nicht lokalisieren.

Das 2p-Orbital des C-Atoms überlappt mit den 2p-Orbitalen der O-Atome zu einem π-Bindungssystem, das alle Atome des Carbonat-Ions umfasst. Die π-Elektronen sind **delokalisiert**. Diesen Bindungszustand bezeichnet man als **Mesomerie**. Er kann nicht mit nur einer LEWIS-Formel dargestellt werden.

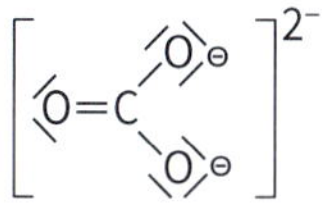

Lewis-Formel

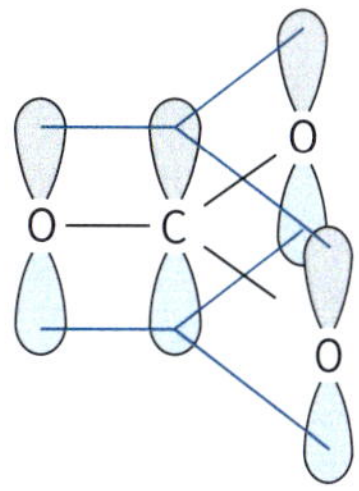

Molekülorbitalmodell

Abb. 1.22: Carbonat-Ion

Mesomerie beschreibt man im Formelbild, indem man (fiktive) **mesomere Grenzformeln** angibt und sie mit einem **Mesomeriepfeil** (↔) verbindet. Formal erhält man die mesomeren Grenzformeln einer Verbindung, indem man für eine der Grenzformeln die Lewis-Formel aufstellt und Elektronenpaare der π-Bindung durch „Umklappen" zwischen den Atomen verschiebt.

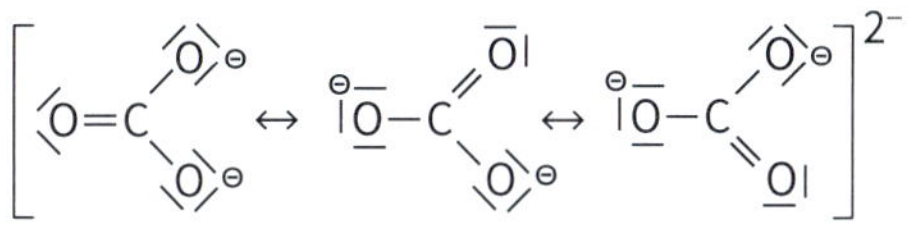

Abb. 1.21: Mesomere Grenzformeln des Carbonat-Ions

Teilchen mit delokalisierten π-Elektronen sind **mesomeriestabilisiert**, da den delokalisierten π-Elektronen mehr Raum zur Verfügung steht. Das mesomere System ist daher energieärmer als jede seiner (fiktiven) Grenzformeln. Je mehr mesomere Grenzformeln sich für ein Teilchen schreiben lassen, desto energieärmer und damit stabiler ist es.

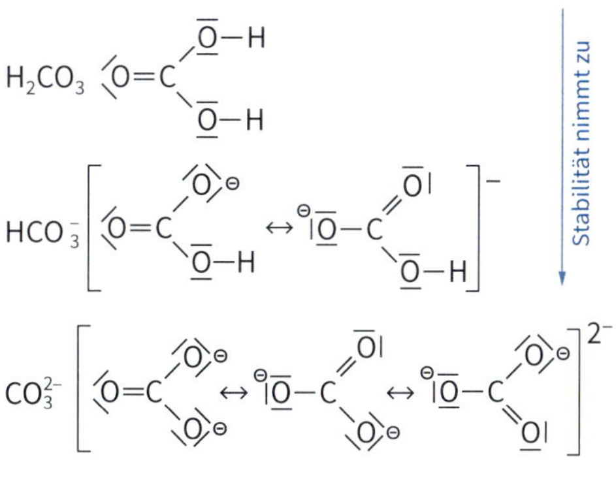

Abb. 1.23: Stabilität von H_2CO_3, HCO_3^- und CO_3^{2-}

HINWEIS

Mesomerie gibt es nur, wenn Doppel- und Einfachbindung, die an der Delokalisierung der Elektronen beteiligt sind, in einer Ebene liegen.

Polare Atombindung und Dipolmoleküle

Besteht ein Molekül aus verschiedenen Atomen, so zieht oft eines der Atome die Bindungselektronen stärker an. Es erhält einen Überschuss an negativer Ladung, die jedoch kleiner ist als eine Elementarladung. Man nennt solche Teilladungen **Partialladungen**. Die positive **Partialladung** wird mit δ^+ (delta plus), die negative mit δ^- (delta minus) bezeichnet. Bei der Bindung handelt es sich dann um eine **polare Atombindung**.

ELEKTRONEGATIVITÄT

Die **Elektronegativität** ist ein Maß für die Fähigkeit eines Atoms, Bindungselektronen anzuziehen.
Eine Bindung ist umso polarer, je größer die Elektronegativitäts-Differenz ist.
Bindungen zwischen zwei **gleichen Atomen** sind stets unpolar.

BEISPIELE

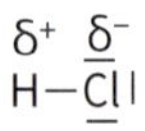

Elektronegativität (Cl) = 3,0
Elektronegativität (H) = 2,1
Elektronegativitäts-Differenz = 0,9 ⇒ polare Atombindung

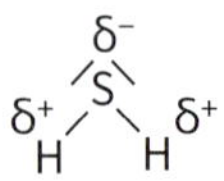

Elektronegativität (S) = 2,5
Elektronegativität (H) = 2,1
Elektronegativitäts-Differenz = 0,4 ⇒ schwach polare Atombindung

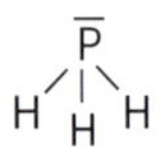

Elektronegativität (P) = 2,1
Elektronegativität (H) = 2,1
Elektronegativitäts-Differenz = 0 ⇒ unpolare Atombindung

Die Elektronegativitäts-Werte und damit das Bestreben, Bindungselektronen anzuziehen, nehmen innerhalb einer Gruppe des Periodensystems mit zunehmender Ordnungszahl ab, innerhalb einer Periode mit zunehmender Ordnungszahl zu. Elemente mit hoher Elektronegativität sind: F, O, N, Cl, Br. Fluor hat den höchsten Elektronegativitäts-Wert, da es sich bei F-Atomen um kleine, hoch geladene Atomrümpfe handelt. Moleküle mit Zentren positiver und negativer Ladung sind (permanente) **Dipole**.

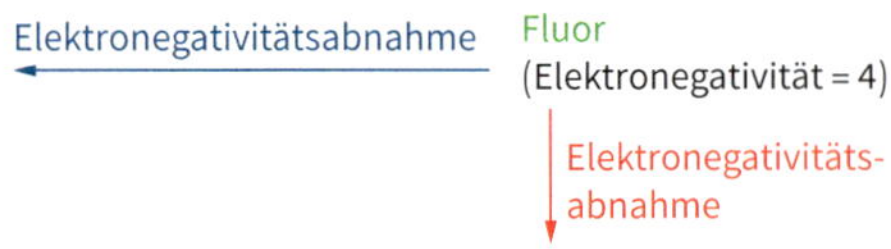

Abb. 1.24: Veränderung der Elektronegativitäts-Werte innerhalb des Periodensystems

MERKE: DIPOL

Ein Molekül ist ein Dipol, wenn

① polare Atombindungen vorliegen.

② das Molekül unsymmetrisch gebaut ist und daher die Ladungsschwerpunkte der positiven und negativen Partialladungen nicht zusammenfallen.

BEISPIEL

HCl, H_2O und NH_3 sind Dipolmoleküle, da die Atombindungen polar sind und der Ladungsschwerpunkt der positiven Partialladungen nicht mit dem Ladungsschwerpunkt der negativen Partialladungen zusammenfällt.
CCl_4 und CO_2 sind trotz polarer Atombindungen keine Dipole, da die Ladungsschwerpunkte zusammenfallen.
Bei CCl_4 liegen beide Ladungsschwerpunkte im Zentrum des Tetraeders, bei CO_2 in der Mitte des linearen Moleküls.

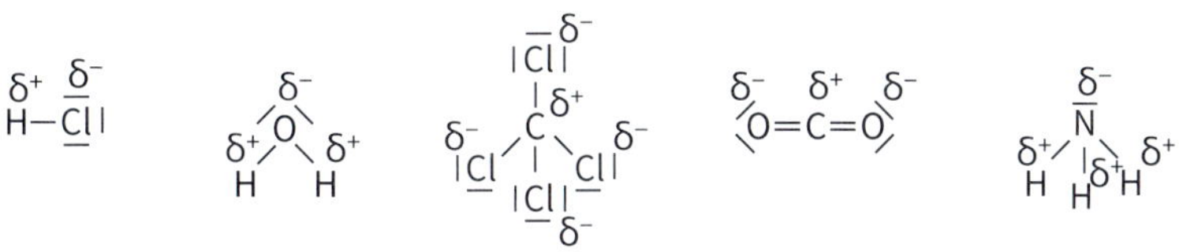

Abb. 1.25: LEWIS-Formeln einiger Moleküle mit Partialladungen

1.5 Metallische Bindung

In den Metallen sind die Atome als dichteste Kugelpackung angeordnet. Nach dem **Elektronengas-Modell** bewegen sich die Valenzelektronen wie Gasmoleküle frei zwischen den positiv geladenen Atomrümpfen.

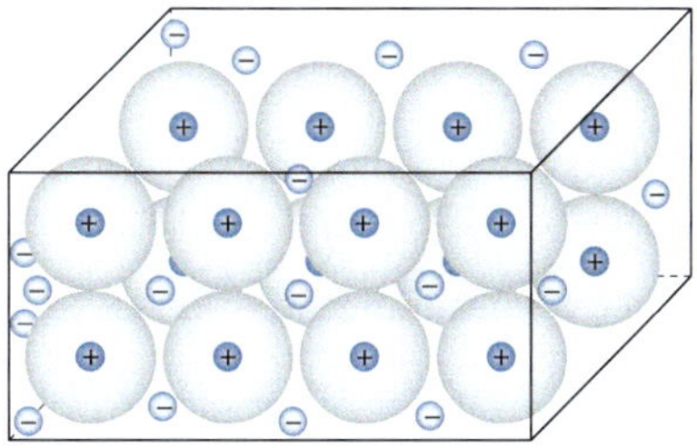

Abb. 1.26: Metallische Bindung

Je leichter die Elektronen sich bewegen können, desto besser können sie Elektrizität und Wärme leiten.

1.6 Zwischenmolekulare Kräfte

Dipol-Dipol-Wechselwirkungen

Dipolmoleküle ziehen sich an. Solche Anziehungskräfte zwischen **permanenten Dipolen** bezeichnet man als **Dipol-Dipol-Wechselwirkungen**.
Je größer der Dipolcharakter eines Dipols ist, desto stärker ziehen sich die Moleküle an.

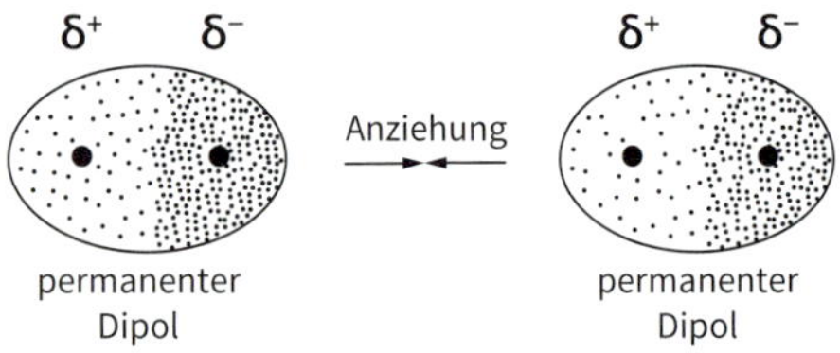

Abb. 1.27: Dipol-Dipol-Wechselwirkungen

Van-der-Waals-Kräfte

Johannes Diderik van der Waals 1837–1923, holländischer Physiker

In Molekülen, die keine Dipole sind, verteilen sich die Elektronen nicht immer symmetrisch. Durch eine unsymmetrische Elektronenverteilung kann für kurze Zeit spontan ein schwacher Dipol entstehen, der die Elektronen benachbarter Moleküle verschiebt und die Moleküle dadurch polarisiert. Die schwachen Anziehungskräfte zwischen diesen **induzierten** Dipolen nennt man **Van-der-Waals-Kräfte**, die Moleküle – im Gegensatz zu den permanenten Dipolen – **temporäre** Dipole.

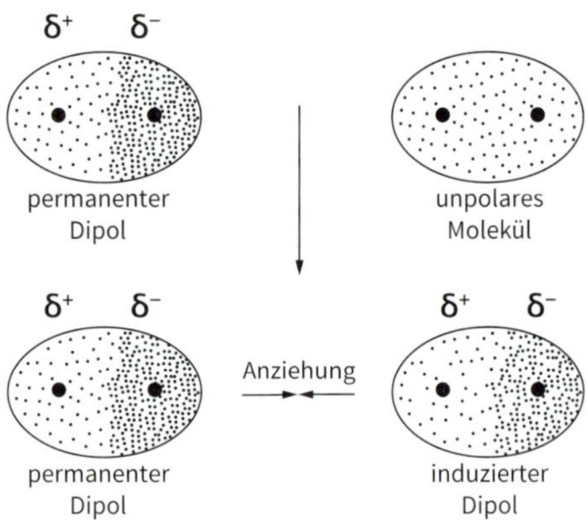

Abb. 1.28: Van-der-Waals-Kräfte

Van-der-Waals-Kräfte sind schwache zwischenmolekulare Kräfte, die bei allen Molekülen auftreten. Bei großer Elektronenzahl der Teilchen – also bei großer Molekülmasse – können sie allerdings sehr groß sein, da große Moleküle leichter polarisierbar sind.

BEISPIEL

Das Iod-Molekül (I_2) besitzt aufgrund seiner hohen Molekülmasse starke Van-der-Waals-Kräfte und ist daher bei Raumtemperatur fest.

Dipol-Dipol-Wechselwirkungen und Van-der-Waals-Kräfte werden auch unter dem Oberbegriff **Van-der-Waals-Bindung** zusammengefasst.

Wasserstoffbrücken

Zwischen Molekülen, in denen **H-Atome** an **F-, O- oder N-Atomen** (= Elemente mit hoher Elektronegativität) gebunden sind, kommt es zur Ausbildung von **Wasserstoffbrücken**. Fluor, Sauerstoff und Stickstoff ziehen die Bindungselektronen so weit an, dass der Wasserstoff sehr stark positiv polarisiert wird. Die hohe positive Partialladung am H-Atom eines Moleküls und die hohe negative Partialladung am F-, O- oder N-Atom eines anderen Moleküls ziehen sich sehr stark an. Jedes Wassermolekül kann zu Nachbarmolekülen zwei Wasserstoffbrücken ausbilden. Die Wasserstoffbrücke wird zwischen einem H-Atom und einem freien Elektronenpaar des Sauerstoff-Atoms gebildet.

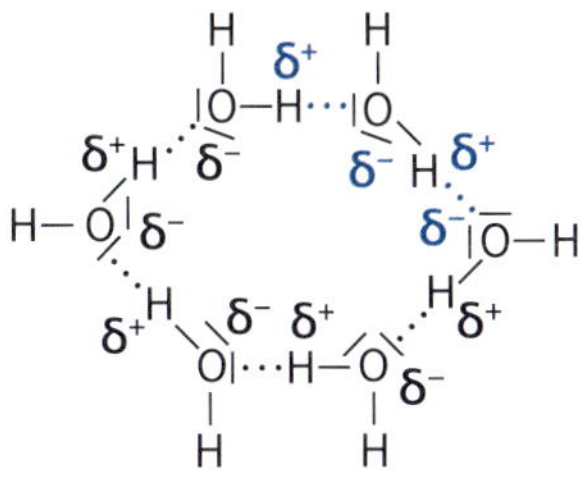

Abb. 1.29: Wasserstoffbrücken zwischen H_2O-Molekülen

Die Wasserstoffverbindungen der ersten Elemente der 5., 6. und 7. Hauptgruppe (NH_3, H_2O und HF) zeigen besonders hohe Siedetemperaturen.

Element	C	N	O	F
Wasserstoffverbindung	CH_4	NH_3	H_2O	HF
Siedetemperatur in °C	−162	−33	100	19

Tab. 1.6: Siedetemperaturen einiger Wasserstoffverbindungen

In festem Wasser (Eis) ist jedes O-Atom mit zwei H-Atomen des eigenen Moleküls über Atombindungen und mit zwei H-Atomen benachbarter Moleküle über Wasserstoffbrücken verknüpft.

Wasserstoffbrücken kommen vor bei:

- **Proteinen:** Stabilisierung der Sekundärstruktur (α-Helix und β-Faltblatt) sowie der Tertiärstruktur und Quartärstruktur
- **DNA:** komplementäre Basenpaarung in der Doppelhelix. Zwischen den Basen der beiden Einzelstränge bestehen Wasserstoffbrücken. Bei der Replikation der DNA werden diese aufgebrochen und die jeweils komplementären Basen lagern sich an.

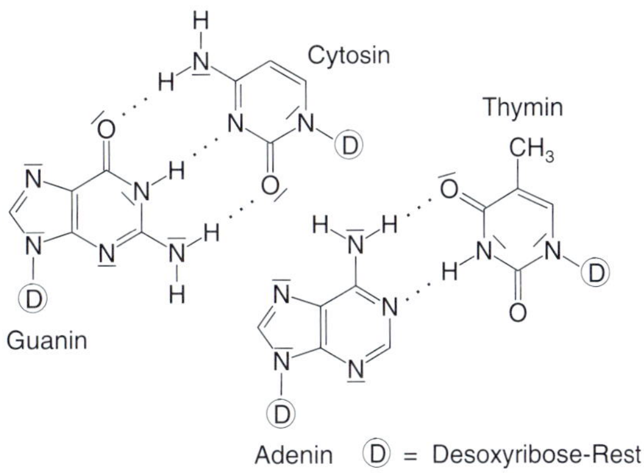

Abb. 1.30: Wasserstoffbrücken bei der DNA

1.7 *Struktur-Eigenschafts-Konzept am Beispiel der Schmelz- und Siedetemperaturen*

Art, Anordnung und Wechselwirkung der Teilchen bestimmen die Eigenschaften eines Stoffes. Dies entspricht dem **Struktur-Eigenschafts-Konzept**. So müssen beim Schmelzen und Sieden von Verbindungen, die aus Molekülen bestehen, die Anziehungskräfte zwischen den Molekülen überwunden werden. Schmelz- und Siedetemperaturen hängen daher bei diesen Verbindungen von den VAN-DER-WAALS-Kräften, den Dipol-Dipol-Wechselwirkungen und den Wasserstoffbrücken ab.

VORSICHT, FALLE

Zwischenmolekulare Kräfte dürfen nicht mit der Bindungsenergie (= Energie, die benötigt wird, um Atombindungen aufzuspalten) verwechselt werden.

MERKE: SCHMELZ- UND SIEDETEMPERATUREN VON MOLEKÜLVERBINDUNGEN

Moleküle, bei denen nur **Van-der-Waals-Kräfte** als zwischenmolekulare Kräfte auftreten, schmelzen und sieden in der Regel bereits bei tieferen Temperaturen als Dipole mit ähnlicher Masse.
Moleküle, die **Wasserstoffbrücken** ausbilden, haben hohe Schmelz- und Siedetemperaturen.

- VAN-DER-WAALS-Kräfte mit geringer Molekülmasse
- VAN-DER-WAALS-Kräfte mit hoher Molekülmasse
- Dipol-Dipol-Wechselwirkungen
- Wasserstoffbrücken

↓ Zunahme von Siede- und Schmelztemperatur

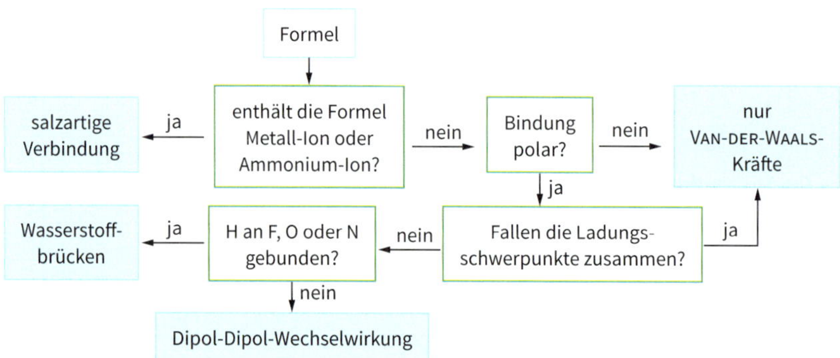

Abb. 1.31: Flussdiagramm zum Abschätzen der Siede- und Schmelztemperatur

TIPP

Strategie zum Ordnen von Verbindungen nach Schmelz- und Siedetemperaturen

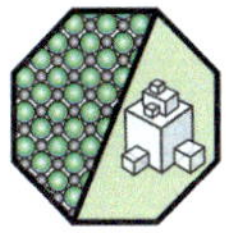

- Enthält die chemische Formel der Verbindung **Metall und Nichtmetall**, so handelt es sich um eine salzartige Verbindung, deren Schmelz- und Siedetemperatur von der **Gitterenergie** und damit der Ladung und dem Radius der Ionen abhängt (→ „Ionenbindung“ auf Seite 18 f.).
  Ionenverbindungen schmelzen und sieden bei **hohen Temperaturen**.
- Enthält die chemische Formel der Verbindung **nur Nichtmetalle**, so hängen Schmelz- und Siedetemperatur von den zwischenmolekularen Kräften ab.
- Sind H-Atome an F-, O- oder N-Atome gebunden, existieren **Wasserstoffbrücken**.
- Handelt es sich bei dem Molekül um einen permanenten Dipol (polare Atombindungen und unsymmetrischer Bau des Moleküls), so herrschen **Dipol-Dipol-Wechselwirkungen** zwischen den Molekülen.
- Ist das Molekül symmetrisch gebaut oder sind die Atombindungen unpolar, so kommen nur **Van-der-Waals-Kräfte** zwischen den Molekülen vor. Je größer die Molekülmasse ist, desto höher liegen Schmelz- und Siedetemperatur.

BEISPIEL

Die Verbindungen H_2O, CaO, KI, CH_4, HCl, H_2 und NaCl sollen nach der Siedetemperatur geordnet werden.

Salzartige Verbindungen

CaO, NaCl, KI (geordnet nach Ladung und Ionenradius)
CaO besteht aus Ca^{2+}-Ionen und O^{2-}-Ionen, während NaCl und KI nur aus einfach geladenen Ionen besteht.
Daher hat CaO die höhere Siedetamperatur.

Moleküle

H_2O	Wasserstoffbrücken
HCl	Dipol-Dipol-Wechselwirkungen
CH_4, H_2	VAN-DER-WAALS-Kräfte, $m(CH_4) = 16\,u$, $m(H_2) = 2\,u$

CaO, NaCl, KI, H_2O, HCl, CH_4, H_2
$\longrightarrow$
Siedetemperatur nimmt ab

Salzartige Verbindungen haben eine viel höhere Schmelz- und Siedetemperatur als Moleküle vergleichbarer Molmasse.

1.8 Löslichkeit

Lösen von Salzen in Wasser

Beim Lösen salzartiger Stoffe in Wasser muss die Anziehung der entgegengesetzt geladenen Ionen im Ionengitter (Gitterenergie) überwunden werden. Die Dipole des Wassers lagern sich an den Ionen der Gitteroberfläche an und lösen sie aus dem Kristall heraus. In wässriger Lösung sind alle Ionen von einer Hülle aus Wassermolekülen, der **Hydrathülle**, umgeben: Sie sind **hydratisiert**. Bei der Bildung des **Hydratat-Ions** wird die **Hydratationsenergie** frei. Bei einem exothermen Lösevorgang erwärmt sich die Lösung (Beispiel: NaOH), bei einem endothermen Vorgang kühlt sich die Lösung ab (Beispiel: NH_4Cl).

Polare und unpolare Lösemittel

Verbindungen, die aus Molekülen bestehen, lösen sich dann gut in einem Lösemittel, wenn die Anziehungskräfte zwischen den Lösemittelteilchen von gleicher Größenordnung sind wie die Anziehungskräfte zwischen den Molekülen des zu lösenden Stoffes.

MERKE: GLEICHES LÖST SICH IN GLEICHEM

Dipole sind gut löslich in **polaren Lösemitteln** (z. B. Wasser).
Stoffe mit **unpolaren Atombindungen** oder **symmetrischem Molekülbau** sind gut löslich in **unpolaren Lösemitteln** (z. B. Hexan).

- Ethanol (C_2H_5OH, → Seite 189) ist gut wasserlöslich: Zwischen den Ethanol- und den Wasserteilchen können Wasserstoffbrücken ausgebildet werden. Die Anziehungskräfte zwischen den Ethanol- und den Wasserteilchen sind daher von derselben Größenordnung wie die Anziehungskräfte zwischen den einzelnen Wassermolekülen.
- Iod (I_2) ist schlecht wasserlöslich: Iod-Moleküle sind keine Dipole. Daher bestehen nur schwache Anziehungskräfte zwischen den Iod- und den Wassermolekülen, während zwischen den einzelnen Wasserteilchen die starken Wasserstoffbrücken herrschen. Iod ist hingegen gut löslich in Hexan, da zwischen Hexan-Molekülen nur schwache VAN-DER-WAALS-Kräfte existieren.

In der Chemie gilt der Grundsatz „**Gleiches löst sich in Gleichem**“. Somit lösen sich Stoffe in den Lösemitteln, die in ihrem Aufbau und somit auch in ihrer Polarität ähnlich sind.

ÜBERBLICK

Elemente in der Verbindung	Teilchen	Bindung	Siede- und Schmelztemperatur abhängig von:
Metall + Nicht-metall	Kationen und Anionen (in einem Ionengitter angeordnet)	Ionenbindung (elektrostatische Anziehung der Ionen)	Gitterenergie (Ladung und Radius der Ionen)
nur Nichtmetalle	Moleküle	Atombindung (gemeinsame Elektronenpaare, Molekülorbitale)	**zwischenmolekulare Kräfte:** – Wasserstoffbrücken (wenn ein H-Atom an F-, O- oder N-Atome gebunden ist) – Dipol-Dipol-Wechselwirkungen (wenn die Atombindung polar ist und das Molekül unsymmetrisch gebaut ist) – VAN-DER-WAALS-Kräfte
nur Metalle	Atomrümpfe und Elektronengas	metallische Bindung	Atomrümpfe (Ladung und Radius)

Tab. 1.7: Übersicht chemische Bindungen

	C-Einheit	Molekülbau	Bindungen	Verwendung
Diamant	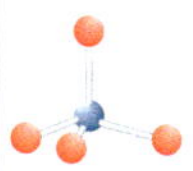	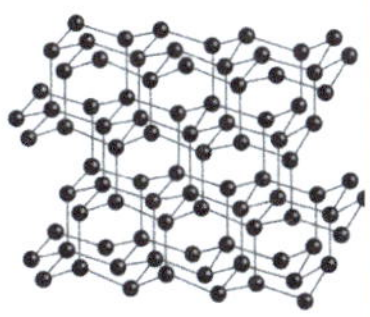	Alle C-Atome sind sp^3-hybridisiert. → Die vier sp^3-Hybridorbitale überlappen in einer kovalenten Bindung im Tetraederwinkel mit vier anderen C-sp^3-Hybridorbitalen.	als Schmuckstein, zum Schärfen von Werkstücken
Graphit	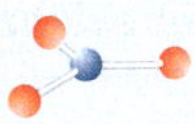	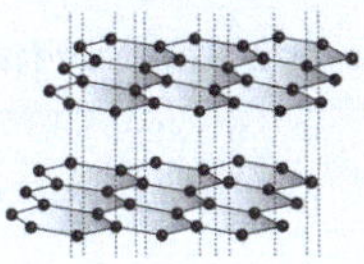	Alle C-Atome sind sp^2-hybridisiert. → Die drei sp^2-Hybridorbitale überlappen in einer kovalenten Bindung trigonal-planar mit drei anderen C-sp^2-Hybridorbitalen. Die nicht hybridisierten p-Orbitale sind zwischen den einzelnen Schichten delokalisiert. Die einzelnen Schichten werden durch die schwachen Van-der-Waals-Kräfte zusammengehalten	guter elektrischer Leiter und Schmiermittel aufgrund der frei beweglichen delokalisierten Elektronen, Bleistiftminen
Graphen	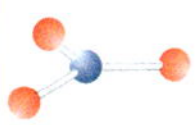		Einzelne Schicht von Graphit. C ist sp^2-hybridisiert	guter elektrischer Leiter aufgrund der frei beweglichen Elektronen. Ein Carbon-Nanotube (= aufgerolltes Graphen) ist besser elektrisch leitend und zugfester als normale carbonfaserverstärkte Kunststoffe (CFK) (→ Nanotechnologie)
Fulleren	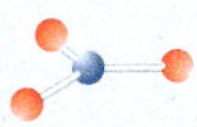	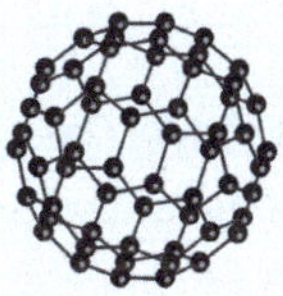	aufgebaut wie Graphit. Allerdings liegen die C-Atome nicht in einer Ebene. Die Ebene ist zu einer Kugel gekrümmt. Es entstehen hohle Moleküle aus z. B. 60 C-Atomen (C60 = Buckyball)	organische Solarzellen

Tab. 1.8: Übersicht Kohlenstoffmodifikationen

1 Atombau, Periodensystem und chemische Bindung

- Elektronenpaare stoßen sich ab und nehmen einen möglichst großen Abstand voneinander ein
- freie Elektronenpaare nehmen einen größeren Raum ein als bindende Elektronenpaare
- Die Ionenbindung kann als Extremfall einer polaren Atombindung aufgefasst werden. Die meisten Bindungen sind weder reine Ionenbindungen noch reine polare Atombindungen.

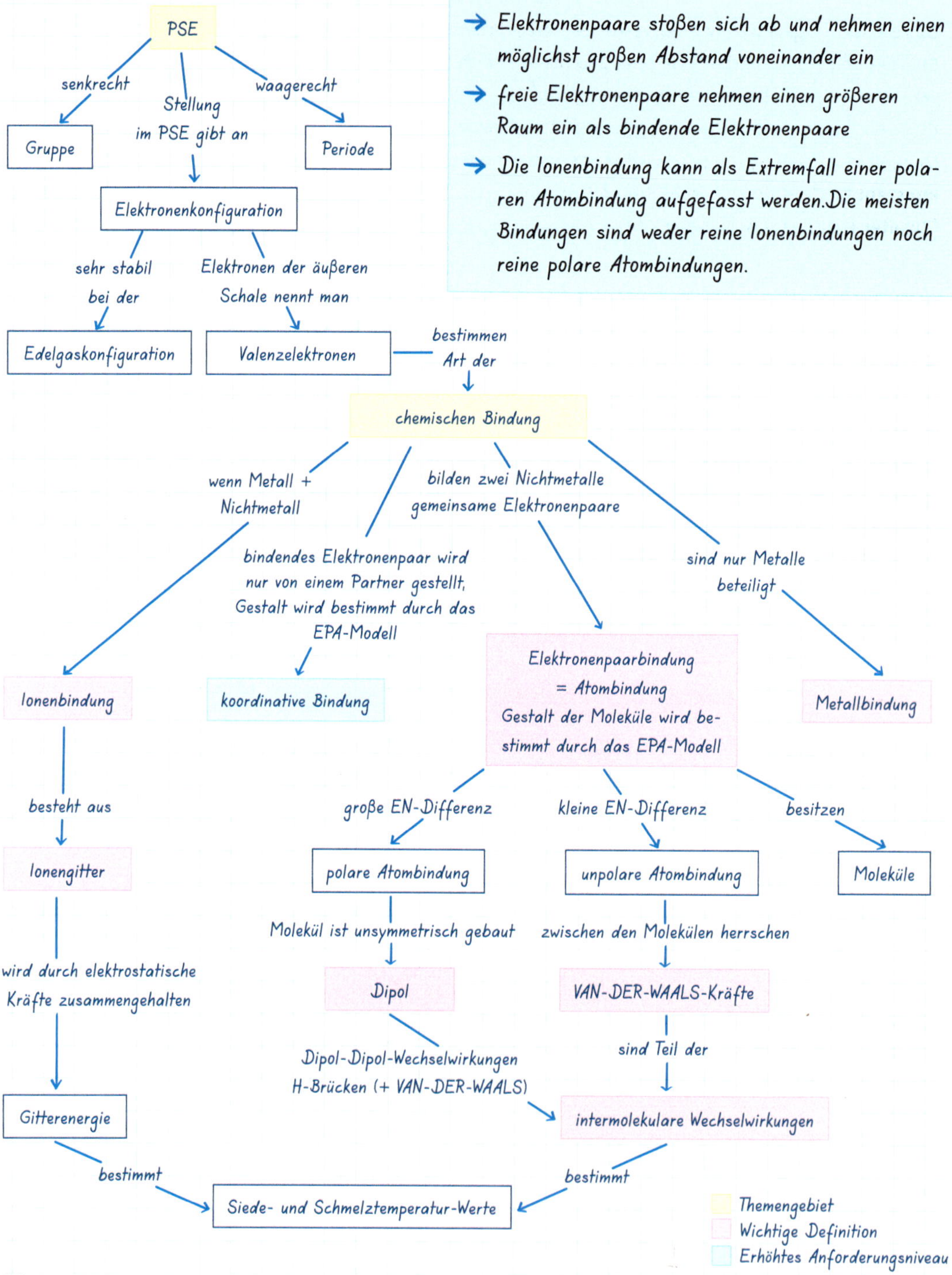

Chemische Reaktionen – energetisch betrachtet

2

Das Basiskonzept Energie basiert auf der experimentellen Erkenntnis, dass Energie von einer Energieform in eine andere Energieform umgewandelt, aber weder erzeugt noch vernichtet werden kann (Erster Hauptsatz der Thermodynamik). Eine weitere Grundlage ist die Tatsache, dass in einem von der Umwelt isolierten System der Ordnungszustand bei chemischen Prozessen konstant bleibt oder sich in Richtung Unordnung (Entropiezunahme) verändert (Zweiter Hauptsatz der Thermodynamik).

Basiskonzept: Energie

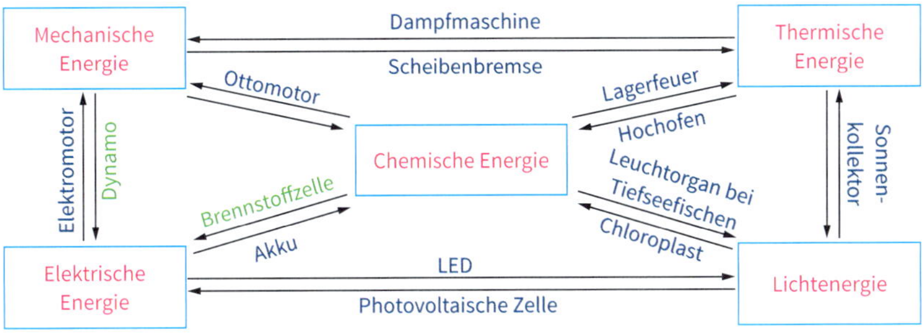

Abb. 2.1: Energiewandler, direkte Energieumwandlungen und Energieumwandlung bei chemischen Reaktionen

Alle chemischen Reaktionen sind mit Energieumsatz verbunden, dabei tendieren chemische Systeme zu einem Zustand, der möglichst energiearm und ungeordnet ist.

Alle chemischen Reaktionen sind mit Energieänderungen verknüpft. Daher sind Betrachtungen zum Energieumsatz einer chemischen Reaktion sowie die damit verbundenen Gesetzmäßigkeiten und Größen von wesentlicher Bedeutung für das Verständnis einer chemischen Reaktion. Sie werden im **Basiskonzept „Energie"** zusammengefasst.

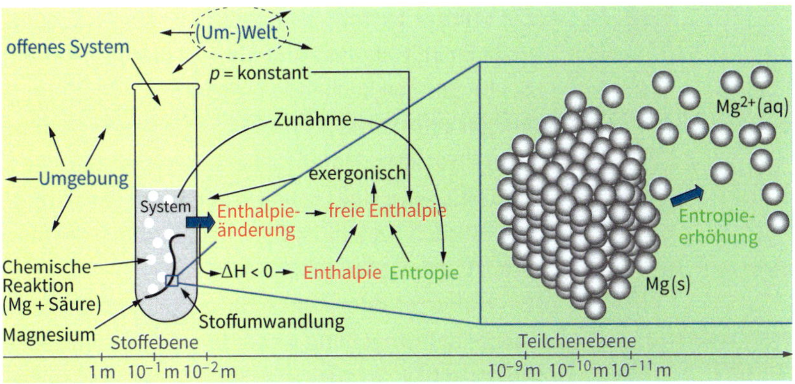

Abb. 2.2: Das Energie-Entropie-Konzept im Überblick anhand der Reaktion $Mg + 2HCl \rightarrow MgCl_2 + H_2$

(1) Kohle
(2) heißer unter Druck stehender Wasserdampf,
(3) Zylinderkolben

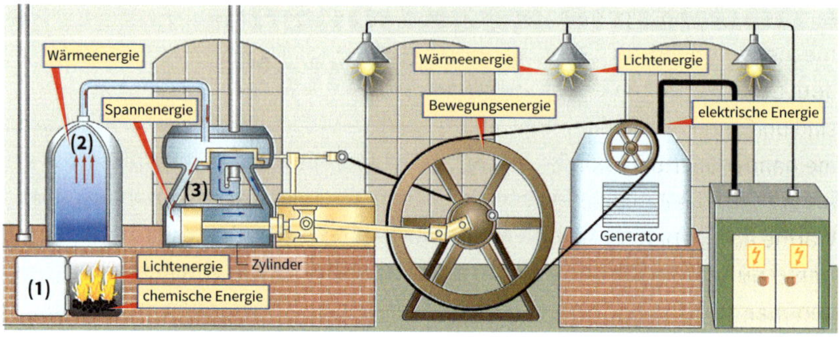

Abb. 2.3: Energieumwandlung in der Praxis: Energiewandler (z.B. LED-Lampe, Zylinderkolben, Generator) und Energieumwandlungen bei einer Dampfmaschine und in ihrem Maschinenraum. (1) Kohle, (2) heißer unter Druck stehender Wasserdampf, (3) Zylinderkolben

2.1 Enthalpie

Energie und Enthalpie

Bei allen chemischen Reaktionen sind neben Stoffumwandlungen auch **Energieänderungen** zu beobachten. Um Energieänderungen exakt messen zu können, müssen Experimente unter genau festgelegten Bedingungen ablaufen. Dabei wird immer nur ein genau begrenzter Teil der (Um-)Welt betrachtet, der als **System** bezeichnet wird. Alles, was sich außerhalb des Systems befindet, nennt man **Umgebung**. So können 50 ml eines Reaktionsgemisches Mg/HCl in einem Reagenzglas als System angesehen werden, wobei die Reagenzglaswände selbst schon der Umgebung zuzurechnen sind.

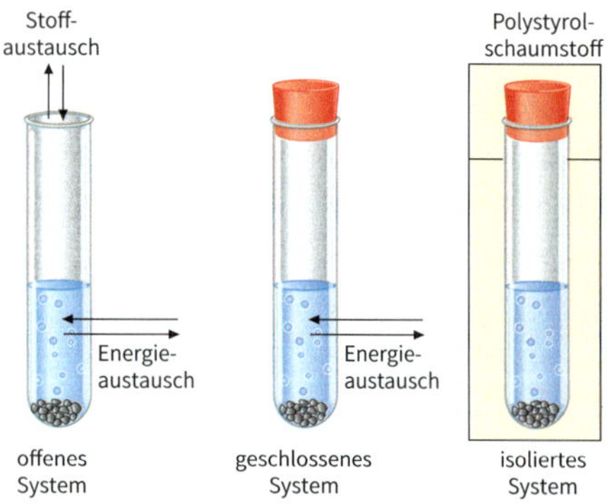

Abb. 2.4: Reaktion von Magnesiumschrot mit Salzsäure $(2\,HCl\,(aq) + Mg\,(s) \rightarrow H_2\,(g) + MgCl_2\,(aq))$ im offenen, geschlossenen und isolierten System

Man unterscheidet prinzipiell offene, geschlossene und isolierte Systeme (vgl. Abb. 2.4).

- Ein **offenes System** kann mit seiner Umgebung sowohl Energie als auch Materie austauschen, z. B. ein Becherglas mit kochendem Wasser.
- Ein **geschlossenes System** kann mit seiner Umgebung zwar keine Materie, aber Energie austauschen, beispielsweise eine Lösung in einem mit einem dichten Stopfen verschlossenen Reagenzglas, die man erhitzt und wieder abkühlen lässt.
- Ein **isoliertes oder abgeschlossenes System** kann mit seiner Umgebung weder Energie noch Materie austauschen. So stellt eine gasdicht verschlossene Thermoskanne ein annähernd isoliertes System dar.

Auf der Basis von Experimenten zur Umwandlung von Bewegungsenergie in Wärmeenergie fanden JULIUS ROBERT MAYER und unabhängig von ihm JAMES PRESCOT JOULE in der Mitte des 19. Jahrhunderts heraus, dass Wärme und Arbeit äquivalent sind und mithilfe eines Umrechnungsfaktors, dem sogenannten Wärmeäquivalent, ineinander überführt werden können. Somit kann man die Energie eines Systems als Maß für die Fähigkeit des Systems umschreiben, Arbeit zu verrichten oder Wärme abzugeben. Auf der Grundlage dieser Experimente konnte etwas später HERMANN VON HELMHOLTZ den sogenannten **Energieerhaltungssatz** herleiten, den man heutzutage folgendermaßen formuliert: „In einem isolierten System kann Energie weder erzeugt noch vernichtet, aber von einer Energieform in eine andere Energieform umgewandelt werden. Die Gesamtmenge der Energie bleibt dabei unverändert“.

1. Hauptsatz der Thermodynamik

Bei chemischen Reaktionen finden ebenfalls Energieumwandlungen statt. So wird beispielsweise die **chemische Energie**, die in den **chemischen Bindungen** und **zwischenmolekularen Wechselwirkungen** der Stoffportion der Edukte gespeichert ist, bei einer exothermen Reaktion in die freiwerdende thermische Energie (Reaktionswärme) und in die chemische Energie der Produkte umgewandelt, die aufgrund der Wärmeabgabe geringer als die chemische Energie der Edukte ist. Bei endothermen Reaktionen hingegen wird die zugeführte Energie als chemische Energie in den Produkten gespeichert. Dabei kann man den absoluten Wert der chemischen Energie einer Stoffportion nicht bestimmen, sondern nur die Änderungen der chemischen Energie bei chemischen Reaktionen messen.

Chemische Energie

Der gesamte Energieinhalt einer Stoffportion wird als **innere Energie** ***U*** des stofflichen Systems bezeichnet. Darunter versteht man die Summe aus Kernenergie, chemischer Energie und thermischer Energie des stofflichen Systems. Auch bei der inneren Energie lässt sich kein Absolutwert messen.

Innere Energie
= Kernenergie
+ chemische Energie
+ thermische Energie

Um Energie sinnvoll nutzen zu können, muss man sie vielfach von einer Energieform in eine andere umwandeln. Die Umwandlung verläuft aber niemals vollständig: So wird bei einem Dieselmotor höchstens 50 % der chemischen Energie des Dieselkraftstoffs in nutzbare Bewegungsenergie im Motor umgewandelt. Die restliche Energie wandelt sich in Wärmeenergie um, die zur Fortbewegung nicht weiter brauchbar ist. Der Quotient aus genutzter Energie und aufgewendeter Energie wird als **Wirkungsgrad** η (eta) bezeichnet:

Wirkungsgrad η

$$\eta = \frac{\text{genutzte Energie}}{\text{aufgewendete Energie}}$$

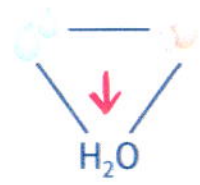

Für Energiewandler, wie beispielsweise Kraftwerke, Heizungen, Motoren, Brennstoffzellen, ist der Wirkungsgrad η eine wichtige Kenngröße.

Energie und Enthalpie

Bei chemischen Reaktionen können **Reaktionswärmen** entweder bei **konstantem Volumen** oder bei **konstantem Druck** gemessen werden.

Am Beispiel der Reaktion von Zink mit verdünnter Salzsäure nach der Reaktionsgleichung

$$Zn\,(s) + 2\,HCl\,(aq) \rightarrow ZnCl_2\,(aq) + H_2\,(g)$$

lässt sich der Unterschied veranschaulichen. Will man die Reaktionswärme bei konstantem Volumen messen, verwendet man ein geschlossenes System (Standkolben mit Stopfen); möchte man bei konstantem Druck messen, findet die Messung in einem offenen System (Standkolben mit Kolbenprober) statt.

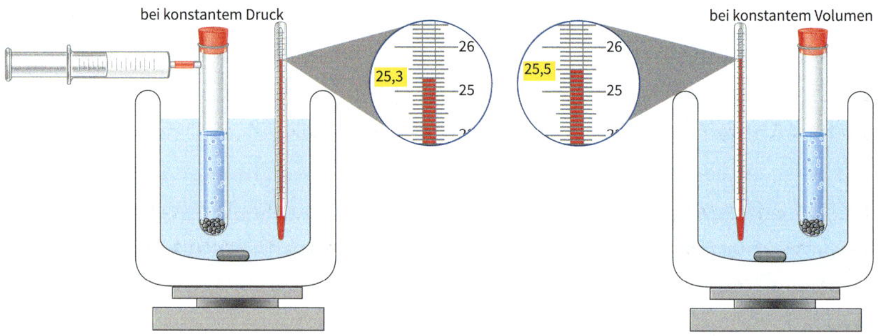

Abb. 2.5: Temperaturänderung bei einer Reaktion in einem offenen und in einem geschlossenen System

Im **offenen System** nimmt das Gesamtvolumen *V* aufgrund des durch die Wasserstoffentwicklung herausgedrückten Kolbens zu. Der Druck *p*, der dem Luftdruck entspricht, bleibt dadurch konstant.

Im **geschlossenen System** bleibt das Gesamtvolumen *V* konstant, jedoch nimmt der Druck aufgrund der Wasserstoffentwicklung innerhalb des geschlossenen Standkolbens zu.

Die Gesamtenergien sind in beiden Fällen gleich. Die Reaktionswärme im offenen System unterscheidet sich jedoch von der Reaktionswärme im geschlossenen System durch die Volumenarbeit W_V, die der entstehende Wasserstoff gegen den äußeren Luftdruck leisten muss:

$$W_V = -p \cdot \Delta V$$

Somit ist die Reaktionswärme um den Betrag von W_V kleiner als die Reaktionswärme im geschlossenen System, was auch an einer geringeren Temperaturerhöhung zu erkennen ist (vgl. Abb. 2.5). Die bei konstantem Volumen gemessene Reaktionswärme bezeichnet man als Reaktionsenergie ΔU, die bei konstantem Druck gemessene Reaktionswärme wird als Reaktionsenthalpie ΔH bezeichnet.

Reaktionsenergie ΔU

Reaktionsenthalpie ΔH

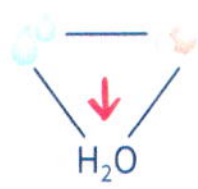

Für den Zusammenhang zwischen Reaktionsenergie und Reaktionsenthalpie gilt:

$$\Delta H = \Delta U + p \cdot \Delta V$$

Findet bei einer chemischen Reaktion keine Volumenänderung statt, ist

$$\Delta H = \Delta U.$$

Dabei ist es gleichgültig, ob das System offen oder geschlossen ist.

Da die meisten chemischen Reaktionen bei konstantem Druck – in der Regel bei Atmosphärendruck – ablaufen, werden vorzugsweise Reaktionsenthalpien gemessen und angegeben.

Aufgrund der Tatsache, dass der absolute Energieinhalt bzw. Enthalpieinhalt eines Systems sich weder messen noch berechnen lässt und somit nicht definiert ist, kann man nur Enthalpie**änderungen** angeben. Das Symbol „Δ" im Größenzeichen ΔH weist auf eben diese Enthalpie-**Differenz** hin.

exotherm: $\Delta H < 0$
endotherm: $\Delta H > 0$

Ihr Wert erhält bei **exothermen** Reaktionen ein negatives Vorzeichen: $\Delta H \leq 0$. Das System verliert Wärme Q an die Umgebung. Bei **endothermen** Reaktionen hat die Reaktionsenthalpie ein positives Vorzeichen: $\Delta H \geq 0$. Das System nimmt also Wärme Q aus der Umgebung auf. Reaktionsenthalpien lassen sich z. B. mithilfe eines Kalorimeters (→ Abb. 2.6) bestimmen.

Ein einfaches Kalorimeter kann folgendermaßen aufgebaut sein: Ein Reagenzglas ① wird in ein Isoliergefäß ②, das man mit einer genau bestimmten Menge Wasser ③ befüllt hat, positioniert. Die Temperatur des Wassers wird vor der Reaktion (T_1) und nach der Reaktion (T_2) am Thermometer ④ abgelesen.

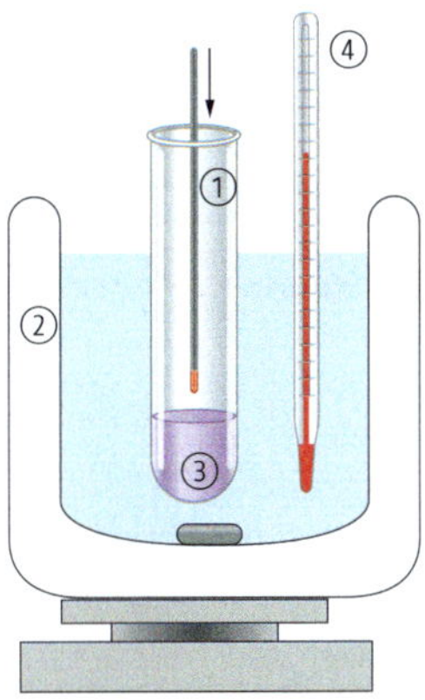

Abb. 2.6: Einfaches Kalorimeter

Auf der Grundlage der Beziehung $\Delta_R H = -Q_R = c_p \cdot m \cdot \Delta T$ kann man mithilfe eines Kalorimeters die Reaktionswärme Q_R experimentell bestimmen. Bei einer exothermen Reaktion wird die Reaktionswärme über die Wand des Reaktionsgefäßes auf das Wasser im Kalorimeter übertragen. Die vom Wasser aufgenommene Wärmemenge Q_R ist proportional zur Temperaturdifferenz $\Delta T = T_2 - T_1$ (T_2 = Temperatur nach, T_1 = vor der Reaktion) und zur Masse m des Wassers. Der Proportionalitätsfaktor c_p wird als spezifische Wärmekapazität bezeichnet. Für Wasser beträgt $c_p = 4{,}18\ J \cdot g^{-1}$.

Berechnung von Reaktionsenthalpien

Enthalpieänderungen von Reaktionen können mit Werten der **molaren Standard-Bildungsenthalpien** $\Delta_f H_m^0$ („f": engl. formation = Bildung; „m": molar) berechnet werden, die aus Tabellenwerken entnommen werden können.

WISSEN

wichtige Definitionen und Umschreibungen

Energie kann weder geschaffen noch vernichtet werden. Energiearten können ineinander umgewandelt werden (1. Hauptsatz der Thermodynamik). Umwandlungen mithilfe einer Maschine werden **Arbeit** genannt.

- Die **Energie eines Systems** ist ein Maß für die Fähigkeit dieses Systems, Arbeit zu verrichten oder Wärme abzugeben.
- **Einheit der Energie** ist das Joule: $1\ J = 1\ N \cdot m = 1\ W \cdot s$
- Unter **Wärme** versteht man die Energie, die aufgrund einer Temperaturdifferenz zwischen einem System und seiner Umgebung übertragen wird.
- **Erhaltungssatz:** Während einer chemischen Reaktion verändern sich weder Gesamtmasse noch die Gesamtenergie von Ausgangs- und Endstoffen.

Einige Energiearten:

- **Innere Energie:** Darunter versteht man die Summe aus Kernenergie, chemischer Energie und thermischer Energie eines stofflichen Systems. Bei 0 K ist der Betrag der thermischen Energie gleich null, das gilt nicht für die anderen Energieformen.
- **Chemische Energie:** Teil der Energie des Systems, der in chemischen Bindungen und zwischenmolekularen Wechselwirkungen gespeichert ist. Im Verlauf einer chemischen Reaktion wird durch Abbau und Neuaufbau von Bindungen ein Teil dieser chemischen Energie in andere Energiearten umgewandelt.
- **Kinetische Energie:** Energie, die ein Objekt aufgrund seiner Bewegung besitzt.
- **Wärmeenergie:** Energie, die ein Objekt aufgrund seiner Temperatur besitzt.

Molare Standard-Bildungsenthalpie

Definition

Die molare Standard-Bildungsenthalpie $\Delta_f H_m^0$ einer Verbindung entspricht der bei der Bildung von einem Mol der Verbindung bei Standardbedingungen aus den Elementen freigesetzten oder aufgenommenen Wärme.

Die Standardbedingungen („^{0}") beinhalten einen Druck von $p = 1000\,hPa$ und eine Temperatur von $T = 298\,K$; die Einheit der molaren Standard-Bildungsenthalpie ist $kJ \cdot mol^{-1}$.

Die molaren Standard-Bildungsenthalpien der Elemente sind für die stabilste Modifikation per definitionem auf null gesetzt worden, da absolute Enthalpiewerte nicht messbar sind. Dabei ist auch zu beachten, dass die Werte der molaren Standard-Bildungsenthalpie immer für bestimmte Aggregatzustände der beteiligten Stoffe gelten. Gebrochene Koeffizienten sind bei Reaktionsgleichungen erlaubt.

Zur Berechnung der molaren Standard-Bildungsenthalpie einer Verbindung wird die Summe der molaren Standard-Bildungsenthalpien der Edukte von der molaren Standard-Bildungsenthalpie der Produkte subtrahiert. Die Summe der molaren Standard-Bildungsenthalpien der Edukte ist in der Regel null, da die Standard-Bildungsenthalpien der Elemente null sind.

$\Delta_f H^0_m = \Sigma \Delta_f H^0_m (\text{Produkte}) - \Sigma \Delta_f H^0_m (\text{Edukte})$

BEISPIEL

Berechnung der molaren Standard-Bildungsenthalpie von flüssigem Wasser

Reaktionsgleichung:

$H_2 (g) \quad + \quad \frac{1}{2} O_2 (g) \quad \rightarrow \quad H_2O (l)$

Standard-Bildungsenthalpien:

$0\ kJ \cdot mol^{-1}$	$0\ kJ \cdot mol^{-1}$	$-285\ kJ \cdot mol^{-1}$ (Wert aus der Tabelle entnommen)
Edukt	Edukt	Produkt

Berechnung:

$\Delta_f H^0_m (H_2O) = \Delta_f H^0_m (H_2O) - [\Delta_f H^0_m (H_2) + \Delta_f H^0_m (O_2)]$

$\Delta_f H^0_m (H_2O) = -285\ kJ \cdot mol^{-1} - [0\ kJ \cdot mol^{-1} + 0\ kJ \cdot mol^{-1}]$

$\Delta_f H^0_m (H_2O) = -285\ kJ \cdot mol^{-1}$

Von der molaren Standard-Bildungsenthalpie zur molaren Reaktionsenthalpie

Wenn die molaren Standard-Bildungsenthalpien von allen an der chemischen Reaktion beteiligten Stoffen bekannt ist, lässt sich die **molare Reaktionsenthalpie bei Standardbedingungen** $\Delta_R H^0_m$ („R“: Reaktionsenthalpie) berechnen. Dabei wird die Summe der molaren Standard-Bildungsenthalpien der Edukte von der Summe der molaren Standard-Bildungsenthalpien der Produkte subtrahiert:

$\Delta_R H^0_m = \sum \Delta_f H^0_m (\text{Produkte}) - \sum \Delta_f H^0_m (\text{Edukte})$

Die molare Reaktionsenthalpie $\Delta_R H_m$ erhält man, indem $\Delta_R H$ durch die umgesetzte Stoffmenge n dividiert wird: $\Delta_R H_m = \Delta_R H / n$ Vielfach hängt der Zahlenwert der molaren Reaktionsenthalpie davon ab, auf welchen Stoff man sich bezieht.

BEISPIEL

Berechnung der molaren Reaktionsenthalpie der Herstellung von Calciumoxid und Kohlenstoffdioxid aus Calciumcarbonat

Reaktionsgleichung:

$CaCO_3 (s) \quad \rightarrow \quad CaO (s) \quad + \quad CO_2 (g)$

Standard-Bildungsenthalpien:

$-1207 kJ \cdot mol^{-1}$	$-635 kJ \cdot mol^{-1}$	$-393 kJ \cdot mol^{-1}$ (Werte aus Tabelle)
Edukt	Produkt	Produkt

Berechnung:

$\Delta_R H^0_m = \Delta_f H^0_m (CaO) + \Delta_f H^0_m (CO_2) - \Delta_f H^0_m (CaCO_3)$

$\Delta_R H^0_m = -635\ kJ \cdot mol^{-1} - 393\ kJ \cdot mol^{-1} - [-1207\ kJ \cdot mol^{-1}]$

$\Delta_R H^0_m = +179\ kJ \cdot mol^{-1}$ (endotherme Reaktion)

Merke: Die molare Standard-Reaktionsenthalpie bezieht sich immer auf eine bestimmte Reaktionsgleichung:

BEISPIEL

Reduktion von in Wasser gelösten Silber-Ionen durch elementares Kupfer

a) **bezogen auf 1 mol Cu-Atome**

Reaktionsgleichung:

$Cu\,(s) + 2\,Ag^{+}\,(aq) \rightarrow Cu^{2+}\,(aq) + 2\,Ag\,(s)$

Berechnung: (Werte aus Tabelle entnommen)

$\Delta_R H_m^0 = \Delta_f H_m^0\,(Cu^{2+}) + 2 \cdot \Delta_f H_m^0\,(Ag) - [\Delta_f H_m^0\,(Cu) + 2 \cdot \Delta_f H_m^0\,(Ag^{+})]$

$\Delta_R H_m^0 = +65\,kJ \cdot mol^{-1} + 2 \cdot 0\,kJ \cdot mol^{-1} - [0\,kJ \cdot mol^{-1} + 2 \cdot 106\,kJ \cdot mol^{-1}]$

$\Delta_R H_m^0 = -147\,kJ \cdot mol^{-1}$

b) **bezogen auf 1 mol Ag⁺-Ionen (gebrochene Koeffizienten sind hierbei erlaubt!)**

Reaktionsgleichung: (Werte aus Tabelle entnommen)

$\frac{1}{2}Cu\,(s) + Ag^{+}\,(aq) \rightarrow \frac{1}{2}Cu^{2+}\,(aq) + Ag\,(s)$

Berechnung:

$\Delta_R H_m^0 = \frac{1}{2}\Delta_f H_m^0\,(Cu^{2+}) + \Delta_f H_m^0\,(Ag) - \left[\frac{1}{2}\Delta_f H_m^0\,(Cu) + \Delta_f H_m^0\,(Ag^{+})\right]$

$\Delta_R H_m^0 = \frac{1}{2} \cdot (+65)\,kJ \cdot mol^{-1} + 0\,kJ \cdot mol^{-1} - \left[\frac{1}{2} \cdot 0\,kJ \cdot mol^{-1} + 106\,kJ \cdot mol^{-1}\right]$

$\Delta_R H_m^0 = -73{,}5\,kJ \cdot mol^{-1}$

Satz von Hess

Germain Henri Hess 1802–1850, schweizerisch-russischer Chemiker und Mineraloge

In vielen Fällen können gleiche chemische Produkte auf verschiedenen Reaktionswegen hergestellt werden. Da auch für chemische Reaktionen der Energieerhaltungssatz gilt, spielt der Reaktionsweg keine Rolle. Schon 1840 wurde der **Satz von Hess** formuliert: **Die Reaktionsenthalpie ist unabhängig vom Reaktionsweg, sie hängt nur vom Ausgangs- und Endzustand des Systems ab.**

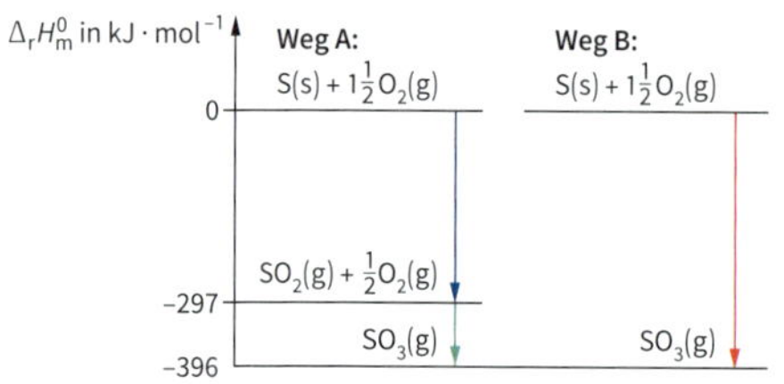

Abb. 2.7: Enthalpiediagramm der Reaktion von Schwefel mit Sauerstoff (Anwendung des Satzes von Hess)

Wie aus dem nebenstehenden Enthalpiediagramm hervorgeht, beträgt die molare Reaktionsenthalpie für die Herstellung von SO_3 (g) auf 1 mol Schwefel bezogen immer $-396\,kJ \cdot mol^{-1}$, gleichgültig, ob der Reaktionsweg über das Zwischenprodukt SO_2 (g) verläuft oder Schwefel direkt zu SO_3 (g) oxidiert wird.

2.2 Entropie

Es gibt viele **endotherme** chemische Reaktionen, die **freiwillig** ablaufen. So löst sich z. B. Kaliumnitrat unter Abkühlung in Wasser:

$$KNO_3\,(s) \xrightarrow{\text{Wasser}} K^+\,(aq) + NO_3^-\,(aq);\ \Delta_R H_m^0 = +35\,kJ \cdot mol^{-1}$$

Ein weiteres Beispiel für eine spontan ablaufende endotherme Reaktion ist die Umsetzung von festem Natriumhydrogencarbonat mit Salzsäure, bei der Kohlenstoffdioxid, Wasser und gelöstes Kochsalz entstehen:

$$NaHCO_3\,(s) + HCl\,(aq) \rightarrow Na^+\,(aq) + Cl^-\,(aq) + CO_2\,(g) + H_2O\,(l)$$

Die Tatsache der spontan ablaufenden endothermen Reaktionen widersprach der Erkenntnis von MARCELLIN BERTHELOT und JULIUS THOMSEN von 1878: Eine chemische Reaktion läuft nur dann freiwillig ab, wenn sie exotherm ist, d. h. die Enthalpie ist die Triebkraft einer chemischen Reaktion.

Da diese chemischen Reaktionen ablaufen, obwohl sie nicht exotherm sind, kann **die Enthalpie nicht der einzige Faktor für die Triebkraft einer chemischen Reaktion sein.** Bei der genauen Untersuchung spontan ablaufender endothermer Reaktionen fällt auf, dass sich die Edukte meist in einem höher geordneten Zustand als die Produkte befinden. Die Edukte liegen häufig als Feststoffe in einem Kristallgitter vor, die Produkte treten meist im gasförmigen oder flüssigen Zustand auf. Das heißt, im Endzustand der betrachteten Reaktionen herrscht eine größere Unordnung als im Ausgangszustand. **Die Zunahme der Unordnung ist** neben der Enthalpie **ein weiterer Faktor für die Triebkraft einer chemischen Reaktion.**

Zur Beschreibung des Ordnungszustandes eines Systems wird der Begriff **Entropie** verwendet. Die Entropie ist eine Größe, deren Wert mit steigender Unordnung zunimmt. Wenn also bei einer Reaktion aus einer Flüssigkeit ein Gas entsteht, nimmt der Unordnungsgrad zu und somit steigt die Entropie.

Entropie ist neben der Enthalpie ein weiterer Faktor für die Triebkraft einer chemischen Reaktion.

Bei der Temperatur $T = 0\,K$ haben alle Stoffe, so auch Wasser, die niedrigste Entropie. Jegliche Bewegung der H_2O-Moleküle im Eis kommt bei 0 K zum Stillstand, wobei diese Temperatur in der Realität nach dem dritten Gesetz der Thermodynamik nicht exakt erreicht werden kann. Diesem Zustand wird der Entropiewert $S = 0\,J \cdot K^{-1}$ zugeordnet (Abb. rechts). Wird das Eis erwärmt, so beginnen die Wasser-Moleküle an ihren festen Gitterplätzen zu schwingen, wobei die Entropie ansteigt. Bei 273 K (0 °C) kommt es zu einem Entropiesprung, da die Wasser-Moleküle nun ihre Gitterplätze beim Schmelzen des Eises verlassen. Ein weiterer Entropiesprung findet bei 100 °C beim Übergang zum gasförmigen Aggregatzustand statt. Hier bewegen sich die H_2O-Moleküle völlig regellos in dem ihnen zur Verfügung stehenden Raum.

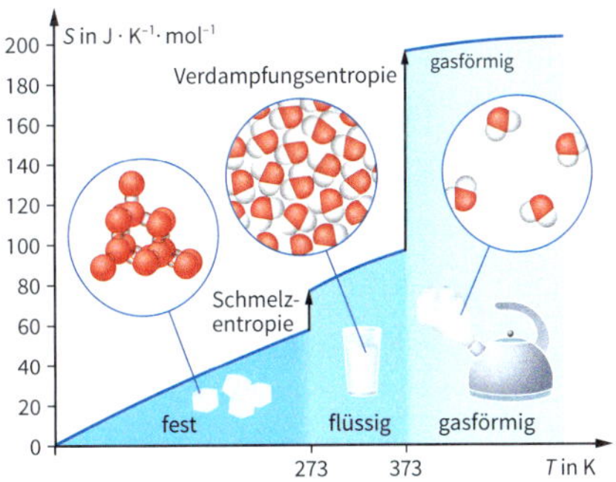

Abb. 2.8: Aggregatzustand und Entropie

LUDWIG EDUARD BOLTZMANN 1844–1906, österreichischer Physiker und Philosoph

Gleichung zur Berechnung der Entropie

BOLTZMANN hat eine Beziehung formuliert, mit der man die **Entropie** ***S*** einer Substanz bei jeder beliebigen Temperatur berechnen kann:

$$S = k \cdot \ln W$$

Die **BOLTZMANN-Konstante** ***k*** ist der Quotient aus der allgemeinen Gaskonstante und der AVOGADRO-Konstante: $k = R \cdot N_A^{-1}$. Ihr Wert beträgt

$$1{,}38 \cdot 10^{-23}\ \mathrm{J \cdot K^{-1}}$$

„*W*“ steht für die Unordnung des Systems und gibt an, auf wie viele verschiedene Arten sich Atome oder Moleküle einer Portion – ohne Änderung der Gesamtenergie – anordnen lassen.

Die Entropie nimmt zu:
- bei Erhöhung der Temperatur
- wenn die Teilchenzahl bei den Produkten höher wird als bei den Edukten
- beim Wechsel des Aggregatzustands von fest nach flüssig und von flüssig nach gasförmig
- beim Auflösen eines (Ionen-)Gitters in einem Lösemittel

Dies kann man sich an einem perfekt geordneten, also idealen Kristall aus einer Portion von zehn HCl-Molekülen am absoluten Nullpunkt folgendermaßen vorstellen:

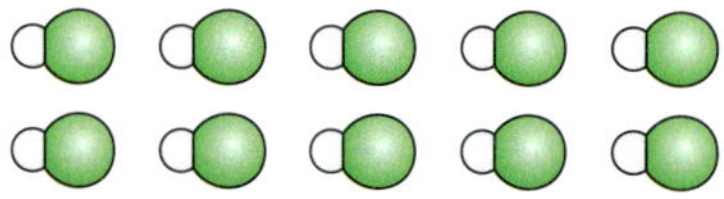

Abb. 2.9: Portion von zehn HCl-Molekülen, die in einem idealen Kristall angeordnet sind: Die Moleküle sind gleichmäßig ausgerichtet. $T = 0\ \mathrm{K}$, $S = 0$, da höchste Ordnung vorliegt.

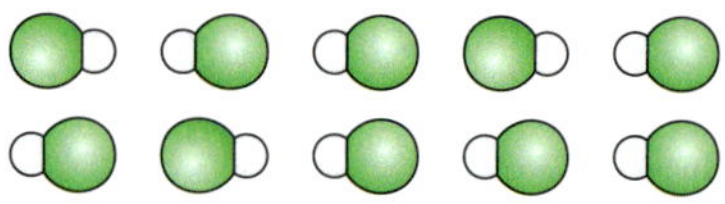

Abb. 2.10: Portion von zehn HCl-Molekülen in einem Kristall, wobei die Moleküle unterschiedlich ausgerichtet sind. $T = 0\ \mathrm{K}$, $S > 0$, da Unordnung vorhanden ist.

Am absoluten Nullpunkt ($T = 0\ \mathrm{K}$) bewegen sich die HCl-Teilchen im Gitter nicht mehr; das Volumen ist das kleinstmögliche. Die Teilchen sind im Gitter absolut gleichmäßig ausgerichtet (→ Abb. 2.9). Da keine Unordnung in der HCl-Portion herrscht, ist die Entropie null. Aufgrund der Tatsache, dass es nur **eine** mögliche Anordnung der Moleküle zu einem perfekten Kristall gibt, wird *W* gleich 1 gesetzt. Der natürliche Logarithmus von 1 ist null, somit wird *S* ebenfalls null:

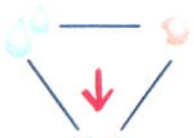

$$S = k \cdot \ln 1$$

$$S = 1{,}38 \cdot 10^{-23}\ \mathrm{J \cdot K^{-1}} \cdot 0 = 0$$

In einer weiteren Betrachtung soll jedes Teilchen in diesem Kristall zwei Ausrichtungsmöglichkeiten annehmen können (→ Abb. 2.10). Für die zehn Teilchen gibt es dann zusammen

$W = 2 \cdot 2 \cdot 2 \cdot 2 \cdot \ldots = 2^{10}$ Möglichkeiten, sich zu orientieren.

Daher ist die Entropie des nunmehr ungeordneten Kristalls:

$$S = k \cdot \ln 2^{10}$$

$$S = 1{,}38 \cdot 10^{-23}\ \mathrm{J \cdot K^{-1}} \cdot \ln 2^{10}$$

$$S = 9{,}565 \cdot 10^{-23}\ \mathrm{J \cdot K^{-1}}$$

Die Entropie ist somit größer als null. Da Teilchenportionen in der Regel in Größenordnungen von 10^{23} vorliegen, ergeben sich normalerweise Werte für die Entropie, die sich im Einer- bis Hunderterbereich bewegen. Darüber hinaus zeigt das Beispiel, dass **absolute Entropiewerte** existieren.

Entropieänderungen ΔS bei chemischen Reaktionen können mithilfe der Werte der **molaren Standard-Bildungsentropie** ΔS^0_m (1000 hPa, 298 K) berechnet werden, die aus Tabellenwerken zu entnehmen sind. Die Werte sind in $J \cdot mol^{-1} \cdot K^{-1}$ angegeben. Die molare Standard-Bildungsentropie ist als die Entropieänderung, die mit der Bildung von einem Mol einer Verbindung bei Standardbedingungen aus den Elementen einhergeht, definiert.

Molare Standard-Bildungsentropie ΔS^0_m Einheit: $J \cdot mol^{-1} \cdot K^{-1}$

Die **molare Standard-Reaktionsentropie** $\Delta_R S^0_m$ lässt sich in folgender Weise aus den molaren Standard-Bildungsentropien berechnen:

$$\Delta_R S^0_m = \Sigma S^0_m \text{(Produkte)} - \Sigma S^0_m \text{(Edukte)}$$

Molare Standard-Reaktionsentropie $\Delta_R S^0_m$

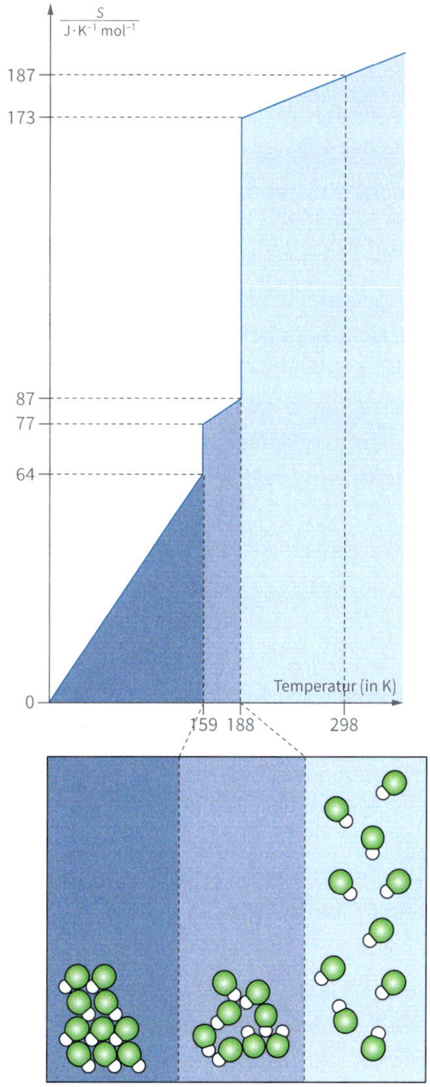

Abb. 2.11: Abhängigkeit der Entropie von der Temperatur bei Chlorwasserstoff

Ist $\Delta_R S^0_m$ positiv, so nimmt die Entropie beim Ablauf der Reaktion zu, es entsteht also ein System mit einem geringeren Ordnungsgrad. Ist der Wert für $\Delta_R S^0_m$ negativ, so nimmt die Entropie ab.

Da bei exothermen Reaktionen Energie in die Umgebung freigesetzt wird, erhöht sich die Wärmebewegung der Teilchen in der Umgebung und somit auch die Temperatur T. Die Erhöhung der Entropie in der Umgebung ist umgekehrt proportional zu Temperatur. $\Delta S_{Umgebung} = \Delta H/T$

Für chemische Reaktionen gilt allgemein: Bei jedem spontan ablaufenden Vorgang ist die Summe der Entropieänderungen eines **Systems und dessen Umgebung** größer Null. Die Entropie kann sich folglich nur erhöhen. Dieser Zusammenhang wird auch als **2. Hauptsatz der Thermodynamik** bezeichnet:

$$\Delta S_{gesamt} = \Delta S_{System} + \Delta S_{Umgebung}$$

$$\Delta S_{gesamt} > 0 \text{ (Prinzip des Entropie-Maximums)}$$

2.3 Freie Enthalpie

Abb. 2.12: JOSIAH WILLARD GIBBS 1839 – 1903, US-amerikanischer Physiker

Abb. 2.13: HERMANN LUDWIG FERDINAND VON HELMHOLTZ 1821 – 1894, deutscher Physiologe und Physiker

GIBBS und HELMHOLTZ verknüpften unabhängig voneinander Enthalpie und Entropie zu einer neuen Größe ***G***, der **freien Enthalpie** oder **GIBBS'schen Energie**. Dabei ist die freie Enthalpie die Differenz aus der (Gesamt-)Enthalpie *H* und dem Produkt aus Temperatur *T* und Entropie *S* eines Systems:

$G = H - T \cdot S$

Die freie Enthalpie *G* wird deswegen als **frei** bezeichnet, weil sie denjenigen Anteil der Gesamtenthalpie *H* eines Systems darstellt, welcher noch soweit geordnet ist, dass er für eine **Arbeit frei** zur Verfügung steht. Das Entropieglied „$T \cdot S$" hingegen beschreibt den Anteil an der Gesamtenthalpie *H*, der bereits ungeordnet ist und nicht mehr in Arbeit umgewandelt werden kann. Änderungen von Enthalpie und Entropie führen bei einem Vorgang, der bei konstanter Temperatur und bei konstantem Druck abläuft, zur Änderung der freien Enthalpie:

$\Delta G = \Delta H - T \cdot \Delta S$ **(GIBBS-HELMHOLTZ-Gleichung)**

Entsprechend gilt für chemische Reaktionen:

$\Delta_R G_m = \Delta_R H_m - T \cdot \Delta_R S_m$

Die Änderung der **molaren freien Reaktionsenthalpie** $\Delta_R G_m^0$ ist gleich der maximal möglichen Arbeit, die das stoffliche System im Verlauf einer Reaktion verrichten kann. Das Entropieglied „$T \cdot \Delta S$" ist der Anteil der (Gesamt-) Enthalpieänderung des Systems, der als thermische und chemische Energie in den Teilchen gespeichert wird und somit dem System nicht verloren geht.
Auch die molare freie Standard-Reaktionsenthalpie $\Delta_R G_m^0$ kann mithilfe von tabellierten Werten der **molaren freien Standard-Bildungsenthalpien** $\Delta_f G_m^0$ berechnet werden:

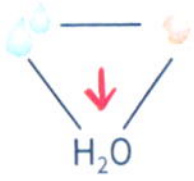

$\Delta_R G_m^0 = \sum \Delta_f G_m^0$ **(Produkte)** $- \Delta_f G_m^0$ **(Edukte)**

exergonisch: $\Delta_R G_m^0 \leq 0$
endergonisch: $\Delta_R G_m^0 \geq 0$

Wenn die Änderung der freien Enthalpie $\Delta_R G_m^0$ negativ ist $(\Delta_R G_m^0 \leq 0)$, läuft eine Reaktion **freiwillig** ab und es kann dabei physikalisch Arbeit geleistet werden. Derartige Reaktionen bezeichnet man als **exergonisch**. Ist $\Delta_R G_m^0 \geq 0$, so kann die Reaktion **nicht spontan** ablaufen, sie kann aber durch Arbeit erzwungen werden. Solche Reaktionen werden als **endergonisch** bezeichnet.

MERKE

Die Begriffe **endergonisch** und **exergonisch** dürfen nur in Zusammenhang mit dem Begriff **„freie Enthalpie"** verwendet werden,
wohingegen **exotherm** und **endotherm** nur in Verknüpfung mit dem Begriff **„Enthalpie"** gebraucht werden dürfen.

2.4 Entropie und Enthalpie im Zusammenspiel

Reaktionen laufen immer **spontan**, das heißt freiwillig ab, wenn die Enthalpie abnimmt ($\Delta H \leq 0$) und die Entropie zunimmt. Typisches Beispiel hierfür ist die Verbrennungsreaktion von Pentan mit Sauerstoff (→ Abb. 2.14 und Abb. 2.19). Die Reaktion ist stark exotherm, durch die Anzahl der dabei entstehenden gasförmigen Teilchen steigt die Entropie an.

$C_5H_{12}\,(l) + 8\,O_2\,(g) \rightarrow 5\,CO_2\,(g) + 6\,H_2O\,(g);\ \Delta_R G_m^0 = -3336\ kJ \cdot mol^{-1}$

Für den spontanen erfolgreichen Ablauf einer Reaktion ist es also günstig, wenn nach dem Prinzip des Energieminimums $\Delta H \leq 0$ und wenn nach dem Prinzip des Entropiemaximums $\Delta S \geq 0$ ist.

Reaktionen laufen **nie freiwillig** ab, wenn die Enthalpie zunimmt ($\Delta H \geq 0$) und die Entropie abnimmt ($\Delta S \leq 0$). So reagiert Sauerstoff nie freiwillig zu Ozon, da die Reaktion endotherm ist und die Teilchenzahl kleiner wird, das heißt die Ordnung zunimmt (→ Abb. 2.15).

$3\,O_2\,(g) \rightarrow 2\,O_3\,(g);\ \Delta_R G_m = +327\ kJ \cdot mol^{-1}$

Endotherme Reaktionen können nur ablaufen, wenn eine bestimmte Temperatur überschritten wird, sodass das Produkt „$T \cdot \Delta S$" größer als ΔH und auf diese Weise ΔG negativ wird. Mit steigender Temperatur wächst der Einfluss von ΔS auf den Reaktionsverlauf. Als Beispiel hierfür kann man die Reaktion von Wasser mit Kohlenstoff nennen, die bei Zimmertemperatur nicht abläuft, aber bei 1000 K aufgrund des hohen Entropiewertes möglich wird, obwohl die Reaktion endotherm ist (→ Abb. 2.16).

$H_2O\,(g) + C\,(s) \rightarrow CO\,(g) + H_2\,(g);$

$\Delta_R G_m^0\,(298\ K) = +92\ kJ \cdot mol^{-1};$

$\Delta_R G_m^0\,(1000\ K) = -3\ kJ \cdot mol^{-1}$

Exotherme Reaktionen mit abnehmender Entropie können nur unterhalb einer bestimmten Temperatur freiwillig ablaufen, solange $|T \cdot \Delta S| \leq |\Delta H|$ ist; z. B. reagiert Stickstoffdioxid bei Zimmertemperatur exotherm zu Distickstofftetraoxid. Bei 400 K läuft diese Reaktion jedoch nicht mehr ab, da sie nun endergonisch geworden ist (→ Abb. 2.17).

$2\,NO_2\,(g) \rightarrow N_2O_4\,(g)$

$\Delta_R G_m^0\,(298\ K) = -5\ kJ \cdot mol^{-1}$

$\Delta_R G_m^0\,(400\ K) = +13\ kJ \cdot mol^{-1}$

Chemisches Gleichgewicht und chemische Energie: Mithilfe der molaren freien Standard-Bildungsenthalpie $\Delta_f G_m^0$ kann die Gleichgewichtskonstante einer chemischen Reaktion bestimmt werden (vgl. Kapitel 4). Zunächst berechnet man die molare freie Standard-Reaktionsenthalpie $\Delta_R G_m^0$. Diese Größe steht mit dem Logarithmus des Zahlenwertes der temperaturabhängigen Gleichgewichtskonstanten $K(T)$ in folgender Beziehung:

$\lg K(T) = \frac{1}{2{,}3 \cdot R \cdot T} \cdot \Delta_R G_m^0$

Dieser Zusammenhang gilt gleichermaßen für Gasreaktionen mit K_p und für Reaktionen in Lösungen mit K_c.

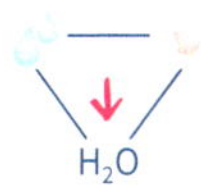

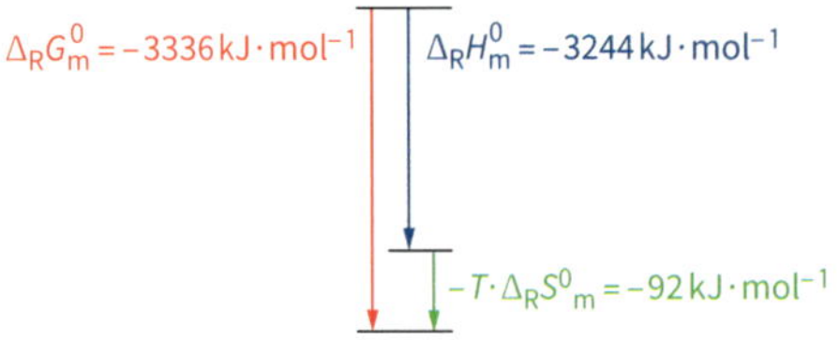

Die Reaktion läuft immer feiwillig ab:
$\Delta H < 0$; $T \cdot \Delta S > 0$; $\Delta G < 0$

$C_5H_{12}(l) + 8\,O_2(g) \rightarrow 5\,CO_2(g) + 6\,H_2O(g)$

Abb. 2.14: Spontan ablaufende Reaktion (vgl. Abb. 2.19)

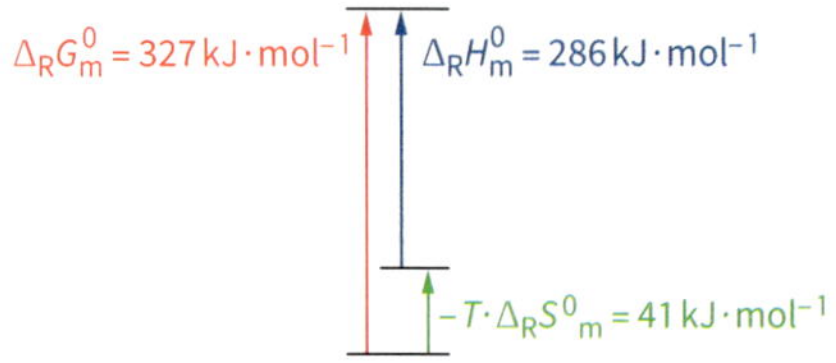

Die Reaktion läuft nie feiwillig ab:
$\Delta H > 0$; $T \cdot \Delta S < 0$; $\Delta G > 0$

$3\,O_2(g) \rightarrow 2\,O_3(g)$

Abb. 2.15: Nicht freiwillig ablaufende Reaktion

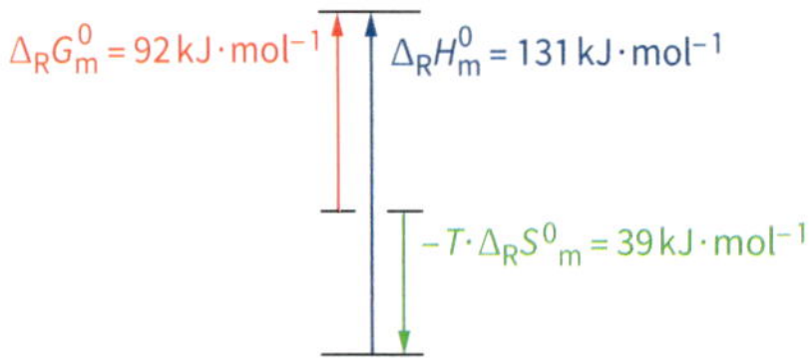

Die Reaktion läuft bei 298 K nicht ab:
$T \cdot \Delta S < \Delta H$; $\Delta G > 0$

$H_2O(g) + C(s) \rightarrow CO(g) + H_2(g)$

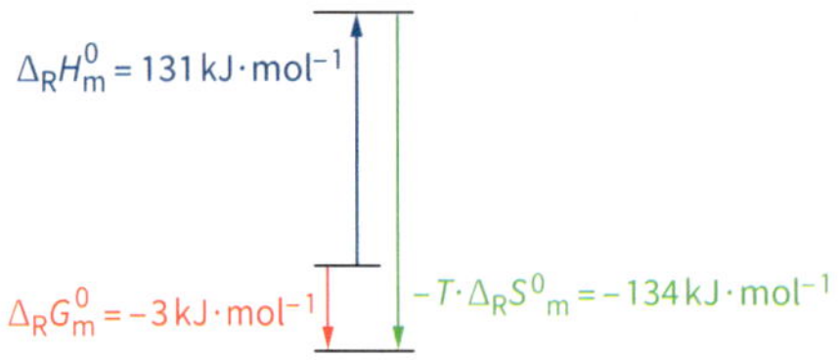

Die Reaktion läuft bei 1000 K ab:
$T \cdot \Delta S > \Delta H$; $\Delta G < 0$

Abb. 2.16: Endotherme Reaktion

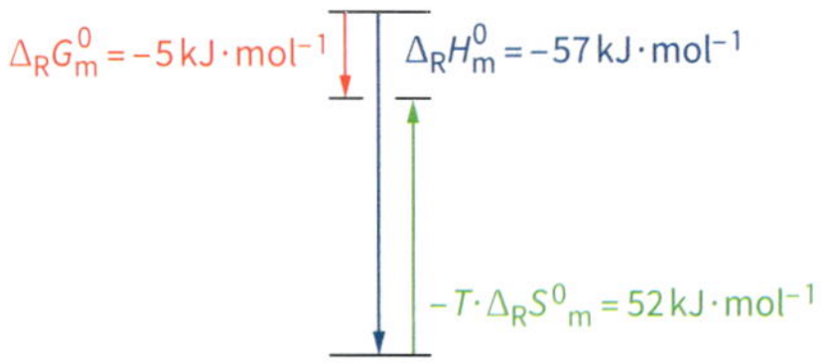

Die Reaktion läuft bei 298 K ab:
$\Delta H < 0$; $\Delta S < 0$; $|T \cdot \Delta S| < |\Delta H|$; $\Delta G < 0$

$2\,NO_2(g) \rightarrow N_2O_4(g)$

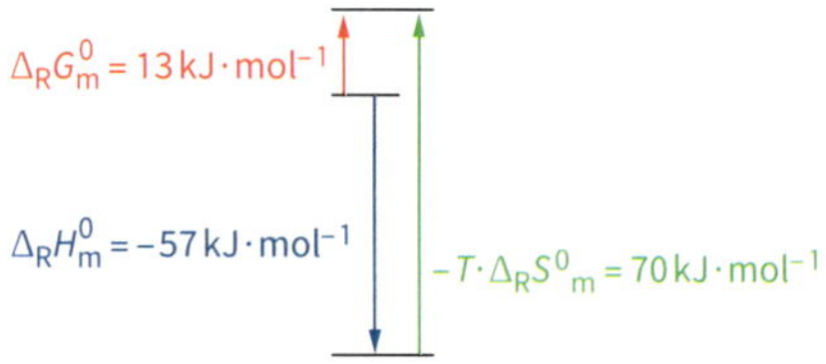

Die Reaktion läuft bei 400 K nicht ab:
$\Delta H < 0$; $\Delta S < 0$; $|T \cdot \Delta S| > |\Delta H|$; $\Delta G > 0$

Abb. 2.17: Exotherme Reaktion

Abb. 2.19: Die Verbrennung von Pentan verläuft freiwillig (vgl. Abb. 2.14)

Steckbrief 1-Pentanol

Molekülformel	$C_5H_{12}O$
Halbstrukturformel:	$CH_3—CH_2—CH_2—CH_2—CH_2—OH$
molare Masse	88,15 g/mol
Aggregatzustand	flüssig bei Zimmertemperatur
Dichte	0,815 g/cm³ bei 20 °C
Siedepunkt	137 bis 138 °C
Schmelzpunkt	–79 °C
Flammpunkt	49 °C
Zündtemperatur	300 °C
Löslichkeit in Wasser	schwer löslich
– mit organ. Lösungsmitteln	gut mischbar
Synonyme	Amylalkohol, n-Pentanol, 1-Pentanol
Verwendung	Lösungsmittel, Kraftstoffzusatz, chemische Synthese

Zusammenfassung und Rückblick

Bei tiefen Temperaturen entscheidet hauptsächlich ΔH über den Ablauf einer chemischen Reaktion, bei hohen Temperaturen gewinnt ΔS zunehmend an Bedeutung. Das Entropieglied $T \cdot \Delta S$ ist also unter Umständen in der Lage, den Verlauf einer chemischen Reaktion umzukehren.

Die Triebkraft chemischer Reaktionen besteht in der Abnahme der Enthalpie und der Zunahme der Entropie. Beide Faktoren sind in der freien Enthalpie zusammengefasst. **Somit liegt die Triebkraft chemischer Reaktionen in der Abnahme der freien Enthalpie.**

Enthalpie-änderung ΔH	Entropie-änderung ΔS	T	Freie Enthalpieänderung $\Delta G = \Delta H - T \cdot \Delta S$	Erläuterung
≤ 0; exotherm	≥ 0; Zunahme	klein groß	≤ 0; exergonisch ≤ 0; exergonisch	in beiden Fällen spontane Reaktionen
≤ 0; exotherm	≤ 0; Abnahme	klein groß	≤ 0; exergonisch ≥ 0; endergonisch	spontane Reaktion nur bei niedrigen Temperaturen
≥ 0; endotherm	≤ 0; Abnahme	klein groß	≥ 0; endergonisch ≥ 0; endergonisch	in keinem Fall spontane Reaktionen
≥ 0; endotherm	≥ 0; Zunahme	klein groß	≥ 0; endergonisch ≤ 0; exergonisch	nur bei hohen Temperaturen spontaner Reaktionsablauf

Tab. 2.1: Auswirkung von Enthalpie- und Entropieänderung auf den freiwilligen Ablauf von chemischen Reaktionen

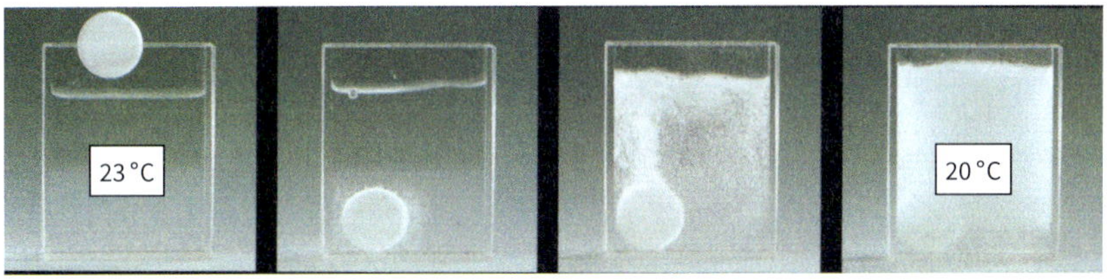

Abb. 2.18: Versuch zur Kombination $\Delta H \geq 0$; $\Delta S \geq 0$; $\Delta G \leq 0$; exergonisch

Wie der Versuch in Abbildung 2.18 zeigt, löst sich eine Brausetablette in einem endothermen Vorgang spontan in Wasser auf. Dabei reagiert Citronensäure mit Natriumhydrogencarbonat zu Kohlensäure. Die Kohlensäure perlt zu einem großen Teil als gasförmiges Kohlenstoffdioxid aus, wobei sich die Lösung abkühlt. Dabei ist die Enthalpieänderung $\Delta H \geq 0$ und die Entropieänderung $\Delta S > 0$. Insgesamt gesehen ist aufgrund der starken Gasbildung und somit der großen Entropiezunahme die freie Enthalpie $\Delta G \leq 0$; die Reaktion ist exergonisch.

2 Chemische Reaktionen – energetisch

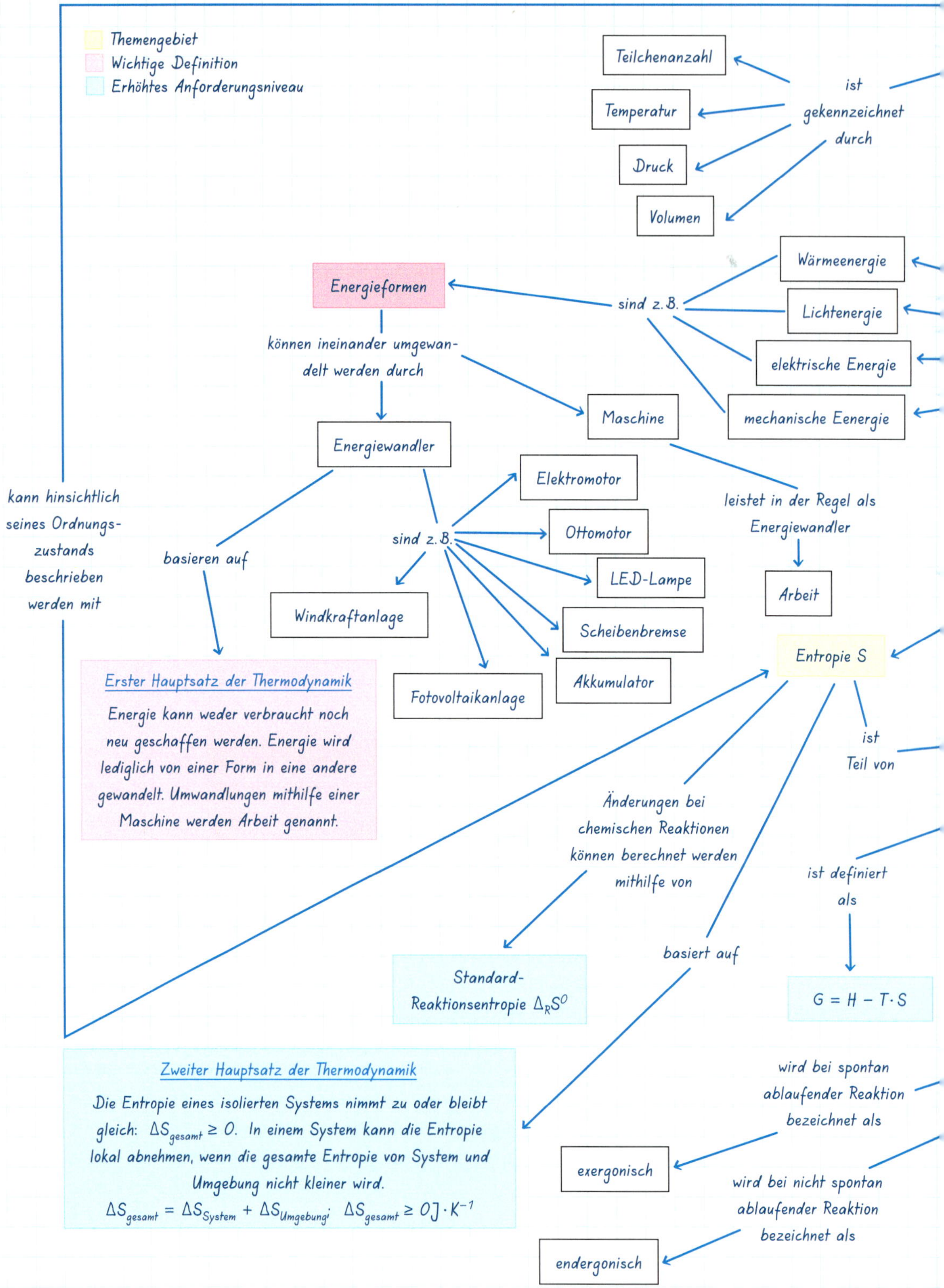

betrachtet

2

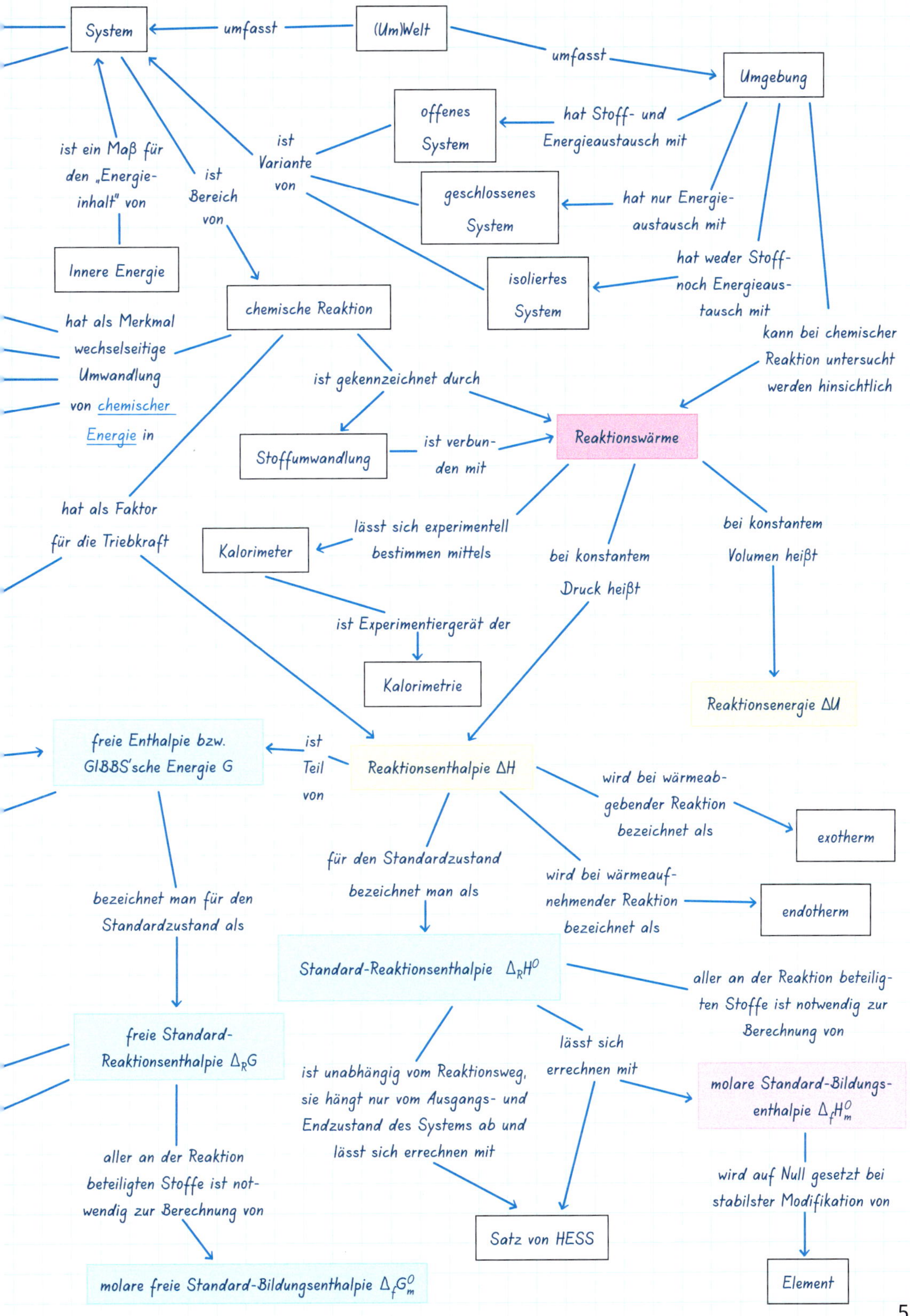

3 Reaktionsgeschwindigkeit

Mithilfe des Energiekonzepts kann man berechnen, ob eine chemische Reaktion freiwillig abläuft oder nicht. Wie schnell sie allerdings abläuft, lässt sich mit Energiebetrachtungen nicht vorhersagen, da der Faktor „Zeit", der Bestandteil der Größe „Geschwindigkeit" ist, hier keine Berücksichtigung findet.

Die Reaktionsgeschwindigkeit verschiedener chemischer Reaktionen ist unterschiedlich groß und wird von den Faktoren Zerteilungsgrad, Konzentration, Temperatur und Katalysator beeinflusst.

Auf der Teilchenebene sind diese Faktoren genauso bedeutsam. So müssen die reagierenden Teilchen eine genügend große Geschwindigkeit besitzen und räumlich richtig zueinander orientiert sein, damit sich beim Zusammenstoß eine neue Verbindung ergibt.

Basiskonzept: Reaktionsgeschwindigkeit

Genaue Analysen in Zusammenhang mit der Reaktionsgeschwindigkeit tragen bei vielen chemischen Reaktionen zur Klärung des Reaktionsmechanismus bei. Durch Anwendung des Reaktionsgeschwindigkeits-Konzepts bei chemischen Produktionsprozessen kann die Herstellung von Produkten optimiert und so Energie eingespart werden.

Die Reaktionsgeschwindigkeit verschiedener chemischer Reaktionen ist unterschiedlich groß und wird von den Faktoren Zerteilungsgrad, Konzentration, Temperatur und Katalysator beeinflusst.

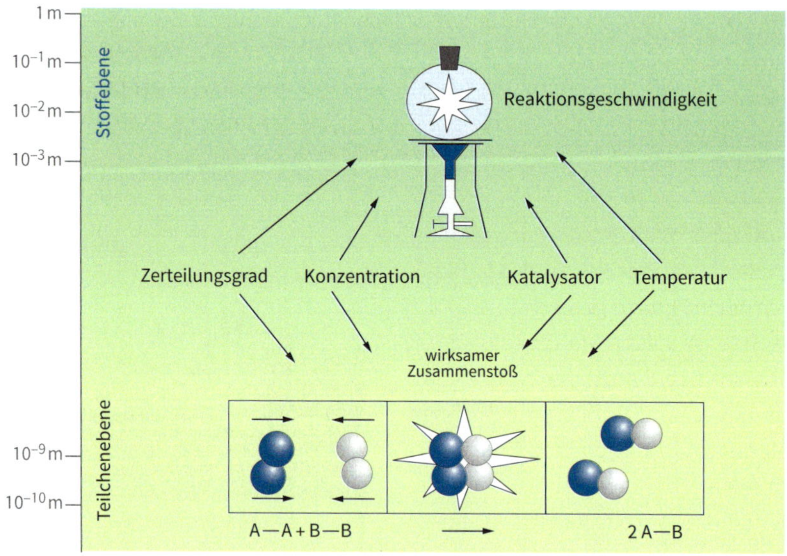

Abb. 3.1: Basiskonzept Reaktionsgeschwindigkeit im Überblick

3.1 Definition

Die Geschwindigkeit einer Reaktion entspricht der zeitlichen Änderung der Konzentration eines an der Reaktion beteiligten Stoffes.

DEFINITION

Die **Reaktionsgeschwindigkeit** v ist der Quotient aus dem Betrag der Konzentrationsänderung eines Reaktionspartners und der dazu benötigten Zeit.

$$v = \frac{\Delta c}{\Delta t}$$

Die Geschwindigkeit einer Reaktion kann auch bestimmt werden, indem man die Änderung des Volumens eines Stoffes während der Reaktion betrachtet.

3.2 Abhängigkeit vom Zerteilungsgrad (von der Oberfläche)

Damit reaktionsfähige Teilchenarten miteinander reagieren können, müssen sie zusammenstoßen. Je größer die Zahl (erfolgreicher) Zusammenstöße pro Zeiteinheit ist, desto größer ist die Reaktionsgeschwindigkeit.

Bei Stoffen, die in verschiedenen Phasen vorliegen, können Teilchen nur dann reagieren, wenn sie an der Phasengrenzfläche miteinander zusammenstoßen.

Mit dem Zerteilungsgrad eines Stoffes wird die Oberfläche und damit die Phasengrenzfläche größer. Die Reaktionsgeschwindigkeit nimmt daher mit dem Zerteilungsgrad zu.

Staubexplosionen entstehen, wenn feinverteilte feste Partikel an der Luft z. B. durch einen Funken gezündet werden. Beispiele für solche Staubexplosionen, bei denen sich die bei der Verbrennung entstehenden Gase sehr stark ausdehnen:

- Mehlstaubexplosion in Getreidemühlen
- Kohlenstaubexplosionen im Steinkohlebergbau, bei denen Kohlenstaub sich entzündet: $C + O_2 \rightarrow CO_2$

3.3 Konzentrationsabhängigkeit und Geschwindigkeitsgleichung

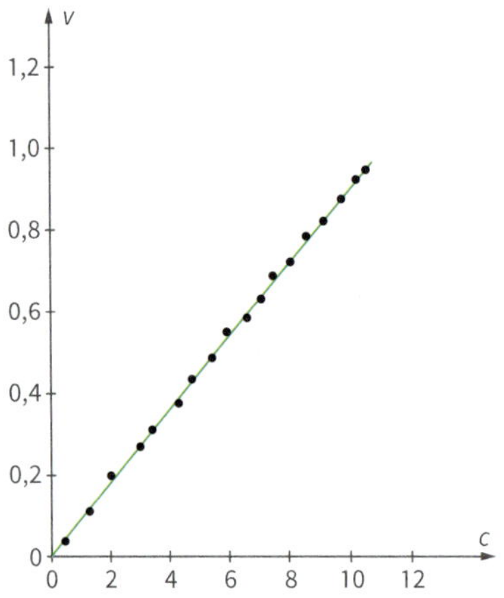

Abb. 3.2: Reaktionsgeschwindigkeit in Abhängigkeit von der Konzentration

Trägt man die Reaktionsgeschwindigkeit in Abhängigkeit von der Konzentration des reagierenden Stoffes auf, so erhält man ein Geschwindigkeits/Konzentrations-Diagramm. Die Reaktionsgeschwindigkeit ist dabei proportional zur Konzentration: $v \sim c$.

Es gilt daher die Geschwindigkeitsgleichung $v = k \cdot c$. Da bei Gasen die Konzentration proportional dem Druck bzw. Partialdruck ist, gilt für Gase entsprechend $v = k \cdot p$.

Der **Partialdruck** ist der Druck, den eine Gaskomponente eines Gasgemischs auf die Gefäßwand ausüben würde, wenn sie sich allein im Gefäß befände.

Die **Proportionalitätskonstante *k*** ist dabei die **Geschwindigkeitskonstante**. Sie ist charakteristisch für eine Reaktion bei konstanter Temperatur.

MERKE

Die Reaktionsgeschwindigkeitskonstante *k* ist abhängig von der Temperatur, von den beteiligten Stoffen, aber nicht von der Stoffmengenkonzentration oder dem (Partial-)Druck.

Reagieren zwei Teilchenarten A und B miteinander, so nimmt die Zahl erfolgreicher Zusammenstöße zwischen Teilchenart A und Teilchenart B mit der Konzentration an A und B zu. Die Reaktionsgeschwindigkeit ist proportional zum Produkt der Konzentrationen an A und an B (Stoßtheorie). Es gilt daher die **Geschwindigkeitsgleichung**

$$v = k \cdot c(A) \cdot c(B).$$

Dies belegen auch Überlegungen zur **Stoßtheorie**. Dabei betrachtet man die Stoßwahrscheinlichkeit zwischen Teilchen A und Teilchen B.

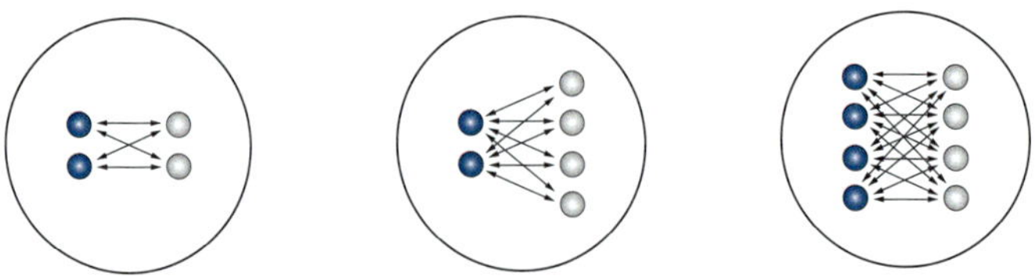

4 Stoßmöglichkeiten | 8 Stoßmöglichkeiten | 16 Stoßmöglichkeiten

Abb. 3.3: Bei der Stoßtheorie betrachtet man die Stoßwahrscheinlichkeit zwischen Teilchen A (blau dargestellt) und Teilchen B (grau dargestellt).

3.4 Temperaturabhängigkeit

Trägt man die Reaktionsgeschwindigkeit in Abhängigkeit von der Temperatur auf, so gilt für viele Reaktionen die **R**eaktions**g**eschwindigkeits/**T**emperatur-Regel (**RGT-Regel**): Die Reaktionsgeschwindigkeit steigt auf das Doppelte bis Vierfache, wenn man die Temperatur um 10 °C erhöht.

Nach BOLTZMANN haben gleichartige Teilchen auch bei gleichbleibender Temperatur unterschiedliche Energie. Für einen erfolgreichen Zusammenstoß müssen die Teilchen aber eine bestimmte Mindestenergie E_{min} besitzen. Erhöht man die Temperatur, so nimmt der Bruchteil der Teilchen mit dieser Mindestenergie zu, die Reaktionsgeschwindigkeit steigt daher bei Erwärmung exponentiell an.

LUDWIG EDUARD BOLTZMANN
1844 – 1906,
österreichischer Physiker und Philosoph

Energieverteilungskurven erhält man, wenn man die Anzahl der Teilchen mit gleicher Energie in Abhängigkeit von der kinetischen Energie darstellt.
Nimmt die Temperatur zu, so ist der Kurvenverlauf flacher, das Maximum liegt bei einer höheren Energie.

ΔN/N: Anteil der Teilchen, die die für die Reaktion erforderliche Mindestenergie E_{min} besitzen.

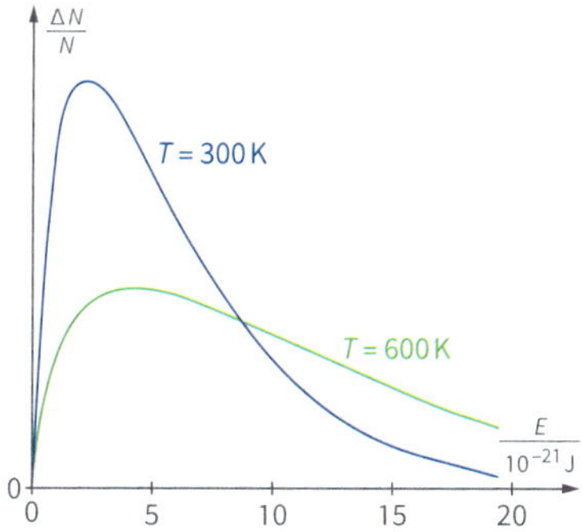

Abb. 3.4: Energieverteilungskurven nach BOLTZMANN für verschiedene Temperaturen

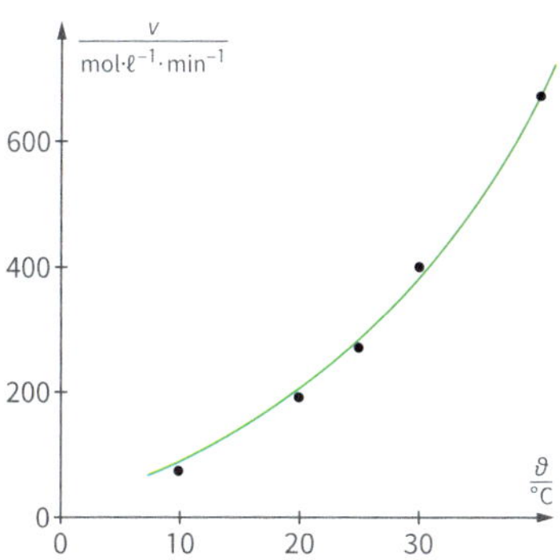

Abb. 3.5: Reaktionsgeschwindigkeit in Abhängigkeit von der Temperatur

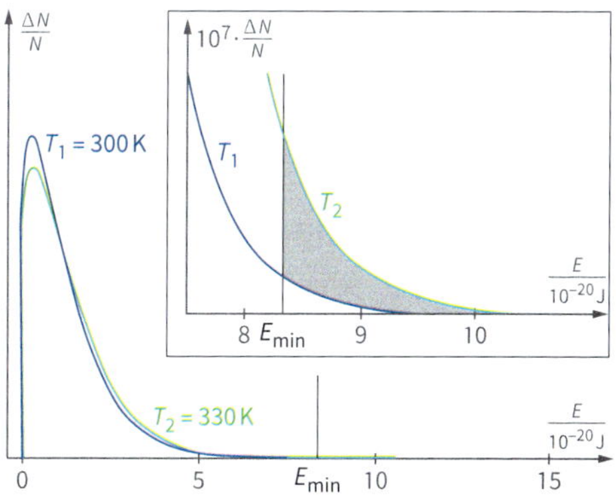

Abb. 3.6: Energieverteilung nach BOLTZMANN für verschiedene Temperaturen

3.5 Katalysatoren

KATALYSATOREN

Katalysatoren sind Stoffe, die eine Reaktion beschleunigen, am Ende aber wieder in der ursprünglichen Form unverbraucht vorliegen.

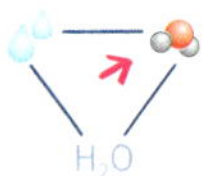

Im Reaktionsverlauf sind **Katalysatoren** an der Bildung von Zwischenstufen beteiligt. Dadurch ergibt sich ein Reaktionsweg mit geringerer **Aktivierungsenergie** und daher mit einer größeren Reaktionsgeschwindigkeit. Die Aktivierungsenergie entspricht gerade der Mindestenergie E_{min} der zusammenstoßenden Teilchen. Bei einer **heterogenen Katalyse** liegen Katalysator und Edukte in verschiedenen Aggregatzuständen vor.

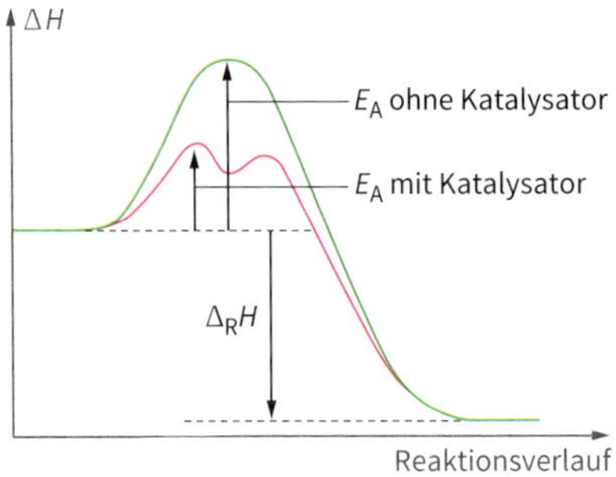

Abb. 3.7: Energiediagramm einer Reaktion mit und ohne Katalysator

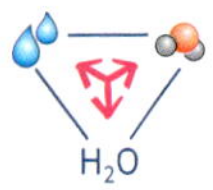

Beispiel:

$2\,H_2 + O_2 \xrightarrow{\text{Platin}} 2\,H_2O$

In Gegenwart von Platin entzündet sich Wasserstoff an der Luft schon bei Raumtemperatur: Die Wasserstoff-Moleküle dissoziieren an der Platinoberfläche. Der so gebildete atomare Wasserstoff reagiert dann mit an der Metalloberfläche gebundenen Sauerstoff-Molekülen.

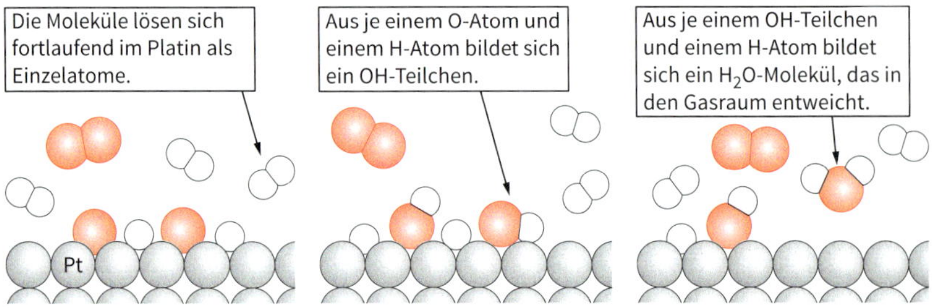

Abb. 3.8: Reaktion von Wasserstoff mit Sauerstoff an Platin

Bei einer **homogenen Katalyse** liegen Katalysator und Edukt in derselben Phase vor.

Beispiel:

$2\,H_2O_2 \xrightarrow{\text{Iodid-Ionen}} 2\,H_2O + O_2$

Der Zerfall von Wasserstoffperoxid in wässriger Lösung wird von vielen Katalysatoren beschleunigt. Dabei wird z. B. bei Iodid-Ionen als Katalysator die Zwischenverbindung IO^- gebildet.

Katalysatorgifte verringern die Katalysatorwirkung oder heben sie auf Dauer auf. So zerstört Blei die Abgaskatalysatoren in Fahrzeugen.

Enzyme sind **Biokatalysatoren**, die von lebenden Organismen gebildet werden. Katalase z. B. katalysiert den Zerfall von Wasserstoffperoxid zu Sauerstoff und Wasser. Katalase kommt in allen lebenden Zellen vor.

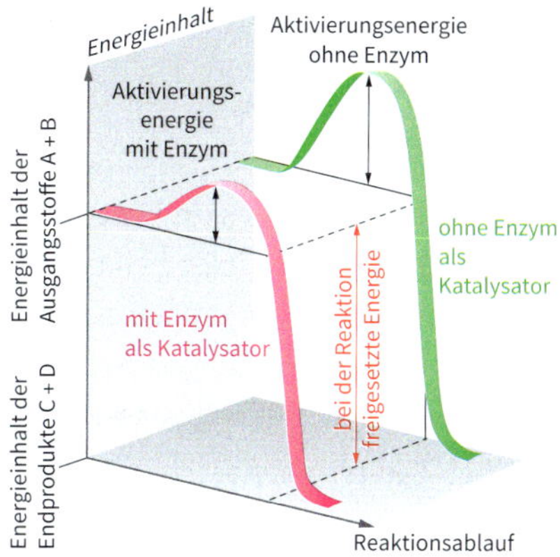

Abb. 3.9: Verlauf einer Reaktion mit und ohne Enzym als Katalysator

3.6 Abgaskatalysator

Bei Fahrzeugen mit Verbrennungsmotoren enthält das Abgas giftiges CO, das durch unvollständige Verbrennung entsteht. Durch die hohen Temperaturen im Zylinder reagiert der Luftstickstoff zum Teil zu ebenfalls giftigen Stickstoffoxiden. Beim **Dreiwegekatalysator** finden daher gleichzeitig eine Oxidation von CO und Kohlenwasserstoffen und eine Reduktion von Stickoxiden (NOx) statt. Dabei entstehen CO_2 und N_2.

Mögliche Reaktionen:

$$2\,CO + O_2 \rightarrow 2\,CO_2$$

$$2\,NO + 2\,CO \rightarrow N_2 + 2\,CO_2$$

$$C_7H_{16} + 11\,O_2 \rightarrow 7\,CO_2 + 8\,H_2O$$

Der **Katalysator** besteht aus **Platin** und **Rhodium** (ca. 2 g/Katalysator), die auf einen Keramikkörper aufgebracht sind.

Die **Lambdasonde** ist ein Sensor, der den Sauerstoffgehalt im Abgasstrom des Autos erfasst. Sie reguliert den Luft- und Benzinanteil, sodass CO und Stickoxide vollständig zu CO_2 und N_2 reagieren.

3 Reaktionsgeschwindigkeit

Die Reaktionsgeschwindigkeit ist die Konzentrationsänderung der reagierenden Ausgangsstoffe in einer bestimmten Zeiteinheit.

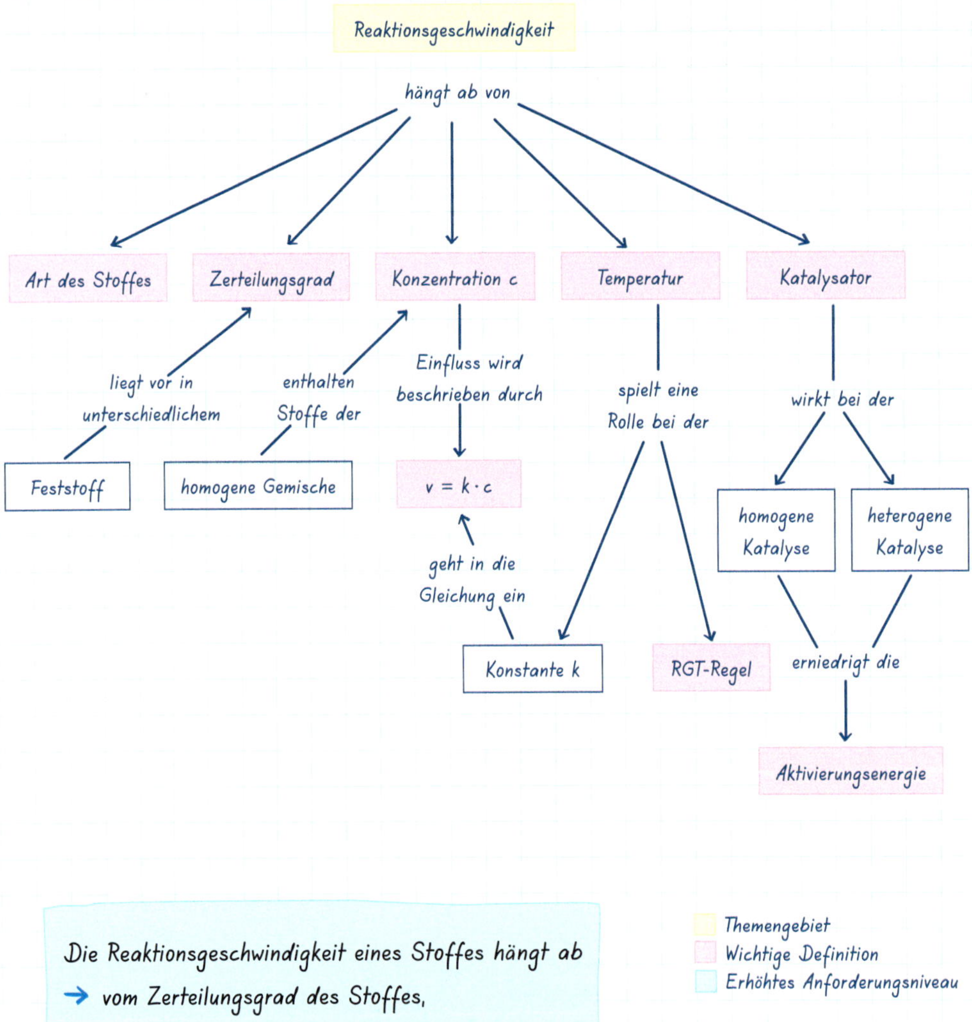

Die Reaktionsgeschwindigkeit eines Stoffes hängt ab
- → vom Zerteilungsgrad des Stoffes,
- → von der Konzentration des Stoffes,
- → von der Temperatur (dabei gilt die RGT-Regel),
- → von der Gegenwart eines Katalysators.

4 Chemisches Gleichgewicht

In geschlossenen Systemen laufen viele chemische Reaktionen nicht vollständig ab. Es stellt sich ein stabiles Konzentrationsverhältnis zwischen Ausgangs- und Endstoffen ein, das sich mathematisch beschreiben lässt.
Vorhersagen über den quantitativen Verlauf einer chemischen Reaktion in einem geschlossenen System sind somit möglich. Obwohl sich nach Einstellung dieses statisch erscheinenden Gleichgewichts auf der Stoffebene der Eindruck vermittelt, die chemische Umsetzung sei abgeschlossen, laufen auf der Teilchenebene immer noch Hin- und Rückreaktion ab, wobei die Reaktionsgeschwindigkeiten der Hin- und Rückreaktion gleich groß sind. Aufgrund dieser Dynamik auf Teilchenebene wird das chemische Gleichgewicht auch als dynamisches Gleichgewicht bezeichnet.
Durch Änderung der Faktoren wie Temperatur, Druck und Konzentration kann das chemische Gleichgewicht gestört werden, was zu einer Verschiebung der Gleichgewichtslage in die Richtung führt, in der die Folgen der Störung verringert werden.

Basiskonzept: Chemisches Gleichgewicht

Bei reversiblen chemischen Reaktionen stellt sich im geschlossenen System ein dynamischer Gleichgewichtszustand zwischen Ausgangs- und Endstoffen ein.

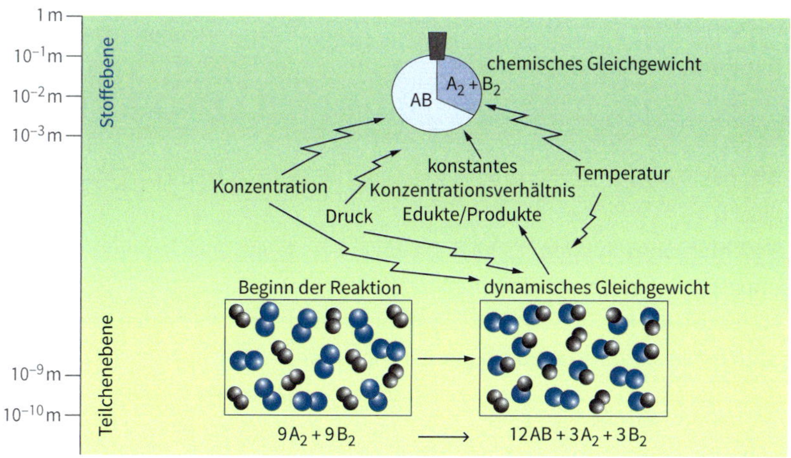

Abb. 4.1: Basiskonzept des chemischen Gleichgewichts

4.1 Modell „Apfelwerfen“

Gedankenexperiment

Garten A gehört einer fitten Person (k_A), Garten B einer körperlich weniger fitten Person (k_B). Person A möchte ihren Garten von den Äpfeln räumen und wirft daher die Äpfel in den Garten B. Der Besitzer von Garten B wirft zurück. Wer wird seinen Garten von den Äpfeln räumen können?

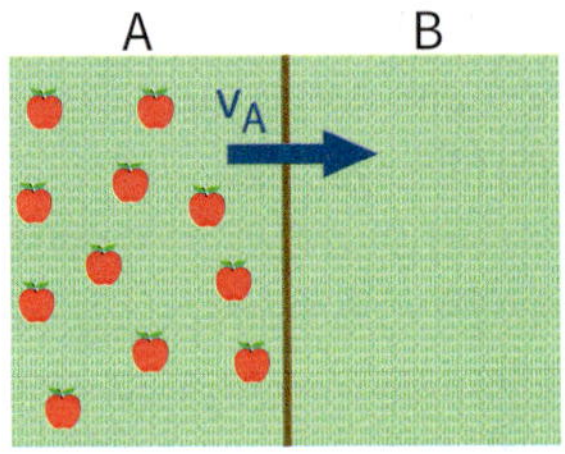

Abb. 4.2: Person A wirft zu Beginn viele Äpfel nach B.

Am Ende hat sich ein **dynamisches Gleichgewicht** eingestellt. Person A profitiert von ihrer größeren Fitness, muss aber längere Strecken zurücklegen, um an alle Äpfel im Garten zu gelangen. Person B profitiert davon, dass seine Laufstrecke zu den einzelnen Äpfeln kürzer ist, besitzt aber eine geringere körperliche Fitness.

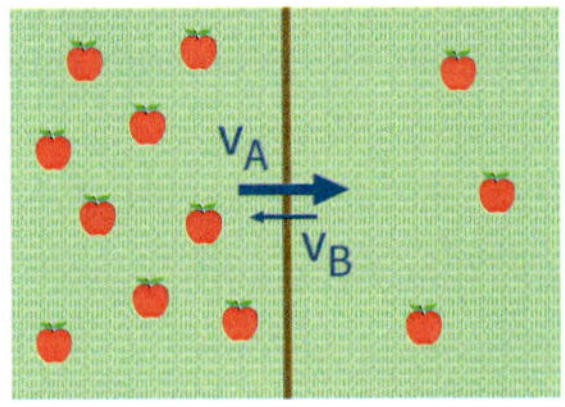

Abb. 4.3: Person B wirft sie zurück.

Pro Zeiteinheit wechseln genau so viele Äpfel von A nach B wie von B nach A.

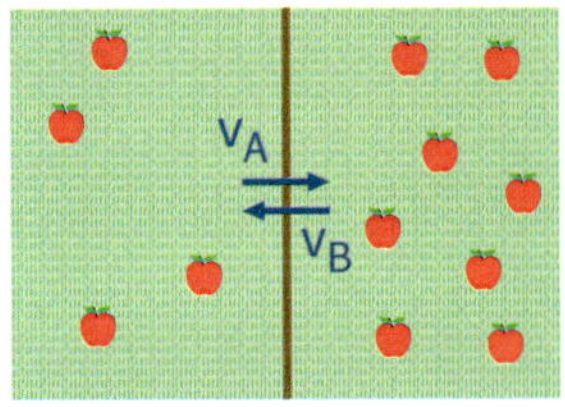

Abb. 4.4: Im dynamischen Gleichgewicht: $v_A = v_B$

k_A, k_B: Fitness der Personen
v_A, v_B: Anzahl der Äpfel, die pro Zeiteinheit von A nach B bzw. von B nach A geworfen werden.

Im dynamischen Gleichgewicht: $v_A = v_B$

MERKE

- **Offenes System:** Steht mit der Umgebung im Materie- und Energieaustausch.
- **Geschlossenes System:** Ermöglicht einen Energieaustausch mit der Umgebung (jedoch keinen Materieaustausch).
- **Abgeschlossenes (= isoliertes) System:** Ermöglicht weder einen Energie- noch einen Materieaustausch mit der Umgebung.

Voraussetzung für ein **dynamisches Gleichgewicht** sind eine **umkehrbare Reaktion** und ein **geschlossenes System**.

4.2 Umkehrbare Reaktionen und chemisches Gleichgewicht

Reaktionen sind prinzipiell umkehrbar. Dabei wird bei der **Rückreaktion** derselbe Energiebetrag umgesetzt wie bei der **Hinreaktion**, allerdings mit umgekehrtem Vorzeichen.

BEISPIEL

$I_2(g) + H_2(g) \rightarrow 2\,HI(g)$; $\Delta_R H_m^0 = -10\,kJ \cdot mol^{-1}$ (exotherme Reaktion)
$2\,HI(g) \rightarrow H_2(g) + I_2(g)$; $\Delta_R H_m^0 = +10\,kJ \cdot mol^{-1}$ (endotherme Reaktion)

CHEMISCHES GLEICHGEWICHT

In einem **geschlossenen System** stellt sich für eine **umkehrbare Reaktion** bei konstanter Temperatur und bei konstantem Druck ein gleichbleibendes Stoffmengenverhältnis zwischen den Edukten (Ausgangsstoffen) und den Produkten (Endstoffen) ein.

Das **chemische Gleichgewicht** ist ein **dynamisches Gleichgewicht:** Pro Zeiteinheit entstehen durch die Hinreaktion genauso viele Teilchen des Endstoffes, wie Teilchen durch die Rückreaktion wieder zum Ausgangsstoff reagieren. Die Geschwindigkeiten von Hin- und Rückreaktion sind gleich groß: $v_{hin} = v_{rück}$.
Schreibweise für eine Reaktion im chemischen Gleichgewicht:

$$A + B \leftrightharpoons AB$$

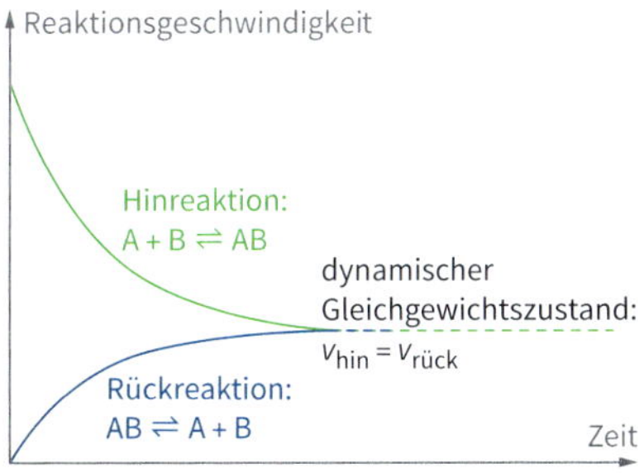

Abb. 4.5: Zeitlicher Verlauf der Gleichgewichtseinstellung

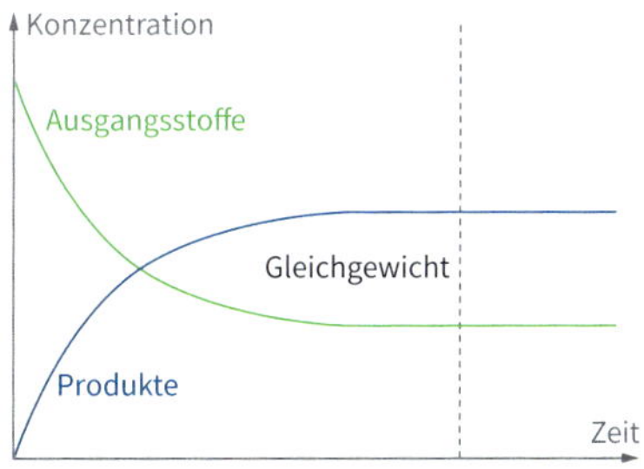

Abb. 4.6: Zeitlicher Verlauf der Konzentrationen an Ausgangsstoffen und Produkten

Die Konzentrationen der Ausgangs- und der Endstoffe im dynamischen Gleichgewicht sind in der Regel verschieden.

4.3 Das Massenwirkungsgesetz

Ist $A + B \leftrightharpoons C + D$ eine Reaktion im chemischen Gleichgewicht, so gilt für die Geschwindigkeit der Hinreaktion: $v_{hin} = k_{hin} \cdot c(A) \cdot c(B)$.
Für die Geschwindigkeit der Rückreaktion gilt: $v_{rück} = k_{rück} \cdot c(C) \cdot c(D)$, wobei v_{hin}, $v_{rück}$ die Reaktionsgeschwindigkeiten und k_{hin}, $k_{rück}$ die Reaktionsgeschwindigkeitskonstanten bedeuten. Im dynamischen Gleichgewicht gilt:

$$v_{hin} = v_{rück} \Rightarrow k_{hin} \cdot c(A) \cdot c(B) = k_{rück} \cdot c(C) \cdot c(D) \Rightarrow \frac{k_{hin}}{k_{rück}} = \frac{c(C) \cdot c(D)}{c(A) \cdot c(B)} \text{ oder } K_c = \frac{c(C) \cdot c(D)}{c(A) \cdot c(B)}$$

MASSENWIRKUNGSGESETZ (MWG)

Für eine Reaktion $aA + bB \leftrightharpoons cC + dD$ im chemischen Gleichgewicht gilt:

$$K_c = \frac{c^c(C) \cdot c^d(D)}{c^a(A) \cdot c^b(B)}$$

Bei einem homogenen System im chemischen Gleichgewicht ist das Produkt der Konzentrationen der rechts stehenden Teilchen dividiert durch das Produkt der Konzentrationen der links stehenden Teilchen bei einer bestimmten Temperatur konstant.

Beispiel: $H_2(g) + I_2(g) \leftrightharpoons 2\,HI(g)$; $K_c = \frac{c^2(HI)}{c(H_2) \cdot c(I_2)}$

Die **Gleichgewichtskonstante** K_c ist temperaturabhängig. Tabellierte Werte gelten für 298 K (25 °C). Die Einheit von K_c muss für jede Reaktion berechnet werden. Für Reaktionen im Gaszustand wird oft statt des K_c-Wertes der K_p-Wert angegeben. Zur Berechnung von K_p werden statt der Konzentrationen die Partialdrücke der Gase in das Massenwirkungsgesetz eingesetzt.

Beispiel: $N_2O_4(g) \leftrightharpoons 2\,NO_2(g)$

$K_p = \frac{p^2(NO_2)}{p(N_2O_4)}$; $p(NO_2)$, $p(N_2O_4)$: Partialdruck von NO_2, N_2O_4

BEDINGUNGEN FÜR DAS MASSENWIRKUNGSGESETZ

- geschlossenes System
- umkehrbare Reaktion
- chemisches Gleichgewicht
- **homogenes System:** Die beteiligten Stoffe müssen in Lösung oder als Gase vorkommen.
  Bei heterogenen Systemen werden feste Stoffe nicht berücksichtigt.

Beispiel: $Ag^+(aq) + Fe^{2+}(aq) \leftrightharpoons Ag(s) + Fe^{3+}(aq)$; $K_c = \frac{c(Fe^{3+})}{c(Ag^+) \cdot c(Fe^{2+})}$

4.4 Verschieben der Gleichgewichtslage und das Prinzip von Le Chatelier

Die **Lage des Gleichgewichts** ist abhängig von Temperatur, Druck und den Konzentrationen der Reaktionspartner.

$A + B \rightleftharpoons AB$: Gleichgewichtslage ist nach rechts (zugunsten der Endstoffe) verschoben.

$A + B \rightleftharpoons AB$: Gleichgewichtslage ist nach links (zugunsten der Ausgangsstoffe) verschoben.

Temperaturabhängigkeit

Eine Temperaturerhöhung begünstigt die endotherme (energieverbrauchende), eine Temperaturerniedrigung die exotherme Reaktionsrichtung.

Beispiel:

$N_2O_4(g) \leftrightharpoons 2\,NO_2(g)$; $\Delta_R H^0_m = +57\,kJ \cdot mol^{-1}$

farblos braun

Erhöht man die Temperatur, so wird die endotherme Bildung des braunen NO_2 begünstigt: Beim Erwärmen vertieft sich daher die Färbung des Gasgemisches N_2O_4/NO_2.

Erniedrigt man die Temperatur, so verschiebt sich die Lage des Gleichgewichts zugunsten des farblosen N_2O_4. Beim Abkühlen kommt es daher zur Aufhellung des Gasgemisches.

Druckabhängigkeit

Eine Druckerhöhung begünstigt die Reaktionsrichtung, bei der Stoffe mit kleinerem Volumen gebildet werden. Bei Gasen sind dies die Stoffe mit kleinerer Teilchenzahl.

Beispiel:

$$N_2O_4(g) \underset{\text{Druckerhöhung}}{\overset{\text{Druckerniedrigung}}{\rightleftharpoons}} 2\,NO_2(g)$$

Beim Zerfall von N_2O_4 in NO_2 verdoppelt sich die Teilchenzahl und damit das Volumen, da gleiche Volumina verschiedener Gase bei gleichem Druck und gleicher Temperatur gleich viele Teilchen enthalten.

AVOGADRO'sches Gesetz: Gasförmige Stoffe enthalten bei gleichem Volumen, gleichem Druck und gleicher Temperatur gleich viele Teilchen.

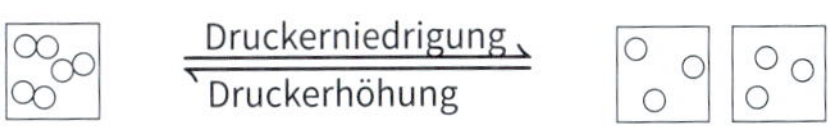

1 Raumteil N_2O_4 2 Raumteile NO_2

Bei der Betrachtung der Raumteile spielen natürlich nur die Stoffe eine Rolle, die sich im gasförmigen Zustand befinden.

Beispiel:

$$2\,CO(g) \underset{\text{Druckerniedrigung}}{\overset{\text{Druckerhöhung}}{\rightleftharpoons}} CO_2(g) + C(s)$$

Konzentrationsabhängigkeit

Eine Konzentrationserhöhung eines Reaktionspartners begünstigt die Reaktionsrichtung, in der dieser Stoff verbraucht wird.

Beispiel:

$Fe^{3+}(aq) + 3\,SCN^-(aq) \leftrightharpoons Fe(SCN)_3(aq)$

Erhöht man die Konzentration von Fe^{3+}- oder SCN^--Ionen, kommt es zur Farbvertiefung, da die Bildung von rotem $Fe(SCN)_3$ bevorzugt abläuft.

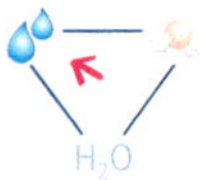

Damit Ausgangsstoffe vollständig umgesetzt werden, das Gleichgewicht also vollständig zugunsten eines Produkts verschoben wird, muss dieses Produkt oder ein Produktpartner ständig aus dem Reaktionsgemisch entfernt werden, um eine Rückreaktion zu verhindern. Dies ist z. B. dann der Fall, wenn eines der Reaktionsprodukte als Gas entweicht.

Beispiel:

HABER-BOSCH-Verfahren (→ nächste Seite)

PRINZIP VON LE CHATELIER

(Prinzip vom kleinsten Zwang)

Jede Störung eines Gleichgewichts durch die Änderung der äußeren Bedingungen (Temperatur-, Druck- oder Konzentrationsänderung) führt zu einer Verschiebung des Gleichgewichts, die der Störung entgegenwirkt.

HENRY-LOUIS LE CHÂTELIER 1850–1936, französischer Chemiker

Dies spielt eine Rolle bei großtechnischen Verfahren, wie z. B. der Ammoniak-Synthese:

$$N_2(g) + 3\,H_2(g) \underset{\text{Druckerniedrigung}}{\overset{\text{Druckerhöhung}}{\rightleftharpoons}} 2\,NH_3(g) \quad \Delta H < 0$$

Da der Raumbedarf des Ammoniakgases geringer ist als der der Ausgangstoffe, benötigt man einen hohen Druck.

Die Bildung von Ammoniak erfolgt exotherm. Daher sollte die Reaktion bei geringer Temperatur ablaufen.

Man benötigt aber eine hohe Temperatur, da sonst die **Reaktionsgeschwindigkeit** (→ Kapitel 3) zu gering ist.

Bei der **Schwefelsäureherstellung** wird zuerst Schwefel zu SO_2 verbrannt. SO_2 und O_2 reagieren dann in einer exothermen Reaktion zu SO_3.

$$S(s) + O_2(g) \rightarrow SO_2(g) \qquad \Delta H < 0$$

$$2\,SO_2(g) + O_2(g) \leftrightharpoons 2\,SO_3(g) \qquad \Delta H < 0$$

Bei hoher Temperatur ist daher die Ausbeute an SO_3 gering. Bei geringer Temperatur ist allerdings die Reaktionsgeschwindigkeit zu klein. Daher setzt man Vanadiumoxid als Katalysator ein.

4.5 Haber-Bosch-Verfahren

Ammoniak (NH_3) ist Ausgangsstoff für die Düngemittelindustrie. Es wird über das Haber-Bosch-Verfahren hergestellt.

$$\mathbf{N_2(g) + 3\,H_2(g) \rightleftharpoons 2\,NH_3(g) \quad \Delta H < 0}$$

Abb. 4.7: Fritz Haber (1868–1934)

Da die Reaktion exotherm ist, wird das Gleichgewicht zugunsten der Endprodukte verschoben, indem man eine **tiefe Temperatur** wählt. Da bei der Reaktion die Endprodukte einen geringeren Raumbedarf haben als die Ausgangsstoffe, wird die Lage des Gleichgewichts zugunsten der Endstoffe verschoben, indem man einen **hohen Druck** wählt.
(→ Verschieben des Gleichgewichts und das Prinzip von Le Chatelier, Seite 67)

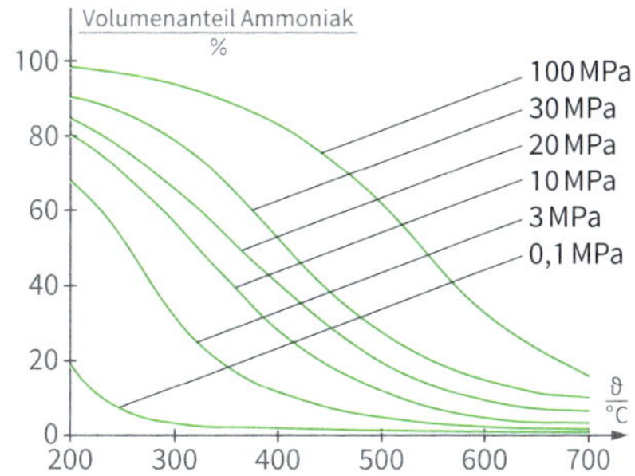

Abb. 4.9: Ammoniakanteile im Gleichgewichte

Abb. 4.8: Carl Bosch, erhielt 1931 zusammen mit Friedrich Bergius den Nobelpreis für Chemie für seine „Verdienste um die Entdeckung und Entwicklung der chemischen Hochdruckverfahren“

Da das N_2-Molekül aufgrund seiner Dreifachbindung sehr reaktionsträge ist, benötigt man eine hohe Temperatur (450 °C) und einen Katalysator, damit die Reaktion mit der erforderlichen Reaktionsgeschwindigkeit abläuft.
Der hohe Druck (30 Mpa) wird durch den Einsatz von Kompressoren erreicht.
Katalysator ist Eisen.

Wasserstoff wird durch die Umsetzung von Erdgas mit Wasserdampf erzeugt:

$$CH_4(g) + H_2O(g) \rightleftharpoons CO(g) + 3\,H_2(g) \quad \Delta H > 0$$

Ca. 99 % des weltweit produzierten Ammoniaks werden über das Haber-Bosch-Verfahren hergestellt.
Ammoniak ist Ausgangsstoff für Düngemittel (Ammoniumverbindungen) und spielt daher eine wichtige Rolle bei der der Ernährung der Weltbevölkerung.

Bis 1913 stammte der Stickstoff aus Chile-Salpeter ($NaNO_3$) oder aus dem Ammoniumsulfat $(NH_4)_2SO_4$ der Kokereien.

Dem Chemiker Fritz Haber gelang die Synthese von Ammoniak aus der Luft, die 78 % Stickstoff enthält. Die großtechnische Synthese führte Carl Bosch durch.

4.6 Löslichkeitsprodukt

In einer **gesättigten** wässrigen Lösung einer **salzartigen Verbindung** sind die Konzentrationen an Ionen für eine bestimmte Temperatur konstant.
Das **Löslichkeitsgleichgewicht** ist ein dynamisches Gleichgewicht: Pro Zeiteinheit gehen in einer gesättigten Lösung genauso viele Ionen in Lösung wie sich aus der Lösung im Bodenkörper ablagern.
Die Lage des Löslichkeitsgleichgewichts wird durch das **Löslichkeitsprodukt K_L** beschrieben.

Salz vom Formeltyp AB
$AB(s) \leftrightharpoons A^+(aq) + B^-(aq)$; $K_L(AB) = c(A^+) \cdot c(B^-)$
Beispiel:
$AgCl(s) \leftrightharpoons Ag^+(aq) + Cl^-(aq)$
$K_L(AgCl) = c(Ag^+) \cdot c(Cl^-)$

Salz vom Formeltyp AB_2
$AB_2(s) \leftrightharpoons A^{2+}(aq) + 2\,B^-(aq)$
$K_L(AB_2) = c(A^{2+}) \cdot c^2(B^-)$
Beispiel:
$Ca(OH)_2(s) \leftrightharpoons Ca^{2+}(aq) + 2\,OH^-(aq)$
$K_L(Ca(OH)_2) = c(Ca^{2+}) \cdot c^2(OH^-)$

Stoffmengenkonzentration c:
$c = \frac{n(\text{gelöster Stoff})}{V(\text{Lösung})}$
Einheit: $mol \cdot l^{-1}$
c: Stoffmengenkonzentration in $mol \cdot l^{-1}$
n: Stoffmenge in mol
V: Volumen in l

pK_L = negativer dekadischer Logarithmus des Zahlenwertes von K_L.

Beispiel:
$K_L(AgCl) = 2 \cdot 10^{-10}\,mol^2 \cdot l^{-2}$; $pK_L = 9{,}7$
Ein kleiner K_L-Wert (ein großer pK_L-Wert) bedeutet niedrige Ionenkonzentration in der Lösung, also eine schlechte Löslichkeit des Salzes.

TIPP

Strategie beim Lösen von Aufgaben zum Löslichkeitsprodukt
① Löslichkeitsgleichgewicht formulieren
② Löslichkeitsprodukt K_L aufstellen
③ Die Gleichung für das Löslichkeitsprodukt enthält drei Größen. Sind zwei der Größen angegeben, so lässt sich die dritte Größe berechnen. Kennt man nur eine der drei Größen, so muss man eine der beiden unbekannten Größen durch die andere unbekannte ersetzen.

AUFGABENBEISPIEL 1

Berechnen Sie die Konzentrationen von Ca^{2+}- und F^--Ionen in einer gesättigten CaF_2-Lösung, wenn $pK_L(CaF_2) = 10{,}4$ ist.

Lösung:

K_L ist bekannt, $c(Ca^{2+})$ und $c(F^-)$ sind unbekannt.

$K_L = 10^{-10,4}\,mol^3 \cdot l^{-3} = 4 \cdot 10^{-11}\,mol^3 \cdot l^{-3}$

$CaF_2(s) \leftrightharpoons \underset{1\,mol}{Ca^{2+}}(aq) + \underset{2\,mol}{2\,F^-}(aq)$

$\frac{c(Ca^{2+})}{c(F^-)} = \frac{1}{2}$; $c(Ca^{2+}) = \frac{1}{2}c(F^-)$

$c(F^-) = 2 \cdot c(Ca^{2+})$; $K_L = c(Ca^{2+}) \cdot c^2(F^-)$

$c(F^-)$ wird durch $c(Ca^{2+})$ ersetzt:

$c(Ca^{2+}) \cdot (2 \cdot c(Ca^{2+}))^2 = 4 \cdot 10^{-11}\,mol^3 \cdot l^{-3}$

$c(Ca^{2+}) = \sqrt[3]{\frac{1}{4} \cdot 4 \cdot 10^{-11}\,mol^3 \cdot l^{-3}}$

$c(Ca^{2+}) = 2{,}15 \cdot 10^{-4}\,mol \cdot l^{-1}$

$c(F^-) = 4{,}3 \cdot 10^{-4}\,mol \cdot l^{-1}$

AUFGABENBEISPIEL 2

Wie hoch muss die Konzentration an Ag^+-Ionen sein, damit aus einer NaCl-Lösung mit der Stoffmengenkonzentration $c(NaCl) = 0{,}1\,mol \cdot l^{-1}$ das schwerlösliche AgCl ausfällt? $pK_L(AgCl) = 9{,}7$.

Lösung:

K_L und $c(Cl^-)$ sind bekannt, $c(Ag^+)$ ist unbekannt.

$K_L = 10^{-9,7}\,mol^2 \cdot l^{-2} = 2 \cdot 10^{-10}\,mol^2 \cdot l^{-2}$

$c(Cl^-) = 0{,}1\,mol \cdot l^{-1}$

$AgCl(s) \leftrightharpoons Ag^+(aq) + Cl^-(aq)$

$K_L = c(Ag^+) \cdot c(Cl^-)$

$c(Ag^+) = \frac{K_L}{c(Cl^-)} = \frac{2 \cdot 10^{-10}\,mol^2 \cdot l^{-2}}{0{,}1\,mol \cdot l^{-1}} = 2 \cdot 10^{-9}\,mol \cdot l^{-1}$

VORSICHT, FALLE

Nur bei Salzen **vom gleichen Formeltyp** kann man anhand der pK_L-Werte die Löslichkeiten direkt miteinander vergleichen.

Will man die Löslichkeit eines Salzes vom Typ AB mit der Löslichkeit eines Salzes vom Typ AB_2 vergleichen, so muss man für beide Salze die Konzentrationen $c(A)$ berechnen. Das Salz mit der höheren Konzentration $c(A)$ ist das besser lösliche Salz.

4 Chemisches Gleichgewicht

Voraussetzungen für ein dynamisches Gleichgewicht sind

- umkehrbare Reaktion
- geschlossenes System

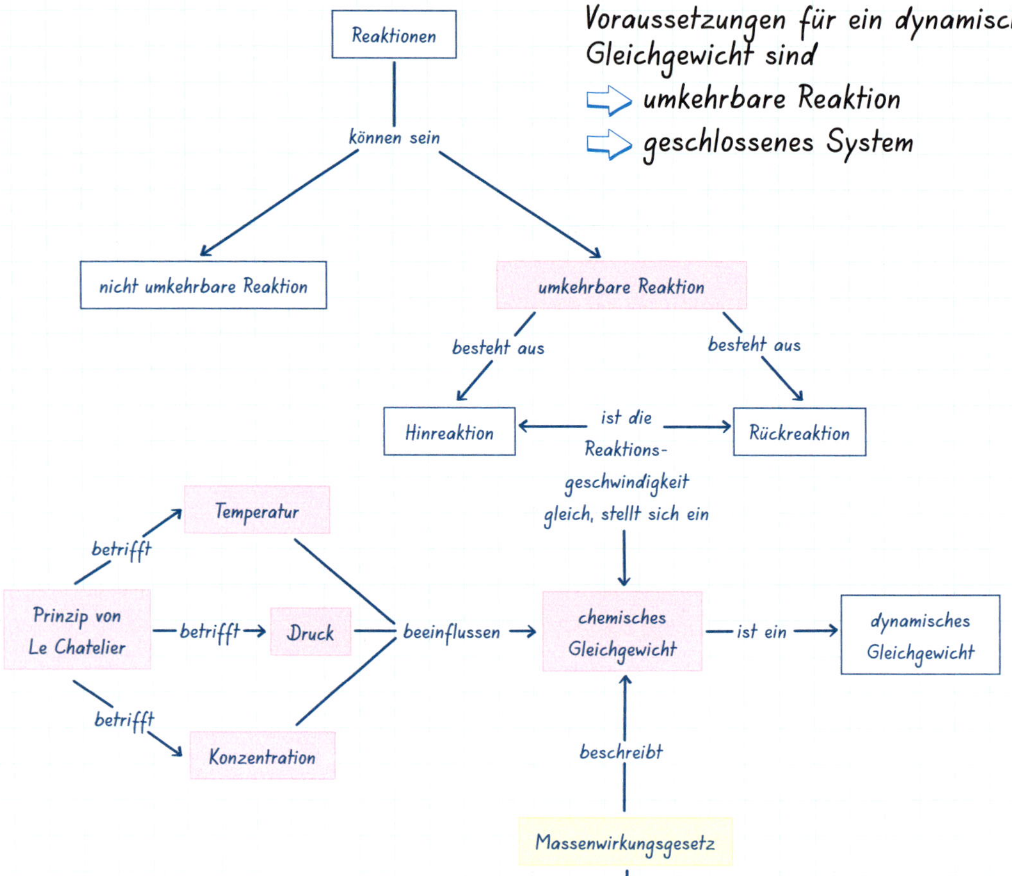

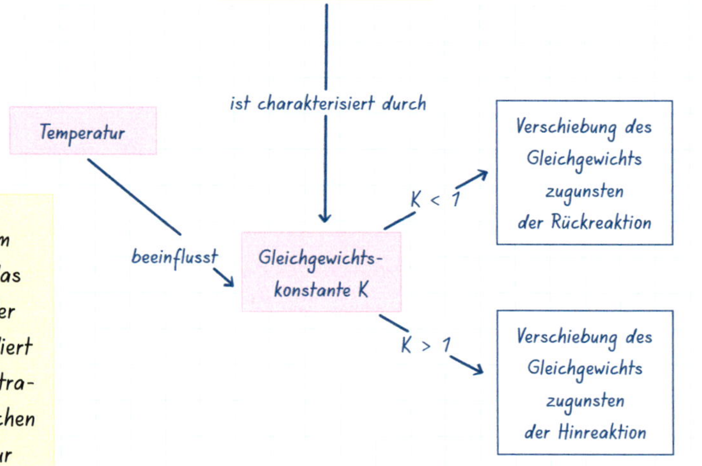

MASSENWIRKUNGSGESETZ

Bei einem homogenen System im chemischen Gleichgewicht ist das Produkt der Konzentrationen der rechts stehenden Teilchen dividiert durch das Produkt der Konzentrationen der links stehenden Teilchen bei einer bestimmten Temperatur konstant.

Themengebiet
Wichtige Definition
Erhöhtes Anforderungsniveau

5

Säure/Base-Reaktionen: Protonenübergänge

Säure/Base-Reaktionen findet man in großer Vielfalt in Natur und Technik. Blickt man auf die Teilchenebene, stellt man fest, dass alle Säure/Base-Reaktionen nach demselben Muster ablaufen: Teilchen tauschen bei Zusammenstößen Protonen aus. Das Proton abgebende Teilchen wird als Donator (oder genauer als Protonendonator), das Proton aufnehmende Teilchen als Akzeptor (bzw. als Protonenakzeptor) bezeichnet.

Basiskonzept: Donator-Akzeptor-Konzept

Säure/Base-Reaktionen lassen sich auf Teilchenebene als Protonenübergänge nach dem Donator-Akzeptor-Prinzip beschreiben.

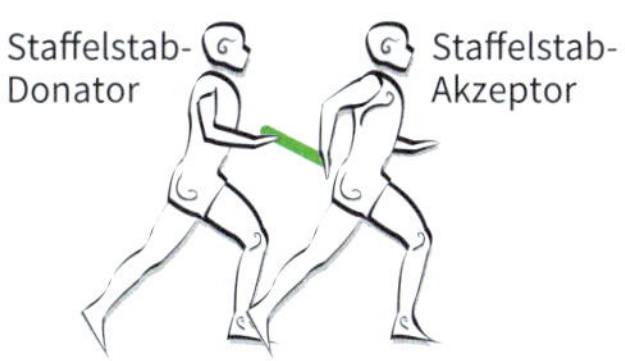

Abb. 5.1: Staffelübergabe von Hand zu Hand als Analogie zum Donator-Akzeptor-Prinzip. Der Staffelstab symbolisiert das auszutauschende Teilchen: das **Proton** bei einer Säure/Base-Reaktion.

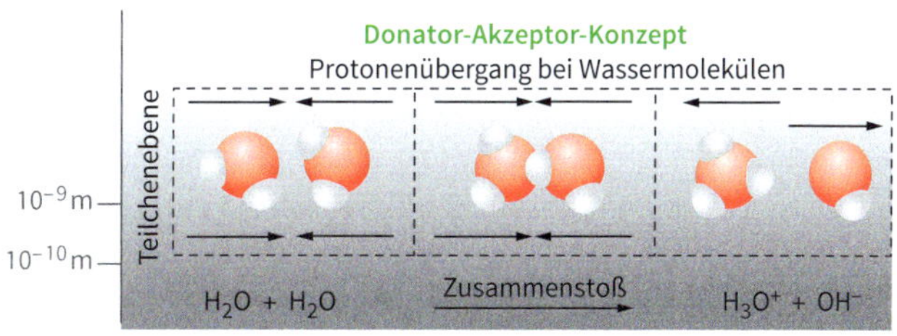

Abb. 5.2: Protonenübergang beim Zusammenstoß von Wassermolekülen. Die Wassermoleküle sind im Kalottenmodell dargestellt.

Der Protonenübergang nach dem Donator-Akzeptor-Prinzip lässt sich durch die **Staffelstabübergabe von Hand zu Hand** bei einem Staffellauf versinnbildlichen (→ Abb. 5.1): Die Läufer müssen in direkten körperlichen Kontakt treten, um den Staffelstab übergeben zu können. Auch der Protonenübergang ist nur bei einem direkten Zusammentreffen, einem Zusammenstoß der beteiligten Teilchen möglich (→ Abb. 5.2), da freie Protonen z. B. in Flüssigkeiten nicht existent sind.

„Donator“ (von lat. *donare*) = Geber, Spender

Akzeptor (von lat. *accipere* = annehmen, aufnehmen) bedeutet Empfänger, Aufnehmer

Auch Redoxreaktionen beruhen auf dem Donator-Akzeptor-Prinzip. Bei Redoxreaktionen werden Elektronen von einem Donator (= Reduktionsmittel) an einen Akzeptor (= Oxidationsmittel) übertragen.

5.1 *Wichtige Definitionen nach der Brönsted-Säure/Base-Theorie*

Nach **Brönsted** bezeichnet man ein Teilchen, das ein H^+-Ion (Proton) abgibt, als **Säure**. Eine **Brönsted-Base** nimmt ein H^+-Ion (Proton) auf.

Säure: Protonendonator

Base: Protonenakzeptor

Nach dem **Donator-Akzeptor-Konzept** lassen sich Säure/Base-Reaktionen als Protonenübergänge beschreiben (→ Redoxreaktionen, Kapitel 6).

Ein Teilchen, das sowohl als Säure als auch als Base reagieren kann, heißt **Ampholyt** (amphoteres Teilchen (H_2O, HCO_3^-, HSO_4^-)). Das Reaktionsverhalten hängt dabei vom Partner ab.

Beispiele:

$$H_2O + HCl \leftrightharpoons H_3O^+ + Cl^-$$

$$H_2O + NH_3 \leftrightharpoons OH^- + NH_4^+$$

Zwei Teilchen, die sich nur durch ein H^+-Ion unterscheiden, werden **korrespondierendes Säure/Base-Paar** genannt.
(Beispiele: HCl/Cl^-, H_2O/OH^-, H_3O^+/H_2O)

PROTOLYSE

Den Protonenübergang zwischen einer Brönsted-Säure HA und einer Brönsted-Base B bezeichnet man als **Protolyse**.

Protolysen sind **Gleichgewichtsreaktionen**:

$$HA + B \leftrightharpoons A^- + HB^+$$

VORSICHT, FALLE

Bei einer Protolyse wird jeweils nur **ein** H^+-Ion übertragen.

Johannes Nicolaus Brönsted 1879 – 1947, dänischer Chemiker

Die Brönsted-Definition ist unabhängig vom Wasser als Lösemittel. Reagieren z. B. HCl-Gas und Ammoniak-Gas miteinander, so reagiert das Chlorwasserstoff-Teilchen als Brönsted-Säure, das NH_3-Teilchen als Brönsted-Base.

$$NH_3\,(g) + HCl\,(g) \leftrightharpoons NH_4^+Cl^-\,(s)$$

Svante August Arrhenius 1859 – 1927, schwedischer Physiker

Im Gegensatz zu dem Arrhenius-Konzept, bei dem **Stoffe** Säure- oder Base-Eigenschaft (z. B. Salzsäure oder Natronlauge) besitzen, bezieht sich das Brönsted-Konzept auf das Reaktionsverhalten von **Teilchen**.

5.2 pH-Wert

DEFINITION

Der pH-Wert ist der negative dekadische Logarithmus des Zahlenwertes der Hydronium-Ionen-Konzentration $\left(c\left(H_3O^+\right)\right)$:

$$\mathbf{pH = -lg\frac{c(H_3O^+)}{mol \cdot l^{-1}}} \text{ und } \mathbf{c(H_3O^+) = 10^{-pH}\ mol \cdot l^{-1}}$$

Herleitung des pH-Wertes

Autoprotolyse des Wassers:

$$H_2O\,(l) + H_2O\,(l) \rightleftharpoons H_3O^+\,(aq) + OH^-\,(aq)$$

$K_c = \frac{c(H_3O^+) \cdot c(OH^-)}{c^2(H_2O)}$, da $c(H_2O) = \text{const.}$, gilt:

Ionenprodukt des Wassers bei 25 °C:

$$K_W = c(H_3O^+) \cdot c(OH^-) = 10^{-14} \cdot mol^2 \cdot l^{-2}$$

Das Produkt von $c(H_3O^+)$ und $c(OH^-)$ ist also immer konstant. Da in reinem Wasser H_3O^+-Ionen nur durch die Autoprotolyse des Wassers entstehen, beträgt $c(H_3O^+)$ in reinem Wasser $10^{-7}\ mol \cdot l^{-1}$, pH = 7.

Die pH-Skala reicht von 0 bis 14:

sauer	neutral	alkalisch = basisch
pH < 7	pH = 7	pH > 7

Tab. 5.1: Die pH-Skala

Analog zum pH-Wert wird der **pOH-Wert** definiert:

$$pOH = -lg\frac{c(OH^-)}{mol \cdot l^{-1}} \text{ und } c(OH^-) = 10^{-pOH}\ mol \cdot l^{-1}$$

Es gilt: $pH + pOH = pK_W = 14$

wobei $pK_W = -lg\frac{Kw}{mol^2 \cdot l^{-2}}$

VORSICHT, FALLE

pH-Werte gelten nur für verdünnte wässrige Lösungen $(c \leq 1\ mol \cdot l^{-1})$, da bei höher konzentrierten Lösungen $c(H_2O)$ nicht mehr konstant ist und daher das Ionenprodukt des Wassers nicht mehr gilt.

pH-Werte lassen sich nur für starke und schwache Säuren und Basen berechnen, da bei mittelstarken und sehr schwachen Säuren und Basen die Vereinfachungen nicht mehr gelten.

5.3 *Die Stärke von Säuren und Basen*

Der pH-Wert ist als Maß für die Säure- bzw. Basestärke nicht geeignet, da er konzentrationsabhängig ist. Ein Maß für die Stärke einer Säure (Base) ist die **Säurekonstante K_S (Basenkonstante K_B)**.
Starke Säuren und Basen sind in Wasser (fast) vollständig protolysiert. Schwache Säuren und Basen protolysieren in Wasser unvollständig; es stellt sich ein Protolysengleichgewicht ein.

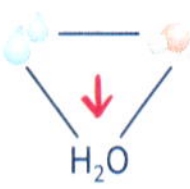

Herleitung des K_S-Wertes

$HA\,(aq) + H_2O\,(l) \leftrightharpoons H_3O^+\,(aq) + A^-\,(aq)$

HA: Säure

$$K_S = K_c \cdot c(H_2O) = \frac{c(H_3O^+) \cdot c(A^-)}{c(HA)}$$

und $pK_S = -\lg \frac{K_S}{mol \cdot l^{-1}}$

Je größer also K_S und je kleiner pK_S ist, desto mehr ist die Lage des Protolysengleichgewichts nach rechts verschoben und desto stärker ist die Säure.

Herleitung des K_B-Wertes

$B\,(aq) + H_2O\,(l) \leftrightharpoons HB^+\,(aq) + OH^-\,(aq)$

B: Base

$$K_B = K_c \cdot c(H_2O) = \frac{c(HB^+) \cdot c(OH^-)}{c(B)}$$

und $pK_B = -\lg \frac{K_B}{mol \cdot l^{-1}}$

Je größer also K_B und je kleiner pK_B ist, desto mehr ist die Lage des Protolysegleichgewichts nach rechts verschoben und desto stärker ist die Base.

pK_S bzw. pK_B	Stärke der Säure bzw. Base
≤ 0	sehr stark
0 bis 4	mittelstark
4 bis 10	schwach
≥ 10	sehr schwach

Tab. 5.2: Einteilung der Säuren und Basen nach der Stärke

Für ein korrespondierendes Säure/Base-Paar gilt: **$pK_S(HA) + pK_B(A^-) = 14$**

Beispiel:

$pK_S(NH_4^+) + pK_B(NH_3) = 14$

$9{,}37 + 4{,}63 = 14$

5.4 *Voraussage von Protolysegleichgewichten*

Die Lage des Gleichgewichts $HA + B \leftrightarrows A^- + HB^+$ lässt sich ermitteln, indem man $pK_S(HA)$ mit $pK_S(HB^+)$ vergleicht: Ist HA die stärkere Säure und besitzt daher einen kleineren pK_S-Wert als HB^+, so ist die Lage des Gleichgewichts nach rechts verschoben. Ist $pK_S(HB^+) < pK_S(HA)$, so ist die Lage des Gleichgewichts nach links verschoben. Je größer die Differenz zwischen $pK_S(HA)$ und $pK_S(HB^+)$ ist, desto mehr ist die Gleichgewichtslage zugunsten einer Richtung verschoben.

BEISPIELE

$CH_3COOH + NH_3 \rightleftharpoons CH_3COO^- + NH_4^+$
$pK_S = 4{,}65$ $\quad$ $pK_S = 9{,}37$

$HPO_4^{2-} + HCOO^- \rightleftharpoons PO_4^{3-} + HCOOH$
$pK_S = 11{,}7$ $\quad$ $pK_S = 3{,}65$

$H_2PO_4^- + ClO^- \leftrightarrows HPO_4^{2-} + HClO$
$pK_S = 6{,}9$ $\quad$ $pK_S = 7{,}25$

Hinweis: Für die Lage des Gleichgewichts ist auch entscheidend, ob bei der Reaktion Stoffe als Gase oder durch eine Fällung aus dem Gleichgewicht entfernt werden (→ Prinzip von LE CHATELIER, Seite 67f.).

5.5 *Wichtige Beziehungen zwischen n, M, c, m und β*

- **Stoffmenge *n*:**

  $n = \frac{m\,(\text{Masse})}{M\,(\text{molare Masse})}$; Einheit: mol

- **Massenkonzentration *β*:**

  $\beta = \frac{m\,(\text{gelöster Stoff})}{V\,(\text{Lösung})}$; Einheit: $mg \cdot l^{-1}$ oder $g \cdot l^{-1}$

- **Stoffmengenkonzentration *c*:**

  $c = \frac{n\,(\text{gelöster Stoff})}{V\,(\text{Lösung})}$; Einheit: $mol \cdot l^{-1}$

- **Umrechnung** von Massenkonzentration (β) in Stoffmengenkonzentration (c):

  $\beta = c \cdot M$

5.6 pH-Berechnungen

pH-Werte lassen sich nur für starke Säuren/Basen (pK_S, $pK_B \leq 0$) und für schwache Säuren/Basen ($4 \leq pK_S$, $pK_B \leq 10$) berechnen, da sonst keine Vereinfachungen bei der pH-Berechnung gelten.

pH-Berechnung einer starken Säure/Base in wässriger Lösung (pK_S, $pK_B \leq 0$)

a) Starke Säure:

$HA\,(aq) + H_2O\,(l) \rightarrow H_3O^+\,(aq) + A^-\,(aq)$

Vereinfachungen:

① HA ist (fast) vollständig protolysiert:
$c(H_3O^+) \approx c_0(HA)$, wobei $c_0(HA)$ die Anfangskonzentration von HA ist.

② Die H_3O^+-Ionen aus der Autoprotolyse des Wassers werden vernachlässigt.

$$\mathbf{pH = -\lg \frac{c_0(HA)}{mol \cdot l^{-1}}}$$

Wichtige starke Säuren: $HClO_4$, HI, HCl, HNO_3

BEISPIEL

Berechnen Sie den pH-Wert einer Salzsäure mit
$pK_S(HCl) = -6$ und $c_0(HCl) = 0{,}5\ mol \cdot l^{-1}$.
$pH = -\lg 0{,}5 = 0{,}3$

b) Starke Base:

$\mathbf{B\,(aq) + H_2O\,(l) \rightarrow HB^+\,(aq) + OH^-\,(aq)}$

Vereinfachungen:

① B ist (fast) vollständig protolysiert:
$c(OH^-) \approx c_0(B)$, wobei $c_0(B)$ die Anfangskonzentration von B ist.

② Die OH^--Ionen aus der Autoprotolyse des Wassers werden vernachlässigt.

$$\mathbf{pOH = -\lg \frac{c_0(B)}{mol \cdot l^{-1}}},$$

oder aufgrund von $pH + pOH = 14$:

$$\mathbf{pH = 14 + \lg \frac{c_0(B)}{mol \cdot l^{-1}}}.$$

Stärkste (stabile) Base in wässriger Lösung: OH^- z. B. NaOH (aq), KOH (aq)

BEISPIEL

Berechnen Sie die Stoffmengenkonzentration einer Natronlauge mit
$pH = 12{,}5$ und $pOH = 1{,}5$.
$c_0 = 10^{-1{,}5}\ mol \cdot l^{-1} = 0{,}032\ mol \cdot l^{-1}$

pH-Berechnung einer schwachen Säure/Base in wässriger Lösung ($4 \leq pK_S,\ pK_B \leq 10$)

a) Schwache Säure

$HA\,(aq) + H_2O\,(l) \rightleftharpoons H_3O^+\,(aq) + A^-\,(aq)$

Vereinfachungen:

① HA ist kaum protolysiert: $c(HA) = c_0(HA)$, wobei $c_0(HA)$ die Anfangskonzentration von HA ist.

② Die H_3O^+-Ionen aus der Autoprotolyse des Wassers werden vernachlässigt. Es gilt daher: $c(H_3O^+) = c(A^-)$

$K_S = \frac{c^2(H_3O^+)}{c_0(HA)}$ und

$$\mathbf{pH = \frac{1}{2} \cdot (pK_S - \lg c_0(HA))}.$$

Wichtige schwache Säuren: CH_3COOH (Essigsäure), H_2S, NH_4^+, die meisten organischen Säuren

BEISPIEL

Berechnen Sie den pH-Wert einer Essigsäure-Lösung mit $c_0(CH_3COOH) = 0{,}1\ mol \cdot l^{-1}$, wenn der pK_S dieser Säure 4,65 beträgt.

$pH = \frac{1}{2} \cdot (4{,}65 - \lg 0{,}1) = 2{,}8$

b) Schwache Base

$B\,(aq) + H_2O\,(l) \rightleftharpoons HB^+\,(aq) + OH^-\,(aq)$

Vereinfachungen:

① B ist kaum protolysiert: $c(B) = c_0(B)$, wobei $c_0(B)$ die Anfangskonzentration von B ist.

② Die OH^--Ionen aus der Autoprotolyse des Wassers werden vernachlässigt. Es gilt daher: $c(OH^-) = c(HB^+)$.

$K_B = \frac{c^2(OH^-)}{c_0(B)}$ und

$$\mathbf{pOH = \frac{1}{2} \cdot (pK_B - \lg c_0(B))}$$

oder $\mathbf{pH = 14 - \frac{1}{2} \cdot (pK_B - \lg c_0(B))}$

Wichtige schwache Basen: NH_3, CH_3COO^- (Acetat), HS^-

BEISPIEL

Berechnen Sie die Stoffmengenkonzentration einer Ammoniaklösung mit $pH = 11$; $pK_B(NH_3) = 4{,}63$.

$\lg c_0 = 2 \cdot pH - 28 + pK_B = -1{,}37$

$c_0 = 10^{-1{,}37}\ mol \cdot l^{-1} = 0{,}043\ mol \cdot l^{-1}$

5.7 *Experimentelle Bestimmung des pH-Wertes: Indikatoren*

Bei **Indikatoren** handelt es sich um farbige organische (schwache) Säuren oder Basen, deren korrespondierende Basen bzw. Säuren eine andere Farbe besitzen. In wässriger Lösung stellt sich ein Protolysengleichgewicht ein:

$$\mathrm{HInd\,(aq) + H_2O\,(l) \rightleftharpoons H_3O^+\,(aq) + Ind^-\,(aq)}$$

HInd: Farbe 1; Ind^-: Farbe 2

$$\mathrm{pH} = \mathrm{p}K_S + \lg \frac{c(Ind-)}{c(HInd)}$$

Die Mischfarbe zwischen Farbe 1 und Farbe 2 entsteht, wenn $c(\mathrm{HInd}) = c(\mathrm{Ind^-})$.
Am **Umschlagspunkt** gilt also: $\mathrm{pH} = \mathrm{p}K_S$.
Das Auge erkennt einen Farbwechsel aber erst, wenn eine der beiden Farben mit ca. zehnfachem Überschuss vorliegt.
Für den Umschlagsbereich eines Indikators gilt daher: $\mathrm{pH} = \mathrm{p}K_S \pm 1$

Indikator	pK_S	Farbe von HInd	Farbe von Ind^-
Methylorange	4,0	rot	orange
Methylrot	5,8	rot	gelb
Lackmus	6,8	rot	blau
Bromthymolblau	7,1	gelb	blau
Phenolphthalein	8,4	farblos	magenta

Tab. 5.3: Übersicht über wichtige Indikatoren

VORSICHT, FALLE

Der Umschlagspunkt von Indikatoren liegt nicht unbedingt beim Neutralpunkt.

Universalindikatoren oder pH-Teststäbchen erlauben eine ungefähre Bestimmung des pH-Wertes. Exakt lässt sich der pH-Wert aber nur mit einem pH-Meter bestimmen.

Der Wert wird elektrochemisch über eine Elektrode bestimmt. Die Messung mit dem pH-Meter ist zwar genau, aber vor der Messung muss eine Kalibrierung erfolgen.
Eine pH-Messung mit einem pH-Meter kann auch in farbigen Lösungen erfolgen.

Bromthymolblau besitzt zwei Umschlagsbereiche:
Im Bereich von pH = 1 bis 2 schlägt die Farbe von Rot nach Gelb um,
im Bereich von pH = 6 bis 8 von Gelb nach Blau.

5.8 Protolysen von Ionen mit Wasser

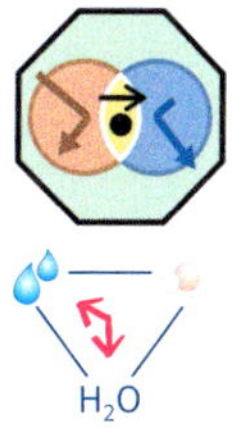

Die Ionen, aus denen Salze bestehen, sind selbst BRÖNSTED-Säuren oder BRÖNSTED-Basen, die mit Wasser reagieren können und dabei H_3O^+- oder OH^--Ionen bilden. Salzlösungen sind daher nicht unbedingt neutral.

BEISPIELE

Salze, die sauer reagieren

a) NH_4Cl (aq); $pK_S(NH_4^+) = 9{,}4$

$NH_4^+ (aq) + H_2O (l) \rightleftharpoons NH_3 (aq) + H_3O^+ (aq)$

Cl^- ist als korrespondierende Base einer sehr starken Säure extrem schwach und daher ohne Einfluss auf den pH-Wert der Salzlösung. Da H_3O^+-Ionen gebildet werden: pH < 7.

b) $FeCl_3$ (aq)

Alle Ionen in wässriger Lösungen sind von einer Hydrathülle umgeben.
Bei dreifach geladenen Kationen (Fe^{3+}, Al^{3+}) werden die Wasser-Moleküle der Hydrathülle durch die hohe Ladung des Kations stark polarisiert.
H^+ kann leicht abgespalten werden, das hydratisierte Kation wirkt als Säure.

$[Fe(H_2O)_6]^{3+} (aq) + H_2O (l) \rightleftharpoons [Fe(H_2O)_5OH]^{2+} (aq) + H_3O^+ (aq)$

Da H_3O^+-Ionen gebildet werden und Cl^- eine extrem schwache Base ist: pH < 7.

Salz, das basisch reagiert

$CH_3COO^-Na^+$ (aq); $pK_B(CH_3COO^-) = 9{,}35$

$CH_3COO^- (aq) + H_2O (l) \rightleftharpoons CH_3COOH (aq) + OH^- (aq)$

Na^+-Ionen sind in hydratisierter Form eine extrem schwache Säure und daher ohne Einfluss auf den pH-Wert der Salzlösung.
Da OH^--Ionen gebildet werden: pH > 7.

Salze, die neutral reagieren

a) NaCl (aq)

Na^+-Ionen sind in hydratisierter Form eine extrem schwache Säure, Cl^- ist als korrespondierende Base einer sehr starken Säure extrem schwach.
Der pH-Wert der Salzlösung wird also nur von der Autoprotolyse des Wassers bestimmt: pH = 7.

b) $CH_3COO^-NH_4^+$ (aq);

$pK_S(NH_4^+) \approx pK_B(CH_3COO^-)$

CH_3COO^- wirkt als Base, NH_4^+ als Säure.
Da die Base genauso stark ist wie die Säure, wird der pH-Wert nur von der Autoprotolyse des Wassers bestimmt: pH = 7.

5.9 Puffer

PUFFERLÖSUNG

Unter einer Pufferlösung versteht man eine wässrige Lösung, deren pH-Wert sich bei Zusatz nicht allzu großer Mengen an Säuren oder Basen oder bei Verdünnung nur unwesentlich ändert.

Puffer enthalten Teilchen, die H_3O^+- und OH^--Ionen binden können. Die Puffersysteme bestehen meist aus einer schwachen Säure $(4 \leq pK_S \leq 10)$ und ihrer korrespondierenden schwachen Base $(4 \leq pK_B \leq 10)$.

Beispiele für Pufferlösungen:

- Essigsäure/Acetat-Puffer (CH_3COOH/CH_3COONa)
- Ammoniumchlorid/Ammoniak-Puffer (NH_4Cl/NH_3)

H_2O

Für eine schwache Säure gilt folgendes Protolysengleichgewicht:

$$HA\,(aq) + H_2O\,(l) \rightleftharpoons H_3O^+\,(aq) + A^-\,(aq)$$

$$K_S = \frac{c(H_3O^+) \cdot c(A^-)}{c(HA)} \Leftrightarrow c(H_3O^+) = K_S \frac{c(HA)}{c(A^-)}$$

H_2O

Da für eine schwache Säure und eine schwache Base gilt:

$c(HA) \approx c_0(HA),\ c(A^-) \approx c_0(A^-)$

$\Rightarrow$ **Puffergleichung:** $\mathbf{pH = pK_S + \lg \frac{c_0(A^-)}{c_0(HA)}}$ (HENDERSON-HASSELBALCH)

Enthält eine Pufferlösung gleiche Stoffmengen an Säure und korrespondierender Base, so gilt: $c_0(HA) = c_0(A^-)$.

Daraus folgt: $\mathbf{pH = pK_S}$

Für eine Pufferlösung, die gleiche Stoffmengen an Essigsäure und Acetat enthält, gilt also: $pH = pK_S(CH_3COOH) = 4{,}65$.

Beispiel: Pufferwirkung am Beispiel des Essigsäure/Acetat-Puffers

- „Abfangen“ von H_3O^+-Ionen durch den Puffer bei Zugabe von Säure:
  $CH_3COO^- + H_3O^+ \rightleftharpoons CH_3COOH + H_2O$
- „Abfangen“ von OH^--Ionen durch den Puffer bei Zugabe von Base:
  $CH_3COOH + OH^- \rightleftharpoons CH_3COO^- + H_2O$

Die Menge an Säure oder Base, die ohne wesentliche Änderung des pH-Wertes zugesetzt werden kann, hängt von der Menge der gelösten Puffersubstanzen ab (**Pufferkapazität**).

Puffer werden z. B. in der Praxis verwendet, um pH-Elektroden zu kalibrieren. Im Organismus wird durch Puffersysteme (z. B. CO_2/HCO_3^-) der pH-Wert des Blutes (7,4) konstant gehalten.

BEISPIELAUFGABE 1

Leiten Sie unter Verwendung des Massenwirkungsgesetzes die HENDERSON-HASSELBALCH-Gleichung (Puffergleichung) für den Essigsäure/Acetat-Puffer her.
(Quelle: Saarländisches Abitur 2016)

$CH_3COOH = HAc$

$CH_3COO^- = Ac^-$

$CH_3COOH + H_2O \rightleftarrows CH_3COO^- + H_3O^+$

$$K = \frac{c(Ac^-) \cdot c(H_3O^+)}{c(HAc) \cdot c(H_2O)} \qquad | \cdot c(H_2O), \text{ da } c(H_2O) \text{ konstant}$$

$$\Leftrightarrow K \cdot c(H_2O) = \frac{c(Ac^-) \cdot c(H_3O^+)}{c(HAc)}$$

$$\Leftrightarrow K_S = \frac{c(Ac^-) \cdot c(H_3O^+)}{c(HAc)} \qquad | -\lg$$

$$\Leftrightarrow pK_S = -\lg \frac{c(Ac^-)}{c(HAc)} - \lg\left(c(H_3O^+)\right)$$

$$\Leftrightarrow pK_S = -\lg \frac{c(Ac^-)}{c(HAc)} + pH$$

$$\Leftrightarrow pH = pK_S + \lg \frac{c(Ac^-)}{c(HAc)}$$

BEISPIELAUFGABE 2

Ein Liter eines Essigsäure/Acetat-Puffers enthält 0,5 mol Essigsäure und 0,5 mol Acetat. Hinzu kommt Natronlauge mit einer Stoffmenge $n(NaOH) = 0{,}2$ mol. Eine Volumenveränderung kann vernachlässigt werden.
Berechnen Sie den pH-Wert der Pufferlösung vor und nach Zugabe der Natronlauge.
Angaben: $pK_S(\text{Essigsäure}) = 4{,}76$

pH-Wert vor Zugabe der Natronlauge:

$$pH = pK_s + \lg \frac{c(Ac^-)}{c(HAc)}; \; c(Ac^-) = c(HAc)$$

$$pH = pK_s = 4{,}76$$

pH-Wert nach Zugabe der Natronlauge:

Neue Acetatkonzentration: 0,7 mol/l
Neue Essigsäurekonzentration: 0,3 mol/l

$$pH = pK_S(HAc) + \lg \frac{c(Ac^-)}{c(HAc)}$$

$$= 4{,}76 + \lg \frac{0{,}7}{0{,}3}$$

$$= 5{,}12$$

5.10 Säure/Base-Titrationen

Maßanalyse

Die **Titration** stellt ein maßanalytisches Verfahren zur quantitativen Bestimmung der in einer Probelösung enthaltenen Stoffmenge eines bekannten Stoffes dar. Die Säure/Base-Titration beruht auf einer Neutralisationsreaktion. Ist die Probelösung vollständig umgesetzt, so ist der **Äquivalenzpunkt** erreicht.

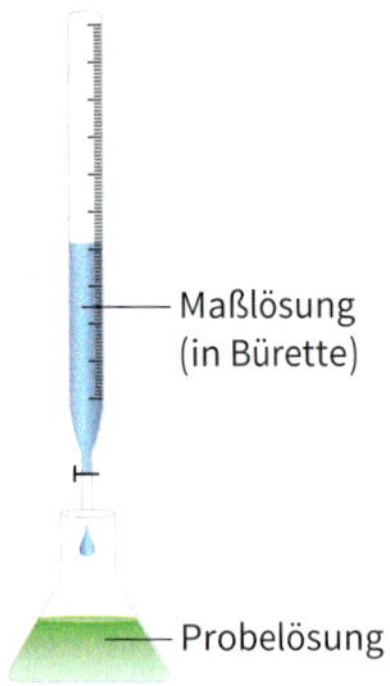

Abb. 5.3: Versuchsaufbau der Titration

Verfahren

① In der Bürette (Messpipette mit regulierbarem Ablauf) befindet sich die **Maßlösung** (Säure oder Lauge einer bekannten Konzentration).
② Ein bestimmtes Volumen der **Probelösung** wird mit einer Vollpipette in den Titrierkolben gegeben.
③ Der Probelösung werden einige Tropfen Indikator zugesetzt.
④ Die Maßlösung wird der Probelösung bis zum Farbumschlag des Indikators zugetropft (**Äquivalenzpunkt**).
⑤ Das Volumen der zugetropften Maßlösung wird an der Bürette abgelesen.

BEISPIEL

Auswertung am Beispiel der Titration einer Salzsäure (50 ml) mit einer Natronlauge ($c = 1$ mol/l). Bis zum Farbumschlag müssen 5 ml Natronlauge zugetropft werden:

① Reaktionsgleichung aufstellen

$$\underset{1\,\text{mol}}{HCl\,(aq)} + \underset{1\,\text{mol}}{NaOH\,(aq)} \rightarrow H_2O\,(l) + NaCl\,(aq)$$

② Stoffmengenverhältnis aufstellen und Stoffmengenkonzentration berechnen

am Äquivalenzpunkt gilt: $n(HCl) : n(NaOH) = 1 : 1$

da $n = c \cdot V$:

$$\Rightarrow c(HCl) \cdot V(HCl) = c(NaOH) \cdot V(NaOH)$$

$$\Rightarrow c(HCl) = \frac{c(NaOH) \cdot V(NaOH)}{V(HCl)} = \frac{1\ \text{mol} \cdot l^{-1} \cdot 5 \cdot 10^{-3}\ l}{50 \cdot 10^{-3}\ l} = 0{,}1\ \text{mol} \cdot l^{-1}$$

Bei der **praktischen Durchführung** ist Folgendes zu beachten:

- Die **Maßlösung** muss eine **starke** Säure (HCl) oder Lauge (NaOH, KOH) sein, damit der Stoffumsatz vollständig ist.
- Es sollten nur wenige Tropfen Indikator zugegeben werden, da der Indikator selbst als Säure bzw. Base reagiert.
- Die Maßlösung sollte höher konzentriert sein als die Probelösung.

Titrationskurven

Titrationskurven erhält man, indem man die mit einem pH-Meter gemessenen pH-Werte in Abhängigkeit von der zugegebenen Maßlösung grafisch aufträgt. Die Titrationskurven weisen je nach der titrierten Probelösung einen charakteristischen Kurvenverlauf auf.

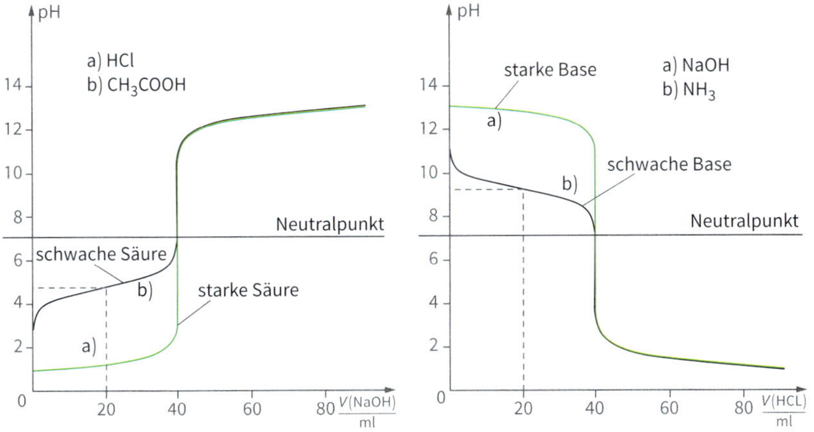

Abb. 5.4: Titrationskurven

WENDEPUNKTE TITRATIONSKURVE

Die Titrationskurve einer starken Säure/Base besitzt nur einen Wendepunkt.
Die Titrationskurve einer schwachen Säure/Base besitzt zwei Wendepunkte.

VORSICHT, FALLE

Neutralpunkt und Äquivalenzpunkt stimmen nur dann überein, wenn es sich bei der Probelösung um eine starke Säure oder Base handelt.

Ist die Probelösung eine schwache Säure (z. B. CH_3COOH)
⇒ Äquivalenzpunkt ist ins Basische verschoben.

Ist die Probelösung eine schwache Base (z. B. NH_3)
⇒ Äquivalenzpunkt ist ins Saure verschoben.

Bei der Wahl des Indikators ist zu beachten, dass der Äquivalenzpunkt im Umschlagsbereich des gewählten Indikators liegt.
Daher verwendet man z. B. Phenolphthalein als Indikator bei der Titration der schwachen Essigsäure.

BEISPIEL

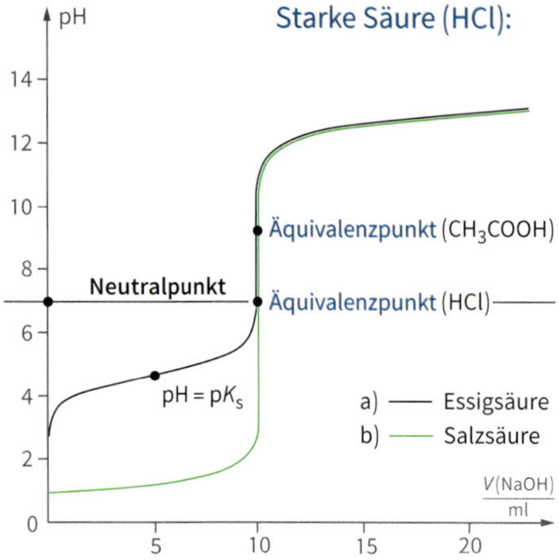

Abb. 5.5: Lage von Äquivalenz- und Halbäquivalenzpunkt

Starke Säure (HCl):

Äquivalenzpunkt = Neutralpunkt

am Äquivalenzpunkt gilt:
n(Probelösung) = n(Maßlösung)

Schwache Säure (CH_3COOH, pK_S = 4,76):
Halbäquivalenzpunkt pH = pK_S

Schwache Base (NH_3, pK_B = 4,75):
Halbäquivalenzpunkt
pH = 14 – pK_B

Maßlösung: starke Base (NaOH)
Probelösung
a) Salzsäure (starke Säure)
$HCl + NaOH \rightarrow NaCl + H_2O$
b) Essigsäure (schwache Säure)
$CH_3COOH + NaOH \rightarrow CH_3COONa + H_2O$

Im Falle von Salzsäure als Probelösung liegt am Äquivalenzpunkt NaCl vor. Da NaCl-Lösung neutral reagiert (→ Seite 81), stimmt der Äquivalenzpunkt mit dem Neutralpunkt überein.
Im Falle von Essigsäure als Probelösung liegt am Äquivalenzpunkt CH_3COONa vor. Da Na-Acetat alkalisch reagiert (→ Seite 81), ist der Äquivalenzpunkt ins Basische verschoben.

Im Bereich des Äquivalenzpunktes ändert sich der pH-Wert sehr stark (**pH-Sprung**). Der Äquivalenzpunkt liegt dabei in der Mitte des **pH-Sprungs**. Ein Indikator ist dann für die Endpunktanzeige der Titration geeignet, wenn sein Umschlagsintervall innerhalb des pH-Sprungs liegt.

Der pH-Sprung ist umso größer, je stärker die Probelösung und je kleiner damit ihr pK-Wert ist. Handelt es sich bei der Probelösung um eine starke Säure bzw. eine starke Base, so liegt der Äquivalenzpunkt bei pH = 7. Handelt es sich bei der Probelösung um eine schwache Säure, so liegt der Äquivalenzpunkt im basischen, bei einer schwache Base liegt er im sauren Bereich.

Die Titrationskurven schwacher Säuren bzw. Basen weisen neben dem Äquivalenzpunkt einen zweiten Wendepunkt (**Halb-Äquivalenzpunkt**) auf. Er wird erreicht, wenn gerade die Hälfte der bis zum Erreichen des Äquivalenzpunktes benötigten Maßlösung zugegeben wurde. Im Falle der Titration von Essigsäure (schwache Säure) gilt am Halb-Äquivalenzpunkt:

$c(CH_3COOH) = c(CH_3COO^-)$.

Da $K_S = \frac{c(H_3O^+) \cdot c(CH_3COO^-)}{c(CH_3COOH)}$

folgt: $K_S = c(H_3O^+)$ oder $\mathbf{p}\boldsymbol{K}_\mathbf{S} = \mathbf{pH}$.

Im Falle der Titration von Ammoniak (schwache Base) gilt am Halb-Äquivalenzpunkt:

$c(NH_3) = c(NH_4^+)$.

Da $K_B = \frac{c(OH^-) \cdot c(NH_4^+)}{c(NH_3)}$

folgt $K_B = c(OH^-)$ oder $\mathbf{p}\boldsymbol{K}_\mathbf{B} = \mathbf{pOH}$,

da $pH + pOH = 14 \Rightarrow pH = 14 - pK_B$.

Durch **Halbtitration** einer schwachen Säure bzw. Base lässt sich also der p*K*-Wert bestimmen.

Aufgrund des entstehenden Gemischs aus schwacher Säure und korrespondierender schwacher Base (→ Seite 82) ändert sich bei Zugabe von Maßlösung der pH-Wert im Bereich des Halb-Äquivalenzpunktes nur sehr wenig.

	Probelösung		
	starke Säure bzw. Base	**schwache Säure**	**schwache Base**
Beispiel	HCl, NaOH, KOH	CH_3COOH	NH_3
Kurvenverlauf	ein Wendepunkt (Äquivalenzpunkt)	zwei Wendepunkte (Äquivalenzpunkt, Halb-Äquivalenzpunkt)	zwei Wendepunkte (Äquivalenzpunkt, Halb-Äquivalenzpunkt)
Äquivalenzpunkt	pH = 7	ins Basische verschoben	ins Saure verschoben
Halb-Äquivalenzpunkt	–	$pH = pK_S$	$pOH = pK_B$; $pH = 14 - pK_B$
geeigneter Indikator	Lackmus, Phenolphthalein, Methylorange, Bromthymolblau, Methylrot	Phenolphthalein	Methylorange, Methylrot

Tab. 5.4: Vergleich der Titrationskurven

5 Protolysen

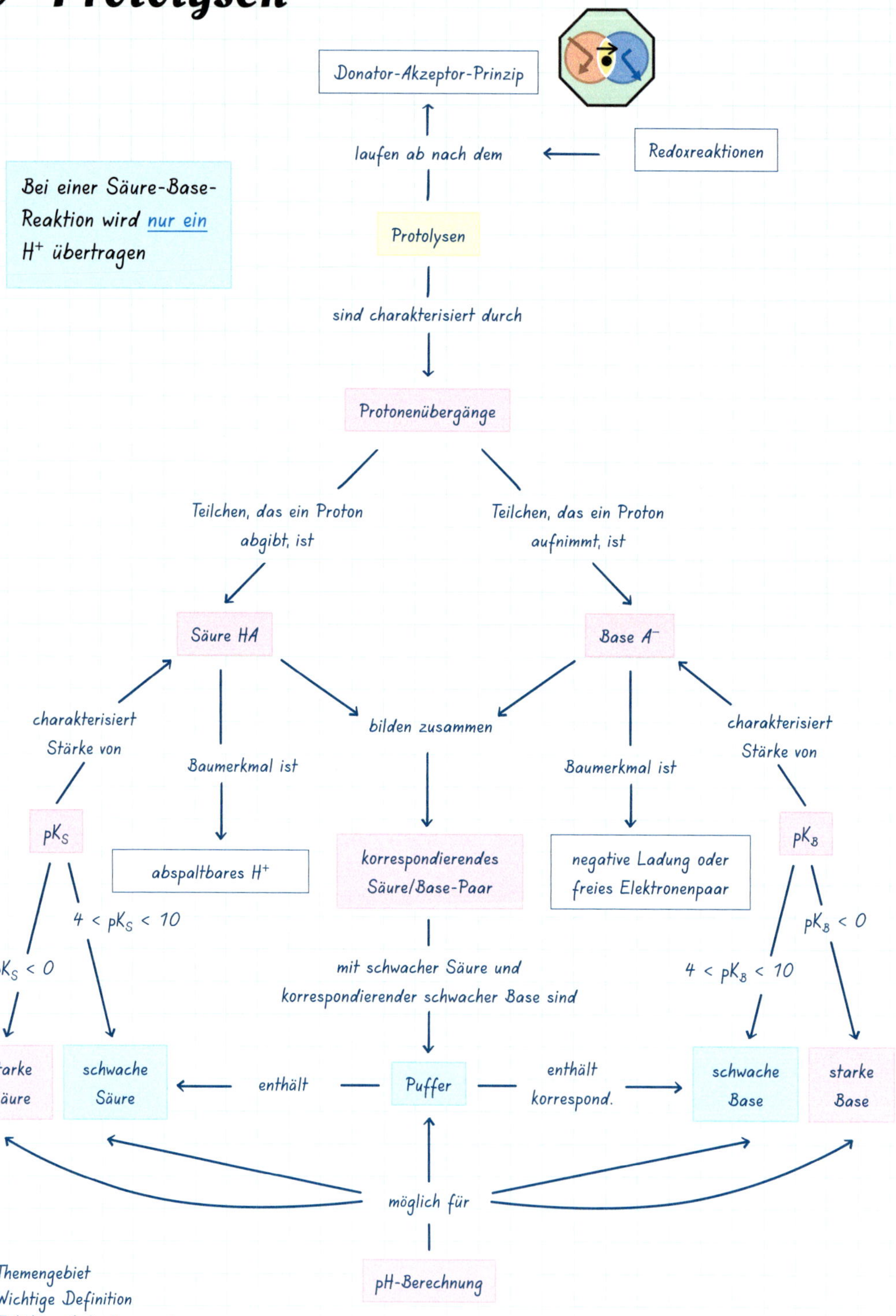

Themengebiet
Wichtige Definition
Erhöhtes Anforderungsniveau

Redoxreaktionen: Elektronenübergänge

6

In der belebten wie unbelebten Natur sowie bei technischen Prozessen spielen Redox-Reaktionen eine große Rolle. Trotz der großen Vielfalt auf der stofflichen Ebene laufen auf der Teilchenebene Redox-Reaktionen immer nach dem gleichen Muster ab: Teilchen tauschen bei Zusammenstößen Elektronen aus. Die Elektronen abgebenden Teilchen werden als Elektronendonator, die Elektronen aufnehmenden Teilchen als Elektronenakzeptor bezeichnet.

Basiskonzept: Donator-Akzeptor-Prinzip

Redoxreaktionen lassen sich auf Teilchenebene als Elektronenübergänge nach dem Donator-Akzeptor-Prinzip beschreiben.

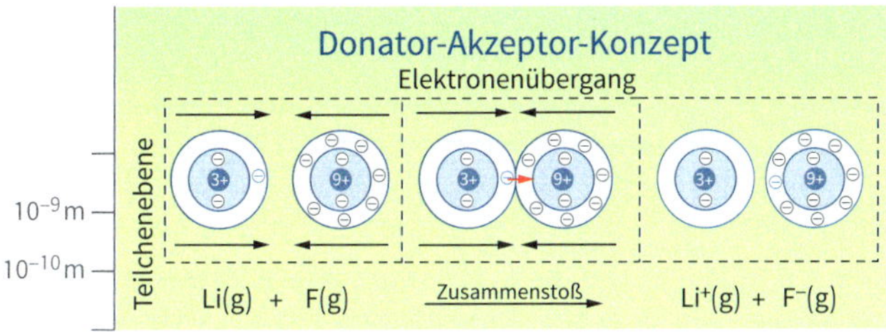

Abb. 6.1: Elektronenübergang beim Zusammenstoß eines gasförmigen Lithium-Atoms mit einem Fluor-Atom (Atome schematisch mit Elektronenanordnung nach einem einfachen Schalenmodell)

Der Elektronenübergang nach diesem Geber/Nehmer-Prinzip kann man mit der Staffelstabübergabe von Hand zu Hand bei einem Staffellauf vergleichen. Nur wenn die Läufer sich treffen, kann der Staffelstab von einem Läufer zum anderen übergehen. Dies gilt auch für den Elektronenübergang. Da es keine freien Elektronen z. B. in Flüssigkeiten gibt, kann ein Elektronenübergang nur bei einem direkten Zusammenstoß von Teilchen durch ihre Elektronenhüllen stattfinden.

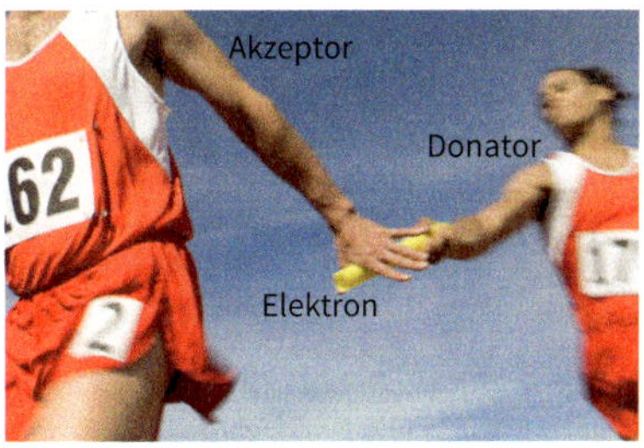

Abb. 6.2: Staffelübergabe von Hand zu Hand als Analogie zum Donator-Akzeptor-Prinzip. Der Staffelstab symbolisiert das übergehende Teilchen: das Elektron bei einer Redoxreaktion.

6.1 Oxidation und Reduktion

Ähnlich wie der Säure/Base-Begriff hat auch der Redox-Begriff im Laufe der Zeit einen Bedeutungswandel erfahren.

Abb. 6.3: ANTOINE LAURENT DE LAVOISIER führte 1777 erstmals den Begriff **Oxidation** ein.

Historische Bedeutung

Als **Oxidation** wurde ursprünglich eine Reaktion bezeichnet, bei der sich ein Stoff mit Sauerstoff verbindet, wie bei der Reaktion

$2\ Mg\ (s) + O_2\ (g) \rightarrow 2\ MgO\ (s)$.

Eine Reaktion, bei der ein Stoff Sauerstoff abgibt, wurde als **Reduktion** bezeichnet, wie beispielsweise:

$2\ CuO\ (s) \rightarrow 2\ Cu\ (s) + O_2\ (g)$.

Der Begriff „**Redoxreaktion**" wurde einer Reaktion zugeordnet, bei der Sauerstoff zwischen den Reaktionspartnern ausgetauscht wird, z. B.

$CuO\ (s) + Mg\ (s) \rightarrow Cu\ (s) + MgO\ (s)$.

Moderne, erweiterte Bedeutung

Die Redoxreaktion

$CuO\ (s) + Mg\ (s) \rightarrow Cu\ (s) + MgO\ (s)$

lautet in Ionenschreibweise:

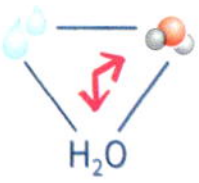

$Cu^{2+}O^{2-} + Mg \rightarrow Cu + Mg^{2+}O^{2-}$.

Bei genauerem Hinsehen fällt auf, dass sich das O^{2-}-Ion während der Reaktion nicht verändert und nur zwischen den Metallen ausgetauscht wird, wohingegen das Cu^{2+}-Ion zwei Elektronen aufnimmt und Magnesium zwei Elektronen abgibt. Wesentlich ist nicht mehr die Sauerstoffaufnahme oder -abgabe, sondern **im Mittelpunkt der Betrachtung stehen Elektronenabgabe und -aufnahme.** Von dieser Sichtweise her lässt sich, bezogen auf das Beispiel, eine **neue Bedeutung des Redox-Begriffs** herleiten, **die nicht mehr an Sauerstoff gebunden ist**: Magnesium gibt zwei Elektronen ab und wird somit oxidiert, das Cu^{2+}-Ion nimmt zwei Elektronen auf und wird reduziert. Es findet ein **Elektronenübergang** bei der Reaktion statt.

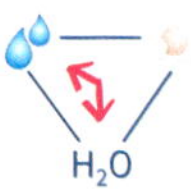

Der Vorteil des erweiterten Redox-Begriffs liegt darin, dass er auf Reaktionen ohne Sauerstoff als Reaktionspartner anwendbar ist. Dies soll am Beispiel der Reaktion von Magnesium mit Chlor – die Stoffe setzen sich zu Magnesiumchlorid um – gezeigt werden:

Stoffgleichung

$Mg\ (s) + Cl_2\ (g) \rightarrow MgCl_2\ (s)$

Stoffgleichung in Ionenschreibweise

$Mg + Cl_2 \rightarrow Mg^{2+} + 2\ Cl^-$

REDOXREAKTION

Oxidation: **Elektronenabgabe**

$Mg (s) \rightarrow Mg^{2+} + 2\,e^-$

Reduktion: **Elektronenaufnahme**

$Cl_2 (g) + 2\,e^- \rightarrow 2\,Cl^-$

Redoxreaktion: **Elektronenübergangsreaktion**

$Mg (s) + Cl_2 (g) \rightarrow MgCl_2 (s)$

Oxidationszahlen als Hilfsmittel

Ein Hilfsmittel, um komplizierte Redoxreaktionen einfach formulieren zu können, sind **Oxidationszahlen**, die fiktive Ladungszahlen darstellen. Sie werden in römischen Ziffern über dem Elementsymbol geschrieben. Zur Ermittlung der richtigen Oxidationszahlen sind bestimmte Regeln zu beachten.

Redoxreaktion als Reaktion mit

Sauerstoffübergang (historisch)	Elektronenübergang (modern)	Änderung der Oxidationszahl (modern)
gleichzeitige Bindung von Sauerstoff (Oxidation) und Abgabe von Sauerstoff (Reduktion)	gleichzeitige Abgabe von Elektronen (Oxidation) und Aufnahme von Elektronen (Reduktion)	gleichzeitige Erhöhung der Oxidationszahl eines Atoms (Oxidation) und Erniedrigung der Oxidationszahl (Reduktion) eines anderen Atoms
Oxidation (C → CO_2) $2\,Fe_2O_3 + 3\,C \rightarrow 4\,Fe + 3\,CO_2$ Reduktion (Fe_2O_3 → Fe)	Oxidation (e^--Abgabe) (C → CO_2) $2\,Fe_2O_3 + 3\,C \rightarrow 4\,Fe + 3\,CO_2$ Reduktion (e^--Aufnahme) (Fe_2O_3 → Fe)	Oxidationszahl wird erhöht (C: 0 → +IV) $2\,\overset{+III}{Fe_2}O_3 + 3\,\overset{0}{C} \rightarrow 4\,\overset{0}{Fe} + 3\,\overset{+IV}{C}O_2$ Oxidationszahl wird erniedrigt (Fe: +III → 0)

Tab. 6.1: Übersicht über Redoxreaktionen

Regeln zur Ermittlung von Oxidationszahlen

Hinweis: Die Regeln sind streng in der Reihenfolge 1 bis 5 anzuwenden. Dabei dominiert die vorhergehende Regel immer über die nachfolgende.

1. Metalle haben in Verbindungen immer positive Oxidationszahlen, auch Bor und Silicium.
2. Fluor hat in Verbindungen immer die Oxidationszahl –I.
3. Wasserstoff hat in Verbindungen die Oxidationszahl +I.
4. Sauerstoff hat in Verbindungen die Oxidationszahl –II.
5. Chlor, Brom, Iod haben in Verbindungen immer die Oxidationszahl –I.

Beachte:

- Die Oxidationszahl von Atomen elementarer Stoffe ist null.
- Bei Verbindungen ist die Summe der Oxidationszahlen aller Atome null.
- Bei Ionen ist die Summe der Oxidationszahlen aller Atome gleich der Ionenladung.

- Bindungselektronen einer polaren Elektronenpaarbindung werden dem elektronegativeren Atom zugeordnet.
- Bindungselektronen einer unpolaren Elektronenpaarbindung werden den beiden Atomen je zur Hälfte zugeordnet.

Oxidationszahlen

Beispiele:

+IV −I
SiH_4 1. Regel dominiert über 3. Regel

+II −I
OF_2 2. Regel dominiert über 4. Regel

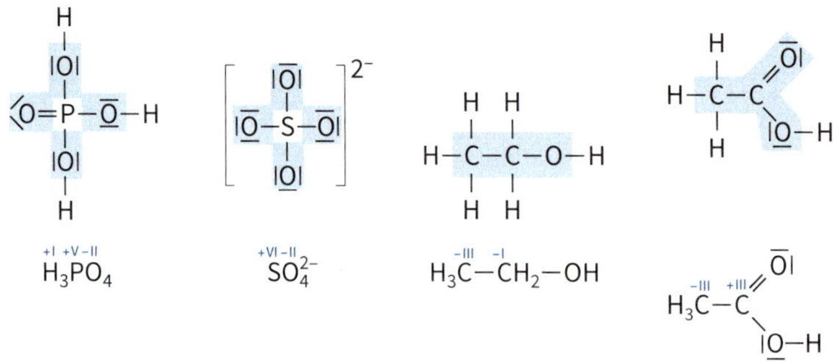

Abb. 6.4: Ermittlung von Oxidationszahlen

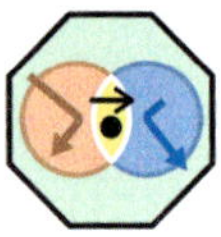

Definition des Redoxbegriffs mithilfe von Oxidationszahlen

Mithilfe von Oxidationszahlen lässt sich der Redox-Begriff nun noch umfassender definieren:

- **Oxidation:** Teilreaktion, bei der die Oxidationszahl eines Atoms erhöht wird.
- **Reduktion:** Teilreaktion, bei die Oxidationszahl eines Atoms erniedrigt wird.
- **Oxidationsmittel:** Reaktionsteilnehmer, dessen Oxidationszahl durch Elektronenaufnahme erniedrigt wird. Das Oxidationsmittel ist **Elektronenakzeptor** und wird aufgrund dessen bei der Redoxreaktion reduziert.

Nach der Redoxreaktion liegen das Oxidationsmittel reduziert und das Reduktionsmittel oxidiert vor.

- **Reduktionsmittel:** Reaktionsteilnehmer, dessen Oxidationszahl durch Elektronenabgabe erhöht wird. Das Reduktionsmittel ist **Elektronendonator** und wird deswegen bei der Redoxreaktion oxidiert.
- **Korrespondierendes Redoxpaar:** Reduktionsmittel und Oxidationsmittel gehen bei Redoxreaktionen ineinander über:

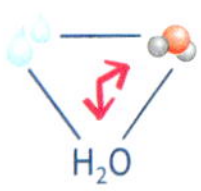

$$\text{Reduktionsmittel} \underset{\text{Reduktion}}{\overset{\text{Oxidation}}{\rightleftharpoons}} \text{Oxidationsmittel} + z\,e^-$$

z: Anzahl der pro Formelumsatz ausgetauschten Elektronen

Beispiel: $Zn \underset{\text{Reduktion}}{\overset{\text{Oxidation}}{\rightleftharpoons}} Zn^{2+} + 2\,e^-$

Disproportionierung – Synproportionierung

Disproportionierung und Synproportionierung sind Begriffe, die im Zusammenhang mit Redoxreaktionen häufig gebraucht werden:

Disproportionierung nennt man einen Vorgang, bei dem ein und derselbe Stoff zugleich oxidiert und reduziert wird.

Beispiel 1:

$$4\ K\overset{+V}{Cl}O_3 \rightarrow K\overset{-I}{Cl} + 3\ K\overset{+VII}{Cl}O_4$$

Im Edukt hat Chlor die Oxidationsstufe +V, in den Produkten –I und +VII.

Beispiel 2:

Tropft man Schwefelsäure in eine grüne (MnO_4^{2-}) Lösung, so färbt sich die Lösung durch Bildung von Permanganat (MnO_4^-) violett und ein brauner Niederschlag von Braunstein (MnO_2) wird sichtbar.

Im Edukt hat Mangan die Oxidationszahl +VI und in den Produkten +IV (Reduktion) und +VII (Oxidation)

$$3\ \underset{\text{grün}}{\overset{VI}{Mn}O_4^{2-}} + 2\ H_2O \xrightarrow{\text{disproportioniert zu}} 2\ \underset{\text{violett}}{\overset{VII}{Mn}O_4^-} + \underset{\text{braun}}{\overset{IV}{Mn}O_2} + 4\ OH^-$$

Synproportionierung (auch Komproportionierung) nennt man einen Vorgang, bei dem Verbindungen höherer und niedrigerer Oxidationsstufen desselben Elements miteinander unter Bildung von Verbindungen mittlerer Oxidationsstufe reagieren.

Beispiel:

$$H_2\overset{+VI}{S}O_4 + 3\ H_2\overset{-II}{S} \rightarrow 4\ \overset{0}{S} + 4\ H_2O$$

In den Edukten hat Schwefel die Oxidationszahlen +VI und –II, im Produkt 0.

Einrichten von Reaktionsgleichungen für Redoxreaktionen

Kompliziertere Redoxgleichungen kann man nach dem Beispiel in der → Tabelle 6.2 auf der nächsten Seite aufstellen.

Beispiel: In eine mit Schwefelsäure versetzte violette Kaliumpermanganat-Lösung wird farblose Eisen(II)-sulfat-Lösung gegeben. Hierbei entfärbt sich die violette Lösung und wird gelblich, da Fe^{3+}-Ionen entstehen. Als weitere Reaktionsprodukte können Mn^{2+}-Ionen und Sulfat-Ionen nachgewiesen werden.

ÜBERBLICK

1. Erstellung der Angabe der Reaktion	H^+ (aq), $MnO_4^- + Fe^{2+} \rightarrow Mn^{2+} + Fe^{3+}$
2. Berechnung der Oxidationszahl für alle an der Redoxreaktion beteiligten Atome	**+VII – II +II +II +III** $MnO_4^- + Fe^{2+} \rightarrow Mn^{2+} + Fe^{3+}$
3. Identifizierung der oxidierten und reduzierten Teilchen durch Vergleich der Oxidationszahlen	**+II +III** $Fe^{2+} \dashrightarrow Fe^{3+}$ Erhöhung der Oxidationszahl: Oxidation **+VII +II** $MnO_4^- \dashrightarrow Mn^{2+}$ Erniedrigung der Oxidationszahl: Reduktion
4. Erstellung der Teilgleichungen für Oxidation und Reduktion **a)** Ausgleich der Oxidationszahlen mit Elektronen	**+II → +III: 1 e⁻ Unterschied** **Oxidation:** $Fe^{2+} \rightarrow Fe^{3+} + \mathbf{1\ e^-}$ **+VII +II: 5 e⁻ Unterschied** **Reduktion:** $MnO_4^- + \mathbf{5\ e^-} \rightarrow Mn^{2+}$
b) Ausgleich der Ladungsdifferenz je nach **Milieu** im **Sauren** mit H^+ (aq), im **Neutralen** mit H^+ (aq) oder OH^- (aq), im **Alkalischen** mit OH^- (aq) und in **Schmelzen** mit O^{2-}	Saures Milieu (Schwefelsäure): **Oxidation:** 2 positive Ladungen → 2 positive Ladungen: Keine Ladungsdifferenz $Fe^{2+} \rightarrow Fe^{3+} + \mathbf{1\ e^-}$ **Reduktion:** 6 negative Ladungen → 2 positive Ladungen: Ergänzung von **8 positiven Ladungen** $MnO_4^- + \mathbf{5\ e^- + 8\ H^+ (aq)} \dashrightarrow Mn^{2+}$
c) Ausgleich der Teilgleichungen mit H_2O	Oxidation: $Fe^{2+} \dashrightarrow Fe^{3+} + \mathbf{1\ e^-}$ nicht notwendig Reduktion: $MnO_4^- + \mathbf{5\ e^- + 8\ H^+ (aq)} \dashrightarrow Mn^{2+} + \mathbf{4\ H_2O}$
5. Kontrolle der Teilgleichungen auf Übereinstimmung beider Seiten bezüglich – Gesamtladung und – Anzahl der einzelnen Atome	Gesamtladung: Oxidation: 2+ → 2+ Reduktion: 2+ → 2+ Anzahl der einzelnen Atome: Oxidation: 1-mal Fe → 1-mal Fe Reduktion: 1-mal Mn, 4-mal O, 8-mal H ---> 1-mal Mn, 4-mal O, 8-mal H
6. Erweiterung der Teilgleichungen durch Multiplikation insoweit, dass sie in der Elektronenzahl (e^-) übereinstimmen	Oxidation: $Fe^{2+} \rightarrow Fe^{3+} + \mathbf{1\ e^-}$ **|·5** Reduktion: $MnO_4^- + \mathbf{5\ e^- + 8\ H^+ (aq)} \rightarrow Mn^{2+} + \mathbf{4\ H_2O}$ **|·1**
7. Addition der Teilgleichungen zur Gesamtgleichung	$MnO_4^- + \mathbf{5\ e^- + 8\ H^+ (aq)} + 5\ Fe^{2+} \rightarrow Mn^{2+} + \mathbf{4\ H_2O} + 5\ Fe^{3+} + \mathbf{5\ e^-}$
8. Streichung von Teilchen, die auf beiden Seiten der Gesamtgleichung vorkommen	$MnO_4^- + \mathbf{8\ H^+ (aq)} + 5\ Fe^{2+} \rightarrow Mn^{2+} + \mathbf{4\ H_2O} + 5\ Fe^{3+}$ (Streichung der **5 e⁻** auf beiden Seiten)
9. Kontrolle der Gesamtgleichung auf Übereinstimmung beider Seiten bezüglich – Gesamtladung und – Anzahl der einzelnen Atome	Gesamtladung: 17 + → 17 + Anzahl der einzelnen Atome: 1-mal Mn, 4-mal O, 8-mal H, 5-mal Fe ⇢ 1-mal Mn, 4-mal O, 8-mal H, 5-mal Fe
10. Ergänzung der an der Redoxreaktion beteiligten Ionen durch Gegenionen	$MnO_4^- + 8\ H^+ (aq) + 5\ Fe^{2+} \dashrightarrow Mn^{2+} + 4\ H_2O + 5\ Fe^{3+}$ 1 K^+ 4 SO_4^{2-} 5 SO_4^{2-} 1 SO_4^{2-} 8 SO_4^{2-} 1 K^+
11. Erweiterung Redoxgleichung, sodass die Stoffgleichung mit ungebrochenen Koeffizienten geschrieben werden kann	$MnO_4^- + 8\ H^+ (aq) + 5\ Fe^{2+} \rightarrow Mn^{2+} + 4\ H_2O + 5\ Fe^{3+}$ **|·2** 1 K^+ 4 SO_4^{2-} 5 SO_4^{2-} 1 SO_4^{2-} 8 SO_4^{2-} 1 K^+ **|·2**
12. Formulierung der Stoffgleichung	$2\ KMnO_4 + 8\ H_2SO_4 + 10\ FeSO_4 \rightarrow 2\ MnSO_4 + 8\ H_2O + 5\ Fe_2(SO_4)_3 + K_2SO_4$

Tab. 6.2: Vorgehensweise beim Einrichten von Reaktionsgleichungen für komplizierte Redoxreaktionen

6.2 Redoxreihen

Metalle

Metalle unterscheiden sich in ihrer Wirkungsfähigkeit als Oxidations- oder Reduktionmittel. Durch systematische Versuchsreihen ist man in der Lage, sie entsprechend ihrem Redoxreaktionsvermögen in eine Reihe einzuordnen. Die nachfolgend beschriebenen Versuche zeigen beispielhaft die Vorgehensweise zum Erhalt einer Redoxreihe der Metalle.

Charakteristische Metalleigenschaften:
- hohe elektrische Leitfähigkeit,
- hohe Wärmeleitfähigkeit,
- Duktilität und
- Spiegelglanz

Versuch a): Taucht man einen blanken Eisennagel in eine Kupfer(II)-sulfat-Lösung ein, so scheidet sich am Nagel elementares Kupfer ab und es lassen sich Fe^{2+}-Ionen nachweisen.

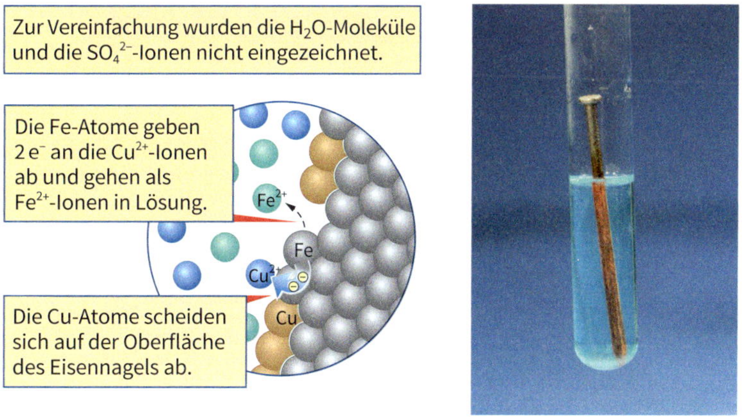

Abb. 6.5: Eisennagel in Kupfer(II)-sulfat-Lösung: Am Eisennagel scheidet sich elementares Kupfer ab.

Oxidation:	$Fe\,(s) \rightarrow Fe^{2+}\,(aq) + \mathbf{2\,e^-}$
Reduktion:	$Cu^{2+}\,(aq) + \mathbf{2\,e^-} \rightarrow Cu\,(s)$
Redoxreaktion:	$Fe\,(s) + Cu^{2+}\,(aq) \rightarrow Fe^{2+}\,(aq) + Cu\,(s)$
Reduktionsmittel:	$Fe\,(s)$
Oxidationsmittel:	$Cu^{2+}\,(aq)$

Versuch b): Gibt man jedoch einen Kupernagel in eine Eisen(II)-sulfat-Lösung, so ist keine Reaktion zu beobachten. Kupfer ist nicht in der Lage, Fe^{2+}-Ionen zu reduzieren.

Schlussfolgerungen aus den beiden Versuchen:
- Metallisches Eisen ist ein stärkeres Reduktionsmittel als metallisches Kupfer.
- Cu^{2+}-Ionen sind ein stärkeres Oxidationsmittel als Fe^{2+}-Ionen.
- $\Rightarrow$ Kupfer ist ein edleres Metall als Eisen.

Bei systematischer Durchführung derartiger Versuche mit weiteren Metallen und ihren Salzlösungen kann man die Metalle nach der Stärke ihrer Reduktionswirkung und die hydratisierten Metall-Ionen nach der Stärke ihrer Oxidationswirkung ordnen. Man erhält auf diese Weise die **Redoxreihe der Metalle:**

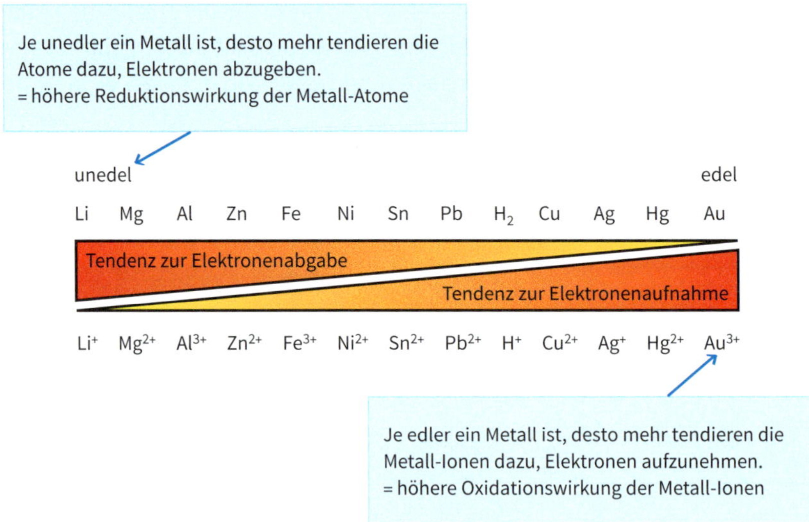

Abb. 6.6: Redoxreihe der Metalle

Aus der Redoxreihe lässt sich entnehmen, dass ein Metall alle hydratisierten Metall-Ionen reduzieren kann, die oberhalb von ihm in der Redoxreihe angeordnet sind, und umgekehrt, dass ein hydratisiertes Metall-Ion alle Metalle, die unterhalb von ihm in der Redoxreihe angeordnet sind, oxidieren kann.
Ein Metall „Me“ und das zugehörige hydratisierte Metall-Ion „Me^{z+}“ wird als **Redoxpaar** bezeichnet. Die Kurzschreibweise lautet: Me^{z+}/Me (z: Zahl der Ladungen).

Nichtmetalle

Mit analogen Versuchen kann eine Redoxreihe des Typs „Nichtmetall/Nichtmetall-Ion“ aufgestellt werden.

Redoxreihe der Nichtmetalle

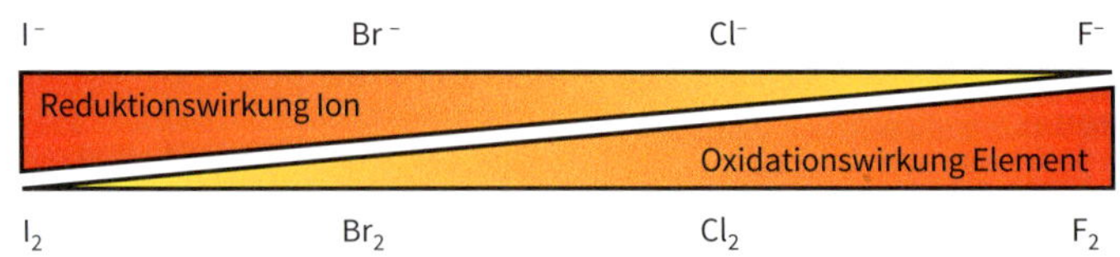

Abb. 6.7: Redoxreihe der Nichtmetalle

6.3 Galvanische Zellen

Taucht man einen Zinkstab in eine Kupfersulfat-Lösung, so scheidet sich Kupfer ab:

$Zn(s) + Cu^{2+}(aq) \rightarrow Zn^{2+}(aq) + Cu(s)$

Bei genauerer Betrachtung der Reaktion ergeben sich folgende Teilgleichungen:

Oxidation: $Zn(s) \Rightarrow Zn^{2+}(aq) + 2\,e^-$

Reduktion: $Cu^{2+}(aq) + 2\,e^- \Rightarrow Cu(s)$

Die Elektronen fließen vom elementaren Zink zu den hydratisierten Cu^{2+}-Ionen: **Im atomaren Bereich ist ein elektrischer Strom vorhanden.** Um diesen elektrischen Strom in der Praxis zu nutzen, werden Zinkstab und Kupfersulfat-Lösung räumlich voneinander getrennt; gleichzeitig wird die Elektronenübertragung, über einen Metalldraht als leitende Verbindung, ermöglicht. Dieses System, das nun elektrische Energie liefern kann, wird als **galvanische Zelle** bezeichnet.

Einheiten

Coulomb: Einheit der elektrischen Ladung: $C = 1\,A \cdot 1\,s$

Elektrischer Strom ist gleichbedeutend für das Fließen von elektrischer Ladung. Er wird in **Ampere** gemessen, wobei 1 Ampere dem Fließen einer elektrischen Ladung von 1 C pro Sekunde entspricht: $1\,A = 1\,C \cdot s^{-1}$

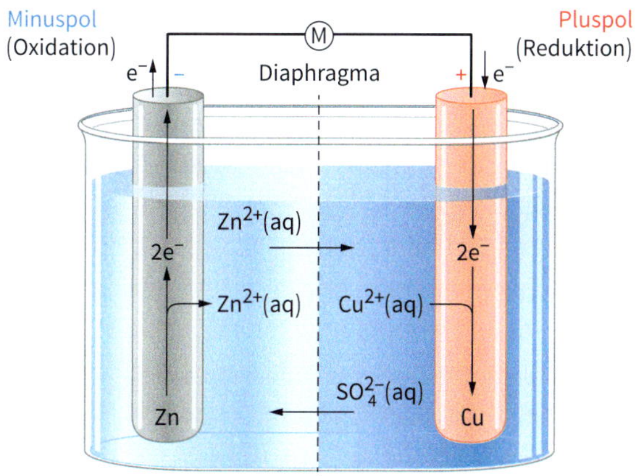

Zinkhalbzelle	Kupferhalbzelle
unedleres Metall, größerer Lösungsdruck, höherer Elektronendruck ⇒ Minuspol	**edleres** Metall, kleinerer Lösungsdruck, geringerer Elektronendruck ⇒ Pluspol
Elektronen-Donatorhalbzelle	Elektronen-Akzeptorhalbzelle
Halbzellenreaktion: Anode (Oxidation): $Zn(s) \rightarrow Zn^{2+}(aq) + 2\,e^-$	Halbzellenreaktion: Kathode (Reduktion): $Cu^{2+}(aq) + 2\,e^- \rightarrow Cu(s)$

Zelldiagramm: $Zn/Zn^{2+}\,//\,Cu^{2+}/Cu$

Abb. 6.8: DANIELL-Element

Die Spannung oder Potentialdifferenz zwischen den Polen zweier kombinierter Halbzellen wird in **Volt** gemessen. Die Spannung entspricht der übertragenen Menge an Energie in Joule, wenn 1 Coulomb elektrischer Ladung durch den Stromkreis einer galvanischen Zelle fließt: $1\,V = 1\,J \cdot C^{-1}$

Aufbau einer galvanischen Zelle am Beispiel des Daniell-Elements

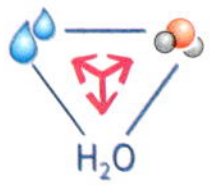

- Der Zinkstab (→ Abb. 6.8) (Zink-Elektrode) taucht in eine Zinksulfat-Lösung, sodass die bei der Redoxreaktion entstehenden Zn^{2+} (aq)-Ionen ungehindert abgegeben werden können.
- Die leitende äußere Verbindung (Metalldraht), die von der Zink-Elektrode ausgeht, endet in einem Kupferstab (Kupfer-Elektrode), der in die Kupfersulfat-Lösung taucht. So können die Cu^{2+}-Ionen ohne Nebenreaktionen und -effekte ungestört am Kupferstab entladen werden und sich als Cu (s) abscheiden.
- Das Diaphragma trennt die Elektrolytlösungen räumlich voneinander und ermöglicht die für den Ladungsausgleich notwendigen Ionenwanderungen der Zn^{2+} (aq)- und SO_4^{2-} (aq)-Teilchen.

Entstehung der Spannung in einer galvanischen Zelle

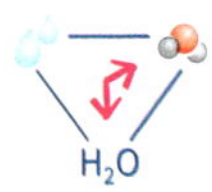

An den Elektroden der verschiedenen Halbzellen entsteht jeweils eine elektrochemische Doppelschicht aus negativen und positiven Ladungsträgern. NERNST beschrieb diese Vorgänge anschaulich als elektrochemisches Gleichgewicht zwischen dem **Lösungsdruck** des Metalls und dem **Abscheidungsdruck** der hydratisierten Metall-Kationen: Der Lösungsdruck ist eine bei jedem Metall unterschiedlich ausgeprägte Eigenschaft, in die wässrige Lösung Metall-Atome als Kationen abzugeben, wobei die bei der Bildung der Kationen entstandenen Elektronen im Metall bleiben. Kationen werden solange in die Lösung abgegeben, bis die dadurch entstandene elektrische Potentialdifferenz zwischen dem negativ geladenen Metall und den positiven Metall-Ionen in der Lösung eine weitere Bildung von Metall-Kationen aufgrund der elektrostatischen Anziehung verhindert (elektrochemische Doppelschicht, → Abb. 6.9). Die hydratisierten Metall-Kationen diffundieren aufgrund der Anziehung auch wieder zurück zum Metall und entladen sich (Abscheidungsdruck). Es stellt sich so ein elektrochemisches Gleichgewicht ein, bei dem pro Zeiteinheit gleich viele Kationen in beiden Richtungen durch die Phasengrenze „Lösung/Metall" treten. Diese Vorgänge führen zu unterschiedlichen negativen Aufladungen der Elektroden in den verschiedenen Halbzellen und damit zur Ausbildung von messbaren Elektrodenpotentialen.

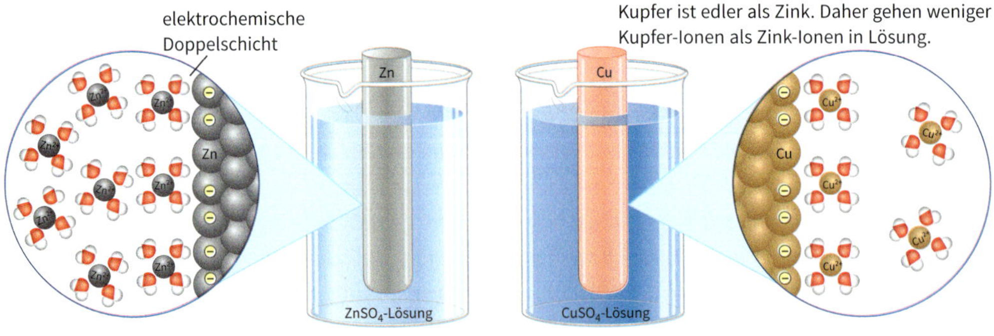

Abb. 6.9: Elektrochemische Doppelschicht

Beispiel Daniell-Element

An der Kupfer-Elektrode werden weniger Kationen als an der Zink-Elektrode aufgrund des unterschiedlichen Lösungsdrucks der beiden Metalle gebildet. Somit werden in der Kupfer-Elektrode (edleres Metall) auch weniger Elektronen von den entstandenen hydratisierten Kationen als in der Zink-Elektrode (unedleres Metall) zurückgelassen (→ Abb. 6.9). Daher herrscht im Zinkstab ein höherer **„Elektronendruck“** als im Kupferstab. Verbindet man die beiden Elektroden mit einem Draht, fließen die Elektronen vom Elektronendonator Zink (höherer „Elektronendruck“) zum Elektronenakzeptor Kupfer (geringerer „Elektronendruck“). Der Elektronendruckunterschied äußert sich in einer messbaren elektrischen Potentialdifferenz, das heißt in einer Spannung. Da aufgrund des höheren Elektronendrucks der Zink-Stab stärker negativ geladen ist als der Kupferstab, wird er zum Minuspol und der Kupferstab zum Pluspol. Verwendet man beim Daniell-Element Salzlösungen der Stoffmengenkonzentration $c = 1\ mol \cdot l^{-1}$, so zeigt eine Zink/Kupfer-Zelle eine Zellspannung von 1,1 V.

Der Begriff **„Elektrode“** ist mehrdeutig:
1. Das Redoxsystem einer Halbzelle, bei der das Elektronen leitende Metall direkt an der Bildung des Elektrodenpotentials beteiligt ist,
2. Das nichtreaktive, Elektronen zu- oder ableitende Material aus Platin oder Graphit, das in die Elektrolytlösung einer Halbzelle eintaucht (Platin- oder Graphitelektrode)

Kombination verschiedener Halbzellen

Bei Kombination der Halbzellen Ag/Ag^+, Zn/Zn^{2+}, Cu/Cu^{2+} und Pb/Pb^{2+}, bei denen die entsprechenden Salzlösungen in einer Stoffmengenkonzentration von $c = 1\ mol \cdot l^{-1}$ vorliegen, kann man folgende Potentialdifferenzen in Volt messen:

Galvanische Zelle	Spannung U (V)	⊕-Pol *	⊖-Pol **
$Cu/Cu^{2+}//Ag/Ag^+$	0,46	Ag	Cu
$Pb/Pb^{2+}//Ag/Ag^+$	0,93	Ag	Pb
$Pb/Pb^{2+}//Cu/Cu^{2+}$	0,47	Cu	Pb
$Zn/Zn^{2+}//Ag/Ag^+$	1,56	Ag	Zn
$Zn/Zn^{2+}//Cu/Cu^{2+}$	1,1	Cu	Zn
$Zn/Zn^{2+}//Pb/Pb^{2+}$	0,63	Pb	Zn

Tab. 6.3: * Akzeptorhalbzelle, kleinerer Elektronendruck, edleres Metall;
**Donatorhalbzelle, größerer Elektronendruck, unedleres Metall

WISSEN

Die „unedlere“ Halbzelle einer galvanischen Zelle hat einen größeren Lösungsdruck, der einen höheren Elektronendruck bewirkt.
Dadurch wird sie zum Minuspol.
Aufgrund des größeren Lösungsdrucks findet in der unedleren Halbzelle die Oxidationsreaktion statt, die das Kennzeichen für die Anode ist.

6.4 Standard-Elektrodenpotentiale

Da es nicht möglich ist, die Potentiale von Redoxpaaren absolut zu messen, vereinbarte man die **Standard-Wasserstoff-Halbzelle** als Bezugshalbzelle. Alle Halbzellenpotentiale werden auf die Standard-Wasserstoff-Halbzelle bezogen. Das Potential der Standard-Wasserstoff-Halbzelle ist definitionsgemäß 0 V. Ihr Aufbau entspricht einer typischen Halbzelle von nichtmetallischen Redoxpaaren, an denen eine gasförmige Phase beteiligt ist. Insgesamt sind bei der Standard-Wasserstoff-Halbzelle drei Phasen zu unterscheiden:

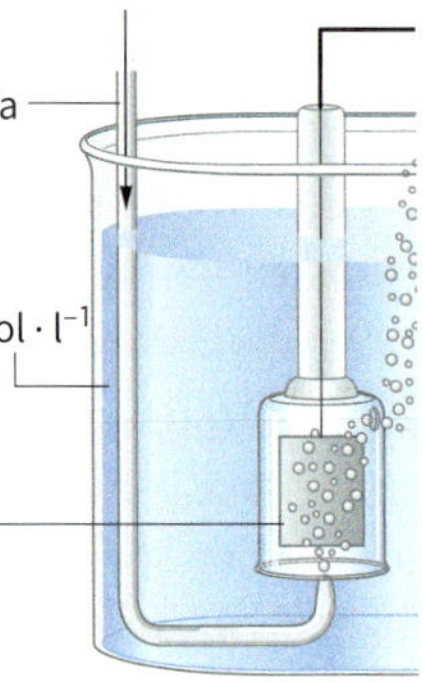

Abb. 6.10: Standard-Wasserstoff-Halbzelle, die als Bezugshalbzelle mit anderen Halbzellen kombiniert werden kann, siehe Abb. 6.12

Eine **Phase** ist ein homogener stofflicher Bereich mit gleichen physikalischen und chemischen Eigenschaften.

- **gasförmige Phase:** H_2 (g); bei Standardbedingungen $p = 1000$ hPa, $T = 298$ K
- **wässrige Phase:** H^+ (aq); $c(H^+ (aq)) = 1$ mol$\cdot l^{-1}$.
  Die bei einer Reaktion entstehenden H^+ (aq)-Ionen müssen von einer Säure mit definierter Konzentration aufgefangen werden, bzw. es muss eine bestimmte Konzentration an H^+ (aq)-Ionen zur eventuellen H_2-Bildung zur Verfügung stehen.
- **feste Phase:** platiniertes Platinblech; inerte Elektrode (Ableitelektrode), Adsorption von H_2, Katalysatorwirkung, Zu- bzw. Ableitung der Elektronen.

Funktionsweise: Das platinierte (Oberflächenvergrößerung!) Platinblech wird von Wasserstoff bei einem Druck von 1000 hPa umspült; ein Teil des Gases wird am Platin adsorbiert und reagiert folgendermaßen,

a) falls die andere Halbzelle edler ist: $H_2 (g) \rightarrow 2 H^+ (aq) + 2 e^-$

b) falls die andere Halbzelle unedler ist: $2 H^+ (aq) + 2 e^- \rightarrow H_2 (g)$

Der Ablauf dieser Reaktionen wird durch das inerte Platin katalysiert.

WISSEN

Die Kurzbezeichnung der Standard-Wasserstoffelektrode lautet:
$H^+/\frac{1}{2}H_2(Pt)$ bzw. $\frac{1}{2}H_2(Pt)/H^+$

Wird eine andere Halbzelle unter Standardbedingungen ($c = 1$ mol$\cdot l^{-1}$, $T = 298$ K) mit der Standard-Wasserstoff-Halbzelle zu einer galvanischen Zelle verbunden, so bezeichnet man die gemessene Potentialdifferenz als **Standard-**

elektrodenpotential, kurz **Redoxpotential**, U_H^0. Der Index „H" weist auf die Wasserstoff-Halbzelle als Bezugshalbzelle hin.

Messung von Standard-Potentialen

Beispiele: Messung des Standard-Elektrodenpotentials von Cu / Cu^{2+} (→ Abb. 6.11): Es wird ein Redoxpotential von $U_H^0 = 0{,}34\ V$ gemessen. Bestimmung des Standardelektrodenpotentials von $Cl_2 / 2\ Cl^-$ (aq): Es wird ein Redoxpotential von $U_H^0 = 1{,}36\ V$ gemessen, → Abb. 6.12.

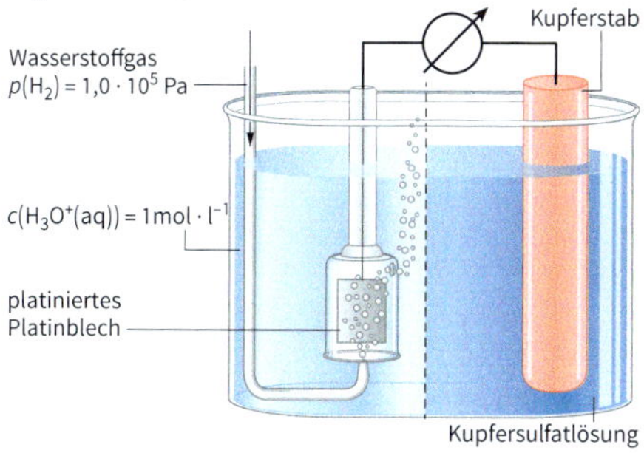

Abb. 6.11: Bestimmung des Standardpotentials von Cu^{2+}/Cu.
Anode (Oxidation): H_2 (g) → 2 H^+ (aq) + 2 e^-;
Kathode (Reduktion): Cu^{2+} (aq) + 2 e^- → Cu (s);
$U_H^0 = 0{,}34$ V

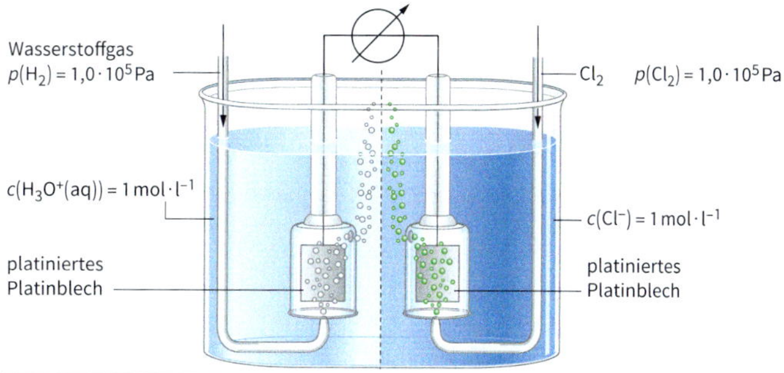

Abb. 6.12: Bestimmung des Standardpotentials von Cl_2/Cl^-;
Minuspol, Anode (Oxidation): H_2 (g) → 2 H^+ (aq) + 2 e^-,
Pluspol, Kathode (Reduktion): Cl_2 (g) + 2 e^- → 2 Cl^- (aq);
$U_H^0 = 1{,}36$ V

Die Zellspannung U zwischen verschieden Halbzellen einer galvanischen Zelle kann aus den Standardpotentialen U_H^0 berechnet werden:

WISSEN

$U = U_H^0$ (Akzeptorhalbzelle) – U_H^0 (Donatorhalbzelle)
bzw. $U = U_H^0$ (Kathode) – U_H^0 (Anode)
bzw. $U = U_H^0$ (Pluspol) – U_H^0 (Minuspol)

Beispiel: Berechnung der Zellspannung der galvanischen Zelle „$\frac{1}{2}H_2(Pt)/H^+//Cu^{2+}/Cu$":

$$U = U_H^0\,(Cu^{2+}/Cu) - U_H^0\left(H^+/\tfrac{1}{2}H_2(Pt)\right)$$

$$U = 0{,}34\ V - 0\ V = +\,0{,}34\ V$$

Das Kathodenpotential ist dabei immer größer als das Anodenpotential:

$$U_H^0\,(\text{Kathode}) > U_H^0\,(\text{Anode})$$

Spontan und freiwillig laufen nur solche Redoxreaktionen ab, für die U einen positiven Wert hat.

Ordnet man alle Redoxpaare nach ihren Standard-Elektrodenpotentialen, erhält man die sogenannte **Spannungsreihe**, → Tab. 6.4.

Spannungsreihe

oxidierte Form ⇌ reduzierte Form		U_H^0/V
$Li^+ (aq) + e^-$	⇌ $Li (s)$	-3,04
$K^+ (aq) + e^-$	⇌ $K (s)$	-2,92
$2 H_2O (l) + 2 e^-$	⇌ $H_2 (g) + 2 OH^- (aq)$	-0,83
$Zn^{2+} (aq) + 2 e^-$	⇌ $Zn (s)$	-0,76
$Pb^{2+} (aq) + 2 e^-$	⇌ $Pb (s)$	-0,13
$2 H^+ (aq) + 2 e^-$	⇌ $H_2 (g)$	0,00
$Cu^{2+} (aq) + 2 e^-$	⇌ $Cu (s)$	0,34
$O_2 (g) + 2 H_2O (l) + 4 e^-$	⇌ $4 OH^- (aq)$	0,40
$I_2 (aq) + 2 e^-$	⇌ $2 I^- (aq)$	0,54
$Ag^+ (aq) + e^-$	⇌ $Ag (s)$	0,80
$Br_2 (l) + 2 e^-$	⇌ $2 Br^- (aq)$	1,09
$Cl_2 (g) + 2 e^-$	⇌ $2 Cl^- (aq)$	1,36
$H_2O_2 (aq) + 2 H^+ (aq) + 2 e^-$	⇌ $2 H_2O (l)$	1,77
$S_2O_8^{-2} (aq) + 2 e^-$	⇌ $2 SO_4^{2-} (aq)$	2,01
$F_2 (g) + 2 e^-$	⇌ $2 F^- (aq)$	2,87

Tab. 6.4: Spannungsreihe einiger Standard-Elektrodenpotentiale

WISSEN

Je kleiner das Standard-Elektrodenpotential ist, desto stärker reduzierend wirkt das Redoxsystem; je größer das Standard-Elektrodenpotential ist, desto stärker oxidierend wirkt das Redoxsystem.

Beispiel:

Stärkstes Reduktionsmittel ist das Alkalimetall Lithium $\left(U_H^0\ (Li^+/Li) = -3{,}04\ V\right)$, stärkstes Oxidationsmittel ist das Halogen Fluor $\left(U_H^0\ (F_2/F^-) = 2{,}87\ V\right)$.

Der Begriff „Elektrode" ist mehrdeutig: **1.** Das Redoxsystem einer Halbzelle, bei der das Elektronen leitende Metall direkt an der Bildung des Elektrodenpotentials beteiligt ist, **2.** Das nichtreaktive, Elektronen zu- oder ableitende Material aus Platin oder Graphit, das in die Elektrolytlösung einer Halbzelle eintaucht (Platin- oder Graphitelektrode).

Halbzelltypen im Überblick

- **Metall-Halbzelle**, z. B.: Cu^{2+}/Cu oder Zn^{2+}/Zn (→ Abb. 6.8 und Abb. 6.15).
  Die Metalle sind an der Reaktion beteiligt und dienen gleichzeitig als Zu- bzw. Ableitelektrode für Elektronen.
- **Nichtmetall-Halbzelle**, z. B.: $H^+/\frac{1}{2}H_2(Pt)$, $\frac{1}{2}Cl_2/Cl^-\ (Pt)$ (→ Abb. 6.12 und Abb. 6.16).
  Das inerte Platin dient nur als Zu- bzw. Ableitelektrode für Elektronen und hat katalytische Funktion.
- **Halbzelle mit homogenen Redoxsystemen**, z. B.: $Fe^{3+}(Pt)/Fe^{2+}$, $Cr_2O_7^{2-}/Cr^{3+}(Pt)$ (→ Abb. 6.17).
  Das inerte Platin dient nur als Zu- bzw. Ableitelektrode für Elektronen und hat katalytische Funktion.

6.5 Konzentrationsabhängigkeit der Elektrodenpotentiale

Kombiniert man zwei gleiche Halbzellen desselben Redoxsystems, so zeigt sich kein Spannungsunterschied. Sind jedoch die **Elektrolyten** der Halbzellen desselben Redoxsystems **unterschiedlich konzentriert**, so ist ein Potentialunterschied festzustellen. Im Falle eines Metall-Halbzellen-Systems Me^{n+}/Me ist die Halbzelle mit der höheren Elektrolytkonzentration der Pluspol, da aufgrund des höheren Abscheidungsdrucks der in der Lösung vorliegenden Metall-Kationen nicht so viele Kationen von der Metall-Elektrode aus in Lösung gehen können und sich somit ein niedrigerer Elektronendruck in der Elektrode einstellt.

Eine derartige galvanische Zelle wird als **Konzentrationszelle** bezeichnet. Mit der Zeit nimmt der Konzentrationsunterschied aufgrund der Elektrodenreaktionen ab und infolgedessen sinkt die Spannung. Wenn beide Halbzellen gleich konzentriert sind, kommt der Stromfluss zum Erliegen (→ Abb. 6.13).

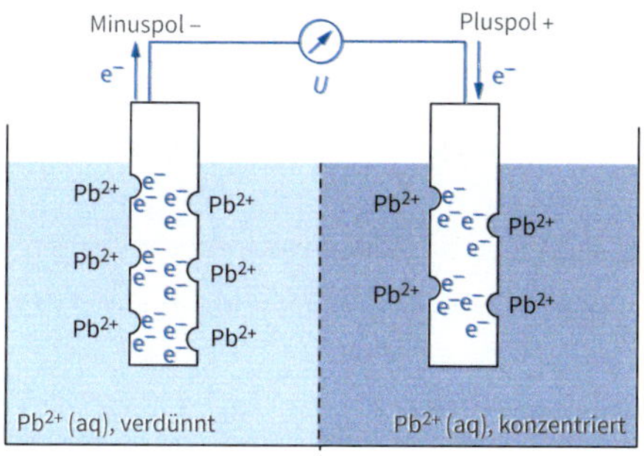

geringere Konzentration der Pb^{2+}-Ionen, ⇒	**höhere Konzentration der Pb^{2+}-Ionen, ⇒**
geringerer Abscheidungsdruck der Pb^{2+}-Ionen	höherer Abscheidungsdruck der Pb^{2+}-Ionen
höherer Lösungsdruck (-tension) des Pb	geringerer Lösungsdruck (-tension) des Pb
höherer Elektronendruck	niedrigerer Elektronendruck
Minus-Pol	Plus-Pol
Elektronendonator	Elektronenakzeptor
Anode	Kathode
Oxidation	Reduktion
$Pb \leftrightharpoons Pb^{2+} + 2\,e^-$	$Pb^{2+} + 2\,e^- \leftrightharpoons Pb$

Abb. 6.13: Potentialdifferenz in einer Blei-Konzentrationszelle (Halbzellen mit unterschiedlicher Elektrolytkonzentration)

Den quantitativen Zusammenhang zwischen der Elektrolytkonzentration c und dem Elektrodenpotential stellt die **NERNST-Gleichung** her. Mit dieser Gleichung lässt sich die Konzentrationsabhängigkeit des Redoxpotentials eines Redoxpaares beschreiben, das heißt, man kann das Potential einer Halbzelle mit beliebiger Elektrolytkonzentration berechnen.

H_2O

Die allgemeine Form der NERNST-Gleichung für die **allgemeine Elektrodenreaktion**

Red $\leftrightharpoons$ Ox + z e^- lautet:

$$U_H\,(\text{Ox/Red}) = U_H^0\,(\text{Ox/Red}) + \frac{R \cdot T}{z \cdot F} \cdot \ln \frac{c\,(\text{Ox})}{c\,(\text{Red})}.$$

R: universelle Gaskonstante ($8{,}314\ J \cdot K^{-1} \cdot mol^{-1}$)
T: Temperatur in K
z: Anzahl der pro Formelumsatz ausgetauschten Elektronen
F: FARADAY-Konstante ($96\,500\ C \cdot mol^{-1}$)
ln: natürlicher Logarithmus
(Ox), (Red): nach den Regeln des **Massenwirkungsgesetzes** gebildete Terme für oxidierte bzw. reduzierte Form des Redoxpaars

Aus der Gleichung geht hervor, dass das Elektrodenpotential vom Druck, von der Stoffmengenkonzentration und auch von der Temperatur abhängt.

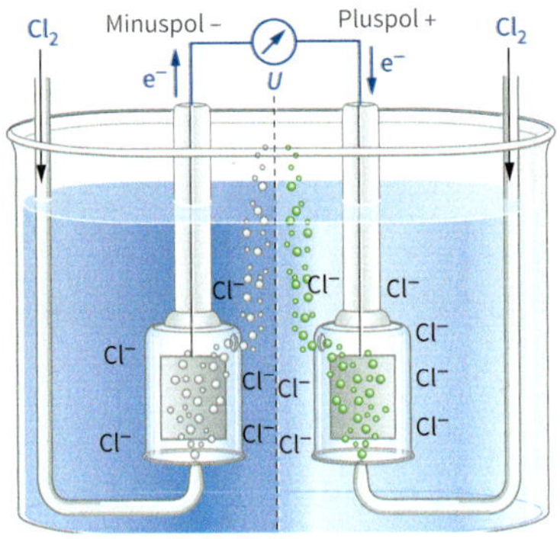

höhere Konzentration an Cl^--Ionen, ⇒	**geringere Konzentration an Cl^--Ionen, ⇒**
höherer e^--Abgabedruck der Cl^--Ionen (Abscheidungsdruck)	geringerer e^--Abgabedruck der Cl^--Ionen (Abscheidungsdruck)
geringerer Lösungsdruck des Cl_2 (Bildung von weniger Cl^--Ionen)	höherer Lösungsdruck des Cl_2 (Bildung von mehr Cl^--Ionen)
höherer Elektronendruck	niedrigerer Elektronendruck
Minuspol	Pluspol
Elektronendonator	Elektronenakzeptor
Anode	Kathode
Oxidation	Reduktion
$2\,Cl^- \rightarrow Cl_2 + 2\,e^-$	$Cl_2 + 2\,e^- \rightarrow 2\,Cl^-$

Abb. 6.14: Potentialdifferenz in einer Chlor-Konzentrationszelle

Für spezielle Anwendungen bei 25° C vereinfacht sich die NERNST-Gleichung (siehe nachfolgende Übersichten a) bis c):

Anwendung der NERNST-Gleichung

H$_2$O

a) Metall-Halbzelle und Wasserstoff-Halbzelle

$U_H\,(Me^{z+}/Me) = U_H^0\,(Me^{z+}/Me) + \frac{0{,}059\ V}{z} \cdot \lg \frac{c\,Me^{z+}}{mol \cdot l^{-1}}$

Beispiel Metall-Halbzelle:

$U_H\,(Zn^{2+}/Zn)$

$= U_H^0\,(Zn^{2+}/Zn) + \frac{0{,}059\ V}{2} \cdot \lg \frac{c\,(Zn^{2+})}{mol \cdot l^{-1}}$

$= -0{,}76\ V + \frac{0{,}059\ V}{2} \cdot (-3)$

$= -0{,}848\ V$

Beispiel Wasserstoff-Halbzelle:

$U_H\,(H^+/H_2)$

$= U_H^0\,(H^+/H_2) + \frac{0{,}059\ V}{1} \cdot \lg \frac{c\,(H^+)}{mol \cdot l^{-1}}$

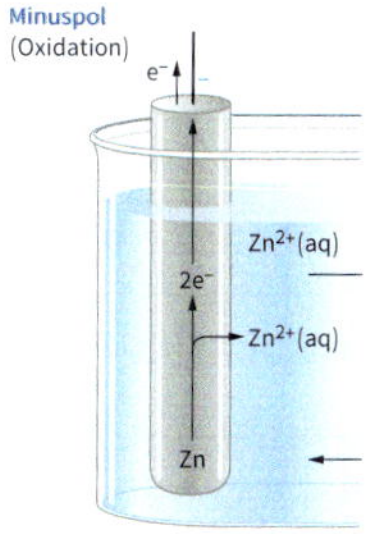

Abb. 6.15: $Zn^{2+}\,(aq) + 2\,e^- \leftrightharpoons Zn\,(s)$

b) Nichtmetall-Halbzelle

$U_H\,(X_2/X^{z-})$

$= U_H^0\,(X_2/X^{z-}) + \frac{0{,}059\ V}{z} \cdot \lg c\,X^{z-}$

Beispiel:

$U_H\,(Cl_2/Cl^-)$

$= U_H^0\,(Cl_2/Cl^-) + \frac{0{,}059\ V}{1} \cdot \lg c\,(Cl^-)$

$= +\,1{,}36 - 0{,}059\ V \cdot (-4) = 1{,}596\ V$

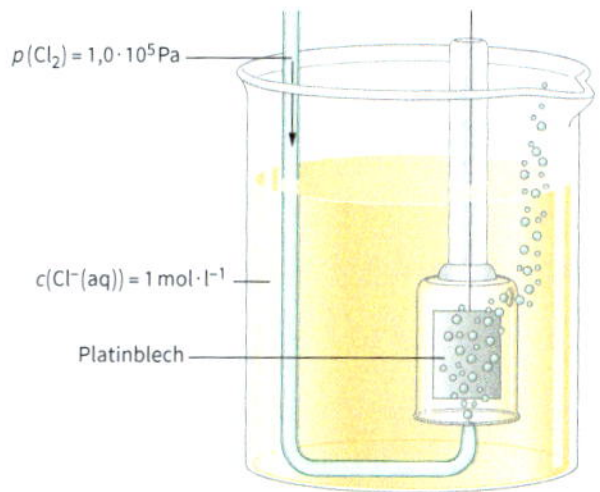

Abb. 6.16: $Cl_2\,(g) + 2\,e^- \leftrightharpoons 2\,Cl^-\,(aq)$

c) Halbzelle mit homogenem Redoxsystem

$U_H\,(Ox/Red)$

$= U_H^0\,(Ox/Red) + \frac{0{,}059\ V}{z} \cdot \lg \frac{c\,(Ox)}{c\,(Red)}$

Beispiel:

$U_H\,(Cr_2O_7^{2-}/Cr^{3+})$

$= U_H^0\,(Cr_2O_7^{2-}/Cr^{3+})$

$+ \frac{0{,}059\ V}{6} \cdot \lg \frac{c\,(Cr_2O_7^{2-} \cdot c^{14}(H^+)}{c^2\,(Cr^{3+})}$

$= 1{,}33\ V + \frac{0{,}059\ V}{6} \cdot \lg \frac{10^{-1}\,(10^{-2})^{14}}{(10^{-4})^2}$

$= 1{,}12\ V$

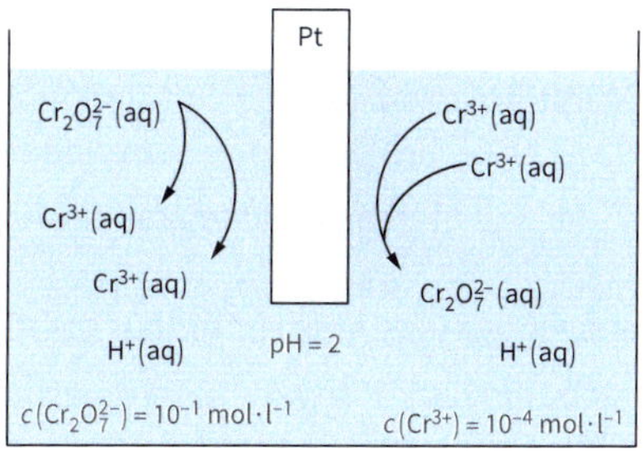

Abb. 6.17: $Cr_2O_7^{2-}\,(aq) + 6\,e^- + 14\,H^+\,(aq)$
$\leftrightharpoons 2\,Cr^{3+}\,(aq) + 7\,H_2O\,(l)$

Hinweis: Eine Erhöhung der Konzentration an H$^+$-Ionen in diesem Beispiel hat eine Verschiebung des Gleichgewichts zur Seite der Produkte zur Folge und somit eine Erniedrigung des Elektronendrucks. Da ein kleiner Elektronendruck einem positiveren Elektrodenpotential gleichkommt, steigt das Potential.

WISSEN

Potentiale von Redoxreaktionen, an denen H$^+$-Ionen bzw. OH$^-$-Ionen beteiligt sind, hängen vom pH-Wert des Elektrolyten ab.

6.6 Redoxreaktionen in der Analytik

Die Redoxtitration ist ein maßanalytisches Verfahren zur Bestimmung der Konzentration von Stoffen, die sich oxidieren und reduzieren lassen.

Redoxreaktionen sind bei vielen analytischen Untersuchungen von Bedeutung. Enthalten Lösungen oxidierbare oder reduzierbare Substanzen, kann der Anteil dieser Stoffe mithilfe einer Redoxtitration bestimmt werden. Bei diesem Titrationstyp wird der Elektronenübergang zwischen den Teilchen der Maßlösung und der Probelösung verfolgt. Den Endpunkt der Redoxreaktion (den Äquivalenzpunkt) kann man bei farbigen Titrationsmitteln, wie beispielsweise bei Permanganat-Ionen oder Iod, optisch gut erkennen.

Manganometrie – quantitative Analyse von reduzierenden Stoffen

Die violette Permanganat-Maßlösung wird bei der Titration einer Probe, die einen oxidierbaren Stoff enthält, nach folgender Reaktionsgleichung entfärbt:

$$MnO_4^- (aq) + 8\,H^+ (aq) + 5\,e^- \rightarrow Mn^{2+} (aq) + 4\,H_2O\,(l); \quad U_H^0 = 1{,}51\ V$$

Endpunktsanzeige der Titration: Der erste überschüssige Tropfen Permanganat-Maßlösung färbt die Lösung schwach rosa. MnO_4^- (aq) ist hierbei Oxidationsmittel. Aus dem Volumen der verbrauchten Kaliumpermanganat-Lösung lässt sich die Konzentration des Reduktionsmittels berechnen.

Anwendung: Bestimmung des Gehalts

- von Ca^{2+}, Fe^{2+}, Fe^{3+}, Mn^{2+}, H_2O_2, Nitrit, Oxalat, Phosphat und anderen Stoffen, die als Reduktionsmittel gegenüber Permanganat fungieren.
- an leicht oxidierbaren organischen Stoffen in Gewässern.

Iodometrie – quantitative Analyse von reduzierenden und oxidierenden Stoffen

Da das Redoxpaar I_2/I^- ein mittleres Redoxpotential von $U_H^0 = 0{,}54\ V$ in der Spannungsreihe hat, kann man sowohl reduzierende als auch oxidierende Stoffe mithilfe der Iodometrie bestimmen.

a) Analyse von reduzierenden Stoffen.

Die braune Iod-Maßlösung wird bei der Titration einer Probe entfärbt, die einen oxidierbaren Stoff enthält:

$$I_2 (aq) + 2\,e^- \rightarrow 2\,I^- (aq)$$

Endpunktsanzeige der Titration: Der erste überschüssige Tropfen Iod-Maßlösung bildet mit zugesetzter Stärke-Lösung den tiefblauen Iod-Stärke-Komplex. Das elementare Iod ist in diesem Fall Oxidationsmittel.

Anwendung: Beispielsweise Bestimmung des Gehalts von Sulfit-Ionen.

b) Analyse von oxidierenden Stoffen.
Die Probe wird mit Kaliumiodid-Lösung im Überschuss versetzt; dabei bildet sich eine der Probe äquivalente Menge Iod:

$2\ I^-\ (aq) \rightarrow I_2\ (aq) + 2\ e^-$

Das Iod-Ion ist hierbei Reduktionsmittel. Die entstandene Iodmenge wird durch Titration mit Natriumthiosulfat-Maßlösung bestimmt:

$I_2\ (aq) + 2\ S_2O_3^{2-}\ (aq) \rightarrow 2\ I^-\ (aq) + S_4O_6^{2-}\ (aq)$

Endpunktsanzeige: Durch Entfärbung des tiefblauen Iod-Stärke-Komplexes.
Anwendung der Iodometrie: Bestimmung des Gehalts von freiem Chlor oder Brom in wässriger Lösung, von Wasserstoffperoxid oder auch Peroxiden wie Perborat.

Iod-Stärke-Komplex
Beim Iod-Stärke-Komplex lagern sich in Kaliumiodid-Lösung ($K^+\ (aq)\ I^-\ (aq)$) gelöste Iodmoleküle (I_2) mit den Iodid-Ionen in die Helix eines Stärkemoleküls (Amylose) ein. Dadurch bildet sich in Wechselwirkung mit dem Amylose-Molekül ein tiefblauer Polyiod-Stärke-Komplex mit delokalisierten Valenzelektronen, der im langwelligeren Bereich Licht absorbiert und blau-schwarz erscheint. Durch die **Einschlussverbindung** kann man Iod in der Massenkonzentration von 0,13 mg Iod auf 100 ml Wasser noch nachweisen. Die Reaktion ist umkehrbar, da der Iod-Stärke-Komplex durch Verdünnen oder Erhitzen zerfallen kann.

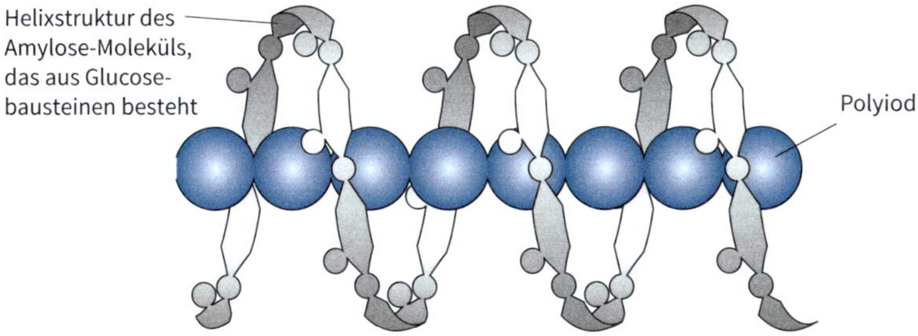

Abb. 6.18: Jod-Stärke-Komplex

MERKE

Die Redoxtitration ist ein Titrationstyp, die auf einer Redoxreaktion zwischen der Maßlösung und der Probelösung basiert.
Mit ihr kann man die Konzentration von Stoffen in der Probelösung bestimmen.
Der Endpunkt der Titration kann durch einen zugesetzten Redoxindikator oder durch Farbänderung eines an der Reaktion beteiligten Stoffe angezeigt werden.

Redoxsystem	U^0_H
$2\,CO_2 + 2\,H^+ + 2\,e^- \leftrightharpoons H_2C_2O_4$	−0,49 V
$S_4O_6^{2-} + 2\,e^- \leftrightharpoons 2\,S_2O_3^{2-}$	+0,08 V
$SO_4^{2-} + 2\,H^+ + 2\,e^- \leftrightharpoons SO_3^{2-} + H_2O$	+0,17 V
$I_2\,(s) + 2\,e^- \leftrightharpoons$ **$2\,I^-$**	**+0,54 V**
$O_2\,(g) + 2\,H^+ + 2\,e^- \leftrightharpoons H_2O_2$	+0,68 V
$Fe^{3+} + e^- \leftrightharpoons Fe^{2+}$	+0,77 V
$NO_3^- + 2\,H^+ + 2\,e^- \leftrightharpoons NO_2^- + H_2O$	+0,94 V
$IO_3^- + 6\,H^+ + 6\,e^- \leftrightharpoons I^- + 3\,H_2O$	+1,09 V
$BrO_3^- + 6\,H^+ + 6\,e^- \leftrightharpoons Br^- + 3\,H_2O$	+1,44 V
$MnO_4^- + 8\,H^+ + 5\,e^- \leftrightharpoons Mn^{2+} + 4\,H_2O$	**+1,51 V**

Tab. 6.5: Manganometrisch und iodometrisch bestimmbare Stoffe

6.7 *Redoxreaktionen und Säure/Base-Reaktionen im Vergleich*

Kriterium	Säure/Base-System	Redoxsystem
grundlegender Mechanismus	Donator-Akzeptor-Prinzip Protonenübergang	Donator-Akzeptor-Prinzip Elektronenübergang
Donatorfunktion	Säure „HA" = Protonendonator	Reduktionsmittel „Red" = Elektronendonator
Akzeptorfunktion	Base „A^-" = Protonenakzeptor	Oxidationsmittel „Ox" = Elektronenakzeptor
korrespondierendes Paar	$HB \leftrightharpoons B^- + H^+$	$Red \leftrightharpoons Ox + n \cdot e^-$
Funktionsschema (zwei korrespondierende Paare)	Säure 1 + Base 2 ⇋ Base 1 + Säure 2 $HA + B^- \leftrightharpoons A^- + HB$	Red 1 + Ox 2 ⇋ Ox 1 + Red 2
Donator- als auch Akzeptor-funktion	Ampholyt (amphoteres Teilchen) z. B. H_2O	Atom mit mittlerer Oxidationsstufe z. B. H_2O_2
Disproportionierung	Autoprotolyse: $2\,HA \leftrightharpoons H_2A^+ + A^-$	RedOx ⇋ Red + Ox
Größe für das Potential bzw. die Stärke der Donator-Akzeptorfunktion	Säure-/Baseexponent pK_S/pK_B, gegebenenfalls pH-Wert	Standardpotential U^0_H
Einordnung der Größe des Potentials (Stärke)	pK_S/pK_B-Reihe	elektrochemische Spannungsreihe
Konzentrationsabhängigkeit des Potentials	$pH = pKs + \lg \frac{c\,(A^-)}{c\,(HA)}$ HENDERSON-HASSELBALCH-Gleichung	$U_H = U^0_H\,(Ox/Red) + \frac{0{,}059V}{z} \cdot \lg c\,(Ox)/c\,(Red)$ NERNST-Gleichung

Tab. 6.6: Redoxreaktionen und Säure/Base-Reaktionen im Vergleich

Redoxreaktionen: Elektronenübergänge

6

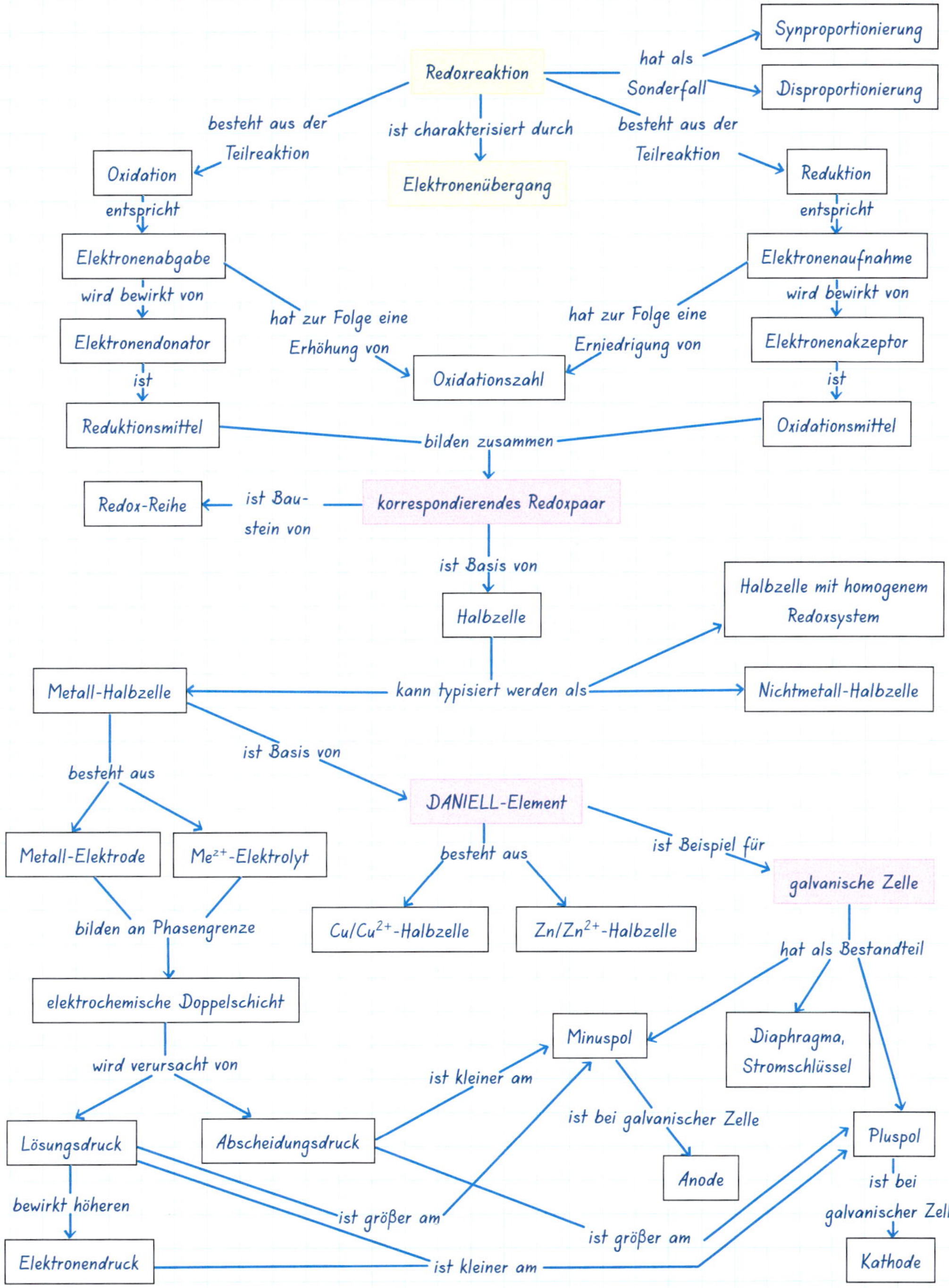

7 Redoxreaktionen in Alltag und Technik

In Alltag und Technik begegnet man vielen elektrochemischen Vorgängen, die auf Elektronenübergängen nach dem Donator-Akzeptor-Konzept beruhen, wie elektrochemische Produktionsverfahren, Korrosion, mobile Energiequellen und stationäre Energiespeicher.

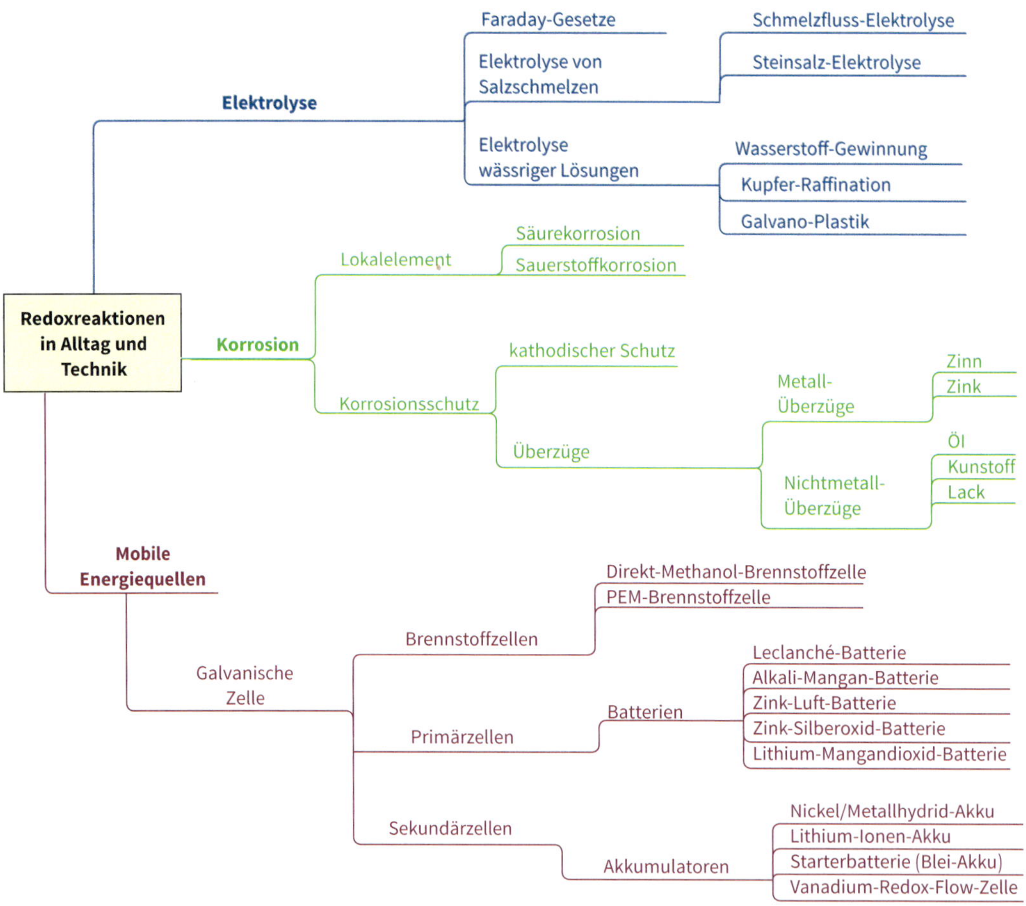

Abb. 7.1: Redoxreaktionen in Alltag und Technik – ein Überblick

7.1 Elektrolyse - erzwungene Redoxreaktionen

Elektrolyse wässriger Lösungen

In einer galvanischen Zelle laufen Redoxreaktionen freiwillig ab, dabei wird chemische Energie in elektrische Energie umgewandelt.
Die Umkehrung einer spontan ablaufenden Redoxreaktion ist nur unter Einsatz elektrischer Energie möglich, die von außen zugeführt werden muss. Die zugeführte elektrische Arbeit wird als chemische Energie in den entstehenden Produkten gespeichert. Ein solcher erzwungener Vorgang wird als **Elektrolyse** bezeichnet.

Hinsichtlich der chemischen Basiskonzepte dominieren bei Elektrolysen aufgrund der Elektronenübergänge das Donator-Akzeptor-Prinzip und wegen der notwendigen Zuführung von elektrischer Energie das Energieprinzip.

Taucht man zwei Graphit-Elektroden in eine wässrige Zinkiodid-Lösung und legt eine entsprechend hohe äußere Gleichspannung an, scheiden sich an der Kathode Zink und an der Anode elementares Iod ab. An der Kathode werden folglich Zink-Ionen zu Zink reduziert, an der Anode Iodid-Ionen zu Iod oxidiert (→ Abb. 7.2).
Aufgrund der äußeren angelegten Gleichspannung **fließen die Elektronen** im Vergleich zur galvanischen Zelle **in umgekehrter Richtung**, sodass am Minuspol nun die Reduktion und am Pluspol die Oxidation stattfindet. Der Minuspol wird im Vergleich zur galvanische Zelle somit zur Kathode (kathodische Reduktion) und der Pluspol zur Anode (anodische Oxidation).

Pluspol ist bei der galvanischen Zelle und der Elektrolysezelle immer die Elektrode mit dem höheren (Standard-)Potential.

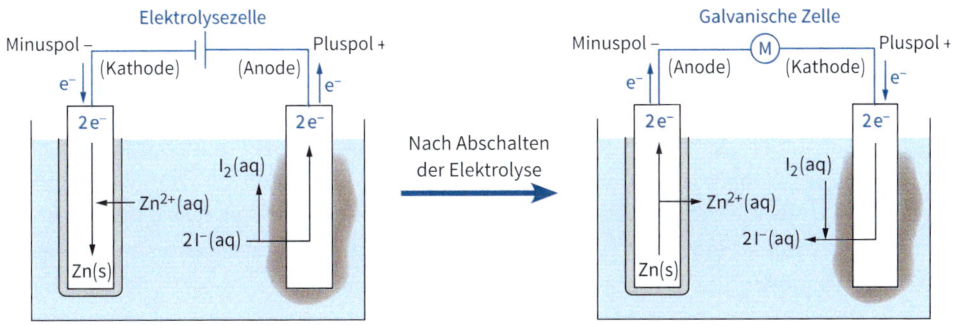

Minuspol, Kathode (Reduktion): Zn^{2+} (aq) + 2 e⁻ → Zn (s)

Pluspol, Anode (Oxidation): $2 I^-$ (aq) → I_2 (aq) + 2 e⁻

Gesamtreaktion: ZnI_2 (aq) → Zn (s) + I_2 (aq)

Minuspol, Anode (Oxidation): Zn (s) → Zn^{2+} + 2 e⁻

Pluspol, Kathode (Reduktion): I_2 (aq)+ 2 e⁻ → $2 I^-$ (aq)

Gesamtreaktion: Zn (s) + I_2 (aq) → ZnI_2 (aq)

Zelldiagramm:
Zn/Zn^{2+}(Graphit)//I_2/I^-(Graphit)

$U = U^0_H$(Kathode) – U^0_H(Anode)
$U = U^0_H(I^-/I_2) - U^0_H(Zn^{2+}/Zn)$
$U = 0{,}62\ V - (-0{,}76\ V) = 1{,}38\ V$

Abb. 7.2: Vorgänge in einer Elektrolysezelle und in der durch Elektrolyse entstandenen galvanischen Zelle

Elektrodenreaktionen

Pluspol, Anode (Oxidation): $2\ I^- (aq) \rightarrow I_2 (g) + 2\ e^-$

Minuspol, Kathode (Reduktion): $Zn^{2+} (aq) + 2\ e^- \rightarrow Zn (s)$

Polarisation der Elektroden: Veränderung der Elektrodeneigenschaften aufgrund einer Elektrolyse

Unterbricht man die Elektrolyse und trennt die Elektroden von der äußeren Spannungsquelle, lässt sich zwischen den Elektroden eine Spannung von ungefähr 1,38 V messen. Durch die vorangegangene Elektrolyse ist eine galvanische Zelle entstanden: Die Graphit-Kathode wurde zur Zink-Elektrode und die Graphit-Anode zur Iod-Elektrode. Diese Veränderung der Elektrodeneigenschaften aufgrund einer Elektrolyse wird als **Polarisation** der Elektroden bezeichnet (→ Abb. 7.2). Schaltet man zwischen die Elektroden einen kleinen Elektromotor (→ Abb. 7.2, rechts), so reicht die elektrische Energie der entstandenen galvanischen Zelle aus, um ihn für kurze Zeit zu betreiben. Dabei lösen sich sowohl die Zink-Anode als auch die Iod-Kathode wieder auf: Zink wird zu Zn^{2+} oxidiert und Iod wird zu I^- reduziert.

WISSEN

Bei einer Elektrolyse in wässriger Lösung laufen unter Aufwendung elektrischer Energie die umgekehrten chemischen Vorgänge ab wie in einer galvanischen Zelle. Dabei bleibt im Vergleich zur galvanischen Zelle die Zuordnung von Minus- und Pluspol bestehen, jedoch wird der Minuspol zur Kathode (Reduktionsreaktion) und der Pluspol zur Anode (Oxidationsreaktion).

Elektrolyse einer Salzschmelze

Neben wässrigen Lösungen kann man auch Salzschmelzen elektrolysieren. Dieses Verfahren setzt man bei hochreaktiven Stoffen wie den Alkalimetallen ein, die sich im wässrigen System nicht gewinnen lassen, da sie sich sofort mit Wasser umsetzen würden. Natrium-Metall wird beispielsweise aus einer gereinigten Steinsalzschmelze hergestellt. Man mischt noch etwas Bariumchlorid und Calciumchlorid zu, wodurch sich der Schmelzpunkt von 800 auf 600 °C erniedrigt. Die Elektrolyse wird in einem aus feuerfesten Steinen gemauerten Eisenbehälter durchgeführt. Durch das Anlegen einer Spannung von 7 Volt und einer Stromstärke von 35 000 A kann man die Elektrolyse in Gang setzen.

Elektrodenreaktionen

Kathode (Minuspol, Eisen): $2\ Na^+ (l) + 2\ e^- \rightarrow 2\ Na (l)$

Anode (Pluspol, Graphit): $2\ Cl^- (l) \rightarrow Cl_2 (g) + 2\ e^-$

Das gebildete Chlorgas entweicht über eine Metallglocke, das flüssige Natrium sammelt sich aufgrund seiner geringeren Dichte in einer Rinne.

Schmelzfluss-Elektrolyse

Aluminium wird ebenfalls aus einer Salzschmelze von Aluminiumoxid, das aus dem Aluminiumerz Bauxit gewonnen wird, mithilfe der Schmelzfluss-Elektrolyse hergestellt. Dies geschieht in einer mit Graphit ausgekleideten Eisenwanne. Die Graphitauskleidung bildet die Kathode der Elektrolysezelle. Als Anode dienen Graphitblöcke. Sie sind oberhalb der Wanne beweglich angebracht.

Da Aluminiumoxid eine sehr hohe Schmelztemperatur von 2045 °C hat, wird es in geschmolzenem Kryolith (Natriumhexafluoroaluminat Na_3AlF_6) gelöst. Dadurch erfolgt eine Schmelztemperaturerniedrigung auf 940 °C sowie eine Leitfähigkeitserhöhung und damit eine Verbesserung der Stromausbeute. Die Temperatur der Schmelze beträgt während der Elektrolyse etwa 960 °C, die Elektrolysespannung liegt bei 4,5 bis 5 V. Die Schmelztemperatur von Aluminium beträgt 659 °C.

Vereinfacht dargestellt laufen an den Elektroden folgende Reaktionen ab.
Pluspol, Anode (Oxidation): $3\,C + 6\,O^{2-} \rightarrow 3\,CO_2 + 12\,e^-$
Minuspol, Kathode (Reduktion): $4\,Al^{3+} + 12\,e^- \rightarrow 4\,Al\,(l)$

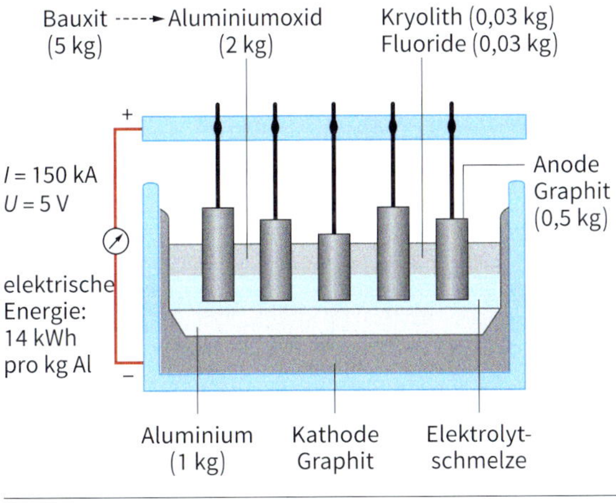

Gesamtreaktion:

$2\,Al_2O_3\,(l) + 3\,C\,(s) \rightarrow 4\,Al\,(l) + 3\,CO_2\,(g)$;

$\Delta_R H_0^m = +2160\ kJ \cdot mol^{-1}$

Abb. 7.3: Herstellung von Aluminium (Verbrauchswerte für 1 kg)

An der **Anode** scheidet sich nicht Sauerstoff ab, sondern es bilden sich durch elektrochemische Oxidation der Graphit-Anode in Kontakt mit der Schmelze Kohlenstoffdioxid (CO_2) und geringe Mengen von Kohlenstoffmonoxid (CO). Dadurch löst sich die Graphitanode während der Elektrolyse auf und muss laufend nachgeführt werden. Das gebildete flüssige Aluminium sammelt sich auf dem Boden der Wanne und wird zur **Kathode**. Dadurch ist es auch vor Oxidation geschützt. Das Aluminium wird täglich abgesaugt und nach einer Entgasungsphase in Barren gegossen. Es hat eine Reinheit von 99,5 % bis 99,9 %.

Stromstärke-Spannungskurven in wässrigen Lösungen

Bei der Elektrolyse einer Zinkiodid-Lösung (→ Abb. 7.2) muss man für eine merkliche elektrolytische Abscheidung eine höhere Gleichspannung anlegen, als bei der galvanischen Zelle (1,38 V) erzeugt wird. Dies kann man bei zahlreichen weiteren Elektrolysen beobachten.

Elektrolyse einer Kupfersulfat-Lösung mit Kupfer-, Graphit- und Platin-Elektroden: Stromstärkespannungskurven

Die Ursachen hierfür sollen an der Elektrolyse einer Kupfersulfat-Lösung ($c(CuSO_4) = 1\ mol \cdot l^{-1}$) mit jeweils a) Kupfer-, b) Graphit- und c) Platin-Elektroden näher untersucht werden. In der Praxis erhöht man dazu von null Volt ausgehend in kleinen Schritten die Spannung U und misst jeweils die Stromstärke in der Elektrolysezelle. Stellt man die Stromstärke in Abhängigkeit von der angelegten Spannung grafisch dar, erhält man eine **Stromstärkespannungskurve** (→ Abb. 7.4).

a) Elektrolyse einer Kupfersulfat-Lösung mit Kupfer-Elektroden

Die Kupfermenge, die an der Anode in Lösung geht, entspricht derjenigen, die sich an der Kathode abscheidet. Die Anode löst sich auf, die Kathode wächst. Je größer die Spannung U_1 ist, umso größer ist auch die Stromstärke I und desto mehr Kupfer geht an der Anode (Pluspol) in Lösung und scheidet sich an der Kathode (Minuspol) ab, desto größer die abgeschiedene Stoffmenge pro Zeit: Die Stromstärkespannungskurve ist eine Gerade mit positiver Steigung und hat ihren Ursprung im Nullpunkt. Der OHM'sche Widerstand R der Zelle ist konstant, da die Konzentration an Cu^{2+}-Ionen über die Zeit hin unverändert bleibt (→ Abb. 7.4).

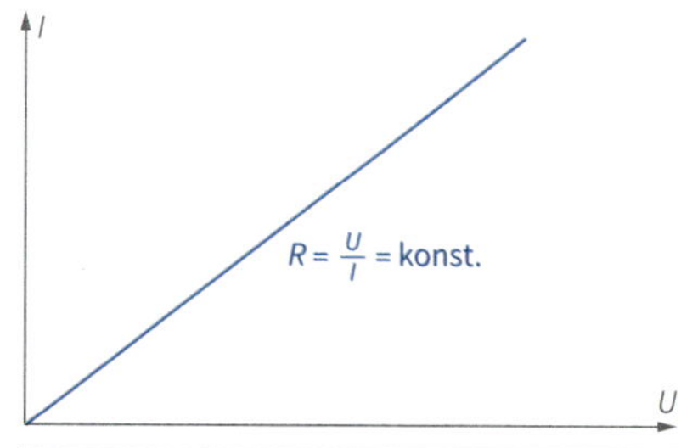

Abb. 7.4: Stromstärkespannungskurve der Elektrolyse einer Kupfersulfat-Lösung mit Kupfer-Elektroden

Elektrodenreaktionen

Pluspol, Anode (Oxidation): $Cu\ (s) \rightarrow Cu^{2+}\ (aq) + 2\ e^-$

Minuspol, Kathode (Reduktion): $Cu^{2+}\ (aq) + 2\ e^- \rightarrow Cu\ (s)$

Auf diesem Elektrolyseverfahren basiert die Kupfer-Raffination (Reinigung von Kupfer), und die Kupferbeschichtung bei der Galvano-Plastik.

Kupfer-Raffination: Die elektrische Leitfähigkeit von Kupfer hängt in hohem Maße von der Reinheit des Metalls ab. Ein Anteil von nur 0,07 % Arsen vermindert die Leitfähigkeit bereits um etwa ein Drittel. 99%iges Rohkupfer, wie es bei der Kupferverhüttung anfällt, ist nicht rein genug. Es enthält noch edlere Metalle wie Silber, Gold und Platin und unedle Metalle wie Eisen, Blei, Zink, Zinn oder Arsen.

Galvano-Plastik: Galvanisieren eines Gipsabdrucks mit Kupfer, der vorher mit Graphit-Lack leitfähig gemacht wurde. Die dabei gebildete Metallform wird nach dem Galvanisieren mit Bronze ausgegossen.

b) Elektrolyse einer Kupfersulfat-Lösung an einer Kupfer- und einer Graphit-Elektrode

Ersetzt man die Kupfer-Elektrode am Pluspol durch eine Graphit-Elektrode, verläuft die Stromstärkespannungskurve zunächst sehr flach und steigt bei einer bestimmten Spannung U_Z, (**Zersetzungsspannung**), steil an (→ Abb. 7.5).

Dabei ist an der Anode die Abscheidung von Sauerstoff zu beobachten, der aus der Elektrolyse des Wassers der Kupfersulfatlösung herrührt. An der Kathode scheidet sich Kupfer ab.

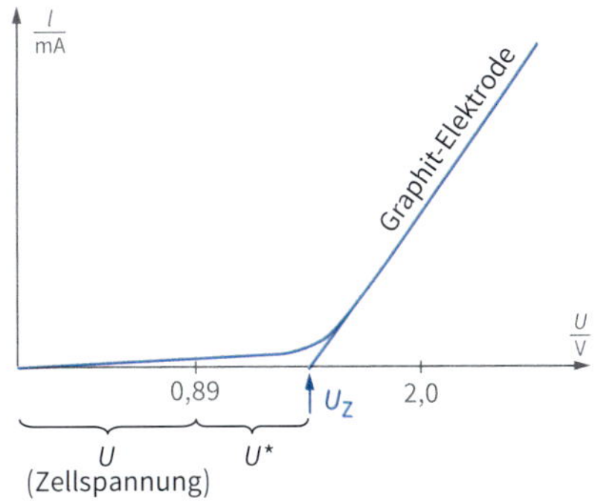

Abb. 7.5: Stromstärkespannungskurve: Zellspannung, Überspannung U^* und Zersetzungsspannung U_Z bei der Elektrolyse von $CuSO_4$-Lösung mit Graphit-Elektrode als Anode

Elektrodenreaktionen

Pluspol, Anode (Oxidation):

$$2\,H_2O\,(l) \rightarrow O_2\,(g) + 4\,H^+\,(aq) + 4\,e^-$$

Minuspol, Kathode (Reduktion):

$$Cu^{2+}\,(aq) + 2\,e^- \rightarrow Cu\,(s)$$

Die eigentliche Elektrolyse beginnt also bei U_Z.

Die flache Steigung der Kurve *vor* der Zersetzungsspannung U_Z ist damit zu erklären, dass aufgrund der geringen Spannung nur ein kleiner Elektrolysestrom entsteht, der zum Abscheiden von nur wenig Sauerstoff an der Graphit-Elektrode und wenig Kupfer an der Kupfer-Elektrode führt. Die gebildeten Teilchen werden an den Elektroden adsorbiert, sodass eine galvanische Zelle $Cu/Cu^{2+}//O_2/H_2O$ (Graphit) mit einer Zellspannung von

$$U = U_H^0\,(\text{Kathode}) - U_H^0\,(\text{Anode})$$
$$U = U_H^0\,(O_2/H_2O\,(\text{Graphit})) - U_H^0\,(Cu/Cu^{2+})$$
$$U = 1{,}23\,V - 0{,}34\,V$$
$$U = 0{,}89\,V$$

entsteht.

Die Spannung dieser durch die Elektrolyse entstandenen galvanischen Zelle wird auch als **Zellspannung** oder **Polarisationsspannung** bezeichnet. Sie wirkt der Elektrolysespannung entgegen, sodass anfangs theoretisch kein Strom fließen sollte. Der dennoch gemessene schwache Strom entsteht dadurch, dass in geringem Maße Sauerstoff von der Elektrode in die Lösung diffundiert und durch Elektrolyse nachgebildet wird. Die Elektrolysespannung muss jedoch noch deutlich über die Zellspannung hinaus erhöht werden, damit nennenswerte Elektrolyseprodukte erhalten werden. Mit ein Hauptgrund hierfür ist der

Vorgang der Sauerstoffabscheidung an der Graphit-Elektrode. Diese Differenz zwischen der Zellspannung und der an den Elektroden gemessenen Zersetzungsspannung wird als **Überspannung U^*** bezeichnet:

$U^* = U_Z - U_{Zellspannung}$

Bei weiterer Erhöhung der Spannung über die Zersetzungsspannung U_Z hinaus steigt dann die Stromstärke analog der Elektrolyse an den beiden Kupfer-Elektroden (vergleiche: a)).

c) Elektrolyse einer Kupfersulfat-Lösung an einer Kupfer- und einer Platin-Elektrode

Verwendet man statt einer Graphit-Elektrode eine platinierte Platin-Elektrode, verläuft die Elektrolyse analog zu b) (→ Abb. 7.5), nur ist die Überspannung bedeutend geringer (→ Abb. 7.6). Ansonsten laufen die gleichen Reaktionen wie bei b) ab.

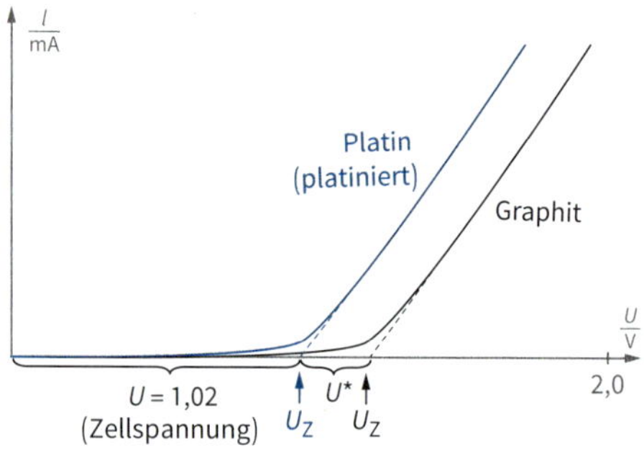

Abb. 7.6: Stromstärkespannungskurven: Elektrolyse einer $CuSO_4$-Lösung mit Graphit- und platinierter Platin-Elektrode als Anode im Vergleich

Die einzelnen Spannungswerte, die bei einer Elektrolyse auftreten, lassen sich anschaulich in **Spannungsdiagrammen** darstellen (→ Abb. 7.7).

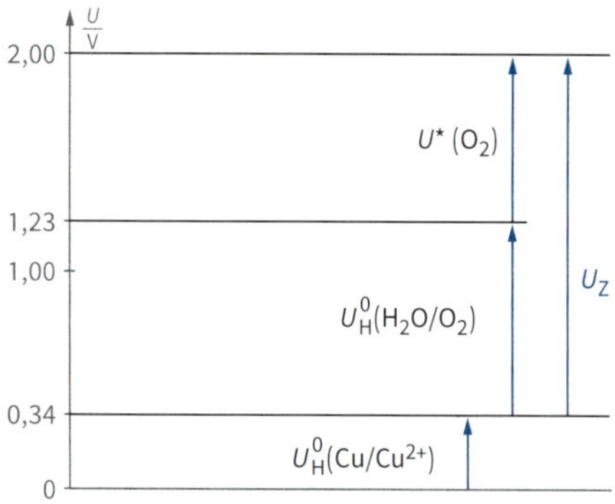

Abb. 7.7: Spannungsdiagramm der Elektrolyse einer Kupfersulfat-Lösung mit Platin-Elektrode

Überspannung

Der Überspannungsanteil einer Elektrodenreaktion hängt von der Temperatur, vom abzuscheidenden Stoff, der Elektrolytkonzentration, vom Elektrodenmaterial und dessen Oberflächenbeschaffenheit ab. Auch die Stromdichte an den Elektroden stellt einen wichtigen Faktor dar. Die Stromdichte ist der Quotient aus Stromstärke und Elektrodenoberfläche. Mit zunehmender Stromdichte steigt die Überspannung an.

Ursache für Überspannung können kinetische Hemmungen einzelner Reaktionsschritte an den Elektroden sein, z. B. bei der Abscheidung von Stoffen. Damit die Reaktion abläuft, sind erhöhte Aktivierungsenergien notwendig. Diese können je nach katalytischer Wirkung der Elektroden unterschiedlich groß sein. Bei der Abscheidung von Gasen wie bei Wasserstoff, Sauerstoff und Chlor treten in der Regel erheblich Überspannungen auf (→ Tab. 7.1). Bei Reaktionen, die zur Abscheidung von Metallen führen, sind Überspannungen in der Regel vernachlässigbar.

Gas	Elektrodenmaterial	Stromdichte in $A \cdot cm^{-2}$			
		10^{-3}	10^{-2}	10^{-1}	10^{-0}
Wasserstoff	Pt (platiniert)	– 0,02	– 0,04	– 0,05	– 0,07
	Pt (blank)	– 0,12	– 0,23	– 0,35	– 0,47
	Graphit	– 0,60	– 0,78	– 0,97	– 1,03
	Quecksilber	– 0,94	– 1,04	– 1,15	– 1,25
Sauerstoff	Pt (platiniert)	0,40	0,52	0,64	0,77
	Pt (blank)	0,72	0,85	1,28	1,49
	Graphit	0,53	0,90	1,09	1,24
Chlor	Pt (platiniert)	0,006	0,016	0,026	0,08
	Pt (blank)	0,008	0,03	0,054	0,24
	Graphit	0,1	0,12	0,25	0,50

Tab. 7.1: Überspannungsanteile U^* in Volt für die Abscheidung einiger Gase

WISSEN

Wird eine wässrige Lösung unter Zuführung von elektrischer Energie elektrolysiert, laufen die im Vergleich zur galvanischen Zelle umgekehrten Redoxreaktionen ab. Dabei werden die gewünschten Elektrolyseprodukte in merklichen Mengen erst oberhalb der Zersetzungsspannung erhalten. Scheiden sich Gase ab, ist mit Überspannungen zu rechnen.

Vorhersage der Elektrodenreaktionen bei Elektrolysen mithilfe von Abscheidungspotentialen

Die bei Elektrolysen an den Elektroden ablaufenden Reaktionen sind vorhersagbar. Anhand der Elektrolyse einer Natriumsulfat-Lösung ($c = 1\ \text{mol} \cdot \text{l}^{-1}$; pH = 7) an Platin-Elektroden soll gezeigt werden, inwieweit dies möglich ist.

1. Mögliche Redoxreaktionen

In einem *ersten Schritt* bildet man für alle in der zu elektrolysierenden Lösung vorkommenden Teilchen mögliche korrespondierende Redoxpaare mit den dazugehörigen Standardpotentialen.

Mögliche korrespondierende **Redoxpaare:**

- Na^+ (aq)/Na (s) $U^0_H = -2{,}71$ V
- $S_2O_8^{2-}$ (aq)/SO_4^{2-} (aq) $U^0_H = 2{,}01$ V
- H_2O (l)/H_2 (g) pH = 7 $U_H = -0{,}41$ V
- O_2 (g)/H_2O (l) pH = 7 $U_H = 0{,}82$ V

2. Zuordnung der Redoxreaktionen

In einem *zweiten Schritt* werden der Anode denkbare Oxidationsreaktionen und der Kathode mögliche Reduktionsreaktionen zugeordnet:

Anode (Pluspol)

- Der Sauerstoff im Wasser-Molekül kann nur zu O_2 (g) oxidiert werden, die Reaktion kann daher nur an der Anode ablaufen.
- SO_4^{2-} (aq) kann zu $S_2O_8^{2-}$ (aq) oxidiert werden, die Reaktion kann daher nur an der Anode ablaufen.

Kathode (Minuspol)

- Der Wasserstoff im Wasser-Molekül kann zu H_2 (g) reduziert werden, die Reaktion kann daher nur an der Kathode ablaufen.
- Na^+ (aq) kann zu Na (s) reduziert werden, die Reaktion kann daher nur an der Kathode ablaufen.

3. Überspannungen

Bei Gasreaktionen müssen in einem *dritten Schritt* noch die Überspannungen an den beiden Platin-Elektroden berücksichtigt werden:

- $U^*(O_2)$ (Pt, blank): 0,72 V; bei einer Stromdichte von $10^{-3}\ \text{A} \cdot \text{cm}^{-2}$
- $U^*(H_2)$ (Pt, blank): −0,12 V; bei einer Stromdichte von $10^{-3}\ \text{A} \cdot \text{cm}^{-2}$

4. Abscheidungspotentiale

Somit ergeben sich folgende Abscheidungspotentiale für die an den Elektroden denkbaren Reaktionen:

Pluspol, Anode (Oxidation):

- $2\ SO_4^{2-}\ (aq) \Rightarrow S_2O_8^{2-}\ (aq) + 2\ e^-$; $U_H^0 = 2{,}01\ V$
- $2\ H_2O\ (l) \Rightarrow O_2\ (g) + 4\ H^+\ (aq) + 4\ e^-$;
  $U_H = 0{,}82\ V + U^*(O_2) = 0{,}82\ V + 0{,}72\ V = 1{,}54\ V$

Folgerung: Das Elektrodenpotential für die Bildung von Sauerstoff aus Wasser (1,54 V) ist niedriger als das Elektrodenpotential für die Bildung von Peroxoidsulfat aus Sulfat (2,01 V). Wasser gibt also bei der Oxidation leichter seine Elektronen ab als Sulfat. Theoretisch würde SO_4^{2-} (aq) seine Elektronen erst dann abgeben, wenn das gesamte Wasser oxidiert wäre. Somit wird an der Anode Wasser zu gasförmigen Sauerstoff oxidiert.

Vorhersage von Elektrolysereaktionen
1. Mögliche Redoxpaare
↓
2. Zuordnung zu Anode und Kathode
↓
3. Überspannungen?
↓
4. Abscheidungs-potentiale
↓
5. Elektrolyse-Reaktion!

Minuspol, Kathode (Reduktion):

- $Na^+\ (aq) + e^- \Rightarrow Na\ (s)$; $U_H^0 = -2{,}71\ V$
- $2\ H_2O\ (l) + 2\ e^- \Rightarrow H_2(g) + 2\ OH^-\ (aq)$;
  $U_H = -0{,}41\ V + U^*\ (H_2) = -0{,}41\ V + (-0{,}12\ V) = -0{,}53\ V$

Folgerung: Das Elektrodenpotential für die Bildung von Wasserstoff aus Wasser (–0,53 V) ist höher als das Elektrodenpotential für die Bildung von Natrium aus Natrium-Kationen (–2,71 V). Daher nimmt der Wasserstoff im Wasser bei der Reduktionsreaktion zuerst die Elektronen auf und wird zu Wasserstoff reduziert. Theoretisch könnten die Natrium-Kationen erst dann Elektronen aufnehmen, wenn das gesamte Wasser zu Wasserstoff reduziert wäre.

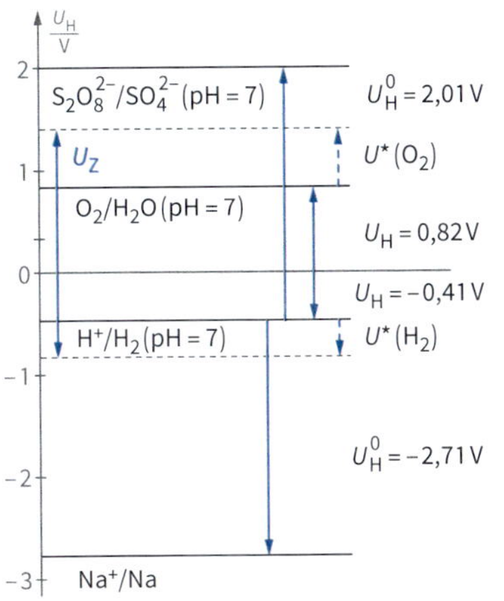

Abb. 7.8: Spannungsdiagramm zur Elektrolyse von Natriumsulfat-Lösung

Fazit

Bei der Durchführung des entsprechenden Experiments wird am Pluspol (Anode) eine Sauerstoffentwicklung an der Platin-Elektrode zu beobachten sein. Am Minuspol (Kathode) wird sich an der Platin-Elektrode Wasserstoffgas entwickeln (→ Abb. 7.8).

Berechnung der Zersetzungsspannung

(bei einer Stromdichte von $10^{-3}\,A \cdot cm^{-2}$, → Tab. 7.1):

$U_Z = [U_H(\text{Anode}) + U^*(\text{Anode})] - [U_H(\text{Kathode}) + U^*(\text{Kathode})]$

$U_Z = [U_H(O_2\,(g)/H_2O\,(l);\, pH = 7) + U^*(O_2;\, \text{Pt, blank})]$
$\quad - [U_H(H_2O\,(l)/H_2\,(g);\, pH = 7) + U^*(H_2;\, \text{Pt, blank})]$

$U_Z = [0{,}82\,V + 0{,}72\,V] - [-0{,}41\,V + (-0{,}12\,V)]$

$U_Z = 1{,}54\,V + 0{,}53\,V = 2{,}07\,V$

WISSEN

- Bei **Elektrolysen** laufen immer diejenigen Reaktionen ab, welche die kleinste Zersetzungsspannung erfordern.
- An der Anode (Pluspol) wird die Verbindung mit dem kleinsten Abscheidungspotential oxidiert.
- An der Kathode (Minuspol) wird die Verbindung mit dem größten Abscheidungspotential reduziert.
- Die **Zersetzungsspannung** wird folgendermaßen berechnet:
  $U_Z = [U_H(\text{Anode}) + U^*(\text{Anode})] - [U_H(\text{Kathode}) + U^*(\text{Kathode})]$

Hinweis: Mithilfe der Formel

$U_Z = [U_H(\text{Pluspol}) + U^*(\text{Pluspol})] - [U_H(\text{Minuspol}) + U^*(\text{Minuspol})]$

kann man ebenfalls die Zersetzungsspannung berechnen.

Abscheidungspotentiale von Wasserstoff und Sauerstoff

Laufen Elektrolysen in einem wässrigen System ab, ist Wasser vielfach an den Elektrodenreaktionen beteiligt. Interessanterweise betragen die Abscheidungspotentiale von Sauerstoff und Wasserstoff ohne Berücksichtigung der Überspannung bei jedem pH-Wert immer 1,23 V, da die Abscheidungspotentiale von Wasserstoff und Sauerstoff in gleichem Maße vom pH-Wert abhängig sind. Somit sind sie quasi unabhängig vom pH-Wert des Elektrolyten.

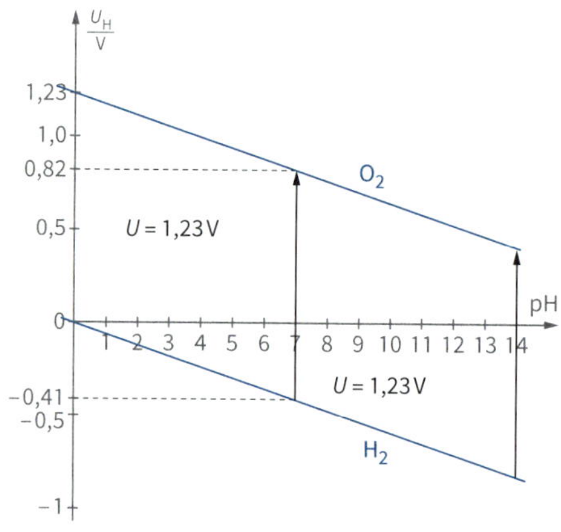

Abb. 7.9: pH-Abhängigkeit der Abscheidungspotentiale von Wasserstoff und Sauerstoff

Faraday-Gesetze

Abb. 7.10: Michael Faraday

Um herauszufinden, welche Stoffmengen sich unter bestimmten Elektrolysebedingungen abscheiden, führte Michael Faraday Anfang des 19. Jahrhunderts als erster eine Vielzahl von Elektrolyse-Versuchen durch, bei denen er Stromstärke und Elektrolysedauer variierte und die abgeschiedenen Stoffmassen bestimmte. Diese und weitere Untersuchungen fanden ihren Niederschlag in den Faraday-Gesetzen:

1. Faraday-Gesetz

Die elektrolytisch abgeschiedenen Stoffmengen n sind der durch den Elektrolyten geflossenen Ladungsmenge Q proportional: $n \sim Q$

Folglich erhält man bei der Elektrolyse einer Kupfersulfat-Lösung die doppelte Stoffmenge Kupfer, wenn man die Elektrolysezeit t oder die Stromstärke I verdoppelt, da dann die doppelte Ladungsmenge Q durch die Elektrolysezelle fließt: $Q = I \cdot t$.

2. Faraday-Gesetz

Zur elektrolytischen Abscheidung von 1 mol Teilchen eines Stoffes ist die Ladungsmenge $Q = 1\ \text{mol} \cdot z \cdot F$ erforderlich.
(z: Zahl der Elektronen, die bei der Abscheidung eines Teilchens an der Elektrode ausgetauscht werden;
F: Faraday-Konstante $= 96\,485\ \text{C} \cdot \text{mol}^{-1} = 96\,485\ \text{A} \cdot \text{s} \cdot \text{mol}^{-1}$).

Beispiel

Schaltet man eine Kupfersulfat-Elektrolysezelle hinter eine Silbernitrat-Elektrolysezelle, sodass in einer bestimmt Zeit die gleiche Ladungsmenge durch die beiden Elektrolysezellen fließt, so erhält man nur die Hälfte der Stoffmenge n an Kupfer wie an Silber, da bei der Abscheidung von Kupfer die zweifache Menge an Elektronen ausgetauscht werden muss.

$$Ag^+ + e^- \rightarrow Ag;\ Cu^{2+} + 2\,e^- \rightarrow Cu;\ n(Ag) : n(Cu) = 1 : \frac{1}{2}$$

Somit gilt für die abgeschiedene Stoffmenge n: $n = \frac{I \cdot t}{Z \cdot F}$

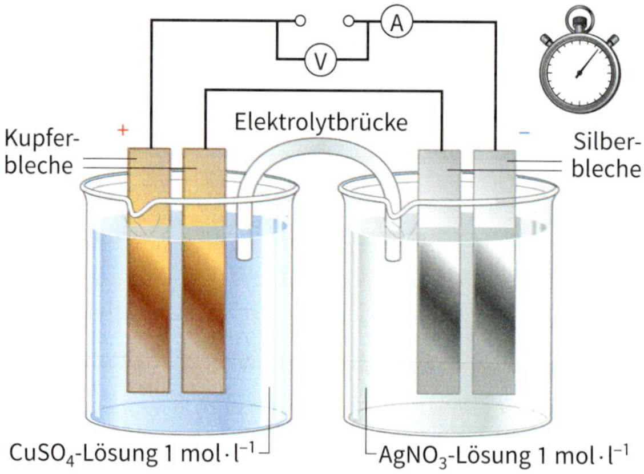

Abb. 7.11: 2 Versuchsaufbau zum 2. Faradayschen Gesetz

Die **Elementarladung eines Elektrons** kann man mithilfe des 2. FARADAY-Gesetzes ebenfalls bestimmen. So werden zur Entladung von Silber-Ionen der Stoffmenge 1 mol $6{,}022 \cdot 10^{23}$ Elektronen mit der Ladungsmenge 96 485 C gebraucht. Hieraus ergibt sich, dass ein einzelnes Elektron eine Ladung von $1{,}602 \cdot 10^{-19}$ C hat. Diese Ladung wird unabhängig vom Vorzeichen als **Elementarladung** bezeichnet und gilt somit auch für positive Ladungen.

WISSEN

Mithilfe der FARADAY-Gesetze kann man bei Elektrolysen umgesetzte Ladungs- und Stoffmengen quantitativ bestimmen.

Galvanische Zelle und Elektrolysezelle im Vergleich

	galvanische Zelle	Elektrolysezelle
Ablauf der Redoxreaktion in der Zelle	freiwillig (exergonisch)	erzwungen (endergonisch)
Spannung	Zellspannung U = Elektrodenpotential (Kathode) – Elektrodenpotential (Anode)	Theoretische Zersetzungsspannung U_Z = Abscheidungspotential (Anode) – Abscheidungspotential (Kathode)
Auswirkung der Überspannung	Zellspannung bei Stromfluss durch Überspannung vermindert	Zersetzungs- und damit Elektrolysespannung durch Überspannung erhöht
Art der Energieumwandlung	Umwandlung chemischer Energie in elektrische Energie	Umwandlung von elektrischer Energie in chemische Energie, die in den Elektrolyseprodukten enthalten ist
Elektrodenreaktionen	Pluspol (Kathode ⇢ Reduktion) Minuspol (Anode ⇢ Oxidation)	Pluspol (Anode ⇢ Oxidation) Minuspol (Kathode ⇢ Reduktion)

Tab. 7.2: Vergleich von galvanischer Zelle und Elektrolysezelle

Elektrolyse – erzwungene Redoxreaktionen

7.1

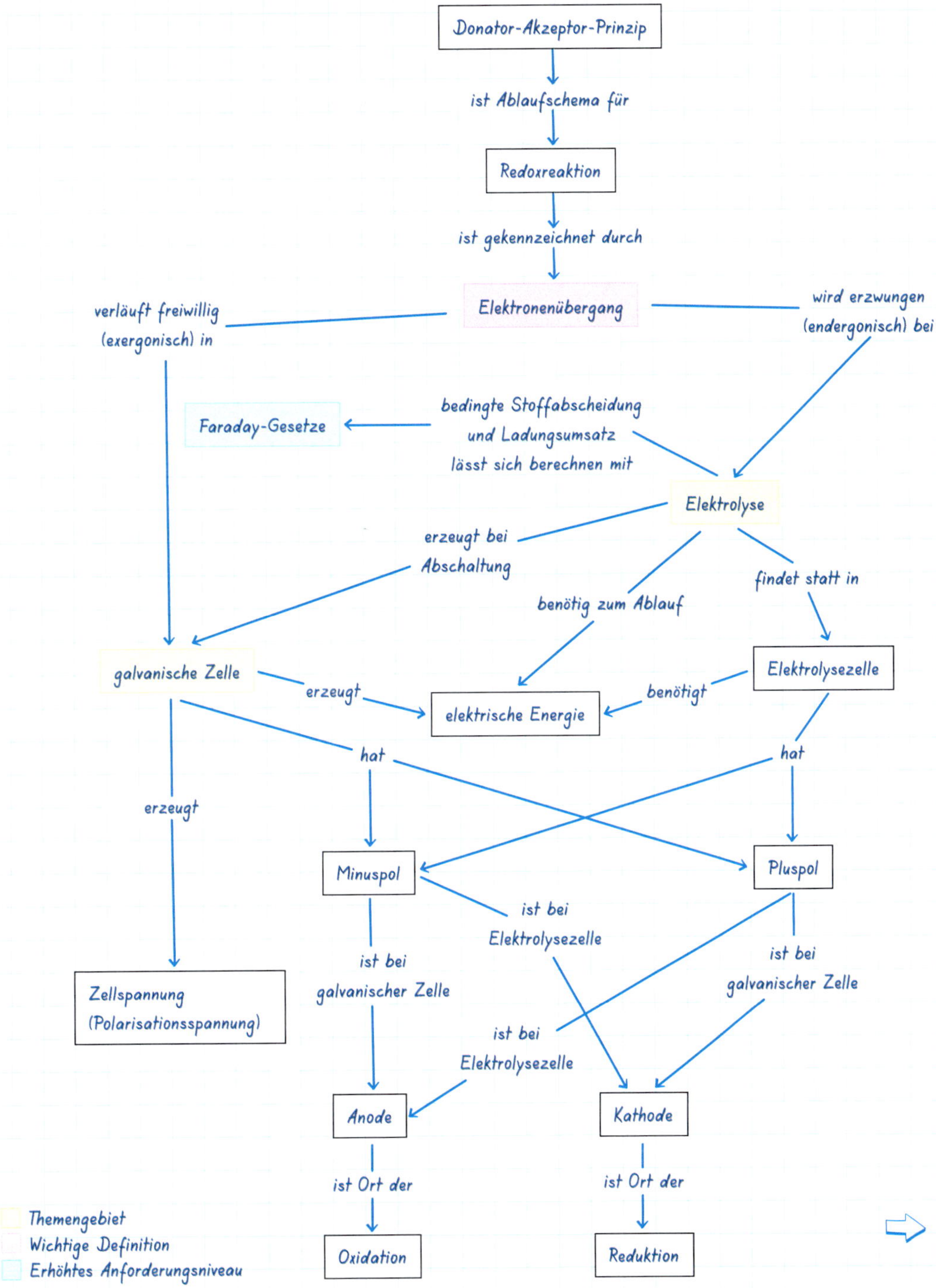

7.1 Elektrolyse – erzwungene Redoxreaktionen

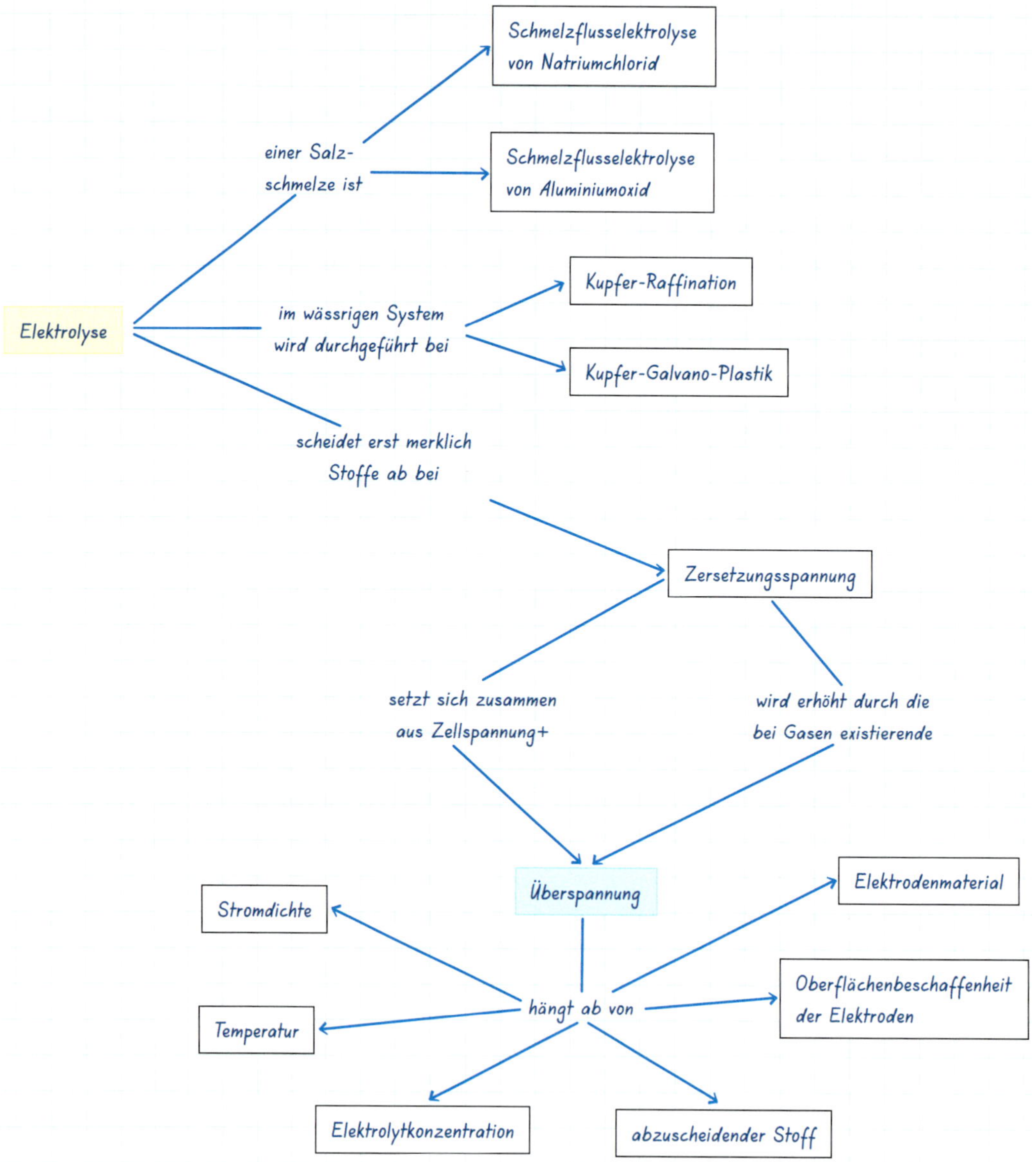

7.2 Korrosion und Korrosionsschutz

DEFINITION

Unter Korrosion versteht man die Zerstörung von Metallen von der Oberfläche her durch elektrochemische Reaktionen mit ihrer Umgebung. Bei diesem Prozess geben die Metalle Elektronen ab und bilden Kationen. Man unterscheidet hauptsächlich zwischen Säure- und Sauerstoff-Korrosion.

Säure-Korrosion

Unter Säure-Korrosion versteht man die Zerstörung von Metallen durch die Hydronium-Ionen einer Elektrolytlösung unter Wasserstoffentwicklung. Gibt man z. B. eine Zink-Granalie und einen Kupfer-Draht in verdünnte Säure, bleibt das edlere Kupfer unverändert. Nur am unedlen Zink bilden sich langsam Wasserstoff-Bläschen: Das Zink wird oxidiert und geht dabei unter Abgabe von Elektronen in Lösung (→ Abb. 7.12). Berühren sich Zinkgranalie und Kupferdraht direkt, zeigt sich eine sehr viel stärkere Gasentwicklung am Kupferdraht: Dabei fließen die Elektronen unmittelbar vom Zink zum Kupfer und stehen dort für die Entladung der Hydronium-Ionen zu gasförmigen Wasserstoff zur Verfügung. Dadurch läuft die Redoxreaktion schneller ab. Durch den direkten Kontakt von unedlem Zink und edlerem Kupfer im sauren Elektrolyten entsteht ein sogenanntes **Lokalelement**, eine kurzgeschlossene galvanische Zelle (→ Abb. 7.13).

corrodere (lat.) = zernagen, zerfressen

Oxidation (Lokalanode): $Zn\ (s) \rightarrow Zn^{2+}\ (aq) + 2\ e^-$

Reduktion (Lokalkathode): $2\ H^+\ (aq) + 2\ e^- \rightarrow H_2\ (g)$

Die Bildung von Lokalelementen ist typisch für elektrochemische Korrosion. Lokalelemente entstehen auch, wenn ein Metall mit geringen Mengen eines anderen Metalls verunreinigt ist.

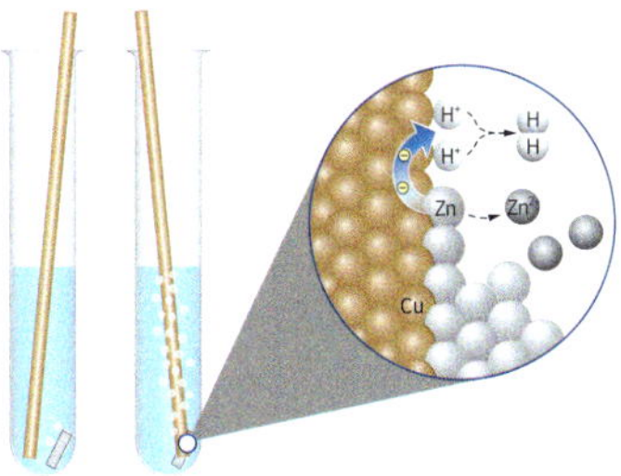

Abb. 7.12: Säure-Korrosion und Lokalelementbildung auf der Stoff- und Teilchenebene

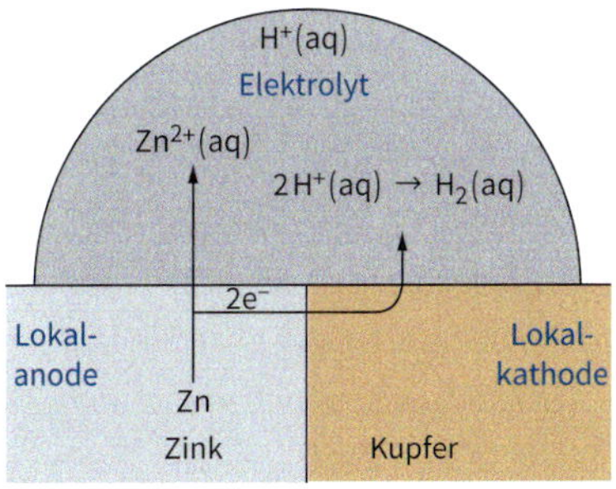

Abb. 7.13: Deutung der Säure-Korrosion und Lokalelement-Bildung auf der Symbolebene

WISSEN

Voraussetzungen für die Säure-Korrosion

- Elektrolyt-Lösung: sauer (H^+ (aq)), gelöste Salze
- Metall: unedles Metall in Kontakt mit einem edleren Metall (Lokalelement)

Sauerstoff-Korrosion

Unter Sauerstoff-Korrosion versteht man die Zerstörung von Metallen, bei der in der Elektrolytlösung gelöster Sauerstoff kathodisch zu Hydroxid-Ionen reduziert wird.

Beispiel, Rosten des Eisens: Der insgesamt komplizierte Vorgang der Sauerstoff-Korrosion von Eisen, „das Rosten des Eisens“, kann durch folgende Reaktionen vereinfacht wiedergegeben werden:

Oxidation (Lokalanode):

$2\,Fe\,(s) \rightarrow 2\,Fe^{2+}\,(aq) + 4\,e^-$; $\quad U_H^0 = -0{,}44\,V$

Reduktion (Lokalkathode):

$O_2\,(aq) + 2\,H_2O\,(l) + 4\,e^- \rightarrow 4\,OH^-\,(aq)$; $\quad U_H^0 = 0{,}40\,V$

Redoxreaktion:

$2\,Fe\,(s) + O_2\,(aq) + 2\,H_2O\,(l) \rightarrow 2\,Fe^{2+}\,(aq) + 4\,OH^-\,(aq)$

Fe(II)-Ionen entstehen hauptsächlich in sauerstoffarmen Zonen, wohingegen Hydroxid-Ionen bevorzugt in sauerstoffreichen Bereichen entstehen (→ Abb. 7.14). Treffen Hydroxid- und Fe^{2+}-Teilchen aufgrund von Diffusion aufeinander, bildet sie einen schwerlöslichen Niederschlag von Eisen(II)-hydroxid:

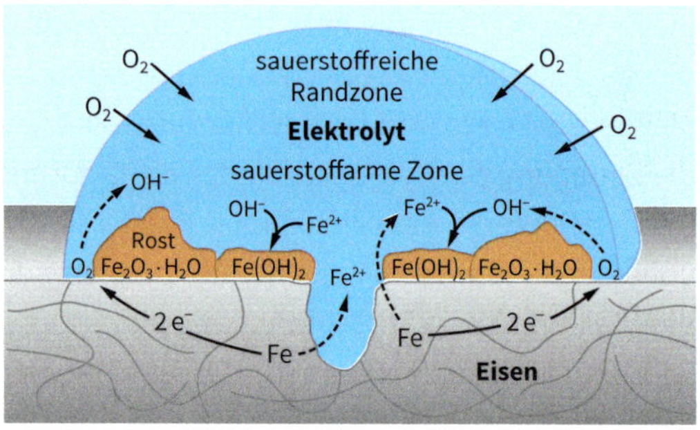

Abb. 7.14: Sauerstoff-Korrosion: Rosten des Eisens

$2\,Fe^{2+}\,(aq) + 4\,OH^-\,(aq) \rightarrow 2\,Fe(OH)_2\,(s)$

In einer Folgereaktion wird $Fe(OH)_2\,(s)$ von Luftsauerstoff zu rotbraunem Eisen(III)-oxid-hydroxid (Rost) oxidiert:

$4\,Fe(OH)_2\,(s) + O_2\,(g) \rightarrow 4\,FeO(OH) + 2\,H_2O\,(l)$

Für FeO(OH) verwendet man häufig die vereinfachte Formel $Fe_2O_3 \cdot H_2O$

($2\,FeO(OH) \triangleq Fe_2O_3 \cdot H_2O$).

Heterogenes Gemisch: Gemisch, bei dem mehr als eine Phase (vergl. Seite 100, Marginalspalte) erkennbar ist.

Schwarze Rostüberzüge sind wasserarm und bestehen aus einem heterogenen Gemisch von FeO(OH) und $FeO \cdot Fe_2O_3$.

Sauerstoff-Korrosion wird begünstigt durch:

- höhere Konzentrationen an gelösten Salzen im Elektrolyten, da hierdurch die elektrische Leitfähigkeit erhöht und der Ladungstransport in der Lösung erleichtert wird.

- edlere Fremdmetalle im Eisen oder auch Eisenoxid aufgrund der Bildung von Lokalelementen.
- in Wasser gelöste Gase wie Schwefeldioxid, Kohlenstoffdioxid oder Stickstoffdioxid. Es entstehen durch die Reaktion der gelösten Gase mit Wasser saure Elektrolyte, die die Säure-Korrosion fördern.

WISSEN

Voraussetzungen für Sauerstoff-Korrosion

- Elektrolytlösung: salzhaltig neutral oder alkalisch (OH^-)
- Sauerstoff: gelöst in der Elektrolytlösung
- Metall: Das Potential Me^{Z+}/Me liegt unterhalb des Potentials des Redoxpaares O_2/OH^- ($U_H^0 = 0{,}40$ V) bzw. des Redoxpaars O_2/H_2O, das bei pH 7 $U = 0{,}82$ V beträgt; ($O_2(g) + 4\,H^+(aq) + 4\,e^- \rightarrow 2\,H_2O(l)$).
  Diese Voraussetzung erfüllt z. B. Eisen (Fe/Fe^{2+} bzw. Fe^{2+}/Fe^{3+}).

Korrosionsschutz

Metall-Korrosion kann erhebliche wirtschaftliche und auch ökologische Schäden verursachen. Zur Verhinderung der Korrosion schützt man die Oberfläche des Metalls durch metallische oder nichtmetallische Überzüge

a) Überzüge aus Nichtmetallen

Zu den Nichtmetallschutzschichten zählen Kunstharzlack-Anstriche, Anstriche von Zinkphosphat ($Zn_3(PO_4)_2$) oder Zinkchromat ($ZnCrO_4$). Mit gut haftenden glasigen Emaille-Schichten schützt man Badewannen und Haushaltsgeräte aus Stahl und Gusseisen. Waffen und Maschinenteile werden häufig zum Schutz vor Korrosion mit (Paraffin-)Ölen behandelt.

b) Metallschutzschichten

Zink, Aluminium, Chrom und Nickel bilden auf der Oberfläche dünne, festhaftende und sehr undurchlässige Metalloxid-Schichten und verhindern dadurch die Korrosion des darunter liegenden Metalls. Man bezeichnet dieses Phänomen als **Passivierung**. Diese Eigenschaft nutzt man, um das korrosionsanfällige Eisen mit einer Schutzschicht dieser Metalle zu überziehen. Beim Aufbringen von Metallschutzschichten unterscheidet man grundsätzlich zwei Verfahren: das Schmelztauchen und das Galvanisieren.

- Beim **Schmelztauchen** werden die zu schützenden Metalle, vor allem Eisen- und Stahlbleche, in eine Schmelze von flüssigem Metall getaucht, beispielsweise in flüssiges Zink beim Feuerverzinken von Autokarosserien oder in flüssiges Zinn bei der Feuerverzinnung.

➲ Beim **Galvanisieren** werden Metalle durch elektrolytische Abscheidung auf das zu schützende Metall aufgebracht, das als Kathode geschaltet wird. Wichtige Verfahren sind unter anderem das Vergolden, Versilbern, Verkupfern Vernickeln, Verchromen und Verzinnen. Bei der Verzinnung wird zur Herstellung von Weißblech für Konservendosen **Zinn** elektrolytisch abgeschieden. Wenn Metallschutzschichten beschädigt werden, setzt bei entsprechenden Umweltbedingungen Korrosion ein. In →Abb. 7.15 ist die Säure-Korrosion bei verzinktem und bei verzinntem Eisen (Weißblech) dargestellt. Beim verzinkten Eisen geht aufgrund des negativeren Potentials **Zink**, beim Weißblech aufgrund des negativeren Potentials Eisen in Lösung. In beiden Fällen scheidet sich Wasserstoff ab.

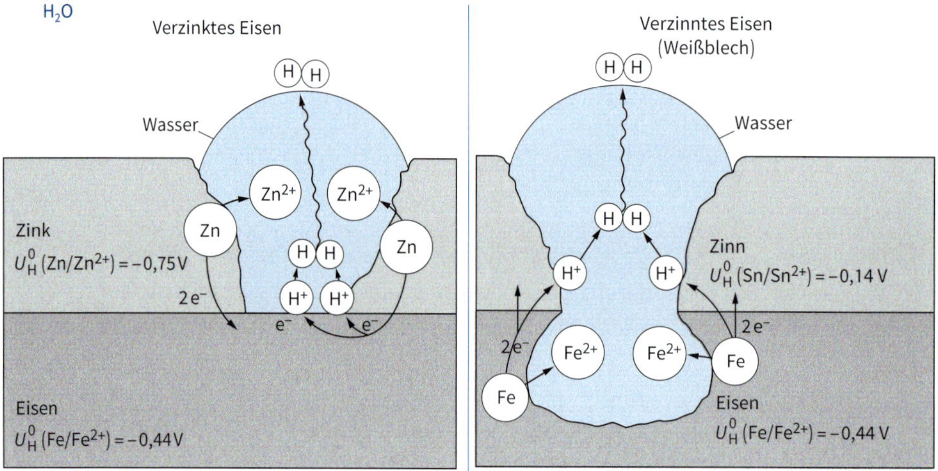

Oxidation (Lokalanode): $Zn(s) \rightarrow Zn^{2+}(aq) + 2\,e^-$

Reduktion (Lokalkathode): $2\,H^+(aq) + 2\,e^- \rightarrow H_2(g)$

Eisen ist edler als Zink. Daher wird Zink oxidiert, die Wasserstoff-Ionen werden am Eisen reduziert

Oxidation (Lokalanode): $Fe(s) \rightarrow Fe^{2+}(aq) + 2\,e^-$

Reduktion (Lokalkathode): $2\,H^+(aq) + 2\,e^- \rightarrow H_2(g)$

Zinn ist edler als Eisen. Daher wird Eisen oxidiert, die Wasserstoff-Ionen werden am Zinn reduziert.

Abb. 7.15: Säure-Korrosion bei verzinktem und bei verzinntem Eisen

Die Kupfer-Galvanisierung wird in der Elektronikindustrie verwendet, um **Leiterplatten** herzustellen. Verkupfert werden auch Oberflächen für dekorative oder korrosionsbeständige Zwecke. Gold wird oft für die **Vergoldung** von anspruchsvollen elektrischen Steckverbindungen sowie von Schmuckstücken und dekorativen Gegenständen verwendet, um sie vor Korrosion zu schützen und ihnen ein luxuriöses Aussehen zu verleihen.

WISSEN

Wird bei einem Werkstkück der Schutzüberzug aus einem edleren Metall verletzt, so löst sich das unedlere Metall aufgrund von Lokalelementbildung schneller auf als ohne Schutzüberzug.

Kathodischer Korrosionsschutz

Konstruktionen, die nicht durch Galvanisierung geschützt werden können, wie beispielsweise unterirdische Rohrleitungen, Öltanker, Öl-Bohrplattformen und Brücken, werden elektrisch leitend mit einem unedleren Metall verbunden, das sich in direkter Nähe ebenfalls im Wasser oder in feuchter Erde befindet.

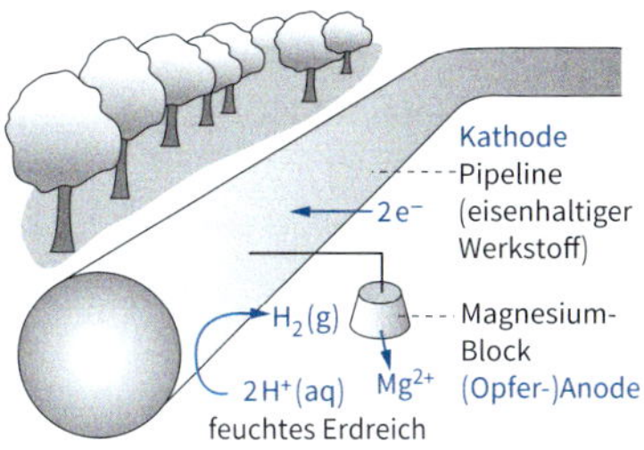

Abb. 7.16: Kathodischer Korrosionsschutz einer Rohrleitung

Hierfür verwendet man Zink- oder Magnesiumplatten, die in der kurzgeschlossenen galvanischen Zelle als Anode oxidiert werden, und der Kathode – z. B. Stahl – Elektronen für Reduktionsprozesse liefern. Dabei löst sich die Anode auf – man spricht von einer **Opferanode**. Dadurch ist die Kathode vor Korrosion geschützt und bleibt unbeschädigt (→ Abb. 7.16).

In Warmwassertanks von modernen Heizungsanlagen verbindet man heutzutage das vor Korrosion zu schützende Anlagenteil mit einer externen Gleichspannungsquelle und schaltet es als Kathode.
Als Hilfsanode dieser Anordnung, die als **Fremdstromanode** bezeichnet wird, kann man Graphit oder Eisenschrott (→ Abb. 7.17) benutzen. Auf die Verwendung eines Magnesiumblocks als Opferanode kann dabei verzichtet werden. Der Verbrauch an elektrischer Energie bei der Fremdstromanode ist mit zwei bis vier Watt pro Stunde niedrig.

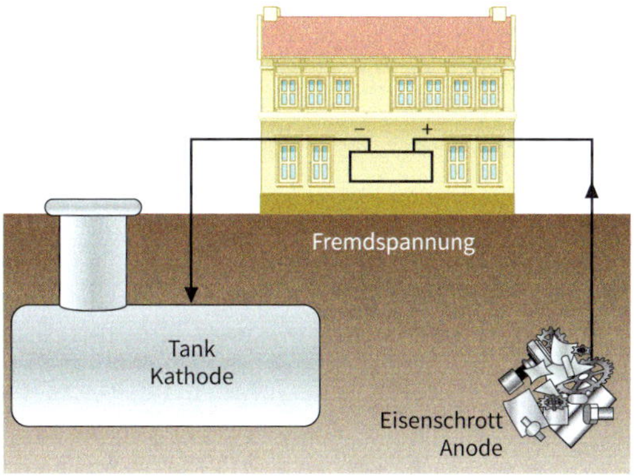

Abb. 7.17: Korrosionsschutz durch Gleichspannung

Vorteile	Nachteile
passiver Schutz	hohe Anfangsinvestition
langfristiger Schutz	erfordert Stromquelle
wenig Wartung	nicht für alle Materialien geeignet

Tab. 7.3: Vorteile und Nachteile des kathodischen Korrosionsschutzes

7.2 Korrosion und Korrosionsschutz

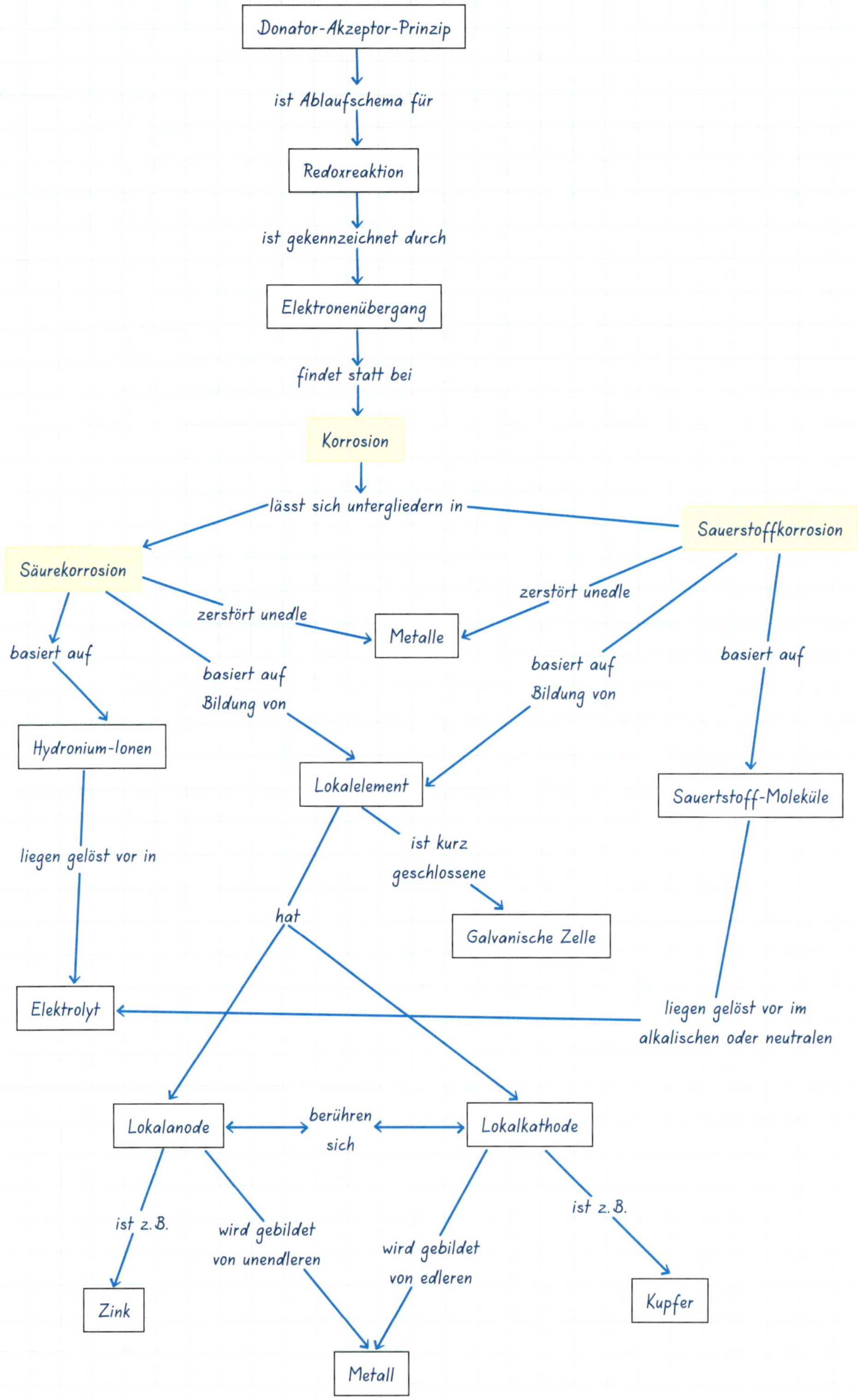

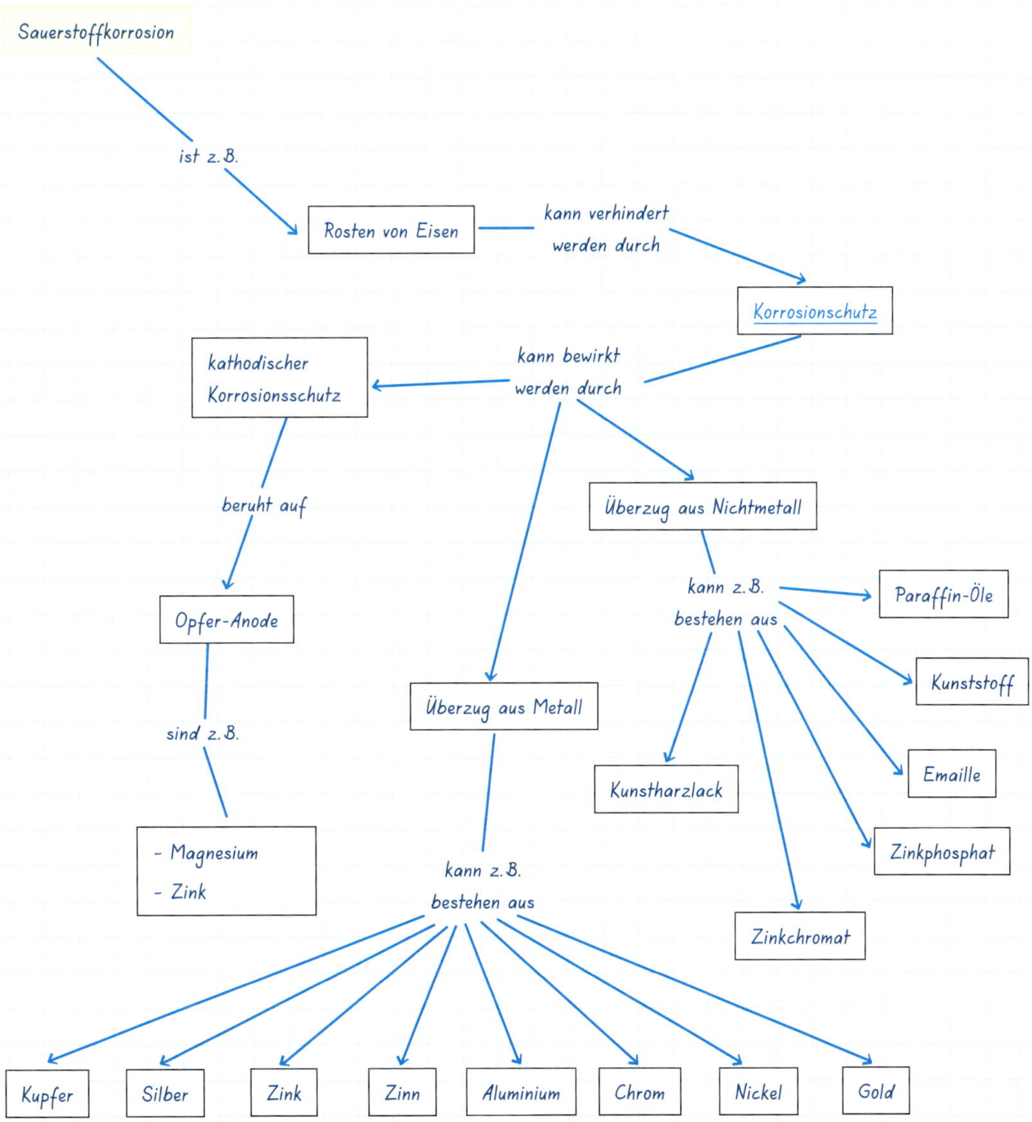
Sauerstoffkorrosion
ist z. B.
Rosten von Eisen
kann verhindert werden durch
Korrosionschutz
kann bewirkt werden durch
kathodischer Korrosionsschutz
beruht auf
Opfer-Anode
sind z. B.
- Magnesium
- Zink
Überzug aus Metall
kann z. B. bestehen aus
Kupfer
Silber
Zink
Zinn
Aluminium
Chrom
Nickel
Gold
Überzug aus Nichtmetall
kann z. B. bestehen aus
Paraffin-Öle
Kunststoff
Emaille
Zinkphosphat
Zinkchromat
Kunstharzlack

7.3 Mobile Energiequellen

Galvanische Zellen, die zum Betreiben ortsunabhängiger Elektrogeräte dienen, werden nach dem Funktionsprinzip in Primär-, Sekundärzellen und Brennstoffzellen unterschieden.

- **Primärzellen** (Primärelemente) sind galvanische Zellen, deren Zellreaktion nicht umkehrbar ist, das heißt sie lassen sich nur entladen, aber nicht mehr aufladen.
- **Sekundärzellen** (Sekundärelemente) stellen galvanische Zellen dar, deren Zellreaktion umkehrbar ist. Sie lassen sich mehrfach entladen und mit einer fremden Stromquelle wieder aufladen. Sie werden auch als Akkumulatoren oder „Akkus" bezeichnet
- **Brennstoffzellen** sind Primärzellen, bei denen die Reaktanden von außen kontinuierlich zugeführt und an Elektroden mit Katalysatorwirkung elektrochemisch umgesetzt werden.

Kapazität einer Batterie oder eines Akkus: Maß für die Fähigkeit, elektrische Ladungen zu speichern oder abzugeben.

Konstruktionsprinzipien bei Primär- und Sekundärzellen

Um hohe Spannungen zu erreichen, muss man ein möglichst unedles Metall wie Lithium oder Zink am Minuspol mit einem möglichst starken Oxidationsmittel am Pluspol kombinieren. Stromstärke und Kapazität werden durch die Größe der Elektroden und die Art der Elektrolytlösung beeinflusst.

Redox-Flow-Zellen stellen ebenfalls Sekundärzellen dar, Bei diesem Zelltyp verwendet man in der Regel zwei Elektrolyte auf Basis von Redox-Paaren, die in Lösung vorliegen und die durch eine halbdurchlässige Membran voneinander getrennt sind. Während des Lade- und Entladevorgangs reagieren die Redoxpaare entsprechend ihrer Redoxpotentiale in den Eektrolyten und dabei werden Elektronen über einen äußeren Leiter übertragen. In Abhängigkeit ihrer Baugröße können sie stationär oder mobil betrieben werden. Redox-Flow-Batterien können aufgrund ihrer Bauart als Saisonalspeicher für Windkraft- und Fotovoltaikanlagen – auch im heimischen Bereich – eingesetzt werden.

Batterie
- ursprünglich: Zusammenschaltung von mehreren galvanischen Zellen, um beispielsweise die Spannung zu erhöhen
- seit geraumer Zeit: einzelne galvanische Zellen (Monozellen)
- neuerdings: Akkus

Primäzellen

a) Leclanché-Element (Zink/Kohle-Batterie)

Das Leclanché-Element (Zink/Kohle-Batterie, Trockenelement, Monozelle) wurde 1867 zum ersten Mal der Öffentlichkeit vorgestellt und ist auch heutzutage neben der Alkali/Mangan-Batterie die Standard-Batterie für den Haushalt (→ Abb. 7.18). Minuspol ist der kunststoff- oder stahlummantelte Zinkbecher. Den Pluspol bildet ein Graphitstab, der in ein Gemisch aus Graphitpulver und Braunstein taucht. Eine 20%ige, durch Stärke eingedickte Ammoniumchlorid-Lösung dient als Elektrolyt. Die Batterie liefert eine Spannung von 1,5 V.

Elektrodenreaktionen:

Minuspol, Anode (Oxidation):

$Zn (s) \rightarrow Zn^{2+} (aq) + 2 e^-$; $U_H^0 = -0,76$ V

Zink wird oxidiert. Die Zink-Ionen gehen in den Elektrolyten über.

Die Reaktionen am Pluspol sind komplizierter. Letztlich wird Braunstein (MnO_2) zu Mangan(III)-Oxidhydroxid reduziert, wobei Hydroxid-Ionen entstehen.

Pluspol, Kathode (Reduktion):

$\overset{IV}{2 MnO_2} (s) + 2 H_2O (l) + 2 e^- \rightarrow \overset{III}{2 MnOOH} (s) + 2 OH^-$; $U_H^0 = 1,01$ V

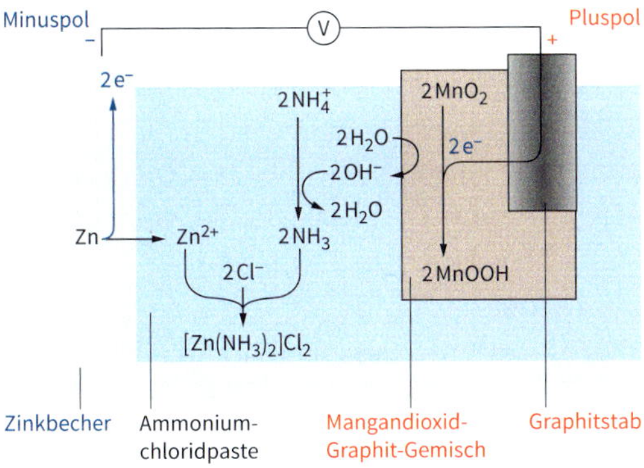

Abb. 7.18: Reaktionen in der LECLANCHÉ-Batterie

Primärzellen sind **Energiewandler** (Seite 39, Abb. 2.1), da sie chemische Energie in elektrische Energie umwandeln, und **Energiespeicher**, da die umzusetzenden Stoffe in ihnen enthalten sind.

Sekundärreaktionen

Durch die Reduktion von Braunstein am Pluspol steigt der pH-Wert und es bilden sich im Elektrolyten aus Hydroxid- und Ammonium-Ionen Ammoniak und Wasser:

$NH_4^+ (aq) + OH^- (aq) \rightarrow NH_3 (aq) + H_2O (l)$

Ammoniak setzt sich dann mit den am Minuspol entstandenen Zink-Ionen zu Diamminzink-Ionen, $[Zn(NH_3)_2]^{2+} (aq)$, um. Diese bilden mit den Chlorid-Ionen des Elektrolyten schwer lösliches Diamminzinkchlorid, das sich auf den Elektroden ablagert:

$[Zn(NH_3)_2]^{2+} (aq) + 2 Cl^- (aq) \rightarrow [Zn(NH_3)_2]Cl_2 (s)$

Dadurch erhöht sich mit der Zeit der elektrische Widerstand der Batterie und ihre Leistung sinkt.

Berechnung der Elektrodenpotentiale

Minuspol:

$$U_H(Zn/Zn^{2+}) = U_H^0(Zn/Zn^{2+}) + 0,0295 \text{ V} \cdot \lg c\left(Zn^{2+}(aq)\right)$$
$$= -0,76 \text{ V} + 0,0295 \text{ V} \cdot \lg c(Zn^{2+})$$
$$U_H(Zn^{2+}/Zn) = -0,76 \text{ V} \; \left(\text{bei } c(Zn^{2+}) = 1 \text{ mol} \cdot l^{-1}\right)$$

Pluspol:

$$U_H(MnO_2/MnOOH) = U_H^0(MnO_2/MnOOH) + 0{,}059\ V \cdot \lg c(H^+(aq))$$
$$= \quad 1{,}014\ V \quad - 0{,}059\ V \cdot pH$$
$$U_H(MnO_2/MnOOH) = 1{,}014\ V - 0{,}059\ V \cdot 5 = 0{,}719\ (\text{bei } pH = 5)$$

Batteriespannung des LECLANCHÉ-Elements ($pH = 5$, $c(Zn^{2+}) = 1\ mol \cdot l^{-1}$):

$$U = U_H(\text{Akzeptorhalbzelle}) - U_H(\text{Donatorhalbzelle})$$
$$U = 0{,}719\ V - (-0{,}76)\ V = 1{,}479\ V$$

b) Alkali/Mangan-Batterie

Die Alkali/Mangan-Batterie ist eine Weiterentwicklung des LECLANCHÉ-Elements. Der Batteriebecher besteht aus Stahl und nimmt an elektrochemischen Reaktionen nicht teil (Auslaufsicherheit). Als Minuspol dient eine Zink-Pulverpaste (Oberflächenvergrößerung und damit höhere Entladungsströme). Als Elektrolyt wird Kaliumhydroxid-Lösung verwendet. Die Hydroxid-Ionen reagieren mit Zink-Ionen zu leichtlöslichem Hydroxozinkat $[Zn(OH)_4]^{2-}$, das sich nicht auf den Elektrodenflächen ablagert. Die Alkali/Mangan-Batterie liefert wie das LECLANCHÉ-Element eine Spannung von 1,5 V.

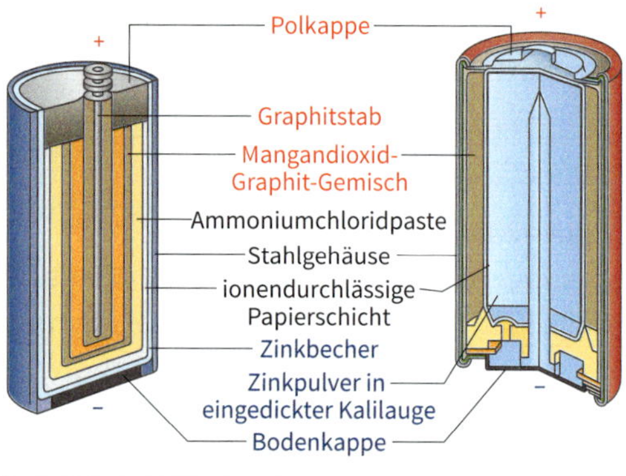

Abb. 7.19: Schnitt durch eine Alkali/Mangan-Batterie

c) Lithium-Mangandioxid-Batterie

Da Lithium das unedelste Metall ($U_H^0(Li/Li^+) = -3{,}04\ V$) ist und eine geringe Dichte hat, eignet es sich hervorragend als Elektrodenmaterial für den Minuspol in Batterien. Da das Lithium lebhaft mit Wasser reagiert, dürfen in der Batterie jedoch nur nichtwässerige Elektrolyte eingesetzt werden. Für den Pluspol werden in Lithium-Batterien unterschiedliche Oxidationsmittel wie Braunstein (MnO_2) und Thionylchlorid ($SOCl_2$) verwendet. Dabei ergeben sich je nach Oxidationsmittel unterschiedliche Batteriespannungen, die zwischen 2,8 V bis 3,6 V liegen können. Am weitesten verbreitet ist das kostengünstige Li/MnO_2-System (→ Abb. 7.20). Bei der Zellreaktion wird Lithium zu Lithium-Ionen oxidiert und

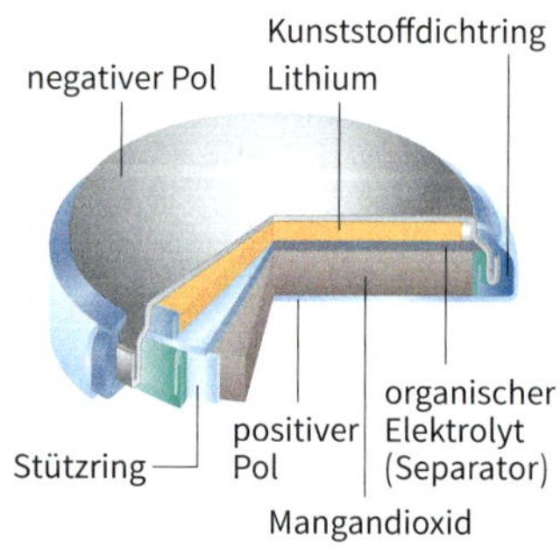

Abb. 7.20: Schnitt durch eine Li-MnO_2-Knopfzelle

Mangandioxid wird reduziert. Praktisch werden bei diesem Vorgang Lithium-Kationen in das Mangandioxid-Ionengitter eingelagert:

Minuspol, Anode (Oxidation):

$Li\,(s) \rightarrow Li^+ + e^-$

Pluspol, Kathode (Reduktion):

$Li^+ + e^- + \overset{IV}{Mn}O_2\,(s) \rightarrow Li\overset{III}{Mn}O_2\,(s)$

Als Elektrolyt wird in dieser Lithium-Batterie eine Lösung von Lithiumperchlorat ($LiClO_4$) in einem polaren organischen Lösungsmittel, Propylencarbonat oder Dimethoxyethan, eingesetzt.

Sekundärzellen sind wie Primärzellen **Energiewandler**, da sie chemische Energie in elektrische Energie umwandeln, und **Energiespeicher**, da die umzusetzenden Stoffe in ihnen enthalten sind.

Sekundärzellen

a) Blei-Akkumulator (Starterbatterie)

Eines der am weitesten verbreiteten Sekundärelemente ist der Blei-Akkumulator. Die Elektroden des geladenen Blei-Akkumulators bestehen aus Blei (Pb (s)) und Bleidioxid (PbO_2 (s)), die in den Elektrolyten, eine 20%ige Schwefelsäure-Lösung, eintauchen. Bei Stromentnahme (galvanische Zelle) laufen an den Elektroden folgende Reaktionen ab:

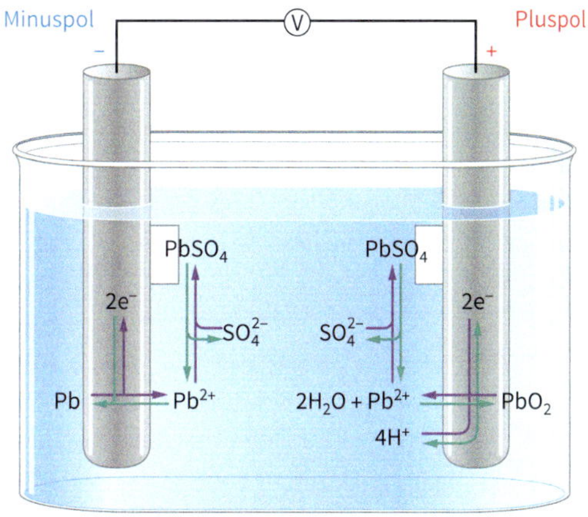

Abb. 7.21: Laden und Entladen eines Blei-Akkumulators

Minuspol, Anode (Oxidation):

$Pb\,(s) + H_2SO_4\,(aq)$

$\rightarrow PbSO_4\,(s) + 2\,H^+\,(aq) + 2\,e^-$

Pluspol, Kathode (Reduktion):

$PbO_2\,(s) + 2\,H_2SO_4\,(aq) + 2\,e^-$

$\rightarrow PbSO_4\,(s) + 2\,H_2O\,(l) + SO_4^{2-}\,(aq)$

Die an beiden Polen entstehenden Blei(II)-Ionen bilden mit den Sulfat-Ionen des Elektrolyten (Schwefelsäure) das schwerlösliche Bleisulfat ($PbSO_4$). Die Reaktion lässt sich umkehren, der entladene Blei-Akku kann wieder aufgeladen werden (Elektrolyse):

Pluspol, Anode (Oxidation):

$PbSO_4\,(s) + 2\,H_2O\,(l) + SO_4^{2-}\,(aq) \rightarrow PbO_2\,(s) + 2\,e^- + 2\,H_2SO_4\,(aq)$

Minuspol, Kathode (Reduktion):

$PbSO_4\,(s) + 2\,H^+\,(aq) + 2\,e^- \rightarrow Pb\,(s) + H_2SO_4\,(aq)$

Wegen der hohen Überspannung von Sauerstoff an Bleidioxid und von Wasserstoff an Blei ist die Gasabscheidung bei der Elektrolyse behindert. So können die Blei(II)-Ionen mit den Elektroden reagieren und das Laden des Blei-Akkus ist überhaupt erst möglich. Sauerstoff- und Wasserstoffgasbildung (Elektrolyse

Überspannung
→ siehe Seite 117

des Wassers) setzen erst bei höheren Spannungen gegen Ende des Aufladevorgangs ein, wenn die Konzentration der Pb^{2+}-Ionen schlagartig abnimmt.

Gesamtreaktion:

$$Pb\,(s) + PbO_2\,(s) + 2H_2SO_4\,(aq) \underset{\text{laden}}{\overset{\text{entladen}}{\rightleftharpoons}} 2\,PbSO_4\,(s) + 2\,H_2O\,(l)$$

Die Zellspannung beträgt aufgrund der in der Praxis vorliegenden Säurekonzentration und wegen des geringen Löslichkeitsproduktes von $PbSO_4$ etwa 2,1 V.

b) Nickel/Metallhydrid-Akkumulator

Als Alternative für den in Europa verbotenen Nickel/Cadmium-Akku bietet sich der umweltfreundlichere und leistungsfähigere Nickel/Metallhydrid-Akku an. Der Pluspol besteht im geladenen Zustand aus Nickel(III)-oxidhydroxid(NiOOH). Als negative Elektrode verwendet man eine Metalllegierung wie $La_{0,8}Nd_{0,2}Ni_{2,5}Co_{2,4}Si_{0,1}$, die beim Laden des Akkus atomaren Wasserstoff bei Zimmertemperatur in den Lücken ihres Metallgitters als Metallhydrid speichern kann. Beim Entladen der Zelle wird der Wasserstoff aus dem Gitter abgegeben und oxidiert.

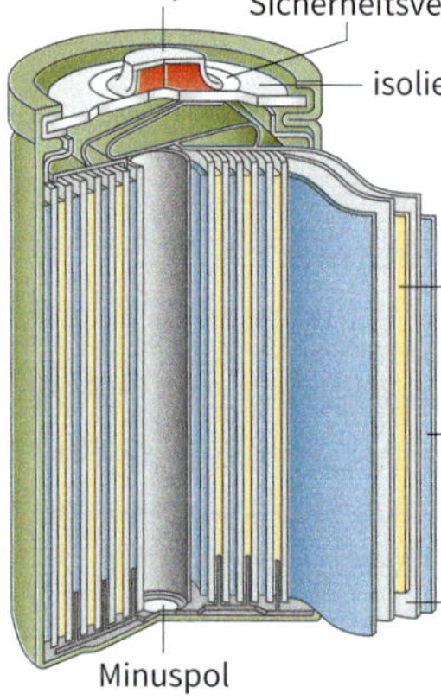

Abb. 7.22: Aufbau eines Nickel-Metallhydrid-Akkumulators

Elektrodenreaktion beim Entladen

Minuspol, Anode (Oxidation):

$$\overset{0}{\text{Metall-H}}\,(s) + OH^-\,(aq) \rightarrow \text{Metall} + \overset{+I}{H_2}O\,(l) + e^-$$

Pluspol, Kathode (Reduktion):

$$\overset{+III}{Ni}O(OH)\,(s) + H_2O\,(l) + e^- \rightarrow \overset{+II}{Ni}(OH)_2\,(s) + OH^-\,(aq)$$

Der Nickel/Metallhydrid-Akku liefert eine Spannung von ungefähr 1,2 V.

Beim **Aufladen** des Akkus werden durch Anlegen einer genügend großen äußeren Spannung die Elektrodenreaktionen umgekehrt.

$$\text{Metall-H}\,(s) + NiO(OH)\,(s) \underset{\text{laden}}{\overset{\text{entladen}}{\rightleftharpoons}} \text{Metall} + Ni(OH)_2\,(s)$$

c) Lithium-Ionen-Akkumulator

Lithium-Ionen-Akkus haben im Vergleich zu anderen Akkus eine sehr hohe Energiedichte und Spannung (3,7 V). Als negative Elektrode (Minuspol) verwendet man Graphit, bei dem in den Lücken des Schichtgitters Lithium-Kationen eingelagert werden können. Man spricht von einer Lithium/Graphit-Einlagerungsverbindung, bei der ein Lithium-Kation auf sechs Kohlenstoff-Atome kommt (LiC_6). An der positiven Elektrode (Pluspol) dienen Oxide von Übergangsmetallen, wie z. B. Cobaltoxide, für Lithium als Einlagerungsverbindungen mit der Summenformel $LiCoO_2$. Beide Elektroden sind durch einen Separator voneinander getrennt und haben ein sehr unterschiedliches Redoxpotential: $U(CoO_2/LiCoO_2) > U(C_6/LiC_6)$

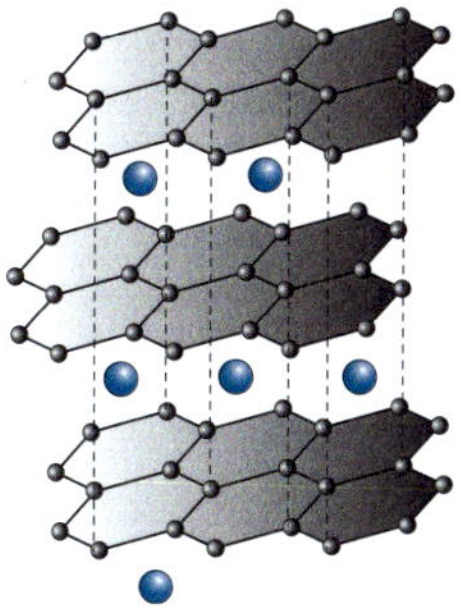

Abb. 7.23: Graphitschichtgitter mit eingelagerten Lithium-Kationen

Als Elektrolyt dient eine wasserfreie organische Lithium-Ionenhaltige Flüssigkeit.

Aufladevorgang: Beim Laden des Akkus wird durch die angelegte äußere Spannung am Pluspol Cobalt(III) zu Cobalt(IV) oxidiert. Die dabei freigesetzten Elektronen werden über den äußeren Leiter zum Minuspol in das Graphit-Atomgitter „gepumpt“. Dieses wird durch die Elektronenaufnahme quasi reduziert. Gleichzeitig verlassen Lithium-Kationen zum Ladungsausgleich das Cobaltoxid-Ionengitter am Pluspol und lagern sich in die Lücken des negativ aufgeladenen Graphit-Schichtgitters am Minuspol ein. Dadurch werden die negativen Ladungen im Graphit ausgeglichen und stabilisiert.

Pluspol, Anode (Oxidation):

+I+III –II +I +IV –II

$LiCoO_2 \rightarrow Li^+ + CoO_2 + e^-$

Minuspol, Kathode (Reduktion):

0 +I +I –I

$C_6 + Li^+ + e^- \rightarrow LiC_6$

Entladevorgang: Beim Entladen fließen die Elektronen über den äußeren Leiter vom Graphit zum Cobaltoxid-Ionengitter am Pluspol, wodurch Cobalt(IV) zu Cobalt(III) reduziert wird. Zum Ladungsausgleich verlassen die Lithium-Kationen gleichzeitig das Graphit-Schichtgitter und bauen sich in das Cobaltoxid-Schichtgitter ein.

Minuspol, Anode (Oxidation):

+I –I 0 +I –I

$LiC_6 \rightarrow C_6\,(\text{Graphit}) + Li^+ + e^-$

Pluspol, Kathode (Reduktion):

+I +IV –II +I +III –II

$Li^+ + CoO_2 + e^- \rightarrow LiCoO_2$

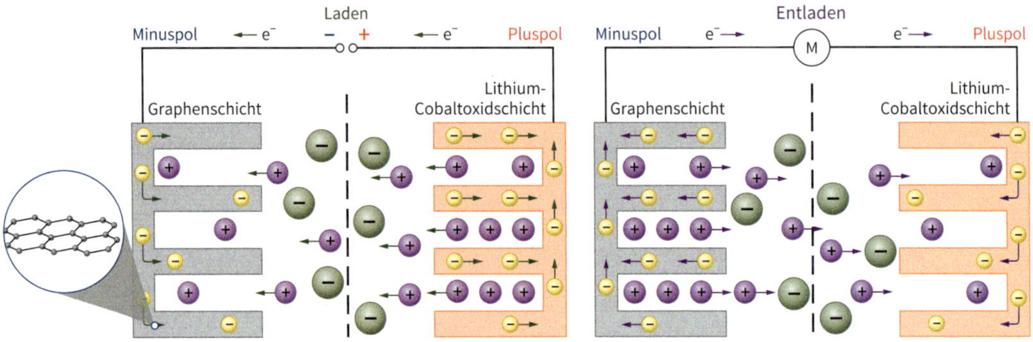

Abb. 7.24: Lade- und Entladevorgang beim Lithium-Ionen-Akku

Die Lithium-Ionen dienen lediglich als positive Ladungsträger, die in das Elektrodenmaterial am Plus- und Minuspols zum Ladungsausgleich ein- oder ausgelagert werden, während das Elektrodenmaterial selbst oxidiert oder reduziert wird. Der Elektrolyt ermöglicht den Transport der Lithium-Kationen zwischen den Elektroden.

d) Lithium-Ionen-Polymer-Akkumulator

Der Lithium-Polymer-Akku wird auch LiPoly oder LiPo genannt.

Standardakku in unseren Elektronikgeräten ist inzwischen der Lithium-Ionen-Polymerakku, eine Weiterentwicklung des Lithium-Ionen-Akkus. Die positive Elektrode besteht aus einem Lithium-Metalloxid, die negative Elektrode aus Graphit. Der Elektrolyt ist nicht flüssig, sondern besteht aus einer gelartigen Polymermembran mit einem gelösten Lithiumsalz. Sie liegt zwischen der positiven und negativen Elektrode

Da Elektroden wie Elektrolyt sich als Schichtfolien verbauen lassen, muss man die Zelle nicht mehr auslaufsicher in einen Edelstahlbehälter einschweißen. Da eine Verbundfolie in der Regel als Verpackung der Zelle ausreicht, kann man einen Lithium-Polymer-Akku in beliebiger Bauform herstellen. Der Lithium-Polymer-Akku erreicht aufgrund seiner Bauweise eine noch höhere Energiedichte als der Lithium-Ionen-Akku.

Vorteile	Nachteile
Leichtgewicht	Empfindlichkeit gegenüber Beschädigung
Flexibilität beim Design	relativ kurze Lebensdauer
hohe Energiedichte	komplexere Lade- und Entladeverfahren
schnelles Aufladen	hohe Kosten

Tab. 7.4: Vorteile und Nachteile des Lithium-Ionen-Polymer-Akkumulators

e) Vanadium-Redox-Flow-Zelle

Da elektrische Energie mittels Windkraft- oder Fotovoltaikanlagen nicht kontinuierlich erzeugt werden kann, braucht man Speichersysteme, die elektrische Energie saisonal kostengünstig ohne größere Verluste speichern und auch problemlos bei Bedarf wieder zur Verfügung stellen können. Als hierfür gut geeignet hat sich ein seit über 100 Jahren bekanntes Grundkonzept herausgestellt, das in den letzten Jahren intensiv erforscht wird und es schon in Form der Redoxflow-Zelle zur Marktreife gebracht hat. Redoxflow-Zellen zeichnen sich als Sekundärzellen dadurch aus, dass die Energieumwandlung in einer **Reaktionskammer** von der Energiespeicherung, die in beliebig großen Behältern erfolgen kann, zeitlich und örtlich getrennt sein kann.

So basiert die bereits käuflich erhältliche Vanadium-Redox-Flow-Zelle auf wässrigen Lösungen von verschiedenen Vanadium-Salzen in unterschiedlichen **Oxidationsstufen**, die über ihre charakteristischen Farben leicht zu identifizieren sind:

Vanadium-Ox-Stufe	Komplexverbindung	Farbe
+2	$[V(H_2O)_6]^{2+}$	violett
+3	$[V(H_2O)_6]^{3+}$	grün
+4	$[VO(H_2O)_5]^{2+}$	blau
+5	$[VO_2(H_2O)_4]^{+}$	gelb

Bei der Vanadium-Redox-Flow-Zelle erfolgt die **Energieumwandlung** durch Redoxreaktionen in zwei Elektrolytlösungen, die durch eine ionenselektive, für Vanadiumionen undurchlässige Membran in einer Reaktionskammer voneinander getrennt sind. Die elektrochemischen Reaktionen finden innerhalb der Lösungen zwischen Vanadium-Redoxpaaren statt. Die **Elektroden** bestehen aus kohlenstoffhaltigen chemisch stabilen porösen Materialien wie Kohlenstoffpapiere oder Kohlenstoffgewebe, die eine große Oberfläche für eine effiziente Reaktion mit den Elektrolyten bieten und eine gute elektrische Leitfähigkeit besitzen.

Folgende Reaktionen finden an den Kohlenstoff-Elektroden beim **Entladen** in der Reaktionskammer statt: Am **Minuspol** an der Anode werden an der Elektrode zweifach geladene violette Vanadium-Ionen durch Elektronenabgabe zu dreifach geladenen grünen Vanadium-Ionen oxidiert, wobei die Elektronen über einen elektrischen Verbraucher zur Kathode fließen und dort gelbe Vanadium-Ionen der Oxidationsstufe V zu blauen Vanadium-Ionen der Oxidationsstufe IV reduzieren.

Entladevorgang:

Anode Oxidation Minuspol: $\underset{\text{(violett)}}{V^{2+}} \rightarrow \underset{\text{(grün)}}{V^{3+}} + e^-$ $\qquad E_0 = -0{,}255\ V$

Kathode Reduktion Pluspol: $\underset{\text{gelb}}{\overset{+V}{VO_2^+}} + 2\ H^+ + e^- \rightarrow \underset{\text{blau}}{\overset{+IV}{VO^{2+}}} + H_2O$ $\qquad E_0 = 0{,}995\ V$

Der Entladevorgang kann so lange stattfinden, wie Vanadium-Ionen der Oxidationsstufe II und Vanadium-Ionen der der Oxidationsstufe V aus den Speichertanks über Rohrleitungen in die Reaktionskammer gepumpt werden können. Durch Anlegen einer äußeren Spannung, die beispielsweise mittels einer Fotovoltaikanlage oder einer Windkraftanlage erzeugt werden kann, lässt sich die Redox-Flow-Zelle wieder aufladen. Dabei laufen die bei der Entladung beschriebenen Reaktionen in umgekehrter Richtung ab, so dass sich die Zelle im Prinzip wie ein Akku aufladen lässt.

Ladevorgang:

Oxidation, Anode, Pluspol: $\overset{+IV}{VO^{2+}} + H_2O \rightarrow \overset{+V}{VO_2^+} + 2\,H^+ + e^-$
(VO²⁺: Blau; VO₂⁺: Gelb)

Reduktion, Kathode, Minuspol $V^{3+} + e^- \rightarrow V^{2+}$
(grün) (violett)

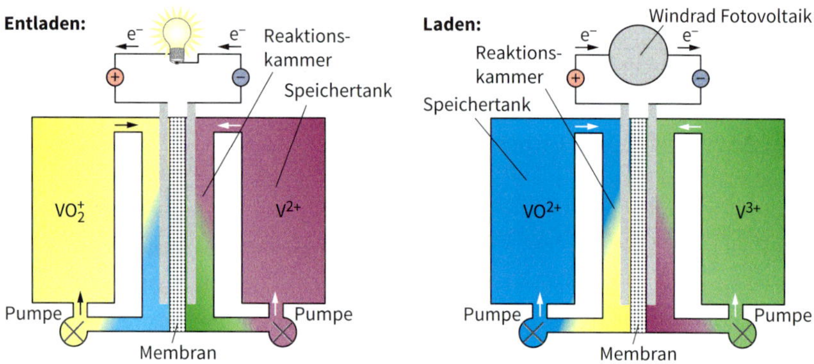

Abb. 7.25: Lade- und Entladevorgang einer Redox-Flow-Zelle

Der **Vorteil** der Redox-Flow-Zellen besteht darin, dass sie in der Regel eine sehr hohe Ladungszyklen-Lebensdauer haben, da die elektrochemischen Reaktionen nur in den Elektrolyten stattfinden und die Elektrodenmaterialien dadurch weniger anfällig für Materialalterung sind. Es findet auch nur eine geringe Selbstentladung statt. Die Elektrolytlösungen sind relativ kostengünstig und nahezu unbegrenzt haltbar. Es besteht weder eine Brand- noch Explosionsgefahr. Bei Strombedarf lassen sich zu jedem beliebigen Zeitpunkt schon geladene Speichertanks an eine Reaktionskammer anschließen.

Ein **Nachteil** der Redox-Flow-Zelle besteht in der technisch aufwendigen Konstruktion mit Tanks, Pumpen und Rohrleitungen sowie Steuer- und Kontrolleinrichtungen, die einer Wartung bedürfen und auf Dauer reparaturanfällig sind. Darüberhinaus haben Redox-Flow-Zellen im Vergleich zum Lithiumionenakku eine niedrigere Energie- und Leistungsdichte, was sie weniger geeignet für Anwendungen macht, bei denen eine hohe Leistungsfähigkeit und kompakte Bauweise erforderlich ist.

Brennstoffzellen

In Brennstoffzellen werden Verbrennungsreaktionen zur Stromerzeugung genutzt. Dabei wird die freiwerdende Energie unmittelbar in elektrische Energie umgewandelt. So lässt sich ein elektrischer Wirkungsgrad bis zu 80 % erreichen, wohingegen in Wärmekraftwerken ein Wirkungsgrad von nur etwa 40 % realisierbar ist. Die Brennstoffe müssen in Brennstoffzellen allerdings von außen kontinuierlich zugeführt werden. Damit unterscheiden sie sich von Batterien, in denen die umzusetzenden Stoffe schon enthalten sind. Brennstoffzellen sind also keine Energiespeicher, sondern können als Energiewandler nur die in den Brennstoffen enthaltene chemische Energie in elektrische Energie umwandeln, solange die energiereichen Verbindungen von außen zugeführt werden.

Brennstoffzellen sind nur Energiewandler, aber keine Energiespeicher.

a) Knallgaszelle

In einer Wasserstoff/Sauerstoff-Brennstoffzelle wird die stark exotherm verlaufende Oxidation von Wasserstoff (Knallgasreaktion) zur Stromerzeugung genutzt. Dabei bleiben die Reaktionspartner durch den Separator räumlich getrennt, sodass der größte Teil der chemischen Energie in elektrische Energie umgewandelt wird. Als Elektroden können inerte palladinierte Nickel-Netze verwendet werden. Der Elektrolyt besteht aus Kalilauge ($KOH\ (aq)$).

Elektrodenreaktionen

Minuspol, Anode (Oxidation):

$2\ H_2\ (g) + 4\ OH^-\ (aq) \rightarrow 4\ H_2O\ (l) + 4\ e^-$; $U_H = -0{,}83\ V$

Pluspol, Kathode (Reduktion):

$O_2\ (g) + 2\ H_2O\ (l) + 4\ e^- \rightarrow 4\ OH^-\ (aq)$; $U_H = 0{,}4\ V$

Gesamtreaktion:

$2\ H_2\ (g) + O_2\ (g) \rightarrow 2\ H_2O\ (l)$;

Zellspannung: $U = 1{,}23\ V$

Brennstoff, Reduktionsmittel: H_2 (wird oxidiert)

Oxidationsmittel: O_2 (wird reduziert)

Statt Wasserstoff können unter anderem auch Hydrazin $N_2H_4\ (l)$, Methanol $CH_3OH\ (l)$, Methan $CH_4\ (g)$ und Ammoniak $NH_3\ (g)$ als Brennstoffe verwendet werden.

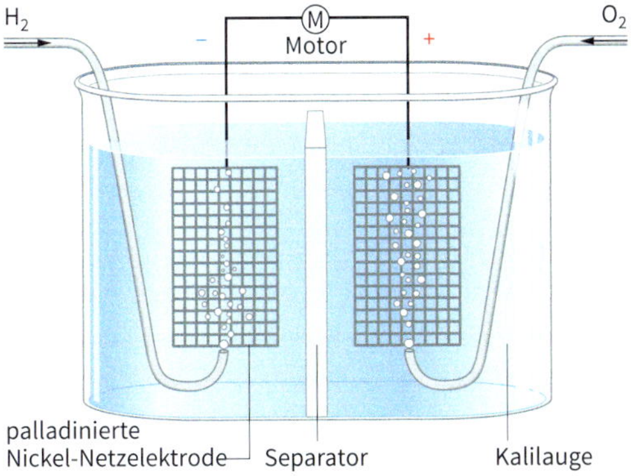

Abb. 7.26: Schema einer Knallgaszelle (Wasserstoff/Sauerstoff-Brennstoffzelle)

Vorteile der Knallgaszelle

- kontinuierlicher Betrieb, kein Aufladen nötig
- umweltfreundlich, nur H_2O als Abgas
- Rohstoffe praktisch unbegrenzt vorhanden

BEISPIEL

Reaktion von flüssigem Hydrazin als Brennstoff mit Sauerstoff als Oxidationsmittel in einer Brennstoffzelle:

Minuspol, Anode (Oxidation):

$N_2H_4\,(l) \rightarrow N_2\,(g) + 4\,H^+\,(aq) + \mathbf{4\,e^-}$;

$U_H = -0{,}23\,V\;(pH = 0)$

Pluspol, Kathode (Reduktion):

$O_2\,(g) + 4\,H^+\,(aq) + \mathbf{4\,e^-} \rightarrow 2\,H_2O\,(l)$;

$U_H = 1{,}23\,V\;(pH = 0)$

Gesamtreaktion:

$N_2H_4\,(l) + O_2\,(g) \leftrightarrows N_2\,(g) + 2\,H_2O\,(l)$

Zellspannung: $U = 1{,}46\,V$

PEM ist die Abkürzung des englischen Begriffs ***P**roton **E**xchange **M**embrane*

b) PEM-Brennstoffzelle

Die PEM-Brennstoffzelle ist eine Knallgaszelle und dient beispielsweise als mobiles Akkuladegerät oder als Stromlieferant für den Antrieb von Kraftfahrzeugen oder auch für das Bordstromnetz von Caravans. Die Direkt-Methanol-Brennstoffzelle, eine Variante der PEM-Brennstoffzellen, wird im mobilen Computerbereich zur Stromversorgung von Laptops verwendet.

Bau: PEM (*Proton Exchange Membrane*) steht für „Protonenaustauschmembran" die das Kernstück der mit Wasserstoff und Luftsauerstoff betriebene Brennstoffzelle ist. Die etwa 0,1 mm dicke Kunststoffmembran hat die Funktion eines Elektrolyten: Durch sie können Protonen als Hydronium-Ionen (H_3O^+) von der Anode aus einseitig in Richtung Kathode diffundieren. Weiterhin hat sie die Funktion eines Separators und verhindert, dass sich Wasserstoff und Sauerstoff mischen. Die Membranoberflächen sind auf beiden Seiten jeweils mit dem Katalysator, meist Platin, sowie mit gasdurchlässigem, porösem Elektrodenmaterial (z. B. Graphitpapier oder Metall-Nanostrukturen) beschichtet. Anode und Kathode sind über einen äußeren elektrischen Leiter miteinander verbunden, an den beispielsweise ein Elektromotor angeschlossen sein kann. Durch feine Kanäle werden Wasserstoff und Luftsauerstoff an die Elektroden herangeführt. (→ Abb. 7.27).

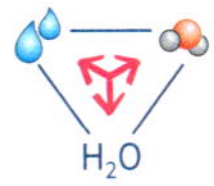

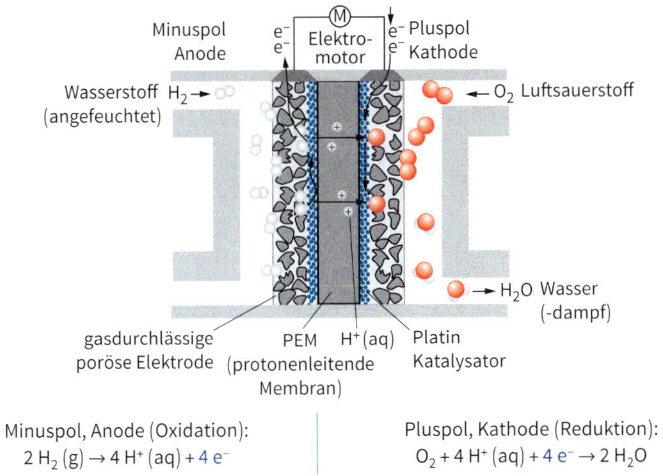

Abb. 7.27: Aufbau und Funktion einer PEM-Brennstoffzelle (schematisch, nicht maßstabsgerecht)

Reaktionen: An der Anode oxidieren Wasserstoffmoleküle in der Katalysatorschicht zu Protonen und Elektronen. Die Elektronen fließen über das Anodenmaterial und den äußeren elektrischen Leiter zur Kathode. Die Protonen hingegen werden von Wassermolekülen in der Membran aufgenommen und als H^+(aq)-Ionen durch die Membran zur Kathode geleitet. An der Kathodenseite werden Sauerstoffmoleküle katalytisch in Sauerstoffatome gespalten. Sie reagieren mit den H^+ (aq) und den Elektronen zu Wasser-Dampf (Reduktion), der über Kanäle nach außen diffundiert. Die Betriebstemperatur der PEM-Brennstoffzelle liegt zwischen 20 und 80 °C.

c) Direkt-Methanol-Brennstoffzelle

Eine Variante der PEM-Brennstoffzelle ist die Direkt-Methanol-Brennstoffzelle, die als mobile Energiequelle im Automobil- und Freizeitbereich (Wohnmobil, Boot, Ferienhaus) vielfach Anwendung findet. Die Direkt-Methanol-Brennstoffzelle hat den gleichen Bau wie die PEM-Brennstoffzelle, als Brennstoff dient flüssiges Methanol (CH_3OH), dessen chemische Energie direkt in elektrische Energie umgewandelt wird. Das Methanol-Wassergemisch wird in der Anode an die Katalysatorschicht (meist Platin-Ruthenium) geführt, wo sich die Methanol- und Wassermoleküle in Elektronen und Protonen zerlegen und dabei Kohlenstoffdioxid-Moleküle bilden.

Die Elektronen wandern über das Anodenmaterial und den äußeren elektrischen Leiter, die Protonen als H^+-(aq)-Ionen durch die Protonenaustauschmembran auf die Kathodenseite. Dort bilden sie zusammen mit Sauerstoffatomen an der Katalysatorschicht Wassermoleküle. Die Betriebstemperatur der Zelle liegt unter 130 °C.

Minuspol, Anode (Oxidation):

$$2\,CH_3OH\,(l) + 2\,H_2O\,(l) \rightarrow 2\,CO_2\,(g) + 12\,H^+\,(g) + 12\,e^-;\ U_H^0 = +\,0{,}04\,V$$

Pluspol, Kathode (Reduktion):

$$3\,O_2 + 12\,H^+\,(g) + 12\,e^- \rightarrow 6\,H_2O;\ U_H^0 = +\,1{,}23\,V$$

Gesamtreaktion:

$$2\,CH_3OH + 3\,O_2 \rightarrow 2\,CO_2 + 4\,H_2O$$

Zellspannung: $U = 1{,}19\,V$

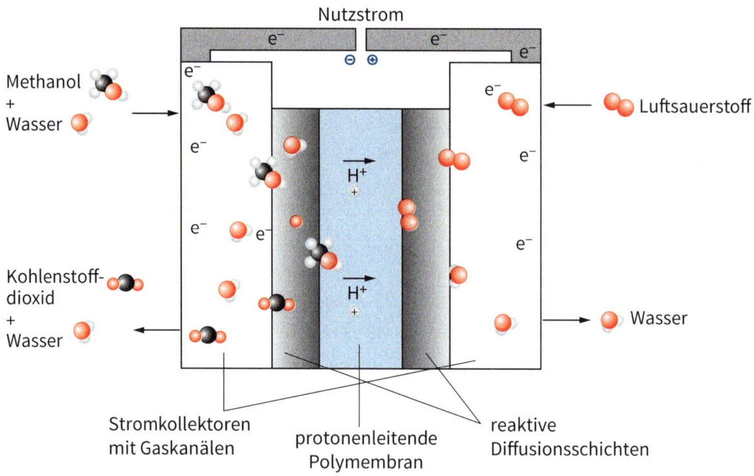

Anodenreaktion	Kathodenreaktion
$CH_3OH + H_2O \rightarrow CO_2 + 6\,H^+ + 6\,e^-$	$O_2 + 4\,H^+ + 4\,e^- \rightarrow 2\,H_2O$

Gesamtreaktion: $2\,CH_3OH + 3\,O_2 \rightarrow 2\,CO_2 + 4\,H_2O$

Abb. 7.28: Aufbau und Funktion einer Direkt Methanol-Brennstoffzelle (schematisch, nicht maßstabsgerecht)

WISSEN

Brennstoffzellen sind spezielle galvanische Zellen, in denen die bei der Oxidation einer Verbindung freiwerdende Energie direkt in elektrische Energie umgewandelt wird.
Zum Betrieb einer Brennstoffzelle muss das Reduktionsmittel (Brennstoff) und das Oxidationsmittel (Sauerstoff) kontinuierlich von außen zugeführt werden.

Vorteile	Nachteile
hohe Energiedichte	relativ niedrige Energieeffizienz
einfache Brennstoffbeschaffung	relativ hohe Kosten von Methanol
niedrige Betriebstemperaturen	Beeinträchtigung durch zu geringen Methanolgehalt im Brennstoff
Flexibilität bei der Anwendung	Beeinträchtigung durch Verunreinigungen im Brennstoff

Tab. 7.5: Vorteile und Nachteile der direkt-Methanol-Brennstoffzelle

ÜBERBLICK

Typ	Funktionsprinzip	Minuspol	Pluspol	Elektrolyt	Zellreaktion	Zellspannung
LECLANCHÉ-Element (Zink/Kohle)	primär	Zn-Becher	MnO_2	NH_4Cl-Lösung	$2\,MnO_2\,(s) + 2\,H_2O\,(l) + Zn \rightarrow 2\,MnOOH\,(s) + Zn^{2+}\,(aq) + 2\,OH^-\,(aq)$	1,5 V
Alkali/Mangan-Batterie (Zink/Braunstein)	primär	Zn-Paste	MnO_2	KOH-Lösung	$2\,MnO_2\,(s) + 2\,H_2O\,(l) + Zn \rightarrow 2\,MnOOH\,(s) + Zn^{2+}\,(aq) + 2\,OH^-\,(aq)$	1,5 V
Lithium-Batterie	primär	Li	MnO_2	$LiClO_4$ im polaren organischen Lösungsmittel	$Li\,(s) + MnO_2\,(s) \rightarrow LiMnO_2\,(s)$	2,9 V
Starterbatterie (Blei/Bleioxid)	sekundär	Pb	PbO_2	H_2SO_4	$Pb(s) + PbO_2\,(s) + 2\,H_2SO_4\,(aq) \leftrightharpoons 2\,PbSO_4\,(s) + 2H_2O\,(l)$	2 V
Nickel/Metallhydrid-Akku	sekundär	Metall-H (s)	NiO(OH)	KOH-Lösung	Metall-H (s) + NiO(OH) (s) $\leftrightharpoons$ Metall + $Ni(OH)_2$ (s)	1,2 V
Lithium-Ionen-Akku	sekundär	LiC_6	Nebengruppenmetalloxid, z. B. CoO_2 oder MnO_2	$LiClO_4$ im polarem organischem Lösungsmittel	$LiC_6\,(s) + CoO_2\,(s) \leftrightharpoons C_6\,(s) + LiCoO_2\,(s)$ oder $Li_2C_{12}\,(s) + MnO_2\,(s) \leftrightharpoons C_{12}\,(s) + Li_2MnO_2\,(s)$	3,7 V
Lithium-Ionen-Polymer-Akku	sekundär	LiC_6	Nebengruppenmetalloxid, z. B. CoO_2 oder MnO_2	gelartige Polymermembran mit Lithiumsalzlösung	$LiC_6\,(s) + CoO_2\,(s) \leftrightharpoons C_6 + LiCoO_2\,(s)$ oder $Li_2C_{12}\,(s) + MnO_2\,(s) \leftrightharpoons C_{12}\,(s) + Li_2MnO_2\,(s)$	3,7 V
Knallgaszelle Wasserstoff/ Sauerstoff	Brennstoffzelle	H_2	O_2	KOH-Lösung	$2\,H_2\,(g) + O_2\,(g) \leftrightharpoons 2\,H_2O\,(g)$	1,23 V
PEM-Brennstoffzelle	Brennstoffzelle	H_2	O_2	Protonenaustauschmembran	$2\,H_2\,(g) + O_2\,(g) \leftrightharpoons 2\,H_2O\,(g)$	1,23 V
Redox-Flow-Zelle	sekundär	Minuspol: $V^{2+} \rightarrow V^{3+} + e^-$	Pluspol: $VO_2^+ + 2\,H^+ + e^- \rightarrow VO^{2+} + H_2O$	Elektrolyt: Vanadium(II) und Vanadium(V)-Lösung	Zellreaktion: $V^{2+} \rightarrow V^{3+} + e^-$ $VO_2^+ + 2\,H^+ + e^- \rightarrow VO^{2+} + H_2O$	1,2 V bis 1,5 V
Direkt-Methanol-Brennstoffzelle	Brennstoffzelle	CH_3OH	O_2	Protonenaustauschmembran	$2\,CH_3OH\,(l) + 3\,O_2\,(g) \rightarrow 2\,CO_2\,(g) + 4\,H_2O\,(g)$	1,19 V

7.3 Mobile Energiequellen

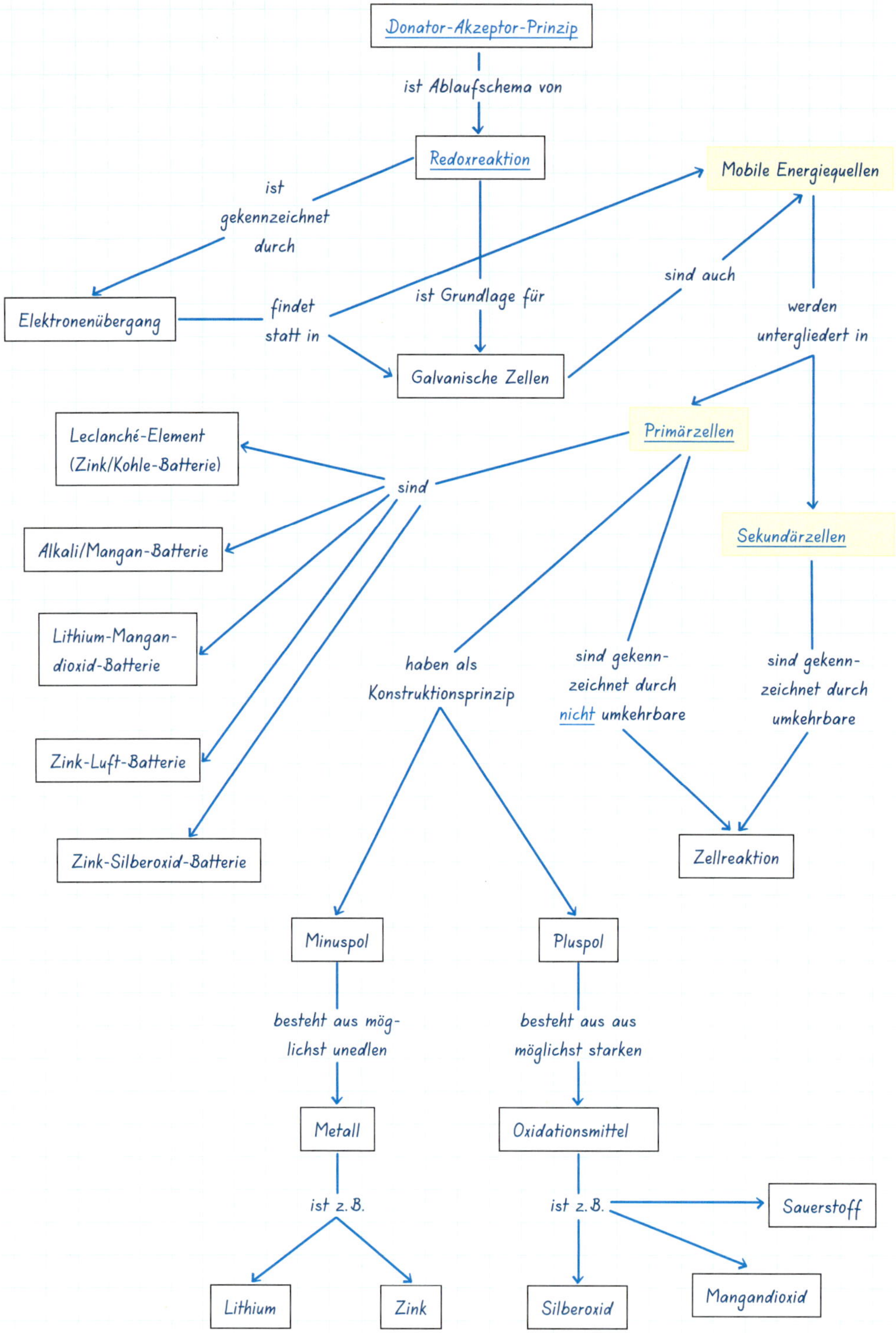

7.3

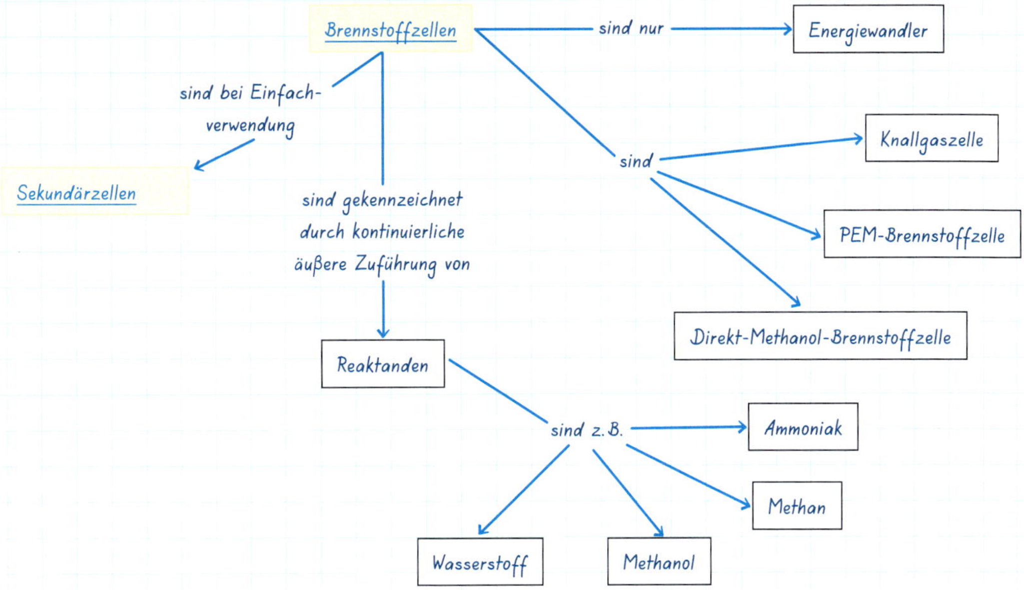
Brennstoffzellen
sind nur
Energiewandler
sind bei Einfach-
verwendung
Sekundärzellen
sind gekennzeichnet
durch kontinuierliche
äußere Zuführung von
Reaktanden
sind
Knallgaszelle
PEM-Brennstoffzelle
Direkt-Methanol-Brennstoffzelle
sind z. B.
Ammoniak
Methan
Wasserstoff
Methanol

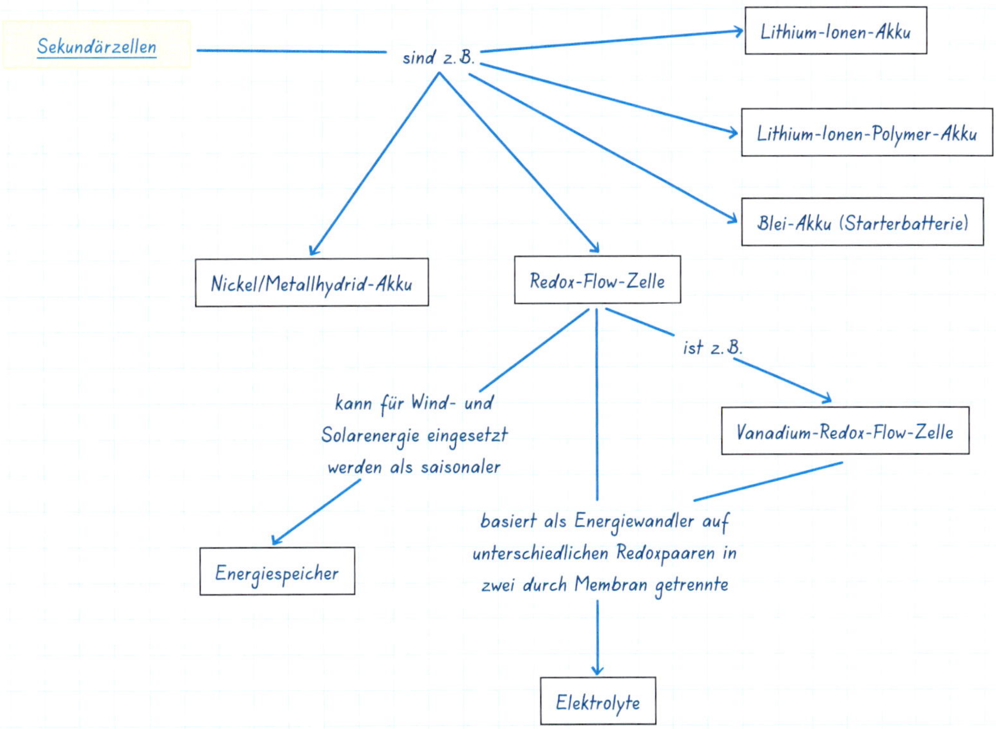
Sekundärzellen
sind z. B.
Lithium-Ionen-Akku
Lithium-Ionen-Polymer-Akku
Blei-Akku (Starterbatterie)
Nickel/Metallhydrid-Akku
Redox-Flow-Zelle
ist z. B.
Vanadium-Redox-Flow-Zelle
kann für Wind- und
Solarenergie eingesetzt
werden als saisonaler
Energiespeicher
basiert als Energiewandler auf
unterschiedlichen Redoxpaaren in
zwei durch Membran getrennte
Elektrolyte

8 Strukturaufklärung

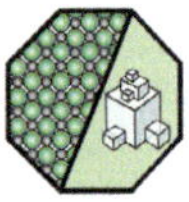

Die organische Chemie als Chemie der Kohlenstoffverbindungen ist das umfangreichste Teilgebiet der Chemie. Um die ca. 20 Millionen bekannten organischen Verbindungen ordnen zu können, führt man Strukturaufklärungen mit dem Ziel durch, ihre Strukturformel zu formulieren und sie damit zu klassifizieren.

Basiskonzept: Struktur-Eigenschafts-Beziehungen

Wichtige Ordnungskritierien organischer Verbindungen sind der Bau des Kohlenstoffgerüsts und die funktionellen Gruppen.

Mithilfe des Struktur-Eigenschafts-Konzepts werden Verbindungen klassifiziert. Eigenschaften einer Verbindung auf der Stoffebene und ihr Reaktionsverhalten lassen sich auf Strukturmerkmale auf der Teilchenebene zurückführen.

Aus den Strukturmerkmalen auf der Teilchenebene organischer Verbindungen ergeben sich die Eigenschaften auf der Stoffebene sowie das Reaktionsverhalten.

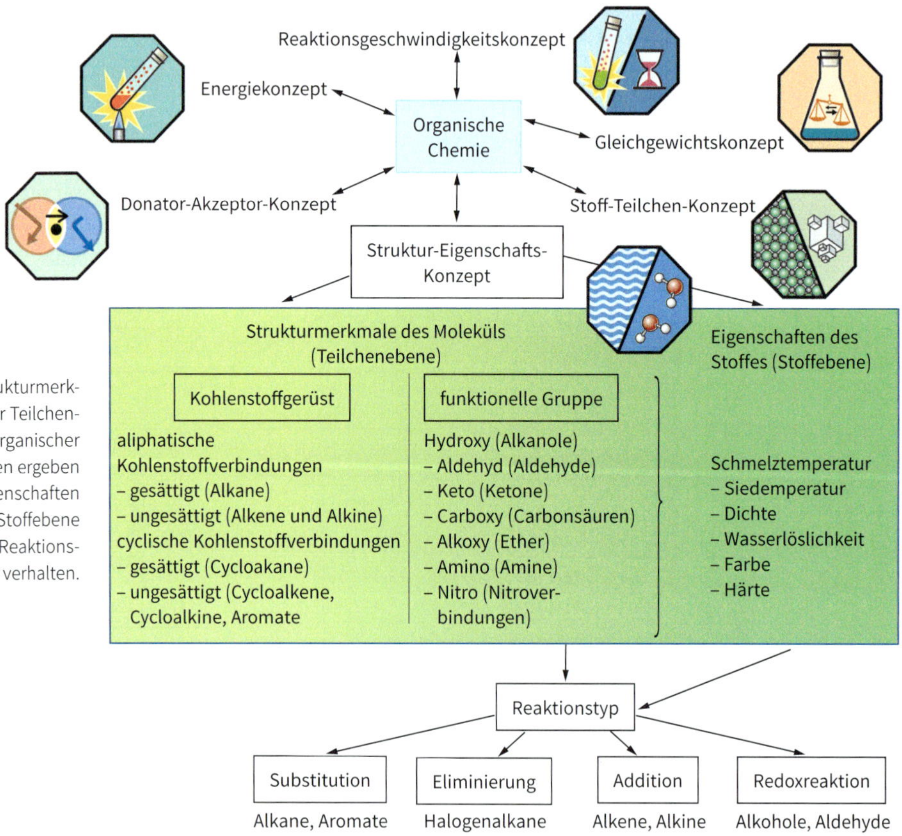

Abb. 8.1: Bedeutung des Struktur-Eigenschafts-Konzepts in der organischen Chemie

8.1 Chemische Methoden

Um die Eigenschaften einer organischen Verbindung erklären zu können, muss die Struktur ihrer Moleküle bekannt sein. Klassischer Weg der Strukturermittlung:

1. **Reindarstellung der Substanz:** Aus einem Stoffgemisch muss die Reinsubstanz zunächst isoliert werden. Dies geschieht z. B. durch Extrahieren, Destillieren oder Umkristallisieren. Die Chromatografie ist eines der wichtigsten Trennverfahren.
2. **Qualitative Elementaranalyse:** Die Elemente, die in der Verbindung enthalten sind, werden ermittelt.
3. **Quantitative Elementaranalyse:** Das Atomanzahlverhältnis der Elemente in der Verbindung wird bestimmt. Als Ergebnis erhält man die **Verhältnisformel**.
4. **Ermittlung der molaren Masse:** Damit kann die **Molekülformel** (Summenformel) aufgestellt werden.
5. **Charakteristische chemische Reaktionen:** Sie dienen dem Nachweis der funktionellen Gruppen und geben Hinweise zur Gesamtstruktur des Moleküls.
6. **Synthese der Verbindung:** Durch sie wird die hypothetische Molekülstruktur bestätigt.

BEISPIEL

Strukturermittlung von Ethanol mithilfe chemischer Methoden

- Die **qualitative Elementaranalyse** zeigt, dass in Ethanol C und H enthalten sind, denn bei der Verbrennung entstehen Kohlenstoffdioxid und Wasser. Bei der Reaktion von Ethanol mit Magnesium in der Gasphase entsteht Magnesiumoxid (Sauerstoffnachweis).
- Die **quantitative Elementaranalyse** führt zur Verhältnisformel $(C_2H_6O_1)_n$. Dazu wird eine genau gewogene Probe der Substanz vollständig zu Kohlenstoffdioxid und Wasser verbrannt. So lassen sich die Massen und das Stoffmengenverhältnis der in der Probe enthaltenen Elemente berechnen.
- Die **Ermittlung der molaren Masse** führt zur Summenformel $C_2H_6O_1$. Dazu wird eine genau gewogene Probe der Substanz verdampft. Man bestimmt das Gasvolumen und berechnet mithilfe der allgemeinen Gasgleichung die molare Masse.
- **Reaktion mit Natrium:** Bei einer Verbindung mit der Summenformel $C_2H_6O_1$ kann es sich um einen Alkohol oder um einen Ether handeln. Durch die Reaktion mit Natrium lässt sich die Hydroxy-Gruppe nachweisen: Das polar gebundene H-Atom der Hydroxy-Gruppe wird reduziert, Natrium wird oxidiert; es entsteht Wasserstoff.

Die Formel der Verbindung lautet daher CH_3CH_2OH. Diese Formel ist zunächst nur hypothetisch. Sie muss anschließend durch die Synthese des Alkohols bestätigt werden.

8.2 Spektroskopie

Die Methoden der Spektroskopie beruhen auf der Absorption elektromagnetischer Strahlung durch die Moleküle. Man trägt die Absorption in Abhängigkeit von der Wellenlänge auf und erhält ein **Absorptionsspektrum** des Stoffes, das Aussagen über den Molekülbau ermöglicht.

Spektroskopie im sichtbaren und im UV-Bereich

Die Moleküle absorbieren sichtbares Licht, wobei Elektronen angeregt werden. Farbige organische Verbindungen besitzen delokalisierte π-Elektronen (Carotin, Chlorophyll), die leicht angeregt werden können (→ Kap. 14). Bei diesen Verbindungen reicht daher die Energie des sichtbaren Lichts. Bei farblosen organischen Verbindungen reicht die Energie des sichtbaren Lichts nicht aus, um Elektronen anzuregen. Dies ist nur mit der energiereicheren UV-Strahlung möglich. Da σ-Elektronen besonders viel Energie zur Anregung benötigen, absorbieren gesättigte Kohlenwasserstoff nur unterhalb einer Wellenlänge von 140 nm.

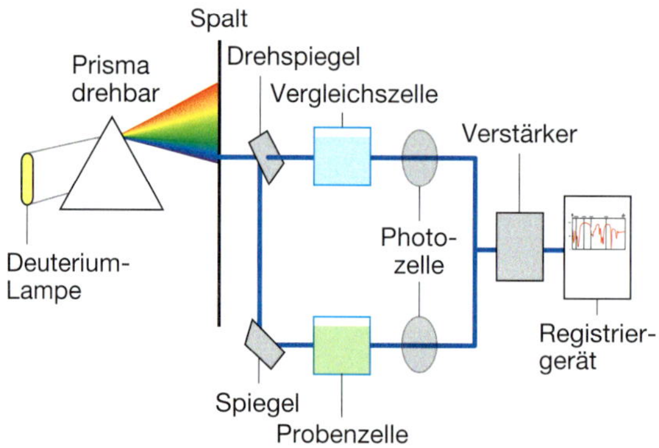

Abb. 8.2: Abb. Aufbau eines Spektrometers

IR-Spektroskopie

Infrarotstrahlen können Moleküle oder Molekülteile zu Schwingungen und Rotationen anregen, die es ermöglichen, bestimmte funktionelle Gruppen im Molekül zu erkennen.

NMR-Spektroskopie

NMR = *nuclear magnetic resonance* (magnetische Kernresonanz): Bei der Absorption elektromagnetischer Strahlung in einem Magnetfeld ändert sich der Spin der Wasserstoff-Atomkerne. Das Absorptionsverhalten ist dabei vom Bindungspartner des H-Atoms abhängig (chemische Verschiebung).

8.3 Qualitative Analytik

Nachweis chemischer Elemente, funktioneller Gruppen oder Verbindungen

a) Kationen-Nachweis: Flammenfärbung. Ein Magnesiastäbchen mit dem zu untersuchenden Salz wird in die Bunsenbrennerflamme gehalten.

Kation	Flammenfarbe	Kation	Flammenfarbe
Lithium	rot	Caesium	blauviolett
Natrium	gelb	Calcium	orange-rot
Kalium	violett	Strontium	rot
Rubidium	rot	Barium	grün

b) Anionen-Nachweis

Anion	Nachweisreagenz	Beobachtung
Cl^- (Chlorid)	Silbernitratlösung	weißer Niederschlag
Br^- (Bromid)	Silbernitratlösung	hellgelber Niederschlag
I^- (Iodid)	Silbernitratlösung	gelber Niederschlag
CO_3^{2-} (Carbonat)	verdünnte Salzsäure	Gasentwicklung

c) Funktionelle Gruppen

funktionelle Gruppe	Nachweisreagenz	Beobachtung
Mehrfach-bindung	Bromwasser	wird entfärbt
Aldehyd-Gruppe	FEHLING-Probe (Kupfersulfat)	bei Erhitzen roter Niederschlag
	TOLLENS-Probe (ammoniakalische Silbernitratlösung)	Silberspiegel
	BENEDICT-Probe (Kupfersulfat, enthält im Gegensatz zum FEHLING-Reagenz ungefährliches Natriumcarbonat)	je nach Konzentration des Aldehyds rot, gelb oder grün
	SCHIFF'sche Probe (Fuchsin, Schwefelsäure)	rötlicher Farbton
Ester	ROJAHN-Test (Phenolphthalein + Natronlauge)	Verschwinden der Rotfärbung
Hydroxy-Gruppe	Cerammoniumnitrat-Test	Rotfärbung
Carboxy-Gruppe	Säure-Base-Indikatorlösung, Indikatorpapier	Farbveränderung

Positive Blindprobe: Die nachzuweisende Substanz wird dem Analysegemisch zugesetzt. Daher muss die Nachweisreaktion eintreten. Tritt in diesem Fall die Nachweisreaktion nicht ein, ist der Test unzuverlässig.
Negative Blindprobe: Die nachzuweisende Substanz wird dem Analysegemisch **nicht** zugesetzt. In diesem Fall muss die Nachweisreaktion negativ sein.

8.4 Chromatografie

Die Chromatografie ist ein chemisches Trennverfahren. Es dient zur Untersuchung eines *Stoffgemischs*. Chromatografie beruht auf der unterschiedlichen Verteilung der einzelnen Stoffkomponenten zwischen einer stationären und einer mobilen Phase. Es gibt verschiedene Chromatografie-Verfahren:

Dünnschichtchromatografie (DC)

Beispiel: Trennung der Blattpigmente
Laufmittel: Aceton/Petrolether
stationäre Phase: Kieselgel
Auf der Startlinie einer mit Kieselgel beschichteten DC-Platte wird das Pigmentgemisch mit einer Kapillare aufgetragen. Die Platte wird in ein Glasgefäß (DC-Kammer) mit Deckel gestellt. Darin befindet sich das Laufgemisch (z. B. Aceton/Petrolether). Je besser sich ein Farbstoff im Laufmittel (mobile Phase) löst, desto weiter wandert er mit dem Laufmittel nach oben.
Die verschiedenen Farbstoffe eine Blattextrakts sind: Chlorophyll a und b (blaugrün und gelbgrün), Xanthophylle wie Lutein (gelb), Carotinoide wie β-Carotin (orange und rot). Carotin ist z. B.besser im Laufmittel löslich als die anderen Farbstoffe. Carotin wandert daher mit dem Laufmittel bis zur Laufmittelfront. Das Chlorophyll b besitzt an einem C-Atom eine Aldehyd-Gruppe, das Chlorophyll a einen Methylrest. Somit ist Chlorophyll a im unpolaren Laufmittel besser löslich und wandert mit dem Laufmittel weiter nach oben.

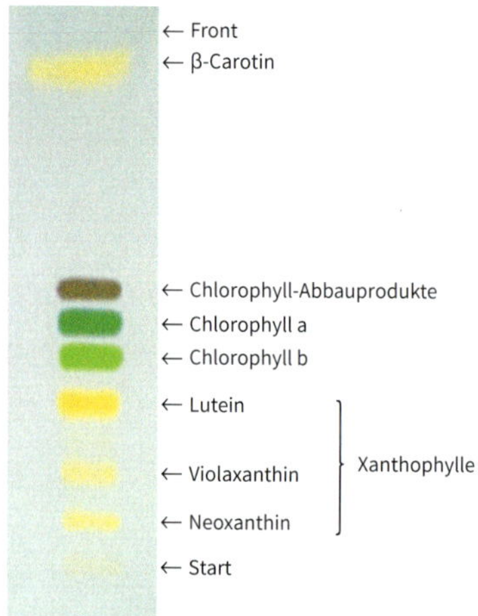

Abb. 8.3: Chromatogramm der Blattpigmente

Gas-Chromatografie ist ein Verfahren für leicht verdampfbare Substanzen.
Mobile Phase (Laufmittel): Gase, die nicht mit den zu trennenden Substanzen reagieren. Trägergas ist z. B. Helium.
Stationäre Phase: Feststoffe mit schwer flüchtigen Flüssigkeiten.
Die Stoffkomponenten verteilen sich entsprechend ihrer Löslichkeit zwischen stationärer Phase und Trägergas.

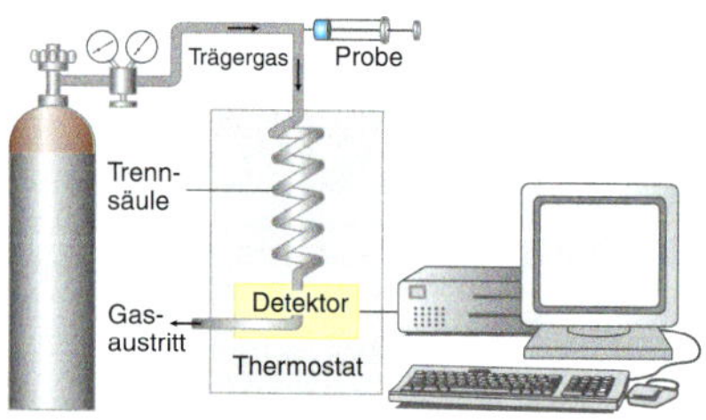

Abb. 8.4: Aufbau eines Gas-Chromatografen

Strukturaufklärung

8

- führt zur Aufstellung einer Formel
- ermöglicht eine Aussage über die Eigenschaft einer Verbindung

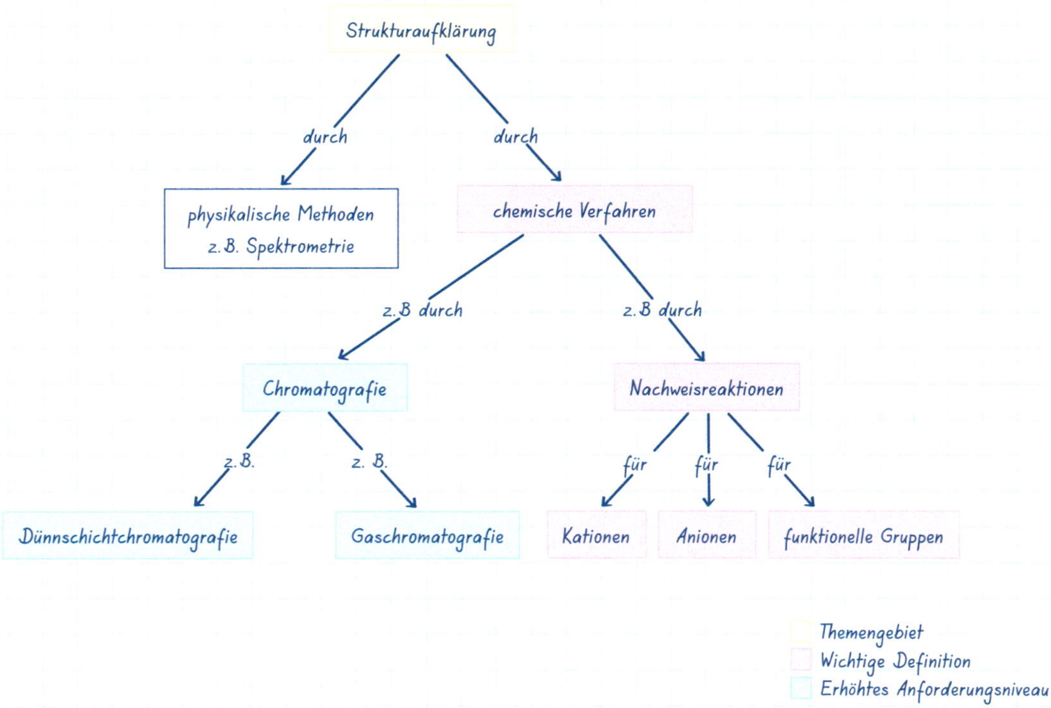

CHROMATOGRAFIE

Auftrennung eines Stoffgemisches durch unterschiedliche Verteilung der Einzelbestandteile zwischen einer stationären und einer mobilen Phase.

NACHWEISREAKTIONEN

möglichst spezifische chemische Reaktionen, die das Vorhandensein eines Ions anzeigen. Diese Reaktionen sind mit einfachen Mitteln durchzuführen.

9 Komplexchemie

Bis zum Ende des 19. Jahrhunderts hatten Chemiker Probleme, die Stabilität einiger Verbindungen zu verstehen.

Abb. 9.1: ALFRED WERNER, Mitte, mit dunklem Anzug, Chemiker und Direktor des Chemischen Instituts der Universität Zürich, umringt von seinen Doktorandinnen und Doktoranden. Undatierte Aufnahme um 1913.
WERNER erhielt 1913 den Nobelpreis fuer Chemie.
Links außen steht PAUL KARRER (1889–1971). Ganz rechts im Bild, CHANA WEIZMANN, Schwester von CHAIM WEIZMANN.

9.1 Allgemeines

Der Chemiker ALFRED WERNER begründete 1893 mit seinen Erkenntnissen die Komplexchemie, die auch durch aktuelle Entdeckungen seitdem kaum verändert wurde. Aus WERNERS mehr als 20 Jahre dauernden Forschungen sind bis heute mehrere praktische Anwendungen hervorgegangen. So konnten wir erstmals bestimmte physikalische Eigenschaften wie die Farbigkeit und das magnetische Verhalten von Stoffen verstehen und haben Fortschritte bei der Wasseraufbereitung, der Färbung von Textilien, der analytischen Chemie oder der Elektrochemie erzielt.

9.2 Struktur von Komplex-Verbindungen

lat. *ligare* = binden

koordinative Bindung = Elektronenpaarbindung, bei der die Bindungselektronen nur von einem Reaktionspartner stammen

Eine Komplex-Verbindung ist aus einem Metall-Ion oder -Atom als Zentralteilchen und mehreren **Liganden** aufgebaut. Liganden können Moleküle mit freien Elektronenpaaren sein, welche dem Zentral-Atom unter Ausbildung einer **koordinativen Bindung** zur Verfügung gestellt werden, oder sie bestehen aus Anionen.

DEFINITION

Eine **Komplex-Verbindung** ist ein Kollektiv aus Atomen, Molekülen oder Ionen, das bei vielen Reaktionen als Ganzes auftritt.

Formelschreibweise

In der **Formelschreibweise** wird das Zentral-Atom zusammen mit der Anzahl der gebundenen Liganden in eckige Klammern geschrieben.

TIPP

Die Anzahl der direkt an das Zentral-Atom gebundenen Atome nennt man **Koordinationszahl**.

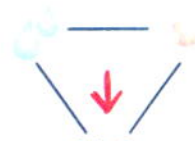

Aufstellen von Komplexformeln:

1. Schritt	Gesamtkomplex steht in eckigen Klammern mit der Ladung m als Exponent	$[\quad]^m$
2. Schritt	Zentral-Atom Z steht vorne in der Klammer	$[Z\quad]^m$
3. Schritt	**Liganden L** in alphabetischer Reihenfolge hinter Zentral-Atom	$[Z\ L\ ]^m$
4. Schritt	Anzahl der **Liganden n** steht als tiefergestellte Zahl hinter dem Liganden L	$[Z\ L_n\ ]^m$

- die Ladung m des Komplexes ergibt sich aus der Ladung des Zentral-Ions und der Summe der Ladungen der Liganden
- sind die Liganden neutral, ist die Ladung des Komplexes gleich der Ladung des Zentral-Ions
- handelt es sich beim Liganden um ein Molekül, wird es in (runde) Klammern gesetzt

z. B.: $[Co(NH_3)_6]^{3+}$ $[Z\ L_n]^m$

Liganden

Die **Liganden** sind häufig einfache Anionen (F^-, Cl^-, Br^-, I^-, OH^-, CN^-), können aber auch kleinere (H_2O, NH_3, CO) oder größere Moleküle (Ethylendiamin, EDTA) sein.

Strukturen von Komplexteilchen

Die Anordnung um das Zentral-Atom erfolgt anhand einer regelmäßigen Geometrie, auch Koordinationspolyeder genannt, die sich je nach Anzahl der Liganden, Durchmesser des Zentral-Atoms oder Raumbedarf der Liganden unterscheiden kann.

BEISPIEL

linear
$[Zn(H_2O)_2]^{2+}$

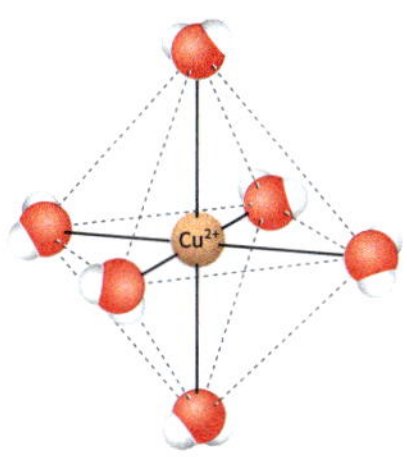

oktaedrisch
$[Cu(H_2O)_6]^{2+}$

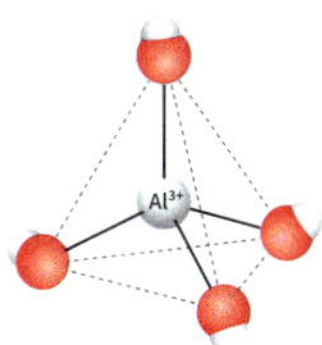

tetraedrisch
$[Al(OH)_4]^-$

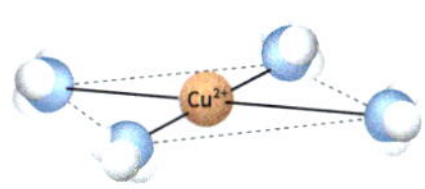

quadratisch-planar
$[Cu(NH_3)_4]^{2+}$

Häufig sind Komplex-Verbindungen mit Koordinationszahlen von zwei (lineare Komplexe) oder vier (tetraedrisch oder quadratisch-planar), sehr häufig solche mit sechs (oktaedrische Komplexe). Allgemein sind Komplex-Verbindungen mit zwei bis zwölf Liganden bekannt.

Zähnigkeit der Liganden

- Anionen und einfache Moleküle können mit dem Zentral-Atom nur eine koordinative Bindung eingehen, man bezeichnet sie als einzähnige Liganden.
- Komplexe Moleküle wie Ethylendiamin, aber auch viele organische Anionen wie das Oxalat-Ion können sich mit zwei Atomen an das Zentral-Atom binden und gehören zu den zweizähnigen Liganden.
- Auch mehrzähnige Liganden sind über noch komplexere Moleküle möglich, z. B. bei Ethylendiamintetraacetat oder kurz EDTA.

BEISPIEL

einzähnig

$|\overline{Cl}|^-$	$|NH_3$	$|C{\equiv}N|^-$
Chlorid	Ammoniak	Cyanid

zweizähnig

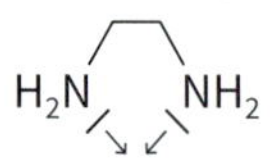

Ethylendiamin
en

dreizähnig

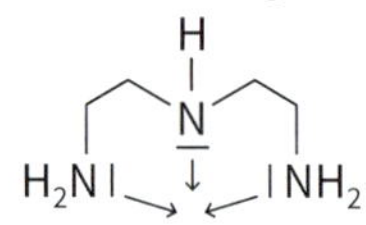

Diethylentriamin
dien

sechszähnig

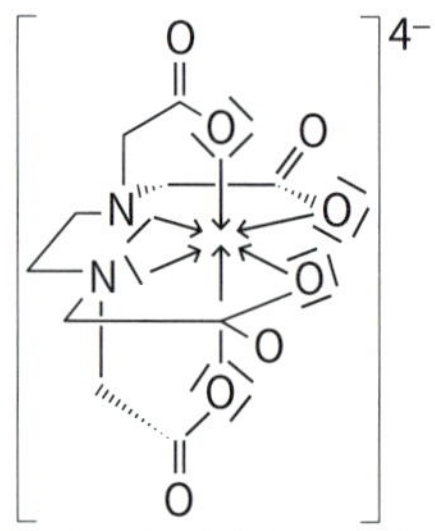

Ethylendiamintetraacetat
EDTA^{4-}

von griech. *chele* = Krebsschere

Chelat-Komplexe

Zweizähnige Liganden bilden mit dem Zentral-Atom ringförmige Strukturen, sie besitzen mehrere Atome mit freien Elektronenpaaren. Mehrzähnige Liganden können an bis zu maximal sechs Positionen des Zentral-Atoms binden. Man nennt diese Art von Komplex-Verbindungen Chelat-Komplexe.
Bevorzugt werden vor allem Anordnungen bei denen fünf- oder sechsgliedrige Ringe entstehen.

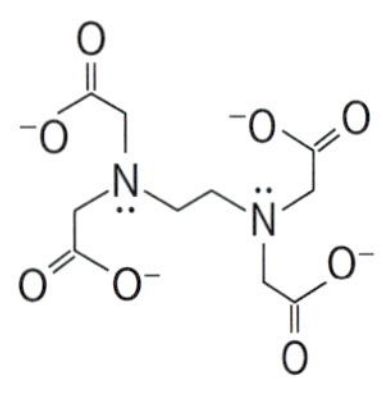

Abb. 9.3: a: EDTA^{4-}-Ligand

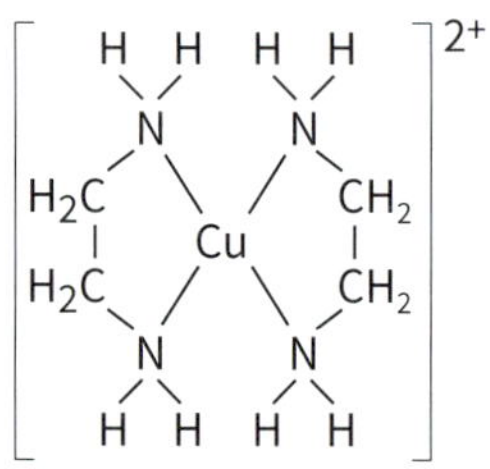

Abb. 9.2: Chelat-Komplex mit Liganden: Es sind zwei Fünfringe entstanden

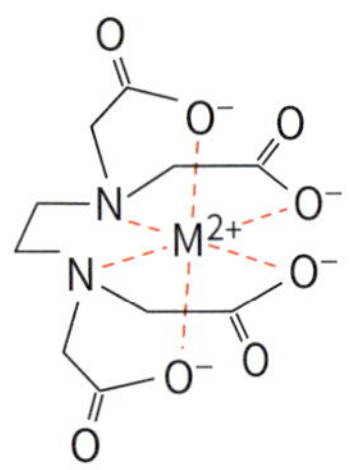

Abb. 9.4: Struktur eines Chelatkomplexes mit EDTA

Komplexbildner EDTA

Chelat-Komplexe sind stabiler als Komplexe einzähniger Liganden. Ein Beispiel für einen Liganden, der sehr stabile Komplex-Verbindungen ausbildet, ist EDTA (Ethylendiamintetraacetat). Dieser sechszähnige Ligand kann mit fast allen Metallkationen, auch solchen die sonst kaum zur Komplexbildung neigen, kombiniert werden und wasserlösliche Chelatkomplexe bilden.

9.3 Nomenklatur

In der zweiten Hälfte des 19. Jahrhunderts kannte man bereits mehrere Komplexe, die ausschließlich mit Trivialnamen benannt wurden. Heute gibt es über 100 000 Komplex-Verbindungen und ihre Zahl nimmt durch neue Forschungserkenntnisse ständig zu, deshalb bedarf es eindeutiger Benennungsregeln.

IUPAC = International Union of Pure and Applied Chemistry

Benennung von Komplexen nach IUPAC

Man unterscheidet bei der Benennung nach kationischen, anionischen und neutralen Komplexen. Sind ungeladene Liganden an ein Zentral-Ion gebunden, liegt ein kationischer Komplex vor, z. B. $[Cu(NH_3)_4]^{2+}$ (Das Kupferion ist zweifach positiv geladen und von vier neutralen Liganden NH_3 umgeben). Überwiegt die negative Ladung ist der Komplex anionisch, z. B. $[Al(OH)_4]^-$ (Das Aluminiumion ist dreifach positiv geladen und von vier einfach negativ geladenen OH^- Liganden umgeben); heben sich die Ladungen gegenseitig auf, ist der Komplex neutral, z. B. $[CuCl_2(H_2O)_2]$.

Komplex und Name	Reihenfolge der Nomenklatur
Kationischer Komplex $[Cu(NH_3)_4]SO_4$ Tetraamminkupfer(II) sulfat	1. Anzahl der Liganden 2. Name des Liganden 3. Name des Zentral-Ions mit Oxidationszahl 4. Name des Anions
Anionischer Komplex $Na[Al(OH)_4]$ Natriumtetrahydroxidoaluminat(III)	1. Name des Kations 2. Anzahl der Liganden 3. Name des Liganden 4. Name des Zentral-Ions (mit der Endsilbe *-at*) mit der Oxidationszahl
Neutraler Komplex $[CuCl_2(H_2O)_2]$ Diaquadichlorokupfer(II)	1. Anzahl der 1. Liganden 2. Name des 1. Liganden 3. Anzahl der 2. Liganden 4. Name des 2. Liganden 5. Zentral-Ion mit Oxidationszahl

Tab. 9.1: Benennung von Komplex-Verbindungen

Neutral geladene Liganden erhalten bis auf wenige Ausnahmen keine Endung. Diese können anorganischer oder organischer Herkunft sein, was man in den Regeln der Nomenklatur jedoch nicht unterscheidet. Anionische Liganden werden durch die Endung „-o“ an den Namen gekennzeichnet.

BEISPIEL

anionische Liganden

Formel	Name
Cl^-	chlorido
F^-	fluorido
OH^-	hydroxido
CN^-	cyanido
SCN^-	thiocyanato
N^{3-}	azido

ungeladene Liganden

Formel	Name
H_2O	aqua
NH_3	ammin
CO	carbonyl
NO	nitrosyl
PH_3	phosphin
C_5H_5N	pyridin

Bei einem anionischen Komplex erhält das Zentral-Atom zusätzlich die Endung „-at“ und wird mit lateinischem Namen beschrieben.
Ist der gesamte Komplex neutral oder ein Kation, wird der deutsche Name für das Zentral-Atom verwendet.

BEISPIEL

Zentral-Atom	Lateinischer Name	Name im anionischen Komplex: -at
Ag (Silber)	Argentum	Argent**at**
Cu (Kupfer)	Cuprum	Cupr**at**
Fe (Eisen)	Ferrum	Ferr**at**
Hg (Quecksilber)	Mercurium	Mercur**at**
Ni (Nickel)	Niccolum	Niccol**at**
Pb (Blei)	Plumbum	Plumb**at**
Sn (Zinn)	Stannum	Stann**at**
Zn (Zink)	Zincum	Zinc**at**

Zur Bestimmung der **Oxidationszahl** betrachtet man die Gesamtladung des Komplexes, sowie die Ladungen der Liganden. Die Summe aller Ladungen der Liganden und der Oxidationszahl des Zentralteilchens muss der Ladung des Komplexes entsprechen.

ZUSAMMENFASSUNG: NOMENKLATUR VON KOMPLEXEN

Kationische Komplexe

Anzahl der Liganden	Ligand	Zentral-teilchen	Oxidationszahl	-	Anion
di, tri, tetra, penta, hexa, hepta, octa …	bei verschiedenen Liganden in alphabetischer Reihenfolge	deutsche Bezeichnung	in Klammern als römische Ziffer außer 0		Angabe der Anzahl nicht notwendig
Hexa	aqua	cobalt	(III)	-	chlorid

Beispiel: Hexaaquacobalt(III)-chlorid ⇒ $[Co(H_2O)_6]Cl_3$

Anionische Komplexe

Kation	-	Anzahl der Liganden	Ligand	Zentral-teilchen	Endung „-at“	Oxidations-zahl
Angabe der Anzahl nicht notwendig		di, tri, tetra, penta, hexa, hepta, octa…	bei verschiedenen Liganden in alphabetischer Reihenfolge	lateinische Bezeich-nung		in Klammern als römische Ziffer außer 0
Kalium	-	hexa	cyanido	ferr	at	(III)

Beispiel: Kalium-hexacyanidoferrat(III) ⇒ $K_3[Fe(CN)_6]$

9.4 Stabilität von Komplexen

Das Zentralteilchen besteht meist aus positiv geladenen Metall-Ionen. Im Allgemeinen werden die stabilsten Komplexe aus Metall-Ionen mit hoher positiver Ladung und kleinem Ionenradius gebildet. Die Übergangsmetalle, insbesondere Eisen, Kupfer, Cobalt, Nickel und Silber und die ihnen im Periodensystem unmittelbar folgenden Elemente der dritten und vierten Hauptgruppe haben eine ausgeprägte Tendenz zur Bildung von Komplexen. Die ersten beiden Hauptgruppen bilden dagegen vergleichsweise selten Komplexe. Die Ionen von Magnesium und Calcium findet man jedoch in einigen bedeutenden Komplex-Verbindungen. Selbst ungeladene Metallatome können als Zentral-Atom fungieren.

BEISPIEL

- Konzentrierte Lösung Kupfer-II-chlorid (grün) ⇒ Verdünnung mit Wasser bildet hellblauen Aqua-Komplex
- Tetraamminkupfer(II)-Lösung (tiefblau) ⇒ Verdünnung mit Wasser führt zu keiner Farbänderung
- Chloro-Komplexe des Kupfers sind demnach nicht stabil, da die Chlorid-Ionen gegen Wassermoleküle ausgetauscht werden, während Ammin-Komplexe des Kupfers eine höhere Stabilität zeigen.

Die Dissoziationskonstante K_D

Solche Unterschiede in der Stabilität lassen sich durch das **Massenwirkungsgesetz** durch Gleichgewichtskonstanten erklären. Man legt hier die Zerfallsreaktion eines Komplexes aus einem Metall-Kation M und n Liganden L zu Grunde und ermittelt dadurch eine Dissoziationskonstante K_D:

$$[ML_n] \rightleftharpoons M + nL$$

$$K_D = \frac{c(M) \cdot c^n(L)}{c(ML_n)}$$

Der K_D-Wert gibt an, wie stark der Komplex in wässriger Lösung dissoziiert. Dadurch stehen kleine Zahlenwerte für stabile Komplexe (kaum Dissoziation), die ihre Liganden nur wenig gegen Wasser-Moleküle austauschen.

BEISPIEL

Komplex	K_D
$[Cu(NH_3)_4]^{2+}$	$4{,}7 \cdot 10^{-14}\,mol^4 \cdot l^{-4}$
$[CuCl_4]^{2-}$	$3{,}4 \cdot 10^{-2}\,mol^4 \cdot l^{-4}$

Tab. 9.2: Dissoziationskonstanten einiger Komplexe bei 25 °C

Der Chelat-Effekt

Für die Betrachtung der Stabilität muss außerdem zwischen thermodynamischer und kinetischer Stabilität unterschieden werden.
Chelatbildung bewirkt eine Zunahme der Komplexstabilität. Der thermodynamische Effekt bei der Bildung eines Chelat-Komplexes lässt sich durch eine Entropiezunahme begründen, da bei der Bildung eines mehrzähnigen Komplexes aus einem Einzähnigen, die gebundenen Liganden freigesetzt werden und somit die Unordnung des Systems zunimmt.
Der kinetische Effekt beruht auf der Mehrzähnigkeit selbst. Ein mehrzähniger Ligand lässt sich nur schwer wieder von einem Zentral-Atom abspalten, da hierfür mehrere Bindungen gleichzeitig gespalten werden müssten. Einzähnige Liganden können jedoch schon nach Spaltung einer Bindung entfernt oder ausgetauscht werden.

9.5 *Isomerie*

Isomere sind Stoffe mit gleicher Summenformel aber unterschiedlicher Struktur.

Isomerie trägt nicht nur zu der großen Vielfalt an Verbindungen der organischen Chemie bei, sie tritt auch bei Komplex-Verbindungen in verschiedenen Arten auf. Die wichtigsten Isomere sind in diesem Zusammenhang die Stereo-Isomere, die sich nochmals in Diastereomere mit der cis-trans-Isomerie und Enantiomere untergliedern lässt.

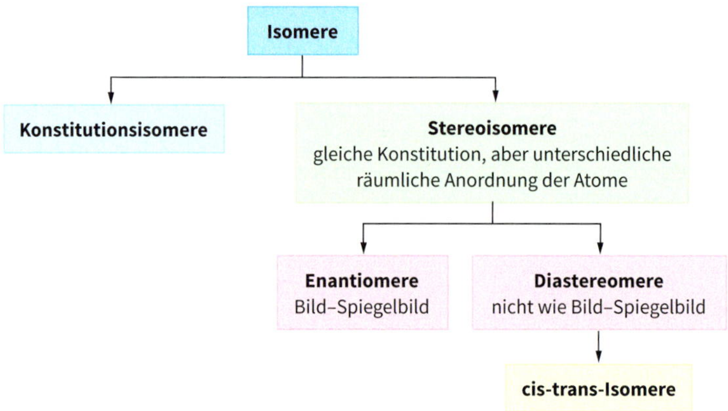

Abb. 9.5: Überblick über die Isomeriearten

Stereo-Isomerie in Komplexen

Stereoisomere oder Konfigurationsisomere unterscheiden sich in ihrer räumlichen Anordnung. Die Enantiomerie und die cis-trans-Isomerie und sind dabei die beiden Formen, die in Komplexen auftreten.

Enantiomerie

Enantiomere werden auch Spiegelbild-Isomere genannt, denn sie sind trotz eines auf den ersten Blick gleichartigen Aufbaus nicht identisch. Aus dem Alltag ist uns dieses Phänomen bei unseren Händen, Füßen oder Schuhen bekannt. Unsere beiden Hände sind nicht deckungsgleich, aber verhalten sich wie das Spiegelbild der jeweils anderen Hand. Komplexe, die eine spiegelbildliche, nicht deckungsgleiche Form besitzen nennt man **chiral**, die beiden unterschiedlichen Formen werden als Enantiomere bezeichnet. Da sich Enantiomere nicht in den physikalischen Eigenschaften unterscheiden, außer ihrem Verhalten gegenüber polarisiertem Licht, sind sie nur mit optischen Analysemethoden wie einem Polarimeter zu unterscheiden. Die Funktion des Moleküls in biologischen Systemen kann jedoch komplett unterschiedlich sein, so riecht z. B. ein Enantiomer des Limonens nach Orangen, das andere nach Terpentin.

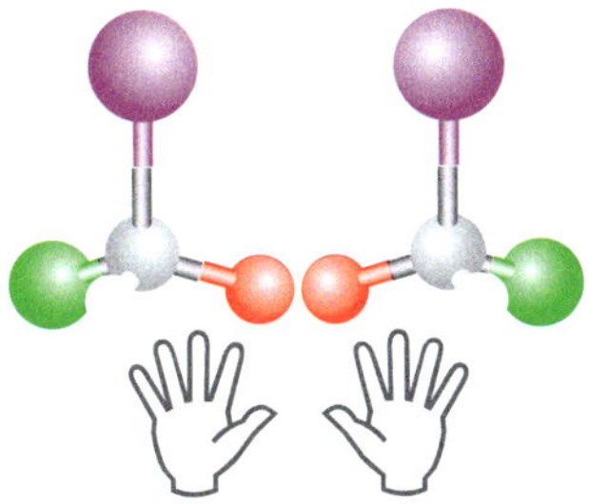

Abb. 9.6: Chirale Moleküle, die auch durch Drehung nicht zur Deckung gebracht werden können

griech. *cheir* = Hand

TIPP

Objekte, die mit ihrem Spiegelbild nicht zur Deckung gebracht werden können, sind chiral.

Cis-Trans-Isomerie

Diese Form der Isomerie spielt vor allem bei der Stoffklasse der Alkene eine zentrale Rolle, man findet sie aber auch bei quadratisch-planaren oder oktaedrischen Komplexen. Bei Komplexen in Tetraeder-Form ist cis-trans-Isomerie nicht möglich, da alle Eckpunkte gleichwertig zueinander angeordnet sind. Cis (lat. cis = diesseits) bedeutet in der Komplexchemie, dass die Liganden an benachbarten Ecken liegen, während sie sich bei der trans-Form gegenüberstehen (lat. trans = jenseits).

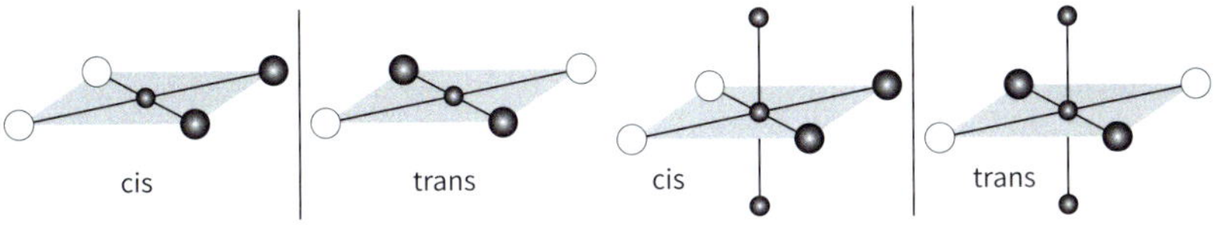

Abb. 9.7: Isomere in quadratisch-planaren und oktaedrischen Komplexen

9.6 Komplex-Verbindungen im Alltag

Wasserenthärtung

Beim Waschen mit hartem Wasser fallen schwer lösliche Kalkseifen aus, die die Reinigung behindern oder es bilden sich Ablagerungen aus Calciumcarbonat (Kalk). In Waschmitteln enthaltene Citrate oder Pentanatriumtriphosphat bilden wasserlösliche Komplexe mit Calcium- und Magnesiumionen und enthärten somit das Wasser.

Metallvergiftungen

EDTA bildet sehr stabile wasserlösliche Komplexe mit Schwermetall-Ionen und kann Metalle dadurch aus dem Körper transportieren.

Sauerstofftransport im Blut

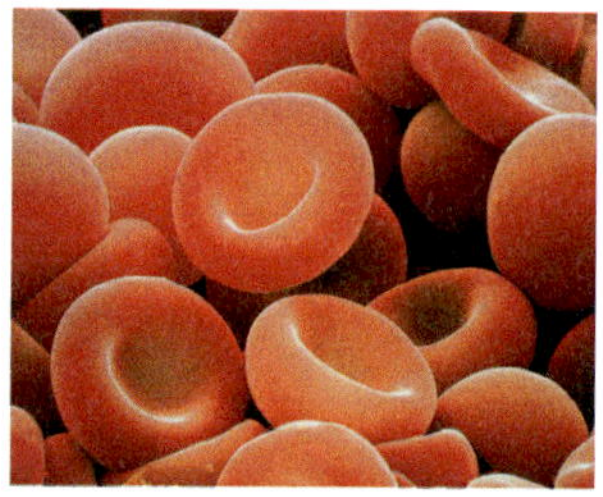

Hämoglobin, der rote Farbstoff im Blut, besitzt mit der Häm-Gruppe einen Chelat-Komplex des Fe^{2+}-Ions, der ein Molekül O_2 reversibel binden kann. Auch Kohlenstoffmonoxid und Cyanid-Ionen können an diesen Komplex binden und wirken im Körper deshalb toxisch.

Chlorophyll in Blättern

Der grüne Farbstoff in Blättern, der für die Photosynthese als Katalysator dient, ist ein vierzähniger Chelat-Komplex mit einem Mg^{2+}-Ion als Zentral-Atom.

Farbänderung bei Komplexbildung

Farbänderungen können als Nachweis für die Entstehung von Komplexen oder den Übergang eines Komplexes in einen anderen gelten. Sie können auch als Färbemittel wie z. B. bei Berliner Blau (Eisen-hexacyanidoferrat(II/III) fungieren. Während Komplex-Verbindungen mit Elementen der Nebengruppen oft farbig sind, bilden Hauptgruppenelemente in der Regel farblose Komplexe.

Analysemethoden im Labor

Die Bildung von Komplexen kann als Nachweisreaktion für bestimmte Ionen, aber auch als quantitatives Analyseverfahren zur Ermittlung der Wasserhärte genutzt werden.

➲ Komplexometrie

Komplexchemie 9

9 Komplexchemie

KOMPLEXFORMEL

$[Z\ L_n]^m$

Z: Zentral-Atom

L: Liganden, alphabetisch geordnet

n: Anzahl Liganden

m: Ladung; Ladung → Ladung Zentralteilchen und Summe der Ladungen der Liganden

KOMPLEXBENENNUNG

Kationischer Komplex

1. Anzahl Liganden
2. Name Liganden
3. Name Zentral-Ion + Oxidationszahl
4. Name Anion

Anionischer Komplex

1. Name Kation
2. Anzahl Liganden
3. Name Liganden
4. Name Zentral-Ion (Endsilbe -at) + Oxidationszahl

Neutraler Komplex

1. Anzahl 1. Liganden
2. Name 1. Ligand
3. Anzahl 2. Liganden
4. Name 2. Ligand
5. Zentral-Ion + Oxidationszahl

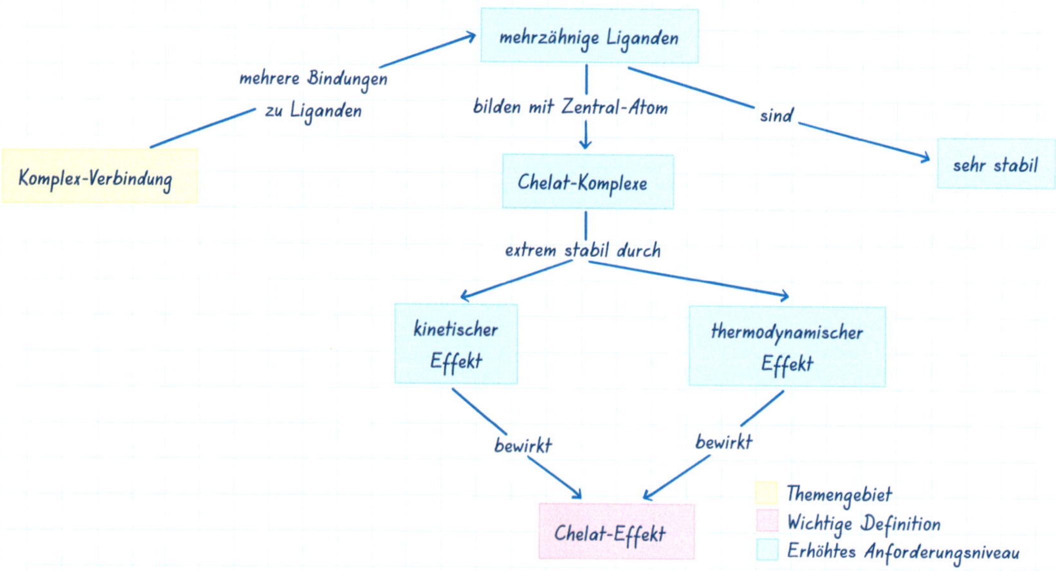

Themengebiet
Wichtige Definition
Erhöhtes Anforderungsniveau

Kohlenwasserstoffe

10

- Kohlenwasserstoffe werden in Stoffklassen wie Alkane, Cycloalkane, Alkene, Alkine und Aromaten eingeteilt.
- Die mit Wasserstoffatomen abgesättigten Alkane und Cycloalkane sind reaktionsträge. Sie reagieren nur mit Sauerstoff unter Verbrennung und mit Halogenen unter radikalischer Substitution.
- Alkene und Cycloalkene besitzen mindestens eine Doppelbindung. Sie reagieren durch elektrophile Additionsreaktionen an die Doppelbindung.
- Alkine haben mindestens eine Dreifachbindung. Ihr Reaktionsverhalten entspricht dem der Alkene.
- Aromaten besitzen ein System aus delokalisierten π-Elektronen. Sie reagieren durch elektrophile Substitution.

Basiskonzept: Struktur-Eigenschafts-Beziehungen

Stoffeigenschaften von Kohlenwasserstoffen sowie die von ihnen bevorzugten chemischen Reaktionen beruhen auf Bau und Struktur ihrer Moleküle.

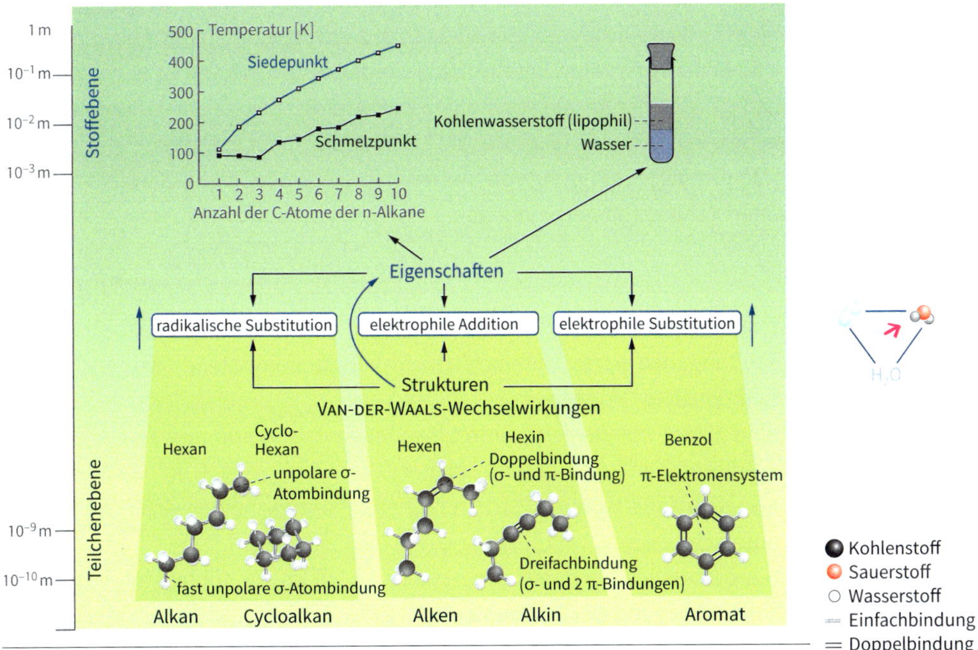

Abb. 10.1: Das Struktur-Eigenschafts-Konzept als Leitlinie bei Kohlenwasserstoffen

10.1 *Gesättigte Kohlenwasserstoffe*

Alkane

Alkane sind Kohlenwasserstoffe mit maximal möglicher Zahl an Wasserstoff-Atomen. Die Kohlenstoff-Atome sind über Einfachbindungen verknüpft. Sie lassen sich nach der Zahl ihrer C-Atome in der sogenannten homologen Reihe anordnen. Dabei kommt bei jedem nächsthöheren Glied jeweils eine CH_2-Gruppe hinzu.
Allgemeine Formel: C_nH_{2n+2}

IUPAC-Name	Summenformel	IUPAC-Name	Summenformel
Methan	CH_4	Hexan	C_6H_{14}
Ethan	C_2H_6	Heptan	C_7H_{16}
Propan	C_3H_8	Octan	C_8H_{18}
Butan	C_4H_{10}	Nonan	C_9H_{20}
Pentan	C_5H_{12}	Decan	$C_{10}H_{22}$

Tab. 10.1: Übersicht über die ersten Glieder der homologen Reihe der Alkane

Die Namen der auf Butan folgenden Alkane leiten sich von den entsprechenden griechischen Zahlwörtern ab.

Bei Alkan-Molekülen mit mehr als drei C-Atomen können Verzweigungen in der Kohlenstoffkette auftreten. Bei Alkanen mit unverzweigten Ketten spricht man von n-Alkanen, die verzweigten Alkane werden als **iso-Alkane** bezeichnet. Beide haben bei gleicher Anzahl von Kohlenstoff-Atomen die gleiche Summenformel, man bezeichnet sie als **Isomere**, die Erscheinung heißt Isomerie.
Die Möglichkeit zur Bildung von Isomeren ist ein Grund für die Vielzahl von organischen Kohlenstoff-Verbindungen.

ISOMERIE

- **Isomerie:** Unterschiedliche Verbindungen mit gleicher Molekülformel.
- **Stellungs-Isomerie:** Unterschiedliche Verknüpfungsstellen bei gleichen funktionellen Gruppen.
  Sind Alkane *halogeniert*, kommt die Stellungs-Isomerie zum Tragen: 1-Chlorpropan und 2-Chlorpropan.
- **Konstitutions-Isomere** (Struktur-Isomere) unterscheiden sich in der unterschiedlichen Verknüpfung der *Reihenfolge* ihrer Atome.
- Handelt es sich um *unterschiedliche Verknüpfung* der Kohlenstoff-Atome, spricht man von **Gerüst-Isomerie**.

IUPAC: ***I**nternational **U**nion of **P**ure and **A**pplied **C**hemistry*

Nomenklaturregeln nach IUPAC

① Die längste Kette aus verbundenen Kohlenstoff-Atomen ergibt den Stammnamen, z. B. 4-Ethyl-2,2-dimethylheptan

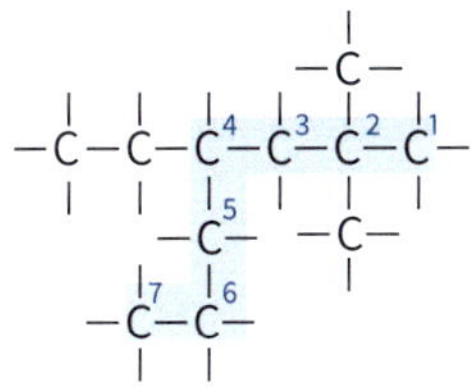

② Die Seitenketten werden vorangestellt und erhalten die Endung -yl. Gleiche Seitenketten werden durch Zahlwörter (di-, tri- tetra-) zusammengefasst.

③ Die Verzweigungsstelle wird durch Zahlen angegeben. Dabei werden die Kohlenstoff-Atome der Hauptkette so durchnummeriert, dass möglichst kleine Zahlen entstehen, z. B.: 2,2,4-Trimethylhexan:

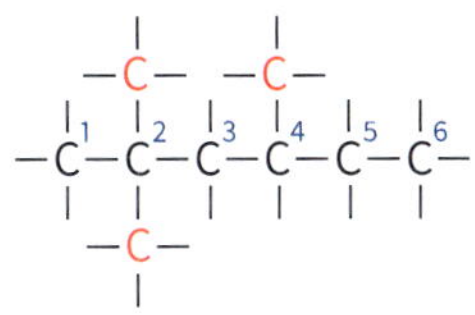

④ Enthält das verzweigte Alkan unterschiedliche Seitenketten, so werden diese alphabetisch aufgeführt, wobei die Zahlwörter als Vorsilbe nicht berücksichtigt werden. Nur der erste Buchstaben des gesamten Namens wird großgeschrieben, z. B. 3-Ethyl-5-methylheptan:

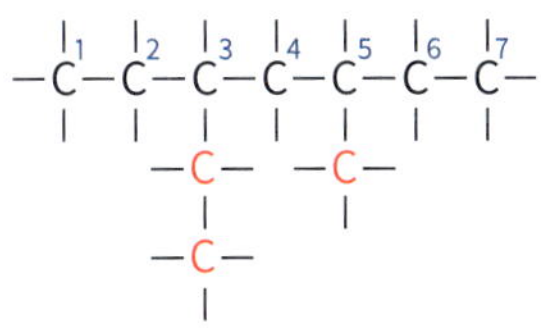

VORSICHT, FALLE

Alkylsubstituenten müssen immer mindestens ein C-Atom weniger besitzen als C-Atome nach links bzw. rechts in der Kette folgen, das heißt, es kann *nicht* benannt werden: 2-Ethyl-, 3-Propyl usw. In diesem Fall muss die tatsächlich längste Kette untereinander verbundener C-Atome geprüft werden.

Hybridisierung, Bau und Bindungslänge

Das Kohlenstoff-Atom ist in den Alkanen **sp³-hybridisiert** (→ Seite 25). Die Bindungen des Kohlenstoff-Atoms werden durch vier energiegleiche Atomorbitale beschrieben. Entsprechend dem Elektronenpaarabstoßungsmodell ordnen sich die H-Atome tetraedrisch um das C-Atom an. Dadurch erreichen sie den größtmöglichen Abstand voneinander. Das heißt, der Winkel zwischen zwei Bindungen beträgt 109,5°, die Bindungslänge zwischen C und H beträgt 0,109 nm, die zwischen C und C 0,154 nm. Dabei sitzt das Kohlenstoff-Atom im Zentrum eines Tetraeders, die von ihm ausgehenden Bindungen zeigen jeweils in eine der vier Ecken.

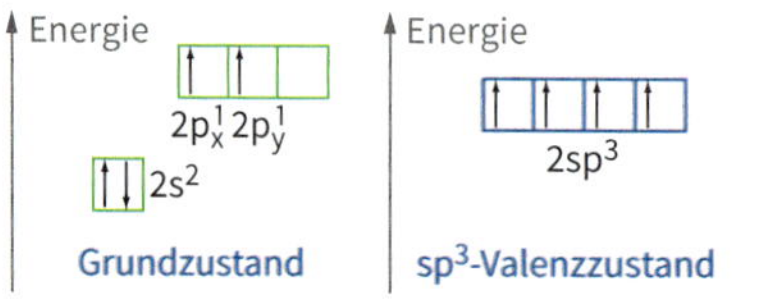

Abb. 10.2: Valenzelektronen des C-Atoms

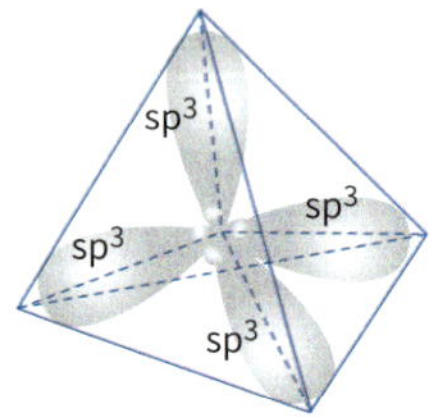

Abb. 10.3: sp^3-Hybridorbitale des C-Atoms

Physikalische Eigenschaften der Alkane

Aggregatzustand: Alle Alkane sind völlig unpolar, zwischen ihnen herrschen nur VAN-DER-WAALS-Kräfte (→ Seite 26). Diese nehmen mit zunehmender Masse zu, daher steigen auch die Schmelz- und Siedetemperaturen mit steigender Kettenlänge:

$C_1 - C_4$	gasförmig
$C_5 - C_{16}$	flüssig
ab C_{17}	fest

Bei Alkanen mit sehr großer Molekülmasse sind die VAN-DER-WAALS-Kräfte so stark, dass sich die Moleküle durch Aufspaltung der Atombindungen zersetzen, noch ehe sie die Schmelz- bzw. Siedetemperaturen erreichen. Verzweigte Kohlenwasserstoffe haben tiefere Siede- und Schmelztemperaturen als ihre unverzweigteren Gerüst-Isomeren gleicher Molekülmasse.
Grund: Je verzweigter ein Molekül, desto näher ist es der Kugelgestalt, desto geringer ist die Oberfläche und umso geringer sind die VAN-DER-WAALS-Kräfte.

Löslichkeit: Aufgrund ihres unpolaren Charakters sind Alkane hydrophob, das heißt, sie sind in Wasser kaum löslich. Die VAN-DER WAALS-Kräfte zwischen den Alkanmolekülen sind deutlich schwächer als die zwischen den Wassermolekülen vorhandenen Wasserstoffbrücken. Gleichzeitig sind die Alkane aber lipophil und damit in unpolaren Lösemitteln löslich.

LÖSEVERHALTEN

Stoffe mit ähnlichen zwischenmolekularen Kräften lösen sich ineinander.

Chemische Reaktionen der Alkane: Radikalische Substitution

Paraffine, *parum affinis*: wenig teilnehmend, das heißt, geringe Neigung zu Reaktionen mit anderen Stoffen

Alle Alkane sind sehr reaktionsträge, da ihre C—H- und C—C-Bindungen sehr stabil sind. Auch besitzen sie im Gegensatz zu den anderen organischen Verbindungen keine funktionellen Gruppen. Alkane lassen sich lediglich durch radikalische Substitution halogenieren und reagieren mit Sauerstoff in Verbrennungsreaktionen.

SUBSTITUTION

Unter **Substitution** versteht man den Austausch einzelner Atome oder Atomgruppen im Molekül einer organischen Verbindung gegen andere Atome oder Atomgruppen.

Im Prinzip lassen sich alle unpolaren organischen Verbindungen radikalisch substituieren, aber die Alkane lassen sich ausschließlich durch radikalische Substitution halogenisieren. Bei Belichtung entfärbt sich ein Gemisch aus Methan und Brom. Als Produkt dieser photochemischen Reaktion entstehen Brommethan und Bromwasserstoff.
Reaktionsgleichung für die Bromierung: $CH_4 + Br_2 \rightarrow CH_3Br + HBr$
Organische Reaktionen laufen meist in mehreren Teilschritten ab, der Verlauf wird als Reaktionsmechanismus bezeichnet.

Teilschritt	Erklärung	Reaktionsgleichungen
Startreaktion Homolyse	Der erste Schritt zur Halogenisierung von Alkanen besteht in einer Homolyse der Halogene durch Licht und Wärme. Dabei wird die Bindung zwischen den Halogenatomen so aufgespalten, dass jeder der Partner eines der beiden Bindungselektronen erhält. Es entstehen Halogenatome, die so reaktionsfreudig sind, dass man sie als **Radikale** bezeichnet.	$\vert\overline{Br}-\overline{Br}\vert \xrightarrow{Licht} 2\ \vert\overline{Br}\cdot$ 
Kettenreaktion	Durch Reaktion eines Bromradikals mit Methan entsteht Bromwasserstoff und ein neues Methylradikal. Dieses stabilisiert sich durch Reaktion mit einem weiteren Brommolekül. Dabei entsteht Brommethan und ein neues Bromradikal. Die Reaktion setzt sich auf diese Weise bis zum Kettenabbruch fort.	$CH_4 + \cdot\overline{Br}\vert \rightarrow \cdot CH_3 + HBr$ $\cdot CH_3 + Br_2 \rightarrow CH_3Br + \cdot\overline{Br}\vert$ 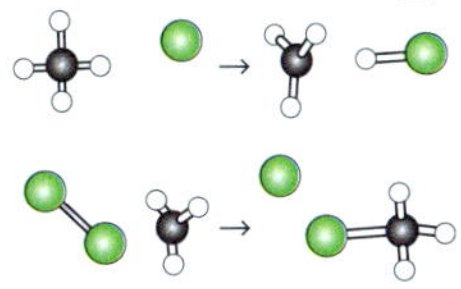
Kettenabbruch	Durch Zusammenstoß zweier Radikale werden die Radikale aus dem Reaktionsgeschehen entfernt. Als Ergebnis entsteht oft ein Produktgemisch aus verschiedenen Halogenalkanen.	$H_3C\cdot + \cdot CH_3 \rightarrow CH_3-CH_3$ 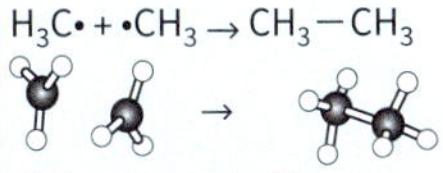 $H_3C\cdot + \cdot Br \rightarrow H_3CBr$

Tab. 10.2: Reaktionsmechanismus der radikalischen Substitution

Die Startreaktion der radikalischen Substitution wird **durch Licht** einer bestimmten Wellenlänge eingeleitet. Datei entspricht die benötigte Energie der Bindungsenthalpie.

Für die Startreaktion der radikalischen Substitution muss das Licht die Homolyse der Halogen-Moleküle ermöglichen. So reicht die Energie des roten Lichts nicht aus, um das Brom-Molekül in Radikale zu spalten. Orangefarbenes und gelbes Licht können dagegen eine Startreaktion herbeiführen.

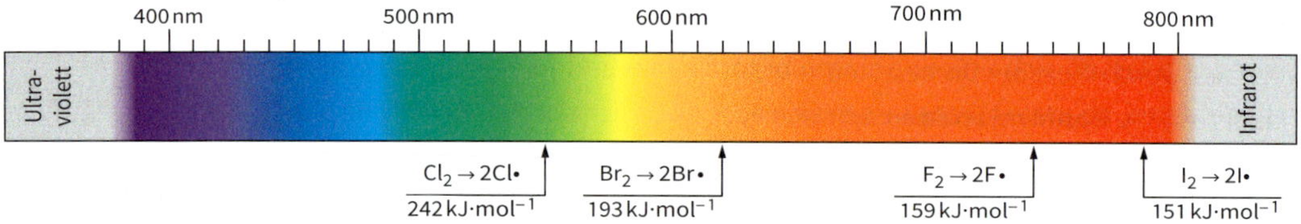

Abb. 10.4: Wellenlängenspektrum von Halogenen

Durch radikalische Substitution können Alkane nur bromiert oder chloriert werden. Die Iodierung verläuft endotherm, die Fluorierung so stark exotherm, dass auch die C—C-Bindung angegriffen wird und es nicht zu den gewünschten Reaktionsprodukten kommt.

	mittlere molare Bindungsenthalpien in $kJ \cdot mol^{-1}$ für				molare Reaktions-enthalpien $kJ \cdot mol^{-1}$
	C—H	X—X	C—X	H—X	
F	413	159	489	567	-484
Cl	413	242	339	431	-115
Br	413	193	285	366	-45
I	413	151	218	298	48

Tab. 10.3: Bindungs- und Reaktionsenthalpien

TIPP

Zur Darstellung von Monohalogenalkanen
- Anlagerung von Halogenwasserstoff an Alken
- Nucleophile Substitution von Alkanolen mit Halogenwasserstoff

Bei der Bronierung von Methan kann neben Brommethan ein Produktgemisch aus Dibrommethan, Tribrommethan und Tetrabrommethan entstehen. Diese Verbindungen entstehen durch Mehrfachsubstitution. Hohe Methankonzentration begünstigt die Monobromierung, ein Überschuss an Brom erhöht die Ausbeute an mehrfachsubstituierten Brommethanen.

Cycloalkane

Cycloalkane sind ringförmig gebaute Kohlenwasserstoffe mit der allgemeinen Summenformel C_nH_{2n}. Cycloalkane sind erst ab fünf C-Atomen im Ring stabil, Ringe mit weniger C-Atomen stehen unter zu großer Spannung. Der bekannteste Vertreter ist Cyclohexan. Das Cyclohexan-Molekül ist durch die tetraedrische Anordnung der von den Kohlenstoff-Atomen ausgehenden Bindungen nicht eben gebaut. Durch die freie Drehbarkeit um die C—C-Bindungen kann Cyclohexan verschiedene **Konformationen** einnehmen.

KONFORMATIONS ISOMERIE

Unter **Konformations-Isomerie** versteht man unterschiedliche Atompositionen durch Drehung um Einfachbindungen.

Dabei unterscheiden sich die Isomeren durch die unterschiedliche räumliche Anordnung benachbarter H-Atome zueinander. Man unterscheidet zwischen Sessel- und Wannenform:

Sessel- und Wannenform

Cyclohexan Wannenform

Sesselform

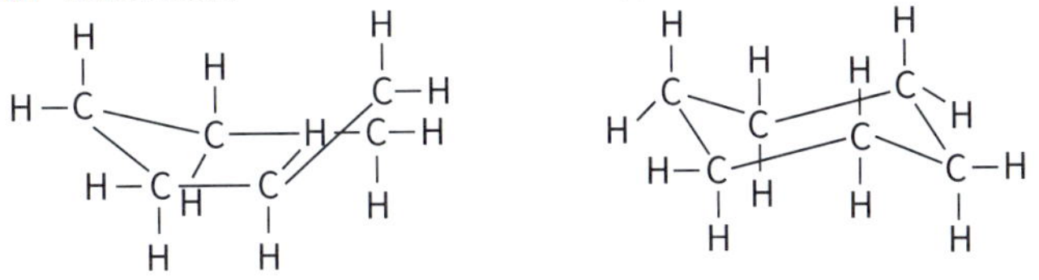

Abb. 10.5: Cyclohexan in Wannenform (links) und Sesselform (rechts)

Cyclohexan ist als Sessel-Konformeres stabiler als in der Wannen-Konformation. Cycloalkane entsprechen in ihrem physikalischen und chemischen Verhalten dem der Alkane.

ALKANE

- Alkane bestehen nur aus Kohlenstoff und Wasserstoff mit der allgemeinen Formel C_nH_{2n+2}
- Die zwischenmolekularen VAN-DER-WAALS-Kräfte beeinflussen Schmelz- und Siedetemperaturen und nehmen mit steigender Masse zu.
- Alkane sind hydrophob und mischen sich daher kaum mit Wasser.
- Die C-Atome sind sp^3-hybridisiert, die geometrische Gestalt der Alkane entspricht einem Tetraeder.
- Aufgrund der unpolaren C—H-Bindungen sind Alkane äußerst reaktionsträge. Sie lassen sich jedoch mit Sauerstoff oxidieren und radikalisch substituieren.
- Cycloalkane sind ringförmige Kohlenwasserstoffe mit der allgemeinen Formel C_nH_{2n}.

10.2 Ungesättigte Kohlenwasserstoffe: Alkene, Alkine

Alkene

Alkene sind Kohlenwasserstoffe mit Doppelbindung. Die allgemeine Formel lautet C_nH_{2n}.

Nomenklatur nach IUPAC

Der Name der Alkene ergibt sich aus dem Namen des entsprechenden Alkyl-Restes und der Endung -en. Die Lage der Doppelbindung wird durch möglichst kleine Zahlen gekennzeichnet.
Beispiel: Pent-2-en.

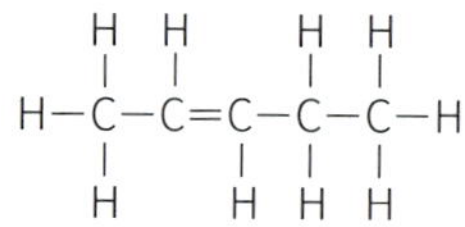
Abb. 10.6: Pent-2-en

Hybridisierung, Bau und Bindungslänge

Das Kohlenstoff-Atom ist in den Alkenen **sp^2-hybridisiert** (→ Seite 27). Die **räumliche Anordnung** wird als trigonal-planar bezeichnet, der Winkel beträgt 120°. Die beiden nicht an der Hybridisierung beteiligten p-Orbitale überlappen ober- und unterhalb der Ebene zur **π-Bindung**, die Bindungslänge beträgt 134 pm.

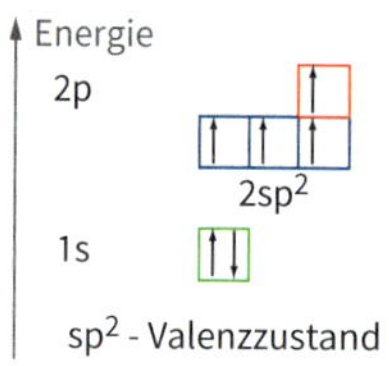

Abb. 10.7: sp^2-Hybridisierung des C-Atoms

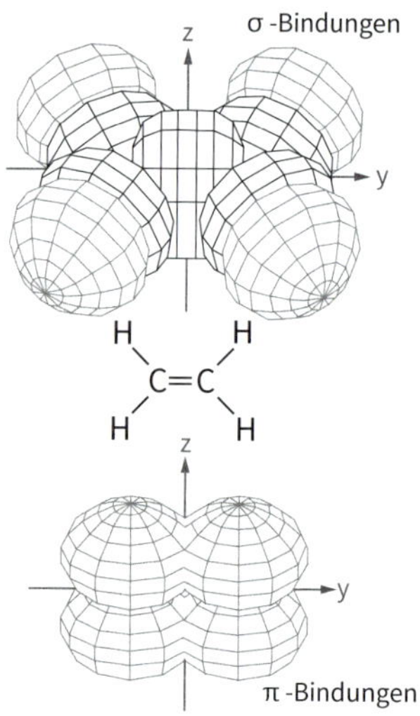

Abb. 10.8: Die Bindungen im Ethen-Molekül

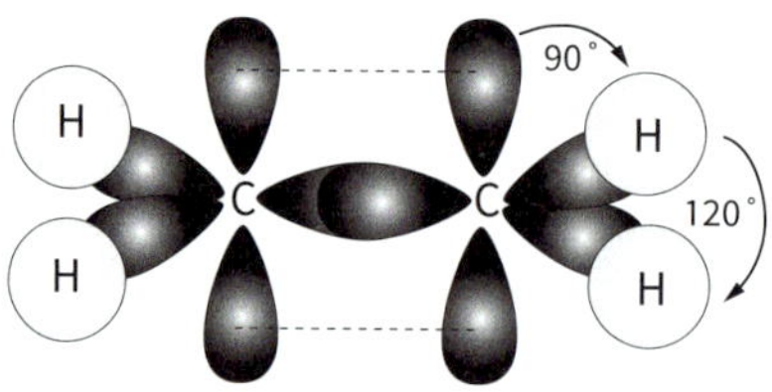

Abb. 10.9: schematischer Überblick über die Bindungen im Ethen-Molekül

VORSICHT, FALLE

Befinden sich zwei Doppelbindungen am selben C-Atom, so ist dieses sp-hybridisiert, z. B. Buta-1,2-dien.

Cis-trans-Isomerie (geometrische Isomerie)

Durch die π-Bindung ist die freie Drehbarkeit um die C—C-Bindungsachse aufgehoben. Es existieren cis-trans-Isomere, welche sich durch unterschiedliche Lage der Substituenten an der Doppelbindung unterscheiden.

Beispiele:

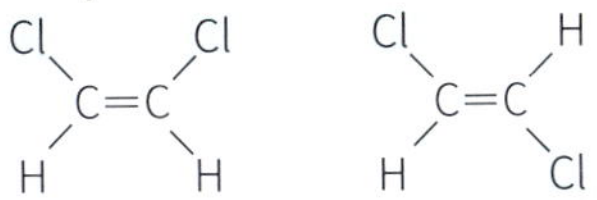

Abb. 10.10: cis-1,2-Dichlorethen (links, $\vartheta_0 = 60\,°C$); trans-1,2-Dichlorethen (rechts, $\vartheta_0 = 48\,°C$)

CIS-TRANS-ISOMERIE

Unter **cis-trans-Isomerie** (geometrischer Isomerie) versteht man die unterschiedliche Stellung von Substituenten an Doppelbindungen.

Mehrfach ungesättigte Alkene

Enthält der ungesättigte Kohlenwasserstoff mehrere Doppelbindungen, so wird deren Anzahl durch die Vorsilben di-, tri-, tetra- usw. angegeben: Alkadiene, Alkatriene. Bei Alkenen mit mehreren Doppelbindungen unterscheidet man je nach Lage:

- **Kumulierte Doppelbindung:** Die Doppelbindungen befinden sich unmittelbar nebeneinander.
- **Isolierte Doppelbindung:** mindestens zwei Einfachbindungen zwischen zwei Doppelbindungen
- **Konjugierte Doppelbindung:** alternierende Anordnung von Einfach- und Doppelbindungen

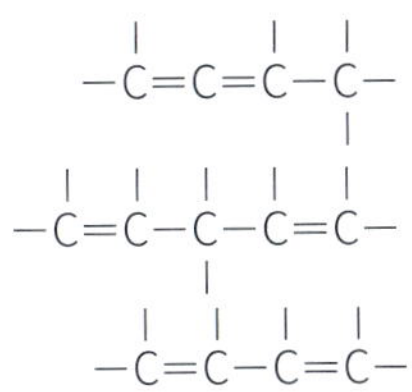

Lage der Doppelbindungen

Physikalische Eigenschaften

Alkene entsprechen in ihren physikalischen Eigenschaften denen der Alkane. Die cis- und trans-Isomere unterscheiden sich in ihren Schmelz- und Siedetemperaturen.

- **Schmelztemperatur:** Die trans-Form hat eine höhere Molekülsymmetrie. Ihre Moleküle lassen sich leichter in ein Molekülgitter einbauen, die Schmelztemperatur liegt daher über der der cis-Form.
- **Siedetemperatur:** Bei der cis-Form fallen die Ladungsschwerpunkte nicht aufeinander, es ist ein **Dipol**. Die Moleküle der trans-Isomeren sind dagegen unpolar, da sich die Dipolmomente aufgrund der symmetrischen Anordnung aufheben. Die Siedetemperatur der cis-Form liegt daher über der der trans-Form.

Chemische Reaktionen der Alkene: Elektrophile Addition

Nachweis Doppelbindung

Ungesättigte Kohlenwasserstoffe sind sehr viel reaktionsfreudiger als gesättigte. Aufgrund der hohen Elektronendichte der Doppelbindung werden Alkene leicht durch **elektrophile** Teilchen (Teilchen mit Elektronenunterschuss oder positiv polarisierte Teilchen) angegriffen (→ Tab. 10.4). Die Reaktion mit Halogenen wie z. B. Brom geschieht auch im Dunklen bereits bei Raumtemperatur. Die Entfärbung von Brom dient auch als Nachweis für ungesättigte Verbindungen.

Reaktionsgleichung: $C_6H_{12} + Br_2 \rightarrow C_6H_{12}Br_2$

Die π-Elektronen der Doppelbindung sind leicht polarisierbar und deshalb das reaktive Zentrum für einen elektrophilen Angriff.	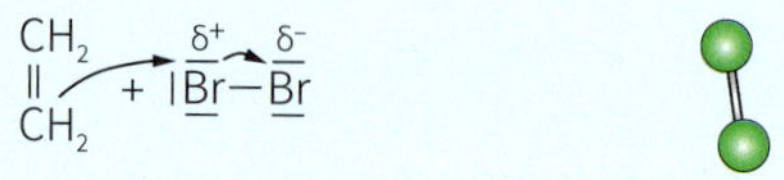
Durch die hohe Elektronendichte der π-Bindung wird am Brom-Molekül durch Polarisierung der Bindung ein Dipol induziert, es kommt zur heterolytischen Spaltung des Brom-Moleküls.	
Das elektrophile Brom-Kation wird nun an eines der beiden C-Atome der Doppelbindung addiert: Es entsteht ein Carbeniumion, an welches sich das nucleophile Bromid-Ion von der Rückseite her anlagert.	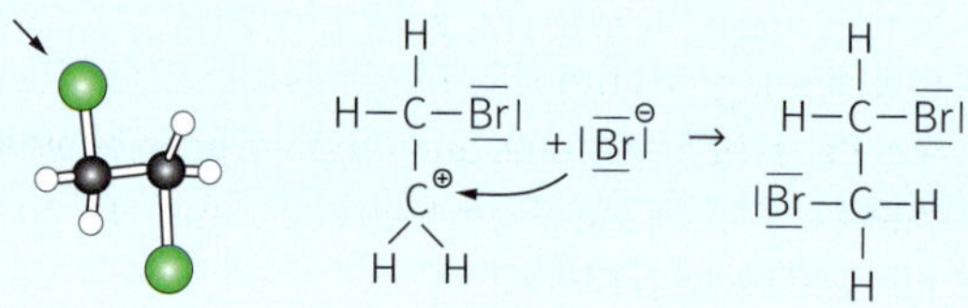
Reaktionsbedingungen	Die elektrophile Addition bevorzugt polare Lösemittel, da dies zu einer Stabilisierung der ionischen Zwischenstufe führt. Wasser ist allerdings nicht geeignet, da sonst Hydroxid-Ionen in Konkurrenz zum Halogenid-Ion treten.

Tab. 10.4: Reaktionsmechanismus der elektrophilen Addition am Beispiel der Addition von Brom an Ethen

Nachweis des Mechanismus

konkurrierende Nucleophile

Die Existenz der bei der elektrophilen Addition gebildeten Zwischenstufe lässt sich indirekt belegen: Führt man beispielsweise die Reaktion in Gegenwart von konkurrierenden Nucleophilen wie z. B. Bromid-Ionen durch, so entsteht neben der Dichlor-Additionsverbindung auch das entsprechende gemischte Additionsprodukt.

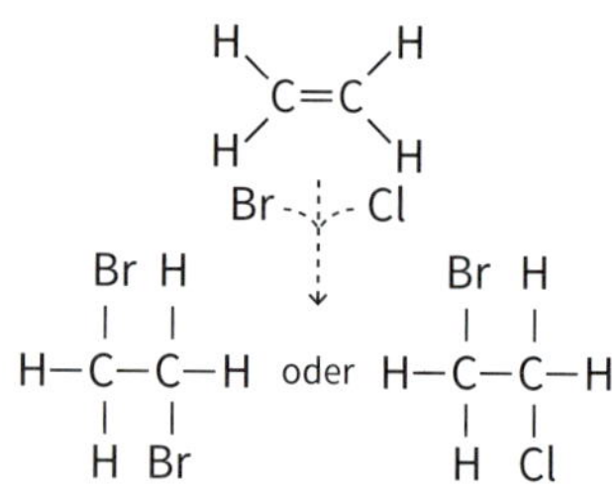

Abb. 10.11: Nachweis einer kationischen Zwischenstufe

Die Markownikow-Regel

Wird HX (X = Halogen) an ein unsymmetrisches Alken addiert, so ergibt sich nur ein einziges Produkt, da der elektrophile Wasserstoff stets am wasserstoffreicheren C-Atom der Doppelbindung angreift.
Begründung: Das Carbenium-Ion II ist stabiler als das Carbenium-Ion I, da bei ihm die positive Ladung durch den +I-Effekt der beiden Methyl-Gruppen stärker ausgeglichen wird. Als reaktive Zwischenstufe entsteht deshalb bevorzugt das Carbenium-Ion II, als Endprodukt wird daher 2-Brom-2-methylpropan gebildet.

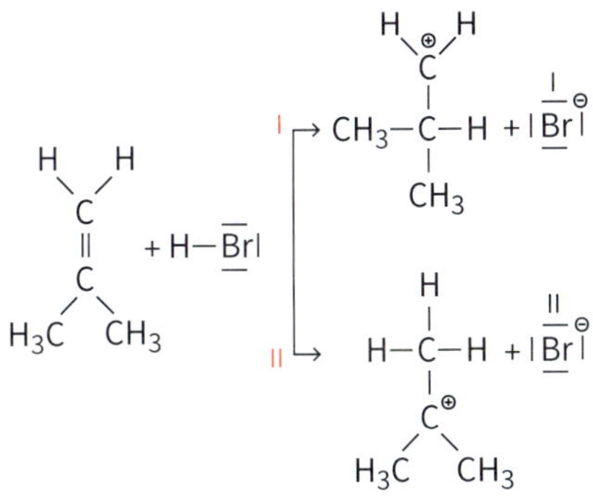

Abb. 10.12: Addition von HBr an ein unsymmetrisches Alken

Wladimir Wassiljewitsch Markownikow 1837 – 1904, russischer Chemiker

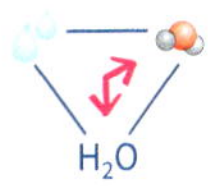

Addition an unsymmetrische Alkene

Reaktivität verschiedener Alkene

Die Elektronendichte der Doppelbindung hat einen entscheidenden Einfluss auf die Induzierung des Dipols am Halogen und damit auf die Reaktionsgeschwindigkeit. Benachbarte Atome und Atomgruppen beeinflussen die Reaktivität einer funktionellen Gruppe in einem Molekül. Diesen Nachbargruppeneffekt bezeichnet man als **induktiven Effekt**.

induktiver Effekt

WISSEN

Alkylsubstituenten an der Doppelbindung erhöhen ihre Elektronendichte, man bezeichnet diesen Einfluss als +I-Effekt.
Sie beschleunigen die Reaktion.
Substituenten mit höherer Elektronegativität als das C-Atom, wie etwa Halogene, bewirken eine Elektronenverschiebung vom C-Atom weg, man bezeichnet ihren Einfluss als –I-Effekt. Sie vermindern die Elektronendichte und damit die Reaktivität.

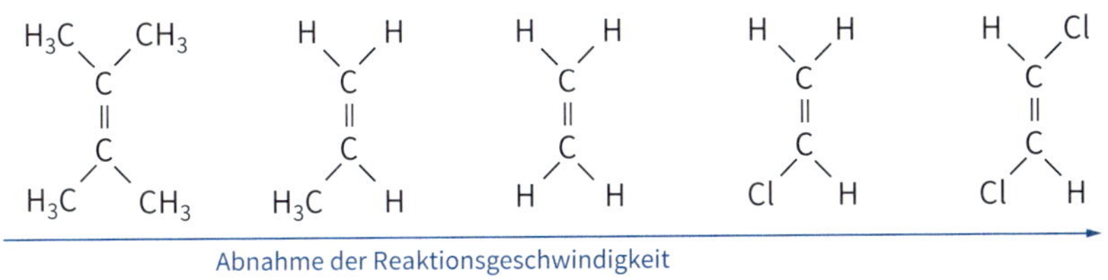

Abb. 10.13: Reaktivität von Alkenen (bei der elektrophilen Addition)

Cycloalkene reagieren analog zu den Alkenen.

Alkine

Alkine sind Kohlenwasserstoffe mit Dreifachbindung. Die allgemeine Formel lautet C_nH_{2n-2}.

Nomenklatur nach IUPAC

Der Name der Alkine ergibt sich aus dem Namen des entsprechenden Alkyl-Restes und der Endung -in. Die Lage der Dreifachbindung wird durch möglichst kleine Zahlen gekennzeichnet.
Beispiel: Pent-2-in $H_3C-C\equiv C-CH_2-CH_3$

Hybridisierung, Bau und Bindungslänge

Das C-Atom ist in den Alkinen **sp-hybridisiert**. Der **räumlicher Bau** ist linear (180°), dabei liegen alle C-Atome auf einer Geraden. Die beiden nicht hybridisierten p-Orbitale überlappen zu zwei π-Bindungen, welche die C—C-Bindung als zylinderförmige Ladungswolke umgeben. Die Länge der Dreifachbindung beträgt 120 pm und ist damit kürzer als die C=C-Bindung im Ethen-Molekül. Dies beruht auf dem höheren Anteil an s-Orbitalen an der Hybridisierung. Dadurch verkürzt sich der mittlere Abstand der Elektronen vom Atomkern und somit auch die Bindungslänge zum H-Atom.

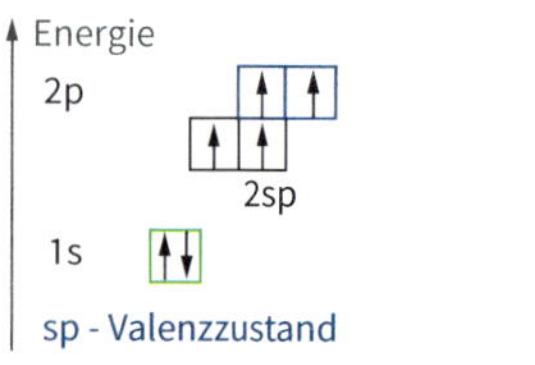

Abb. 10.14: sp-Hybridisierung des C-Atoms

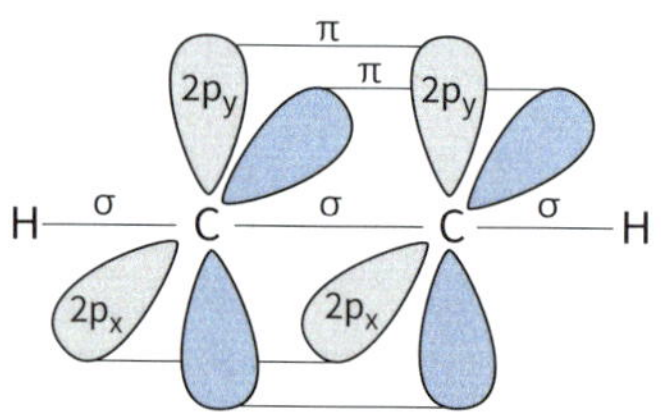

Abb. 10.15: Bindungen im Ethin-Molekül

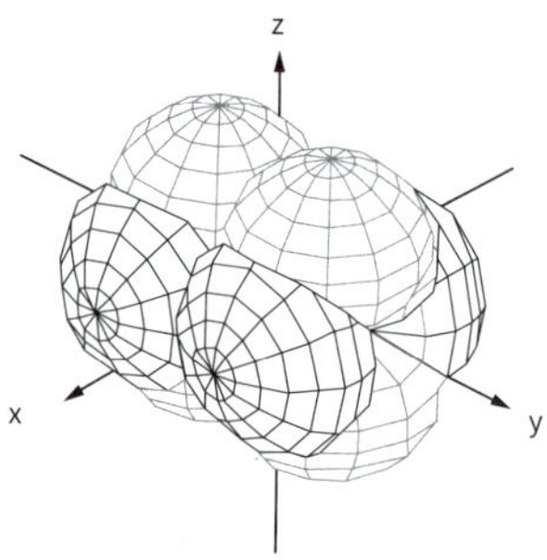

Abb. 10.16: Die π-Bindungen im Ethin-Molekül

Chemische Reaktionen der Alkine: Elektrophile Addition

Hinweis: Die elektrophile Addition verläuft im Vergleich zu Ethen langsamer, da durch die kleine Bindungslänge die π-Elektronen fester an die Atomrümpfe gebunden sind; dadurch wird die Induzierung des Dipols beim Halogen-Molekül erschwert.

Die π-Bindung ist weniger stabil, reaktionsfreudiger und energiereicher als die σ-Bindung. **Grund:** Der Überlappungsgrad zwischen den p-Orbitalen ist geringer als bei der σ-Bindung. Die Bindungslänge der Mehrfachbindung ist kürzer als die der Einfachbindung, da die Atomrümpfe wegen der hohen Elektronendichte stärker angezogen werden. Außerdem ist bei höherem s-Orbitalanteil der mittlere Abstand der Elektronen vom Atomkern kleiner.

	Alkane	Alkene	Alkine
Hybridisierung	sp^3	sp^2	sp
Anordnung der π-Elektronen	keine	ober- und unterhalb der σ-Bindung	rotationssymmetrisch um die σ-Bindung
räumliche Anordnung	Tetraeder	trigonal-planar	linear
funktionelle Gruppe	keine	Doppelbindung	Dreifachbindung
Bindungslänge	154 pm	134 pm	120 pm
typische Reaktionen	radikalische Substitution	elektrophile Addition	elektrophile Addition
Reaktionsgleichung	$C_2H_6 + Br_2 \rightarrow C_2H_5Br + HBr$	$C_2H_4 + Br_2 \rightarrow C_2H_4Br_2$	$C_2H_2 + Br_2 \rightarrow C_2H_2Br_2$
Reaktionsbedingungen	Wärme, Licht, unpolares Lösemittel	Kälte, polares Lösemittel	Kälte, polares Lösemittel

Abb. 10.17: Überblick über Bau und Reaktionsverhalten der Kohlenwasserstoffverbindungen

ALKENE, ALKINE

- Alkene und Alkine sind ungesättigte Kohlenwasserstoffe.
- Nicht alle Bindungen in Alkenen und Alkinen sind mit Wasserstoff abgesättigt, sie besitzen mindestens eine Doppel- bzw. Dreifachbindung.
- Die an der Doppelbindung beteiligten C-Atome in Alkenen sind sp^2-hybridisiert, bei zwei Doppelbindungen am selben C-Atom ist dieses sp-hybridisiert.
- Die an der Dreifachbindung beteiligten C-Atome sind sp-hybridisiert.
- Die geometrische Anordnung der Alkene ist trigonal-planar, die der Alkine linear.
- Aufgrund der hohen Elektronendichte werden Alkene und Alkine bevorzugt elektrophil angegriffen und reagieren unter Addition, dabei sind Alkene reaktionsfreudiger als Alkine.
- Cycloalkene reagieren wie Alkene.
- Die Entfärbung von Brom dient als Nachweis für ungesättigte Verbindungen.

10.3 Aromatische Kohlenwasserstoffe: Benzol

ERICH HÜCKEL 1896 – 1980

MICHAEL FARADAY 1791 – 1867, entdeckte 1825 das Benzol

Nach der HÜCKEL-Regel sind Aromaten cyclische Moleküle mit großer Mesomerie-Energie, bei denen sämtliche Ringatome zu einem **konjugierten System** gehören, das heißt sie besitzen alternierend angeordnete C=C-Doppelbindungen. Die allgemeine Formel des Benzols lautet C_6H_6, der entsprechende Rest ($-C_6H_5$) wird **Phenyl** genannt.

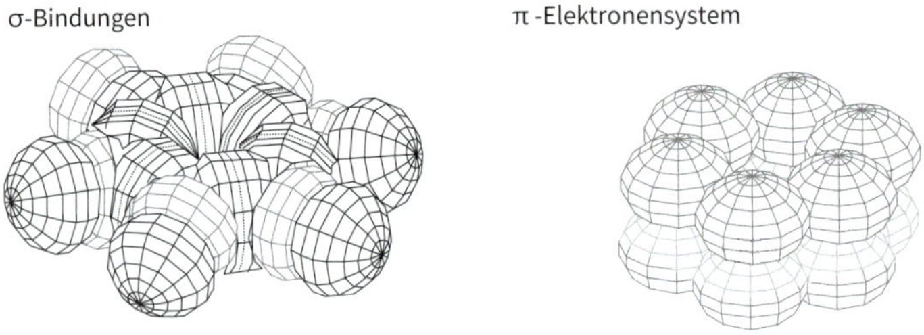

Abb. 10.18: Die Bindungen im Benzol-Molekül

Hybridisierung und Mesomerie

Die sechs C-Atome des Benzols sind **sp²-hybridisiert** und somit trigonal-planar angeordnet. Die nicht hybridisierten p-Orbitale stehen senkrecht auf der Ebene der σ-Bindungen. Sie überlappen ober- und unterhalb der Ebene zu einem ringförmigen π-Elektronensystem. Somit sind die Elektronen über den ganzen Ring **delokalisiert** und das Benzol-Molekül ist **mesomeriestabilisiert**.
Alle C—C-Bindungen im Benzolmolekül sind völlig gleichartig, die Bindungslänge liegt mit 139 pm zwischen den Bindungslängen einer C—C-Einfachbindung und einer C=C-Doppelbindung.

WISSEN

Die besondere Stabilität des Benzol-Moleküls ist in der Delokalisation der π-Elektronen über den gesamten Ring begründet. Eine solche Elektronenverteilung nennt man Mesomerie. Dadurch ist Benzol energetisch günstiger als Verbindungen mit lokalisierten Doppelbindungen.

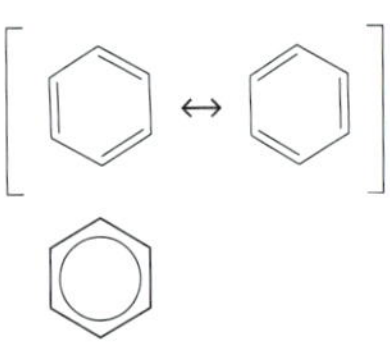

Delokalisierte π-Elektronen können nicht einzelnen Atomen oder Bindungen zugeordnet werden. Die Elektronenverteilung wird mithilfe hypothetischer Grenzformeln angegeben, welche durch Mesomeriepfeile verbunden sind, die tatsächliche Elektronenverteilung liegt dazwischen: Zur Ermittlung der **Mesomerie-Energie** des Benzols vergleicht man die experimentell ermittelte und mit drei multiplizierte Hydrierungsenthalpie von Cyclohexen mit der Hydrierungsenthalpie von Benzol; die Differenz entspricht der Mesomerie-Energie (→ Abb. 10.19).

WISSEN

Die **Mesomerie-Energie** ist die Energiedifferenz zwischen den Verbindungen mit delokalisierten Elektronen und der hypothetischen Form mit lokalisierten Doppelbindungen.

Physikalische Eigenschaften

Benzol ist eine stark lichtbrechende, farblose Flüssigkeit, die bei 80 °C siedet und bei 5,5 °C zu Kristallen erstarrt. Aufgrund seines unpolaren Charakters ist Benzol in polaren Lösemitteln nicht löslich. Benzol ist sehr giftig und kanzerogen.

Chemische Reaktionen: Elektrophile Substitution

Durch die hohe Elektronendichte reagieren Aromaten wie Alkene mit Elektrophilen. Versetzt man Benzol mit Brom, findet jedoch keine Reaktion statt. Zur Erhaltung des energetisch begünstigten π-Elektronensystems verläuft die Reaktion nicht als Addition, sondern in Form einer Substitution. Die Addition eines Bromid-Ions an den σ-Komplex benötigt eine große Aktivierungsenergie, da durch die Delokalisation der positiven Ladung nach Addition des elektrophilen Brom-Ions der nucleophile Angriff erschwert wird. Eine Bromierung von Benzol erfolgt nach Zusatz eines geeigneten Katalysators wie z. B. $FeBr_3$ (→ Tab. 10.5).

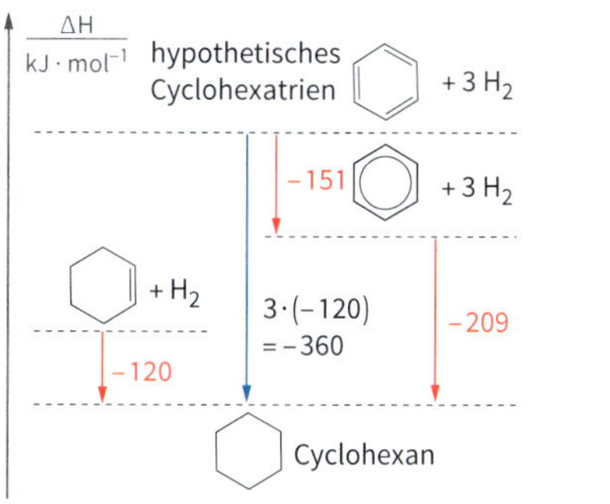

Abb. 10.19: Berechnung der Mesomerie-Energie

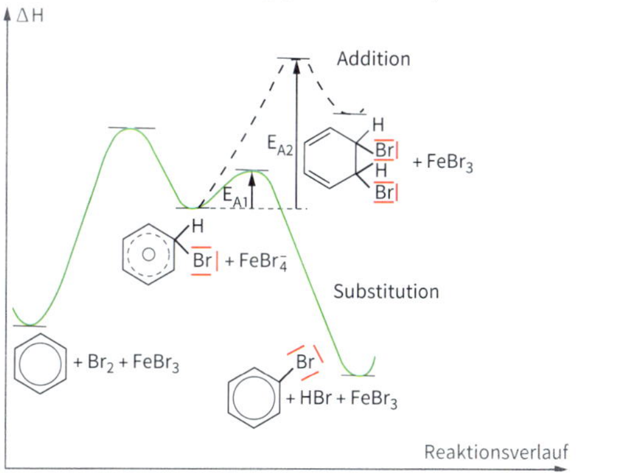

Abb. 10.20: Enthalpiediagramm der Bromierung von Benzol

WISSEN

Typisch für Aromaten ist die elektrophile Substitution, da nur so das stabile aromatische System erhalten bleibt. Dabei wird ein Wasserstoff-Atom eines Aromaten durch ein angreifendes Elektrophil ersetzt.

Schritt	Erläuterung	Reaktionsmechanismus
Reaktion	Benzol reagiert mit Brom zu Monobrombenzol und Bromwasserstoff	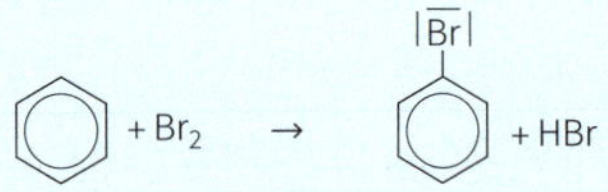
Induzierung des Dipols	Durch Wechselwirkung der π-Elektronen des Benzols mit dem Brom- Molekül bildet sich zunächst ein π-Komplex. Durch die Delokalisation der π-Elektronen reicht die Elektronendichte des Benzolmoleküls allerdings nicht zur Induzierung eines Dipols beim angreifenden Brom.	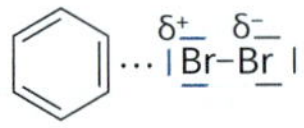 π-Komplex
Heterolyse	Die Heterolyse des Brommoleküls ist der geschwindigkeitsbestimmende Schritt dieser Reaktion und erfordert eine hohe Aktivierungsenergie. Sie erfolgt erst mithilfe des zugesetzten Katalysators, der stark polarisierend auf die Br-Br-Bindung wirkt. Als Katalysator kann Aluminiumbromid wirken.	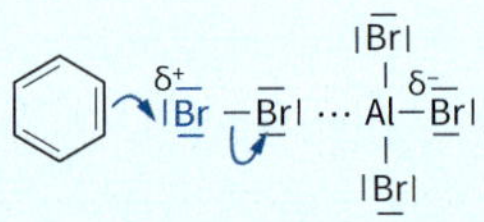 Bildung des π -Komplexes 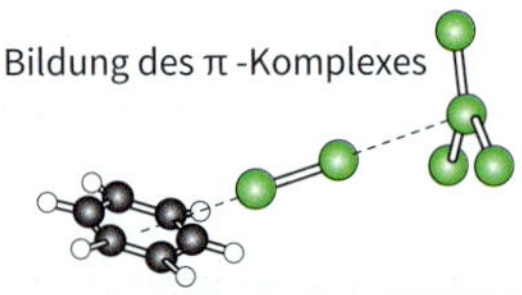
Anlagerung des Elektrophils	Das elektrophile Br^+ wird durch Ausbildung einer σ-Bindung an Benzol gebunden (σ-Komplex, Carbenium-Ion). Die Stabilisierung des Carbenium-Ions ist durch die Delokalisierung der positiven Ladung über fünf C-Atome innerhalb des Rings gegeben (siehe Grenzformeln).	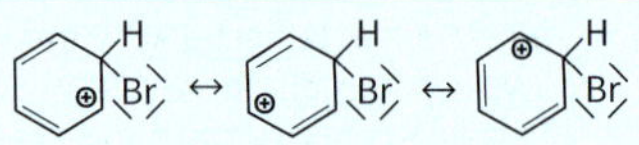 Grenzformel für den σ -Komplex 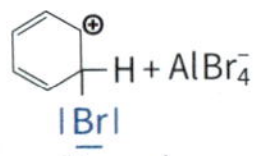 σ -Komplex Bildung des σ -Komplexes 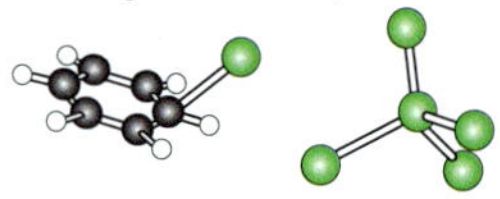
Stabilisierung durch Rearomatisierung	Zur Wiederherstellung des aromatischen Systems (Rearomatisierung) spaltet sich ein Proton ab, welches mit $FeBr_4^-$ unter Regeneration des Katalysators zu HBr reagiert (Nachweis durch Indikator wie z. B. Lackmus).	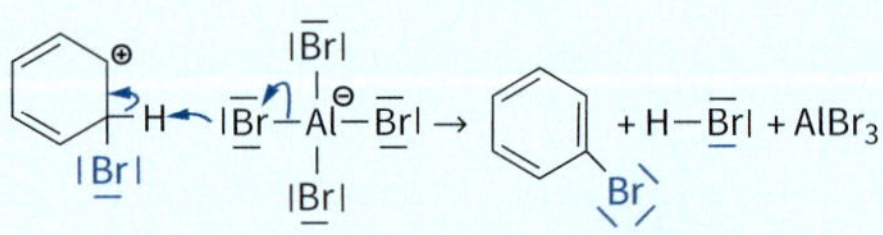 Rückbildung des aromatischen Systems 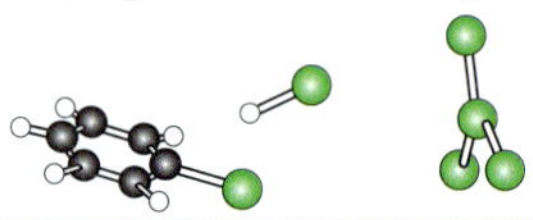
Reaktionsbedingungen	polare Lösemittel zur Stabilisierung der ionischen Zwischenformen, Katalysator	

Tab. 10.5: Reaktionsmechanismus am Beispiel der Bromierung von Benzol

Außer mit Halogenen reagieren Aromaten auch mit weiteren elektrophilen Stoffen (→ Tab. 10.6).

Reaktion	Durchführung, Reaktionsgleichung	Reaktionsmechanismus
Nitrierung	Aus einem Gemisch von konzentrierter Schwefelsäure und rauchender Salpetersäure (Nitriersäure) entsteht ein Nitroniumion (NO_2^+), welches mit Benzol zu Nitrobenzol reagiert: Reaktionsgleichung der Nitrierung: $HNO_3 + H_2SO_4 \rightarrow HSO_4^- + NO_2^+ + H_2O$ 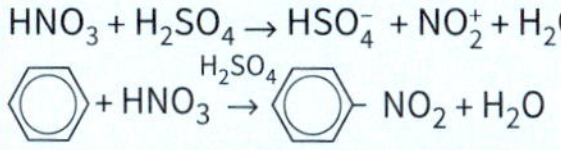 Nitrobenzol	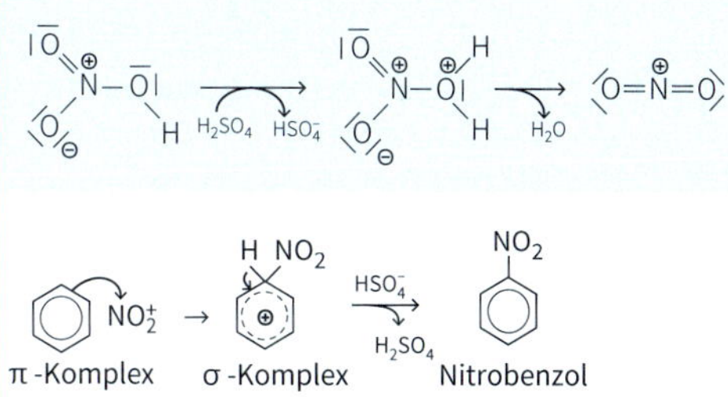
Sulfonierung	Mit rauchender Schwefelsäure entsteht Benzolsulfonsäure. Im Gegensatz zur Bromierung und Nitrierung ist diese Reaktion reversibel. 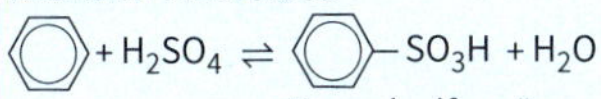 Benzolsulfonsäure	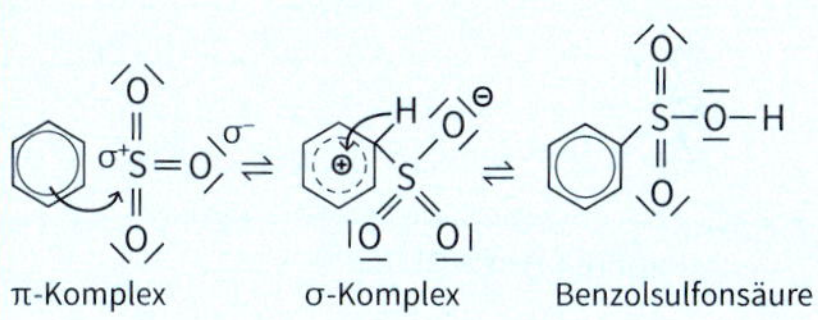
Alkylierung (FRIEDEL-CRAFTS-Reaktion)	Mit Aluminiumchlorid als Katalysator können auch Halogenalkane mit Benzol reagieren. Das durch den Katalysator stärker positivierte C-Atom reagiert mit Benzol unter Bildung eines π-Komplexes; die Stabilisierung erfolgt durch Abspaltung eines Protons. Bei Verwendung von Chlormethan entsteht Toluol (Methylbenzol). 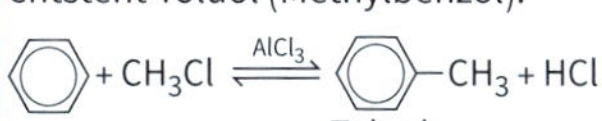 Toluol	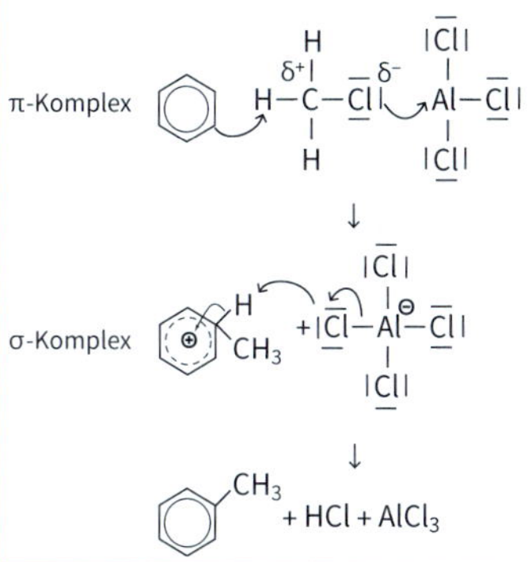
Weitere Reaktionen	Mit Aluminiumchlorid als Katalysator reagieren Aromaten auch mit Alkenen, Alkanalen, Alkanonen und Carbonsäurederivaten	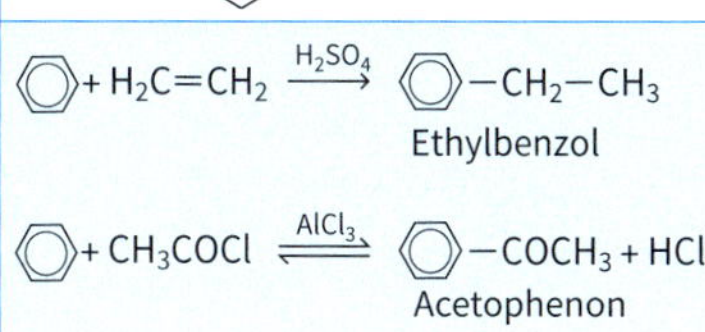

Tab. 10.6: Weitere elektrophile Substitutionsreaktionen am Benzol

Alkyl-Derivate des Benzols

Ein oder mehrere Wasserstoff-Atome des Benzols werden durch Alkylreste ersetzt. Das einfachste Alkylderivat des Benzols ist Methylbenzol (Toluol).

Halogenierung von Alkylbenzolen am Beispiel des Toluols

Je nach Reaktionsbedingungen reagieren bei der Halogenierung der aromatische Kern oder die Seitenkette mit dem angreifenden Halogen.

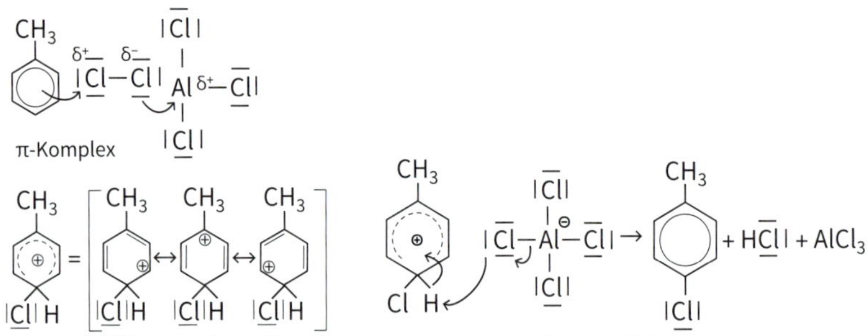

Mesomeriestabilisierung des σ-Komplexes

Rearomatisierung

KKK-Regel (Kälte, Katalysator, Kern)

Bei niedriger Temperatur (Kälte) und in Anwesenheit eines Katalysators reagiert der Kern durch elektrophile **Substitution**.

SSS-Regel: Sonnenlicht, Siedehitze, Seitenkette

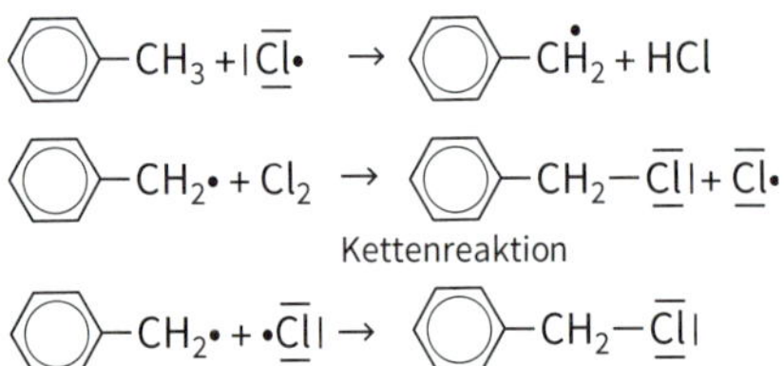

Bei erhöhter Temperatur (Siedehitze) und gleichzeitiger Bestrahlung mit Licht (Sonnenlicht) reagiert die Seitenkette durch radikalische Substitution.

Derivate

Ersetzt man im Benzol ein oder mehrere H-Atome durch Atome oder Atomgruppen, so gelangt man zu den Derivaten des Benzols (→ Tab. 10.7).

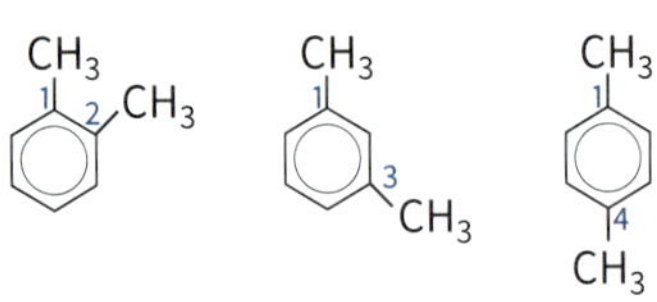

o-Xylol m-Xylol p-Xylol

Die Benennung erfolgt nach der Stellung der beiden Substituenten zueinander als ortho- (unmittelbar benachbart), meta- (durch ein C-Atom getrennt) und para-(gegenüberstehend).

Auch Benzol-Derivate können mit Elektrophilen reagieren, wobei der Erstsubstituent die Reaktionsgeschwindigkeit (Reaktivität) und den Ort der Zweitsubstitution beeinflusst.

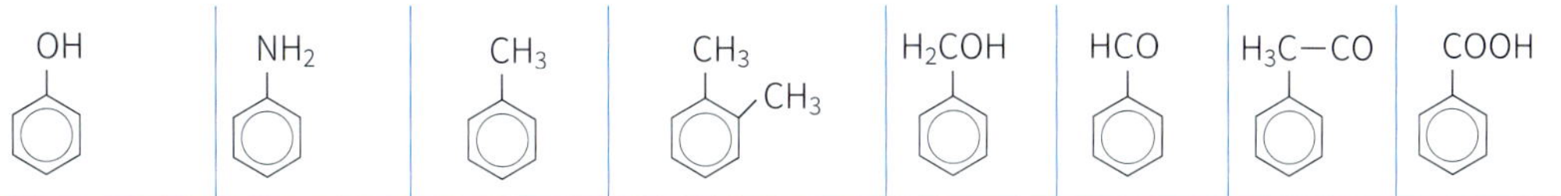

Phenol Hydroxybenzol	Anilin Aminobenzol	Toluol Methylbenzol	ortho-Xylol 1,2-Dimethylbenzol	Benzylalkohol	Benzaldehyd	Acetophenon	Benzoesäure

Tab. 10.7: Derivate des Benzols

a) Reaktionsgeschwindigkeit bei Zweitsubstitution

Substituenten, die die Elektronendichte im Kern erhöhen, erleichtern den **elektrophilen** Angriff und damit die Reaktionsgeschwindigkeit. Umgekehrt erschweren Substituenten, die die Elektronendichte vermindern, den elektrophilen Angriff. Diese Beeinflussung geschieht durch induktive und mesomere Effekte.

DEFINITION

Mesomerer Effekt (M-Effekt)

Das freie Elektronenpaar eines im oder am Ring befindlichen Fremdatoms oder eine Atomgruppe mit Doppelbindung nimmt an der Elektronenverteilung im Kern teil.

Erstsubstituent	Induktionseffekt, Mesomerie-Effekt	Reaktivität im Vergleich zu Benzol	Dirigiert nach
$-OH$ $-OR$ $-NH_2$	-I < +M	viel größer	ortho und para
$-$Alkylrest	+I	größer	ortho und para
$-Cl$ $-Br$	-I > +M	geringer	ortho und para
$-NO_2$ $-CHO$ $-SO_3H$ $-COOH$ $-COOR$	-I und -M	viel geringer	meta

Tab. 10.8: Übersicht über mesomere und induktive Effekte

Positiver mesomerer Effekt (+M-Effekt)

Substituenten, deren freies Elektronenpaar an der Delokalisation des π-Elektronensystems des Rings beteiligt sind, erhöhen die Elektronendichte im Ring und beschleunigen dadurch den elektrophilen Angriff des Zweitsubstituenten, z. B.: $-O^-$, $-NH_2$, $-OH$, $-OCH_3$, $-C_6H_5$

Negativer mesomerer Effekt (– M-Effekt):

Substituenten mit negativem Mesomerieeffekt (–M-Effekt) erschweren den Angriff des Zweitsubstituenten durch Herabsetzung der Elektronendichte des Rings. Beispiele: $-CHO$, $-NO_2$, $-SO_3H$

Die Beeinflussung der Reaktivität ist immer dann besonders groß, wenn mesomere und induktive Effekte die gleiche Richtung haben.

b) Dirigierende Wirkung des Erstsubstituenten

① In **ortho- und para-Stellung**

am Beispiel der Bromierung von Phenol: Substituenten mit +M-Effekt dirigieren den Zweitsubstituenten in ortho- oder para-Stellung. Hier lassen sich mehr vergleichbare mesomere Grenzformeln aufstellen als bei Substitution in meta-Stellung, das heißt, die entsprechenden σ-Komplexe sind wegen umfangreicherer Delokalisation der π-Elektronen stabiler, die Anlagerung des Elektrophils ist energetisch begünstigt.

Angriff in ortho-Stellung

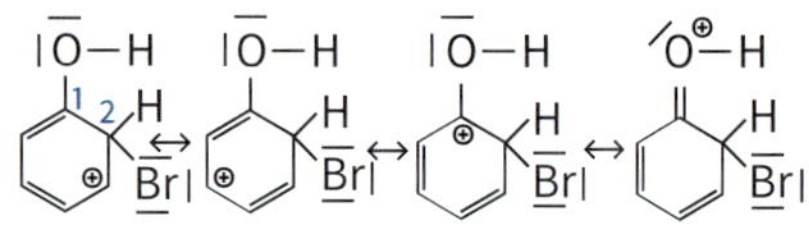

Angriff in meta-Stellung

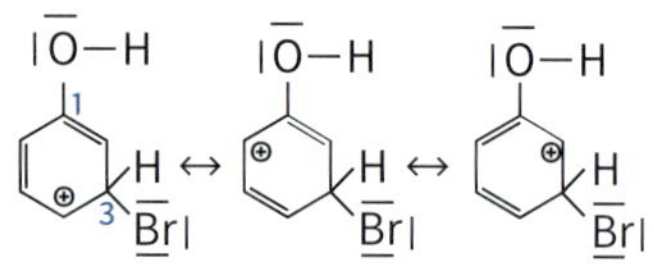

Angriff in para-Stellung

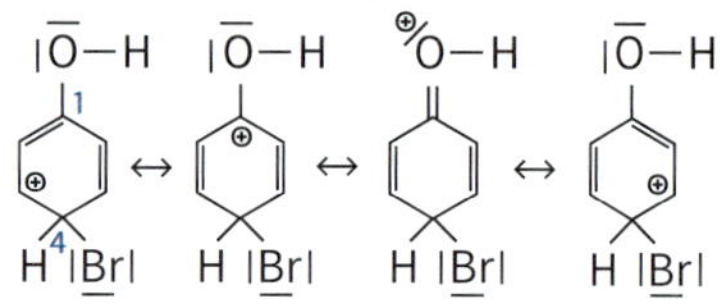

② In **meta-Stellung**

am Beispiel der Nitrierung von Nitrobenzol: Erstsubstituenten mit – M-Effekt dirigieren den Zweitsubstituenten in meta-Stellung. Wie aus den mesomeren Grenzformeln ersichtlich, findet man für die Substitution in ortho- oder para-Stellung je eine Grenzformel, bei der sowohl das N-Atom der Nitrogruppe als auch das unmittelbar benachbarte C-Atom der Grenzstrukturen im aromatischen Ring je eine positive Formalladung tragen. Eine solche räumliche Nähe gleichartiger Ladungen ist jedoch energetisch ungünstig, die Substitution in meta-Stellung ist also energetisch weniger ungünstig.

Angriff in ortho-Stellung

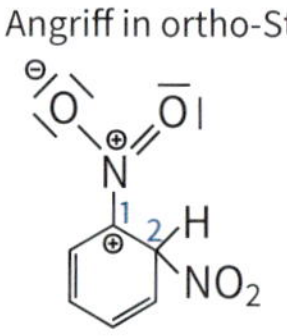

Angriff in para-Stellung

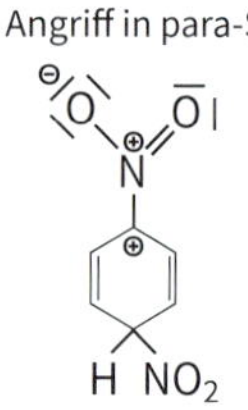

Angriff in meta-Stellung

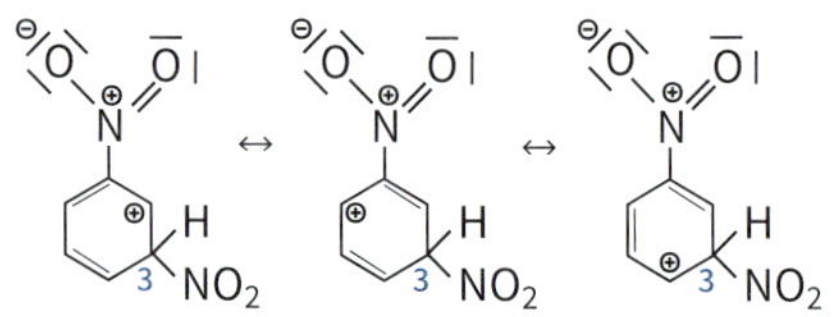

Verwendung von Benzol

Früher wurde Benzol häufig z. B. zur Reinigung und Entfettung von Maschinenteilen und Kleidung, zur Extraktion von Fetten und Wachsen und als Lösemittel für Kunststoffe verwendet. Benzol wurde auch Kraftstoffen zugesetzt, um die Klopffestigkeit zu erhöhen. Auch heute ist im Superbenzin noch ein Benzolgehalt von 0,1 bis 1 %. Benzol wird aus Erdöl durch Cyclisierung (Ringschluss) mit anschließender Dehydrierung gewonnen.
Auch heute noch spielt Benzol eine wichtige Rolle in der chemischen Industrie. Benzol ist Ausgangsstoff vieler Synthesewege zu Herstellung von Kunststoffen, Farbstoffen, Waschmitteln, Aroma- und Konservierungsstoffen sowie zur Herstellung von Arzneimitteln.

AROMATEN

- Aromaten sind ringförmige Kohlenwasserstoffverbindungen, die der HÜCKEL-Regel folgend ein delokalisiertes π-Elektronensystem mit $4n + 2$ Elektronen besitzen.
- Ein bedeutsamer Aromat ist Benzol mit der Formel C_6H_6.
- Alle Kohlenstoff-Atome des Benzols sind sp^2-hybridisiert, die π-Elektronen bilden ein delokalisiertes Ringsystem ober- und unterhalb der planaren C—C-Ebene.
- Aufgrund der hohen Elektronendichte werden Aromaten elektrophil angegriffen. Da Additionsreaktionen zu einer teilweisen Aufhebung des mesomeren Systems führen würden, werden Substitutionen bevorzugt.
- Bei einer Zweitsubstitution beeinflusst der Erstsubstituent den Ort und die Geschwindigkeit der Zweitsubstitution.

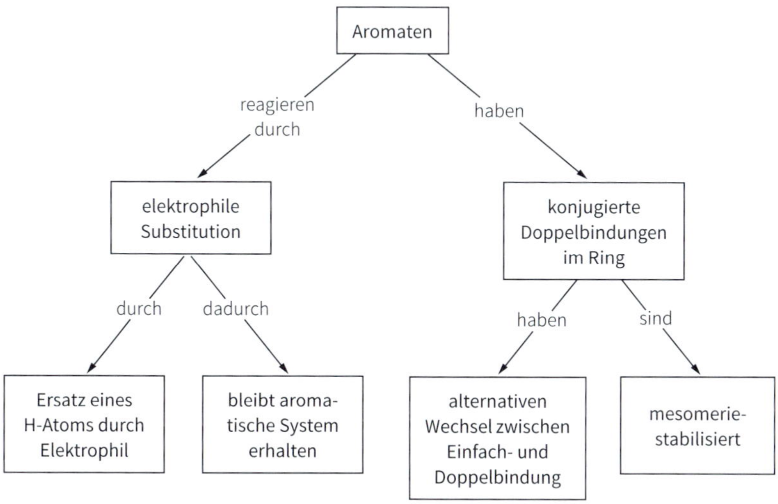

10 Kohlenwasserstoffe

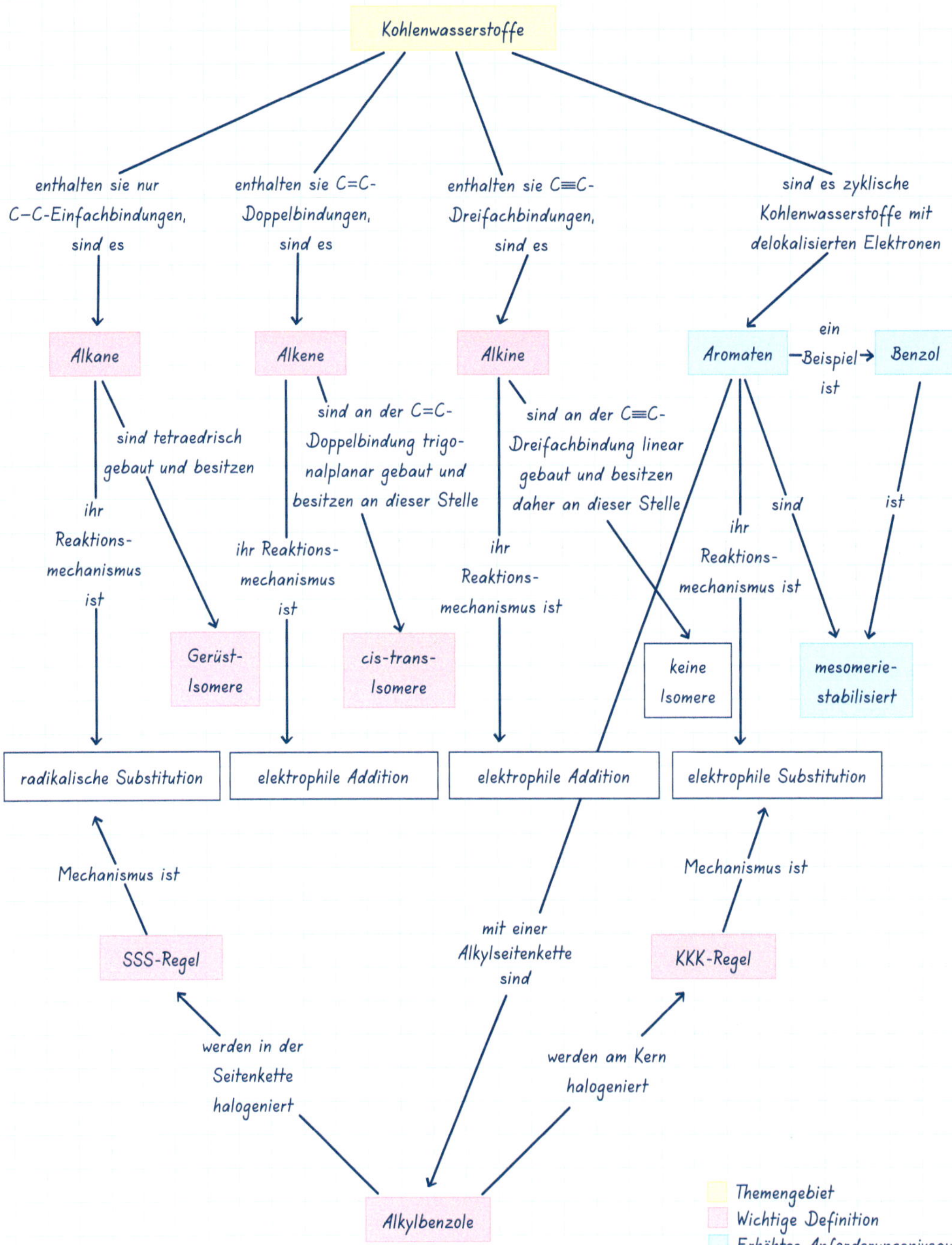

Sauerstoffhaltige organische Verbindungen

11

- **Sauerstoffhaltige organische Verbindungen besitzen funktionelle Gruppen wie**
  - **die Hydroxy-Gruppe bei Alkanolen und Phenolen,**
  - **die Carbonyl-Gruppe bei Alkanalen und Alkanonen,**
  - **die Carboxy-Gruppe bei Carbonsäuren.**
- **Durch den polaren Charakter der C — O — H-Bindungen können als zwischenmolekulare Kräfte Dipol-Wechselwirkungen und Wasserstoffbrücken auftreten.**
- **Alkohole reagieren durch nuclophile Substitutionsreaktionen oder durch Eliminierungsreaktionen.**
- **Stoffe mit Carbonyl-Gruppe reagieren durch nucleophile Addition.**
- **Carbonsäuren reagieren mit Alkanolen durch Veresterung.**

Basiskonzepte: Struktur-Eigenschafts- und Donator-Akzeptor-Konzept

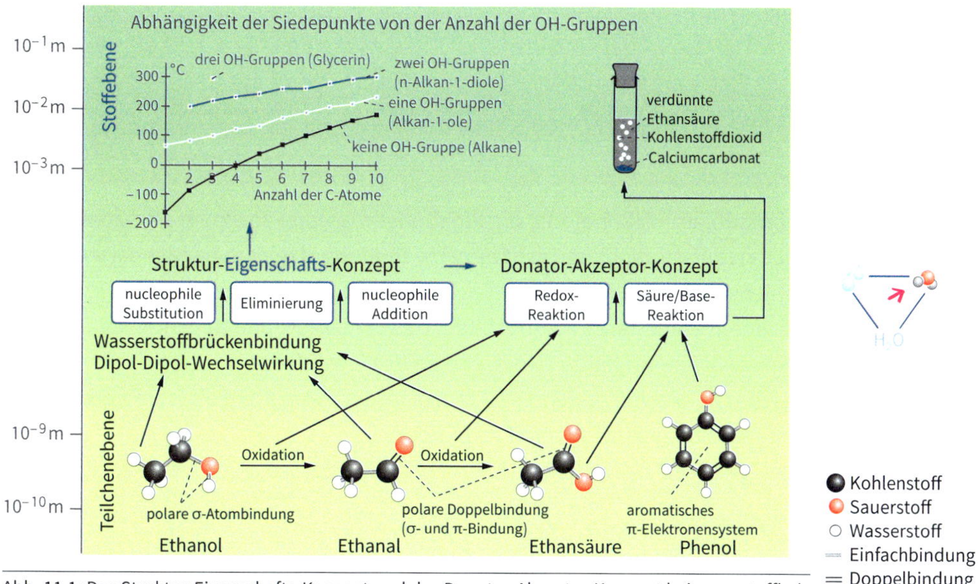

Abb. 11.1: Das Struktur-Eigenschafts-Konzept und das Donator-Akzeptor-Konzept bei sauerstoffhaltigen organischen Verbindungen

11.1 *Alkohole, Alkanole*

Alkohole

Alkohol-Moleküle besitzen als funktionelle Gruppe die **Hydroxy-Gruppe** (OH-Gruppe), die an einen Akylrest gebunden ist.

Nomenklatur und Einteilung

Die **Nomenklatur** erfolgt durch Anhängung der Endung -ol an den entsprechenden Alkan-Namen. Die Stellung der OH-Gruppe wird durch die Nummer des betreffenden C-Atoms vor der Silbe -ol angegeben. Mehrere OH-Gruppen im Molekül werden durch die Silben di-, tri-, tetra- usw. gekennzeichnet.

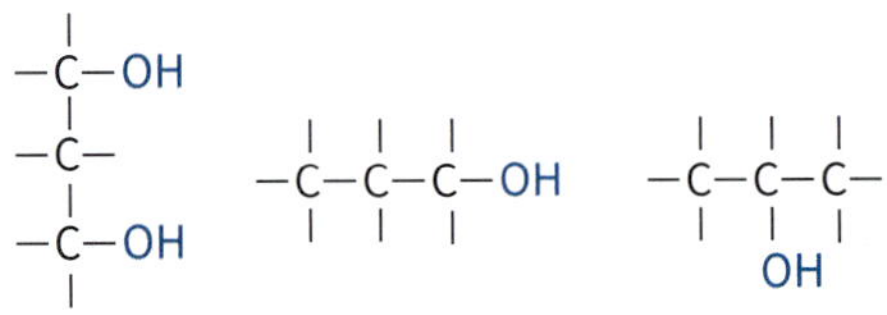

Propan-1,3-diol Propan-1-ol Propan-2-ol

Die **Einteilung** der Alkohole erfolgt nach zwei Kriterien: nach der Stellung und der Anzahl der OH-Gruppe/n.

primärer Alkohol	sekundärer Alkohol	tertiärer Alkohol
R−CH_2−OH	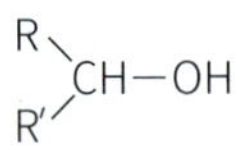	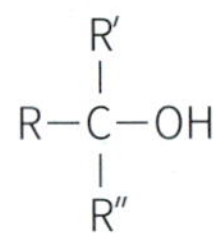

Tab. 11.1: Einteilung nach der Stellung der OH-Gruppe (R, R′ und R″ = Alkylreste)

DEFINITION

Beim primären Alkohol sitzt die funktionelle Gruppe an einem primären Kohlenstoff-Atom, dieses geht nur eine Bindung zu einem benachbarten Kohlenstoffatom ein.
Bei einem sekundären Alkohol bildet das die OH-Gruppe tragende Kohlenstoffatom zwei Bindungen zu zwei weiteren Kohlenstoff-Atomen aus.
Das die OH-Gruppe tragende C-Atom eines tertiären Alkohols ist mit drei weiteren Kohlenstoff-Atomen verbunden.

einwertiger Alkohol	zweiwertiger Alkohol	dreiwertiger Alkohol
CH_3 | OH	CH_2−CH_2 | | OH OH	CH_2−CH−CH_2 | | | OH OH OH
Methanol	Ethan-1,2-diol	Propan-1,2,3-triol

Tab. 11.2: Einteilung nach der Anzahl der OH-Gruppen

Alkohole mit mehreren OH-Gruppen werden als **Polyole** bezeichnet. Beachte: Pro Kohlenstoffatom enthalten Polyole in der Regel nur eine OH-Gruppe.

Name nach IUPAC	Trivialname	Formel	Verwendung bzw. Eigenschaften
Methanol	Methylalkohol, Holzgeist	CH_3OH	Entsteht beim trockenen Erhitzen von Holz, giftig, bereits geringe Mengen führen zu Sehstörungen und Erblindung, etwa 30 g sind tödlich. Verwendung als Lösemittel und zur Herstellung von Formaldehyd, als Treibstoff für Verbrennungsmotoren.
Ethanol	Weingeist	C_2H_5OH	Herstellung als Genussmittel durch alkoholische Gärung, großtechnisch durch Hydratisierung von Ethen. Verwendung als Brennspiritus, in Reinigungsmitteln.
Propan-2-ol	Isopropyl-alkohol	C_3H_7OH	Lösemittel in der kosmetischen Industrie, Frostschutzmittel in Scheibenwaschanlagen, Ausgangsstoff zur Herstellung von Aceton, Desinfektionsmittel.
Ethan-1,2-diol	Glykol	$C_2H_4(OH)_2$	Frostschutzmittel in Motorkühlern, zur Herstellung von Kunststoffen.
Propan-1,2,3-triol	Glycerin	$C_3H_5(OH)_3$	Als Zusatz in Salben, Cremes, Zahnpasta; Frostschutzmittel; Verwendung in der Kunststoff- und Sprengstoffindustrie.

Tab. 11.3: Überblick über einige wichtige Alkohole

Molekülbau

Formal kann man die Alkohole als Derivate des Wassers ansehen, wobei ein H-Atom durch eine Alkyl-Gruppe ersetzt ist. Auch hier liegt durch die tetraedrische Anordnung eine gewinkelte Struktur vor. Wegen der beiden freien Elektronenpaare des Sauerstoffs wird der Tetraederwinkel auf 107° zusammengedrückt.

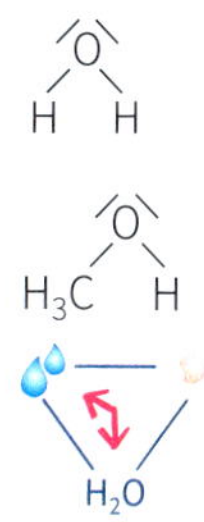

Zwischen C-, H- und O-Atomen bestehen Elektronegativitätsunterschiede, dadurch besitzen Alkoholmoleküle polare Atombindungen und sind somit permanente Dipole.

Physikalische Eigenschaften

Siedetemperaturen: Alkohole haben viel höhere Siedetemperaturen als Alkane vergleichbarer Masse.

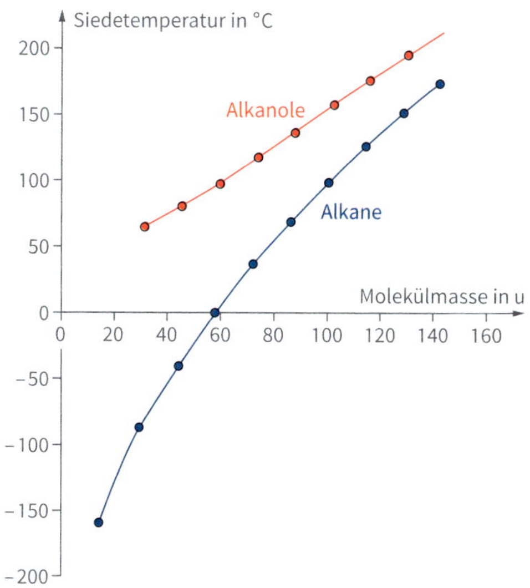

Abb. 11.2: Siedetemperaturen von Alkanen und Alkanolen

Zwischen den Alkohol-Molekülen herrschen im Gegensatz zu den unpolaren Alkanen **Dipol-Wechselwirkungen** und darüber hinaus noch **Wasserstoffbrücken**. Dabei kommt es ähnlich wie beim Wasser zum Zusammen-

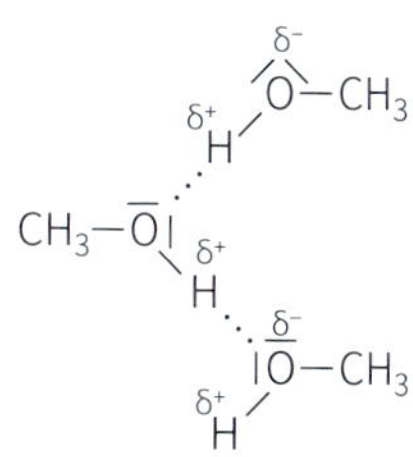

schluss von großen Molekülverbänden. Mit zunehmender Anzahl an C-Atomen steigt die Siedetemperatur der Alkohole, da mit zunehmender Masse auch die VAN-DER-WAALS-Kräfte steigen. Für die Siedetemperaturen der Alkohole spielen vor allem die Wasserstoffbrücken eine Rolle. Alkohole mit mehreren OH-Gruppen können mehrere Wasserstoffbrücken ausbilden.

Löslichkeit: Kurzkettige Alkohole sind mit Wasser aufgrund des polaren Charakters der OH-Gruppe in jedem Verhältnis mischbar, mit steigender Anzahl an C-Atomen überwiegt jedoch der hydrophobe Charakter des unpolaren Kohlenwasserstoffrestes, sodass die Löslichkeit in Wasser abnimmt; Butanol ist nur noch begrenzt mit Wasser mischbar. Langkettige Alkohole ähneln den entsprechenden Alkanen, sie sind in Wasser unlöslich.

Aufgrund der Hydroxy-Gruppe gehen Alkohole und Wasser einige ähnliche chemische Reaktionen ein.

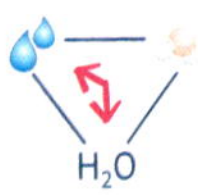

Chemische Reaktionen der Alkohole

① Alkohole als BRÖNSTED-Säuren und BRÖNSTED-Basen

Alkohole können im Sinne BRÖNSTEDS – je nach Reaktionspartner – als Säuren oder Basen reagieren (→ Seite 74). Durch den +I-Effekt des Alkyl-Restes wird die Polarität der Hydroxy-Gruppe jedoch stark vermindert, sodass Alkohole viel schwächere Säuren als Wasser sind.

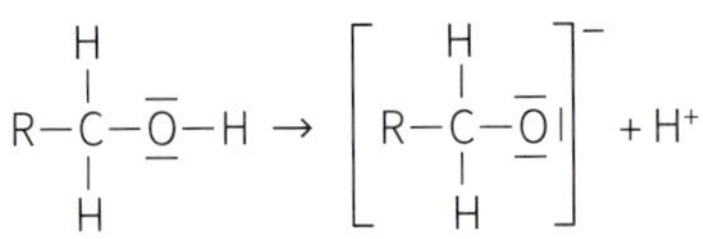

Abb. 11.3: Alkohol als Brönsted-Säure

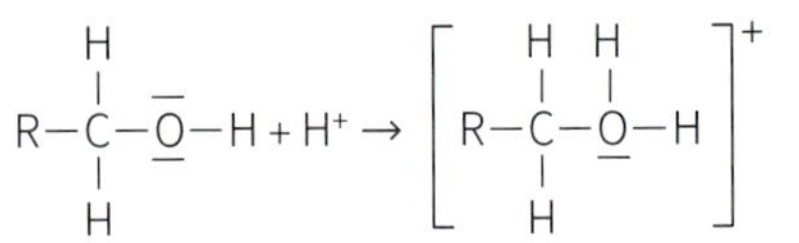

Abb. 11.4: Alkohol als Brönsted-Base

② Reaktionen mit Alkalimetallen

Mit Alkalimetallen reagieren Alkohole wie Wasser unter Freisetzung von Wasserstoff, die Reaktion verläuft jedoch beim Alkohol bedeutend weniger heftig. Die entstehenden Alkanolate sind salzartig aufgebaut. Das Alkanolat-Ion RO^- ist eine sehr starke Base, die mit Wasser zu Alkohol und OH^- reagiert.

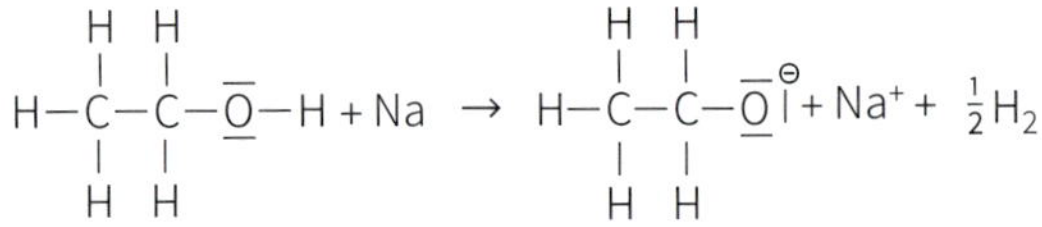

Ethanol — Ethanolat-Ion

Dies ist im Gegensatz zur radikalischen Substitution eine Möglichkeit zur Darstellung definierter Halogenalkane.

③ Nucleophile Substitution S_N

Alkohole reagieren mit Säuren unter Bildung eines Esters und Wasser (**Veresterung**). Ist der Reaktionspartner eine Halogenwasserstoff-Säure, entsteht als Ester ein Halogenalkan: $R-OH + HBr \rightarrow R-Br + H_2O$

Die SN1-Reaktion ist ein zweistufiger Prozess, wobei durch die Abspaltung der Abgangsgruppe ein Carbenium-Ion als Zwischenprodukt entsteht. Die Stabilisierung erfolgt durch Anlagerung des Nucleophils.

Die S_N2-Reaktion ist ein einstufiger Prozess, dabei erfolgt die Anlagerung des angreifenden Nucleophils gleichzeitig mit der Abspaltung der Abgangsgruppe.

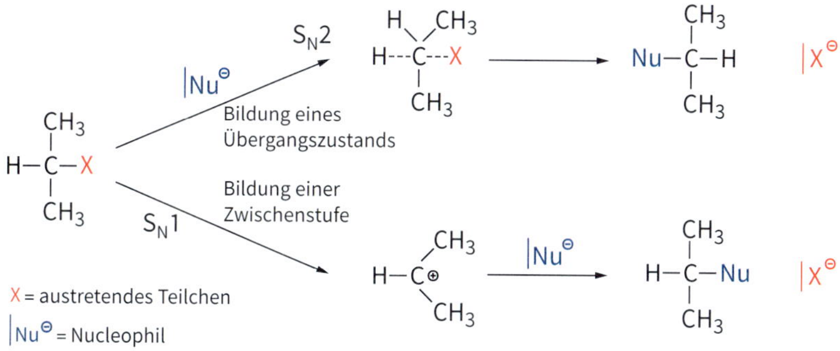

Abb. 11.5: Alternative Reaktionsverläufe bei einer nucleophilen Substitution an einem sekundären C-Atom

Die Veresterung ist eine typische **Gleichgewichtsreaktion**:

Alkohol + Säure $\underset{\text{Esterspaltung (Verseifung)}}{\overset{\text{Veresterung}}{\rightleftharpoons}}$ Ester + Wasser

Allgemein:

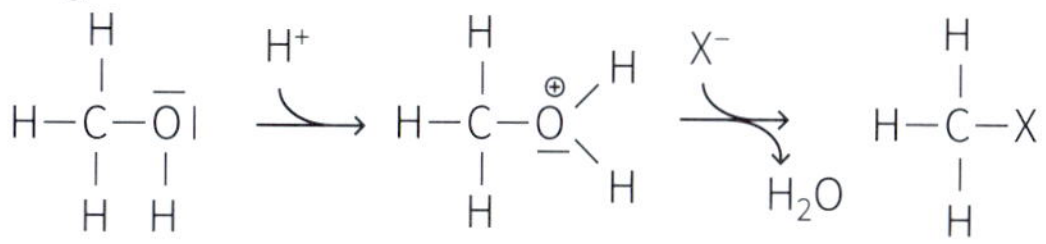

Abb. 11.6: Schema einer Veresterung

Da das angreifende Teilchen zur Ausbildung der neuen Bindung ein freies Elektronenpaar zur Verfügung stellt, bezeichnet man diesen Reaktionstyp als **nucleophile Substitution** (→ Tab. 11.4).

Die Bindung zwischen Sauerstoff und Kohlenstoff ist aufgrund der Elektronegativitätsdifferenz polar, das Kohlenstoff-Atom ist positiviert.	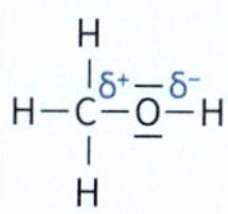
Bei der Substitution wird die Hydroxy-Gruppe durch ein Nucleophil ersetzt. Dabei hat das angreifende Nucleophil eine polarisierende Wirkung auf die C–O-Bindung. Die Abspaltung der Hydroxy-Gruppe wird durch eine Protonierung erleichtert.	Protonierung: 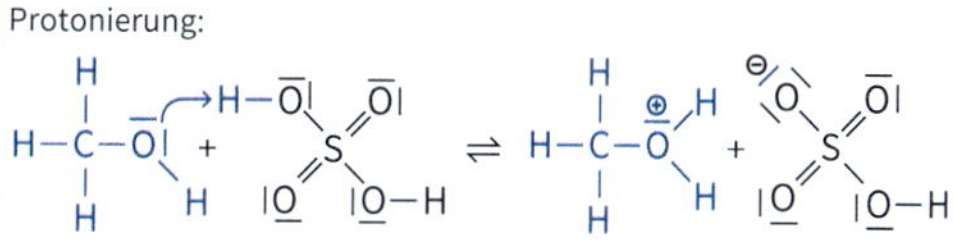
Das angreifende Nucleophil bildet eine Bindung zum positivierten C-Atom, gleichzeitig löst sich die C–OH- bzw. C–H_2O^+-Bindung.	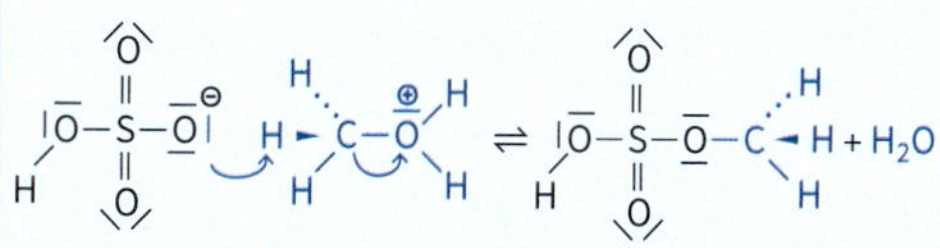 Schwefelsäuremethylester
Reaktionsbedingungen	Säureüberschuss, unter 100 °C

Tab. 11.4: Reaktionsmechanismus der nucleophilen Substitution am Beispiel der Veresterung von Methanol mit Schwefelsäure

NUCLEOPHILE

Negativ geladene Ionen oder polare bzw. polarisierte Teilchen, die mit einem freien Elektronenpaar positivierte C-Atome angreifen.

Die nucleophile Substitution ist umkehrbar; so reagieren z. B. Halogenalkane mit Hydroxiden zu Alkoholen und Halogeniden:

$$CH_3CH_2Br + OH^- \rightarrow CH_3CH_2OH + Br^-$$

Reaktionsgeschwindigkeit der nucleophilen Substitution

Die Art des angreifenden Nucleophils und des Abgangsteilchens sowie die Struktur des angegriffenen Moleküls haben einen entscheidenden Einfluss auf die Geschwindigkeit der Reaktion.

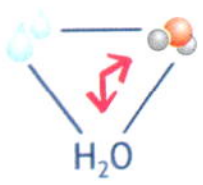

- **Einfluss des angreifenden Nucleophils:** Ein Nucleophil ist umso stärker, je leichter es sein freies Elektronenpaar für die Bildung der neuen Bindung zur Verfügung stellt. Die Nucleophilie hängt zum einen von der Elektronendichte am betreffenden Atom, zum anderen von der Polarisierbarkeit ab. Ein Elektronenpaar lässt sich um so leichter zur Bindung zur Verfügung stellen, je weiter es vom Kern entfernt ist, da es dann weniger stark angezogen wird. Die Nucleophilie wird aber auch durch das Lösemittel beeinflusst. Anionen werden von polaren Lösemitteln mit Wasserstoffbrücken solvatisiert, die das nucleophile Zentrum blockieren können. Mit zunehmendem Ionenradius sinkt die Anziehungskraft zwischen Lösemittel und Anion, sodass die nucleophile Kraft stärker wirksam ist. Die Nucleophilie zeigt folgende Reihenfolge: $HS^- > I^- > OH^- > NH_3 > Br^- > Cl^- > F^- > H_2O$

solvatisiert: Umgeben mit einer Hülle des Lösemittels

- **Einfluss des austretenden Teilchens:** Eine Abgangsgruppe löst sich um so leichter, je geringer die Bindungsstärke zum C-Atom und umso größer die Polarisierbarkeit ist. Für die Abspaltung ergibt sich folgende Reihenfolge: $I^- > Br^- > Cl^- > F^- > OH^-$
- **Einfluss der Struktur des angegriffenen Teilchens:** Je mehr Alkyl-Gruppen vorhanden sind bzw. je größer diese sind, desto stärker ist die sterische (räumliche) Behinderung für das angreifende Nucleophil.

Konkurrenzreaktionen der nucleophilen Substitution

Je nach Reaktionsbedingungen erhält man bei der Reaktion von Alkoholen mit anorganischen Säuren Ester, Alkene oder Ether.

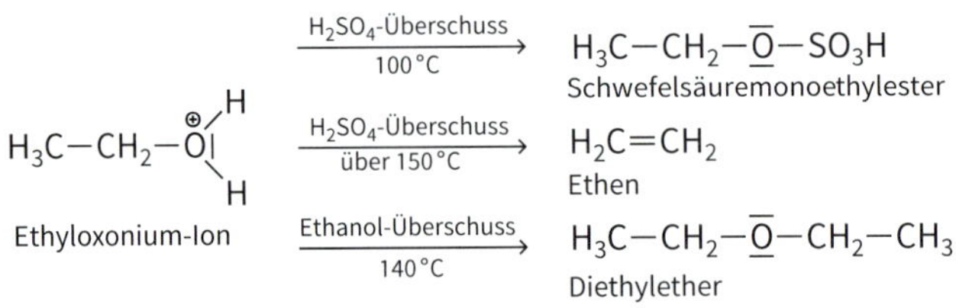

Abb. 11.7: Reaktionen von Alkohol in Abhängigkeit von den Reaktionsbedingungen

① **Darstellung von Estern,** → siehe vorne, Abb. 11.6.

② **Darstellung von Alkenen: Eliminierung**

Reaktionsbedingungen: hohe Temperaturen, niedrige Alkoholkonzentration. Oberhalb von 150 °C kommt es in Gegenwart einer starken Säure nach Protonierung der Hydroxy-Gruppe (Bildung eines Alkyloxonium-Ions) zur Eliminierung von Wasser und Abspaltung eines Protons vom benachbarten Kohlenstoff-Atom. Es bildet sich eine Doppelbindung aus. Die Säure wirkt hier als Katalysator. Die Eliminierung gelingt besonders gut bei tertiären Alkoholen.

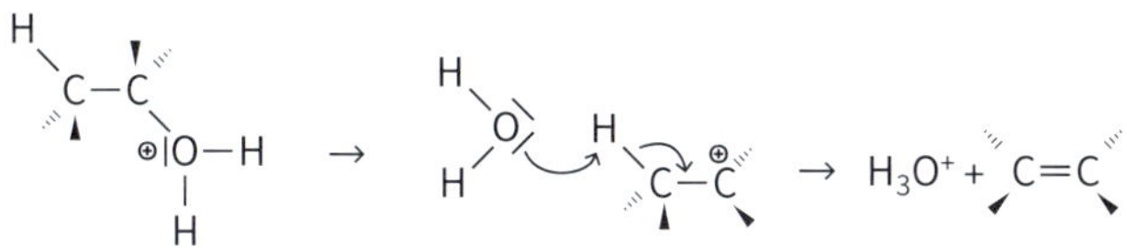

Abb. 11.8: Darstellung von Alkenen

③ **Darstellung von Ethern: Nucleophile Substitution**

Reaktionsbedingungen: tiefe Reaktionstemperaturen und hohe Alkoholkonzentrationen. Ein Sauerstoff-Atom des einen Alkohol-Moleküls greift mit seinem freien Elektronenpaar nucleophil am positivierten Kohlenstoff eines zuvor gebildeten Alkyloxonium-Ions an. Der Ether stabilisiert sich durch Abspaltung von Wasser und von einem Proton.

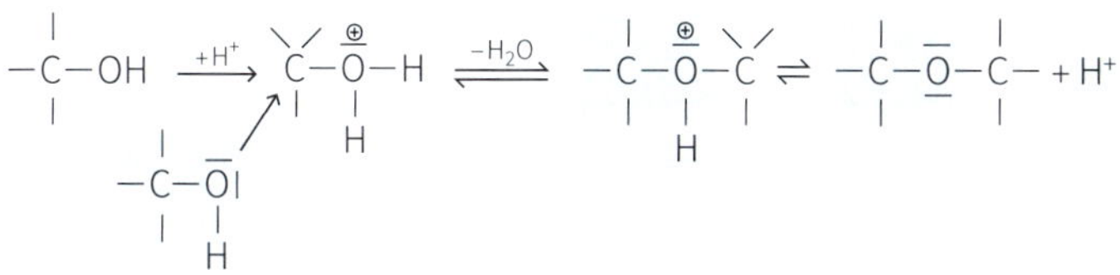

Abb. 11.9: Darstellung von Ethern

DEFINITION: ETHER

Ether sind Verbindungen, in denen zwei organische Reste über eine Sauerstoffbrücke verbunden sind.
Sind beide Reste gleich, handelt es sich um einen einfachen Ether, sind die Reste ungleich, um einen gemischten Ether.

Die funktionelle Gruppe der Ether ist die **Alkoxy-Gruppe**.
Die **Benennung** erfolgt durch Angabe der beiden Alkyl-Gruppen unter Hinzufügung des Wortes -ether, z. B. Diethylether, oder durch die Angabe Alk-oxy-alkan, z. B. Ethoxyethan. Diethylether wurde früher als Narkosemittel verwendet und nur kurz als Ether bezeichnet.

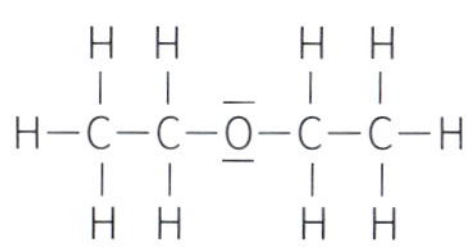

Die Ether haben niedrigere Siedetemperaturen als die Alkohole, da sie zwar Dipole sind, aber keine Wasserstoffbrücken eingehen können. Sie sind brennbar und bilden mit Luft explosive Gemische. Alkanole und Ether sind **Funktions-Isomere**.

FUNKTIONS-ISOMERIE

Funktions-Isomere besitzen unterschiedliche funktionelle Gruppen bei gleicher Summenformel.

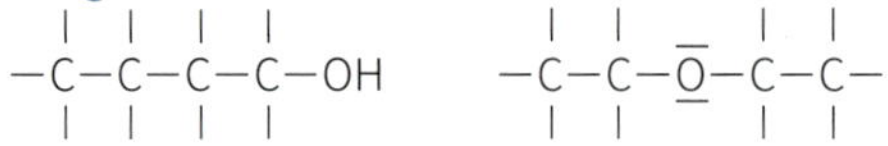

Butan-1-ol $C_4H_{10}O$ Ethoxyethan

Abb. 11.10: Beispiel für Funktions-Isomerie

Oxidation von Alkoholen

Primäre und sekundäre Alkohole lassen sich mit milden Oxidationsmitteln zu Aldehyden bzw. Ketonen oxidieren. **Tertiäre Alkohole** reagieren unter diesen Bedingungen nicht. Aldehyde (Alkanale) wiederum lassen sich zu Alkansäuren oxidieren, Ketone (Alkanone) jedoch nicht. Diese Tatsachen wendet man zur Unterscheidung der **Alkoholklassen** an. Als Oxidationsmittel können z. B. Kaliumdichromat, Kupferoxid oder Kaliumpermanganat dienen.

Bestimmung der Oxidationszahlen in organischen Verbindungen

Die Elektronen einer polaren Atombindung werden formal dem elektronegativeren Element zugeordnet. Bei einer unpolaren Atombindung wie die zwischen zwei C-Atomen werden die Bindungselektronen den beiden Atomen je zur Hälfte zugeordnet.

BEISPIELE

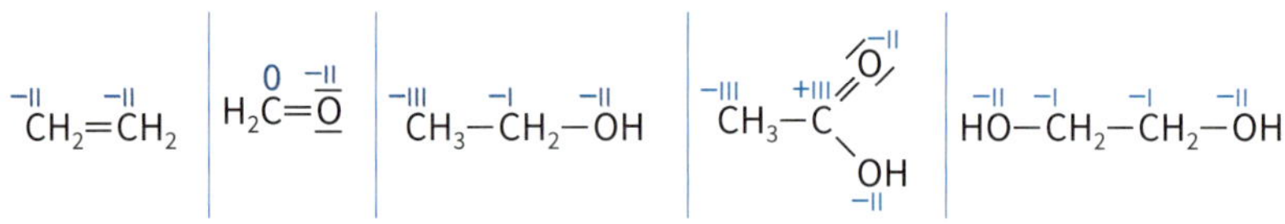

Abb. 11.11: Oxidationszahlen

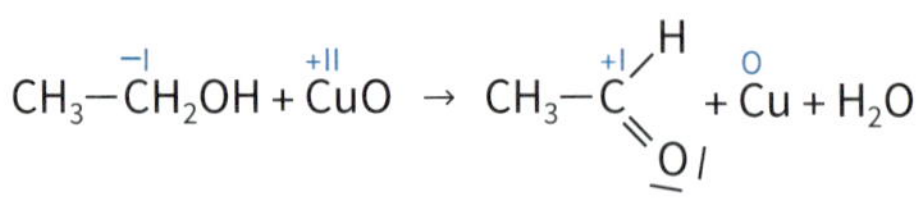

Abb. 11.12: Oxidation eines primären Alkohols am Beispiel des Ethanols

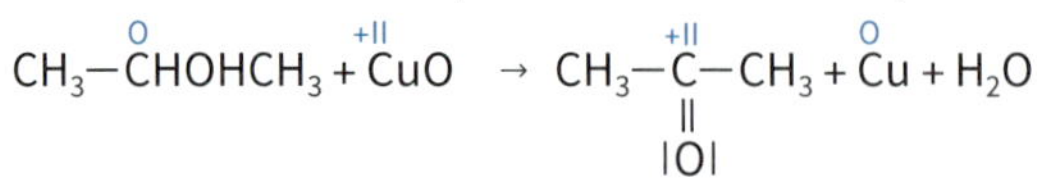

Abb. 11.13: Oxidation eines sekundären Alkohols am Beispiel von Propan-2-ol

ALKANOLE

- Die funktionelle Gruppe der Alkanole ist die Hydroxy-Gruppe –OH.
- Da Alkanole Wasserstoffbrücken ausbilden können, liegen ihre Siedetemperaturen höher als die der Alkane vergleichbarer Molekülmasse.
- Kurzkettige Alkanole sind aufgrund der hydrophilen OH-Gruppe gut wasserlöslich, bei langkettigen überwiegt der hydrophobe Kohlenwasserstoffrest.
- Alkanole reagieren mit Alkalimetallen unter Freisetzung von Wasserstoff.
- Alkanole reagieren je nach Wahl der Reaktionsbedingungen mit anorganischen Säuren zu Estern, Ethern oder Alkenen.
- Primäre Alkanole lassen sich mit milden Oxidationsmitteln zu Alkanalen oxidieren, sekundäre Alkanole zu Alkanonen, tertiäre reagieren unter diesen Bedingungen nicht.

Phenol

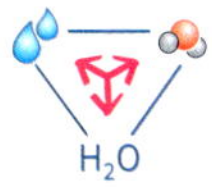

Verbindungen, bei denen eine oder mehrere OH-Gruppen unmittelbar an einen Benzolring gebunden sind, nennt man **Phenole**. Die einfachste Verbindung dieser Stoffklasse ist Monohydroxybenzol, das Phenol selbst. Phenol bildet farblose Nadeln, ist giftig und wirkt stark ätzend.

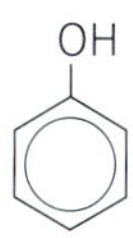

Es wurde früher unter dem Trivialnamen **Carbolsäure** zur Desinfektion benutzt. Das Phenol besitzt zwar wie die einwertigen Alkohole eine Hydroxy-Gruppe, es löst sich im Vergleich zu Cyclohexanol aber besser in Wasser, ist leicht oxidierbar und reagiert in wässriger Lösung schwach sauer. Die OH-Gruppe des Phenols lässt sich nicht nucleophil substituieren.

Acidität von Phenol

Phenol reagiert im Vergleich zu den kettenförmigen Alkoholen deutlich saurer, sein pK_S-Wert beträgt 10. Dies hat zwei Gründe:

① Im Phenol-Molekül tritt ein freies Elektronenpaar der OH-Gruppe in Wechselwirkung mit den delokalisierten π-Elektronen des aromatischen Kerns. Dadurch wird die Elektronendichte im Kern erhöht, die OH-Gruppe besitzt einen +M-Effekt. Durch diesen +M-Effekt wird die Polarität der O–H-Bindung verstärkt und die Abgabe des positivierten Wasserstoff-Atoms der Hydroxy-Gruppe als Proton erleichtert.

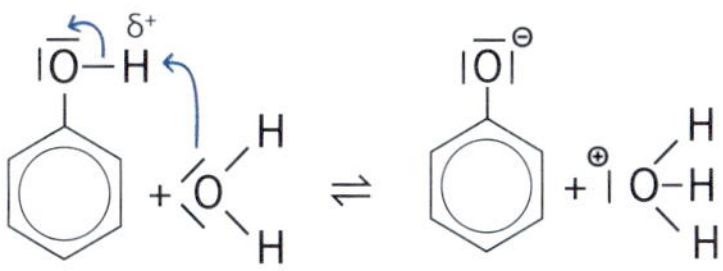

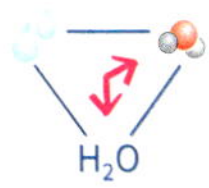

Vergleich der pK_S-Werte:

Phenol $pK_S = 10$; Methanol $pK_S = 16$; Ethanol $pK_S = 17$

② Das nach Protolyse entstandene Phenolat-Anion ist stark **mesomeriestabilisiert**, da die negative Ladung über das gesamte Ion verteilt ist.

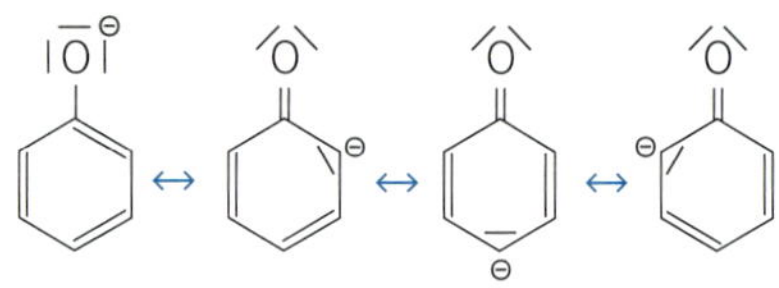

WISSEN

Der Grund für die größere Säurestärke des Phenols im Vergleich zu Alkoholen liegt in der Verstärkung der Polarität der Bindung zwischen O und H und in der großen Mesomeriestabilisierung des entstandenen Phenolat-Ions.

Einfluss von Zweitsubstituenten auf die Säurestärke von Phenol

Substituenten mit –M-Effekt vermindern die Elektronendichte des Kerns, erhöhen so die Polarität der O – H-Bindung und damit die Säurestärke. So ist z. B. 2,4,6-Trinitrophenol (→ Abb. 11.14, rechts) viel stärker sauer als Phenol.

4-Nitrophenol | 2,4-Dinitrophenol | 2,4,6-Trinitrophenol

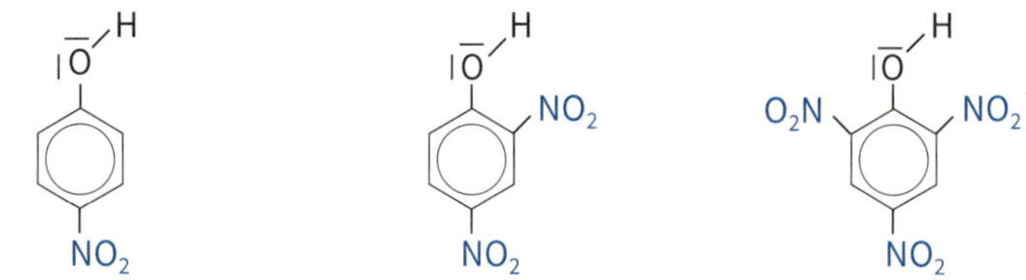

$K_S = 10^{-7,2}\ mol \cdot l^{-1}$ | $K_S = 10^{-4}\ mol \cdot l^{-1}$ | $K_S = 10^{-1}\ mol \cdot l^{-1}$

Abb. 11.14: Acidität nitrierter Phenole

Chemische Reaktionen: Elektrophile Substitution

Siehe auch Benzol, Zweitsubstitution, → Seite 183

Phenol reagiert wie Benzol mit elektrophiler Substitution, die Reaktion verläuft aber schneller als bei Benzol und sogar ohne Katalysator, da durch die Mesomeriebeteiligung des freien Elektronenpaars des O-Atoms die Elektronendichte im Kern stark erhöht wird. Die Anlagerung des Zweitsubstituenten erfolgt an ortho- oder para-Stelle.

PHENOLE

- Phenole sind Verbindungen mit OH-Gruppe am Benzolring.
- Die elektrophile Substitution am Phenol ist gegenüber Benzol aufgrund der höheren Elektronendichte begünstigt.
- Phenol reagiert stärker sauer als Alkohole, da die O – H-Bindung stärker polarisiert und das Phenolation mesomeriestabilisiert ist.

ALIPHATISCHE UND AROMATISCHE ALKOHOLE

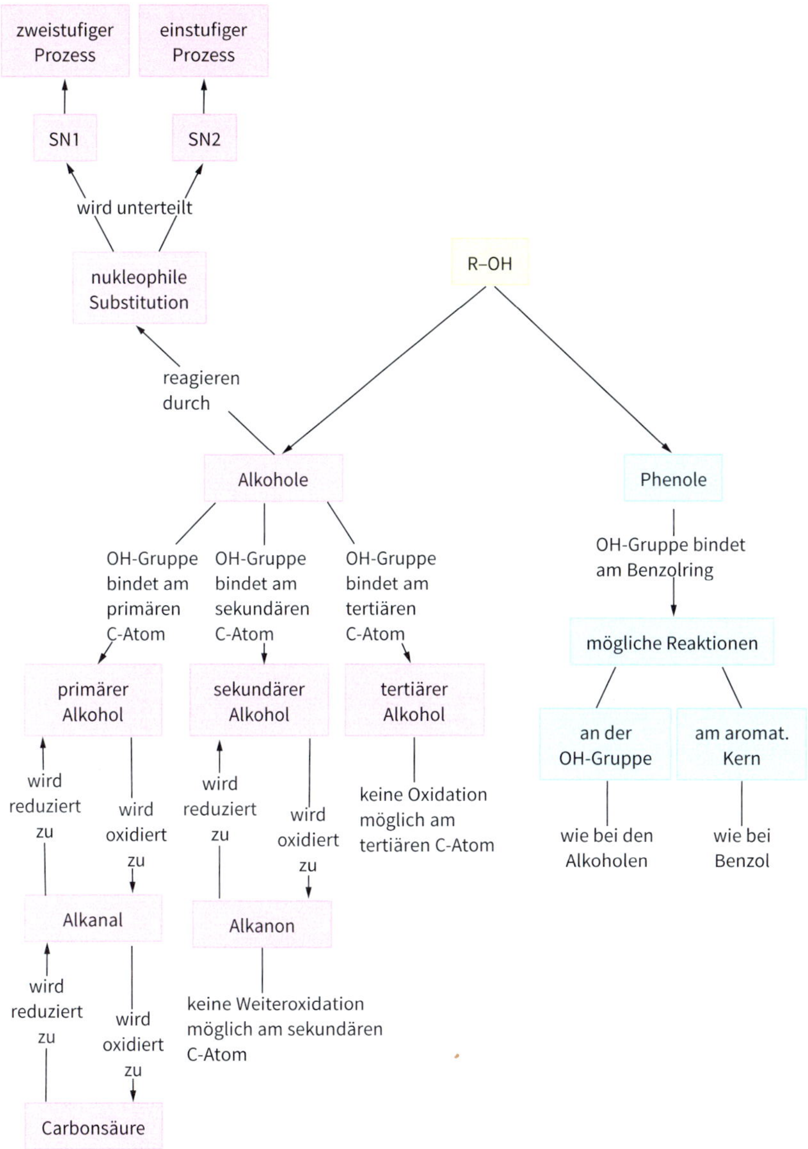

11.2 Verbindungen mit der Carbonyl-Gruppe: Alkanale, Alkanone

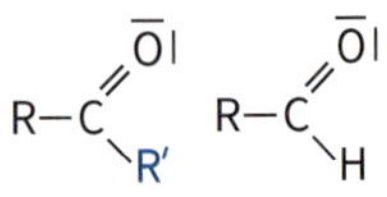

Alkanon Alkanal

Durch Oxidation primärer oder sekundärer Alkohole erhält man Verbindungen mit einer C=O-Doppelbindung. Diese funktionelle Gruppe wird **Carbonyl-Gruppe** genannt. Verbindungen mit endständiger Carbonyl-Gruppe werden **Alkanale (Aldehyde)** genannt, befindet sich der doppelt gebundene Sauerstoff an einem sekundären Kohlenstoff-Atom, handelt es sich um **Alkanone (Ketone)**.

Nomenklatur

Die Namen der aliphatischen Aldehyde werden gebildet, indem man die Endung -al an den Alkannamen hängt. Bei der Nummerierung der Kohlenstoffkette erhält das C-Atom der Carbonyl-Gruppe stets die Nummer 1. Die Namen von Ketonen werden gebildet, indem man die Endung -on dem Stammnamen des Alkans anfügt. Die Stellung der Ketogruppe wird durch vorangestellte Ziffern angegeben, dabei ist darauf zu achten, dass das den doppelt gebundenen Sauerstoff tragende C-Atom eine möglichst niedrige Zahl erhält.

Name nach IUPAC	Trivialname	Formel	Eigenschaften/Verwendung
Methanal	Formaldehyd	CH_2O	stechend riechendes Gas, die wässrige Lösung wird Formalin genannt; Verwendung: in der Kunststoffindustrie, als Konservierungsmittel in Kosmetika; Desinfektionsmittel
Ethanal	Acetaldehyd	CH_3CHO	farblose Flüssigkeit mit niedriger Siedetemperatur und scharfem Geruch; Verwendung: Oxidation zu Essigsäure, Grundstoff in Medikamenten und Farbstoffen
Benzaldehyd	–	C_6H_5-CHO	farblose, ölige Flüssigkeit, die nach bitteren Mandeln riecht, ungiftig; Verwendung: Duftträger für Backwaren „Marzipan“
Propanon	Aceton	CH_3COCH_3	klare, farblose Flüssigkeit, aromatisch riechend, feuergefährlich; Verwendung: wichtiges technisches Lösemittel

Tab. 11.5: Wichtige Alkanale und Alkanone

Bindungsverhältnisse in der Carbonyl-Gruppe

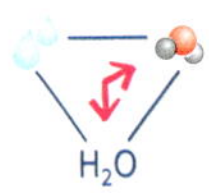

Die Bindungslänge der C=O-Doppelbindung ist mit 122 pm um 21 pm kleiner als die der C–O-Einfachbindung. Sowohl das Kohlenstoff-Atom als auch das Sauerstoff-Atom liegen nach dem Orbitalmodell **sp^2-hybridisiert** vor. Dabei überlappen je ein sp^2-Hybridorbital des C- und O-Atoms zu einer σ-Bindung. Die beiden nicht an der Hybridisierung beteiligten p_z-Orbitale überlappen zur **π-Bindung**. Die beiden weiteren sp^2-Orbitale des Kohlenstoffs bilden σ-Bindungen zu zwei Nachbaratomen aus; die beiden restlichen sp^2-Orbitale des Sauerstoffs bilden die beiden freien Elektronenpaare.

Die C=O-Doppelbindung ist polar, die leicht beweglichen π-Elektronen sind in Richtung des stärker elektronegativen Sauerstoffs verschoben, an welchem dadurch eine negative Partialladung auftritt. Das Kohlenstoff-Atom der Carbonyl-Gruppe trägt eine positive Partialladung.

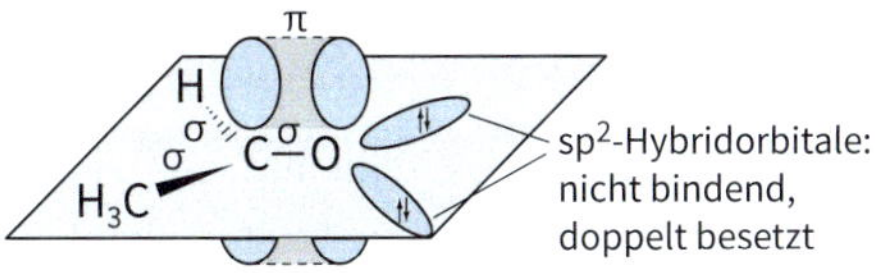

Abb. 11.15: Orbitalmodell des Ethanals

Physikalische Eigenschaften

Siedetemperatur: Wegen der polaren **Carbonyl-Gruppe** sind sowohl Alkanale als auch Alkanone Dipole, sodass ihre Siedetemperaturen deutlich über denen von Alkanen entsprechender Masse liegen. Wegen des Fehlens von Wasserstoffbrücken sieden sie niedriger als die entsprechenden Alkohole. So liegt die Siedetemperatur von Ethanol bei 78 °C, die von Ethanal bei 20 °C.

Löslichkeit: Kurzkettige Alkanale und Alkanone sind aufgrund ihres Dipolcharakters in polaren Lösemitteln wie z. B. Wasser löslich. Aufgrund der freien Elektronenpaare am Sauerstoff-Atom der Carbonyl-Gruppe sind Wasserstoffbrücken zu Wasser-Molekülen möglich, sodass die ersten beiden Glieder der homologen Reihen der Alkanale und Alkanone wasserlöslich sind. Mit zunehmender Kettenlänge überwiegt jedoch der hydrophobe Charakter des Kohlenwasserstoffrestes. Langkettige Alkanale und Alkanone sind unlöslich in polaren Lösemitteln.

Chemische Reaktionen der Carbonyl-Gruppe: Nucleophile Addition

Die Polarität einer C=O-Doppelbindung ist größer als die einer C—O-Einfachbindung, da die π-Elektronen wegen ihres größeren Abstandes zum Atomrumpf leichter unter dem Einfluss der unterschiedlichen Elektronegativität verschiebbar sind als σ-Elektronen. Als Folge zieht das elektronegativere Sauerstoff-Atom die bindenden Elektronen und besonders die π-Elektronen stärker an. Am Sauerstoff-Atom tritt eine negative, am Kohlenstoff-Atom eine positive Partialladung auf:

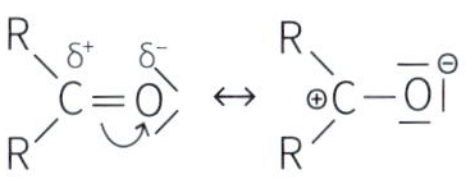

	Bindungslänge	Bindungsenergie	Polarität
C=O	122 pm	745 kJ · mol^{-1}	stärker
—C—O	143 pm	358 kJ · mol^{-1}	weniger stark

Tab. 11.6: Bindungsdaten im Vergleich

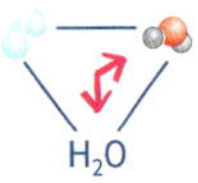

Die Carbonyl-Gruppe wird am positivierten Kohlenstoff-Atom nucleophil angegriffen, sie reagiert als Verbindung mit Doppelbindung durch Addition. Als Nucleophile können Anionen und polare Moleküle mit freien Elektronenpaaren wirken. Nach Anlagerung des Nucleophils stabilisiert sich das entstandene Zwitterion durch intramolekulare Protonenwanderung (→ Abb. 11.16 und Tab. 11.7). Durch eine Protonierung des Carbonylsauerstoffs wird die Positivierung des Carbonyl-Kohlenstoffatoms verstärkt, sodass viele nucleophile Additionen unter Säurekatalyse ablaufen.

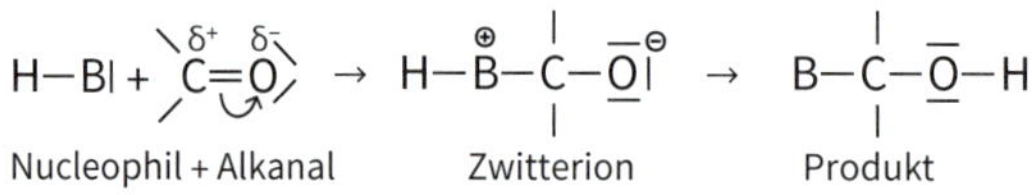

Abb. 11.16: Allgemeine Reaktionsgleichung

Durch Säurekatalyse wird die Reaktivität der Carbonyl-Gruppe durch Protonierung erhöht, das entstehende Carbenium-Ion wird noch leichter nucleophil angegriffen.	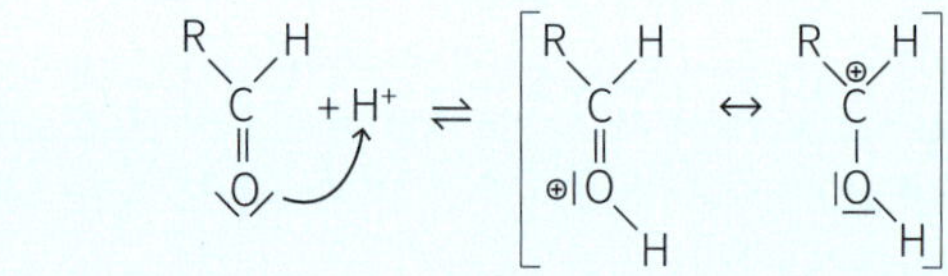
Nucleophiler Angriff des Alkohols mit einem freien Elektronenpaar seiner Hydroxy-Gruppe und Addition. Durch Abspaltung von H⁺ unter Rückgewinnung der Katalysatorsäure wird ein Halbacetal gebildet.	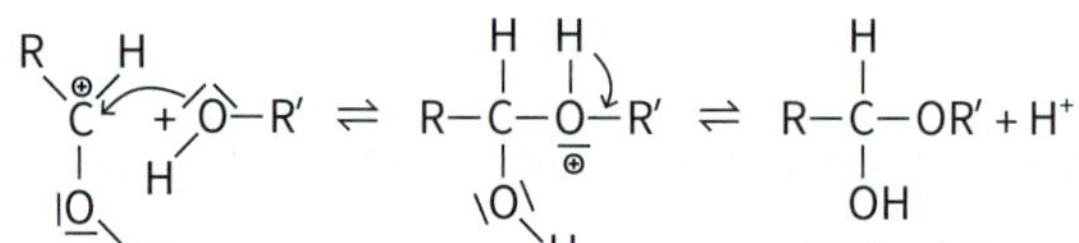
In einem weiteren Reaktionsschritt kann die OH-Gruppe des Halbacetals protoniert werden, die anschließende Wasserabspaltung und die Addition eines weiteren Alkoholmoleküls führt zum Acetal.	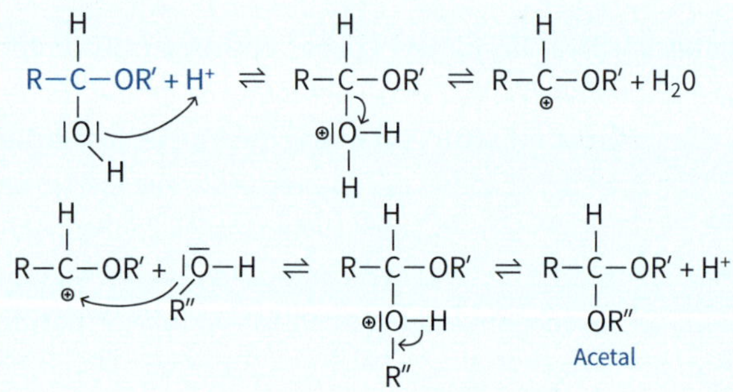

Tab. 11.7: Reaktionsmechanismus am Beispiel der Addition von Alkohol: Acetalbildung

Weitere nucleophile Additionsreaktionen:
Addition von Wasser: Hydratbildung

Sauerstoff greift mit einem der beiden freien Elektronenpaare am positivierten C-Atom an, die Stabilisierung des entstandenen Zwitterions geschieht durch intramolekulare Protonenwanderung, es entsteht ein Hydrat mit zwei Hydroxy-Gruppen am selben C-Atom.

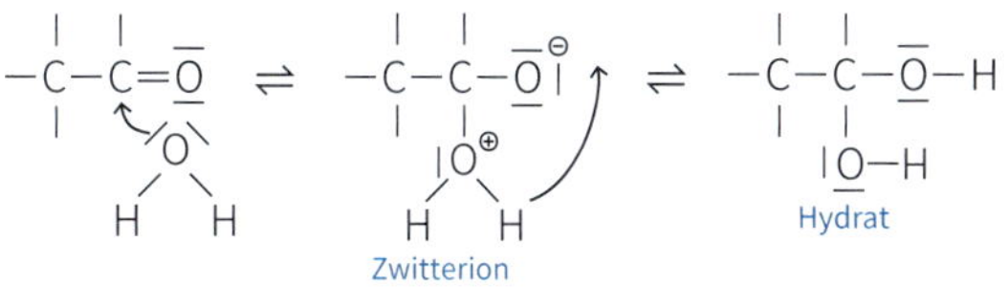

Die nucleophile Addition von Wasser an die Carbonyl-Gruppe hat keine synthetische Bedeutung, da sich unter Wasserabspaltung rasch die stabile Carbonyl-Gruppe zurückbildet. Ein stabiles Hydrat bildet Chloralhydrat, da durch die Addition von Wasser die energetisch ungünstige Positivierung von benachbarten C-Atomen eingeschränkt wird.

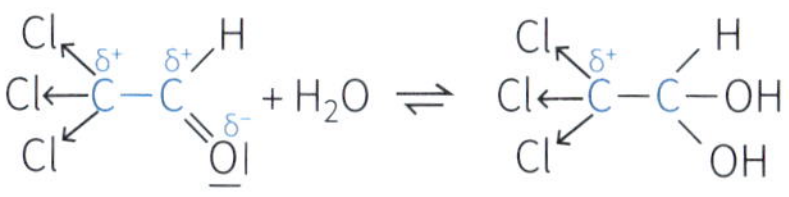

WISSEN

Aufgrund des positivierten C-Atoms der Carbonyl-Gruppe erfolgt der Angriff durch Nucleophile als Addition.

Vergleich der Reaktivität von Alkanalen und Alkanonen

Alkanone reagieren langsamer als Alkanale mit gleicher Anzahl an C-Atomen, da hier von beiden Seiten der +I-Effekt der Alkyl-Gruppen die Elektronen in Richtung des positivierten Kohlenstoffatoms schiebt, sodass die Positivierung abgeschwächt wird.

Oxidation und Reduktion von Carbonylverbindungen

Alkanale lassen sich mit milden Oxidationsmitteln wie z. B. der **FEHLING-Lösung** zu Carbonsäuren oxidieren. Ketone dagegen lassen sich durch milde Oxidationsmittel nicht oxidieren, mit starken nur unter Spaltung von Bindungen. Diese Tatsache nutzt man zur experimentellen Unterscheidung von Alkanalen und Alkanonen.

DR. HERMANN VON FEHLING 1812 – 1885

FEHLING-Lösung ist ein alkalisches Reagenz, welches Cu^{2+}-Ionen enthält. Das **FEHLING-Reagenz** dient als Nachweis für Aldehyde, es ist allerdings nicht spezifisch. In Anwesenheit eines Aldehyds entsteht ein roter Niederschlag von Cu_2O.

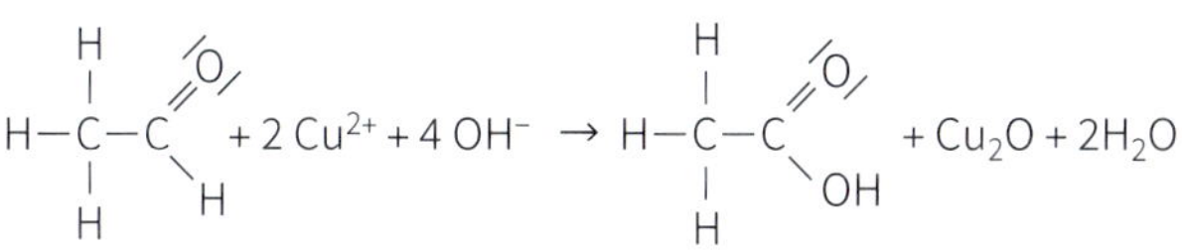

Im Jahre 1855 wurde durch JUSTUS VON LIEBIG die Technik der Herstellung von Silber-Spiegeln entdeckt.

Eine weitere Nachweisreaktion erfolgt mit **TOLLENS-Reagenz**, einer ammoniakalischen Silbernitratlösung. Die Silber-Ionen werden zu metallischem Silber reduziert, das sich als Silberspiegel an der Innenseite des Reaktionsgefäßes abscheidet.

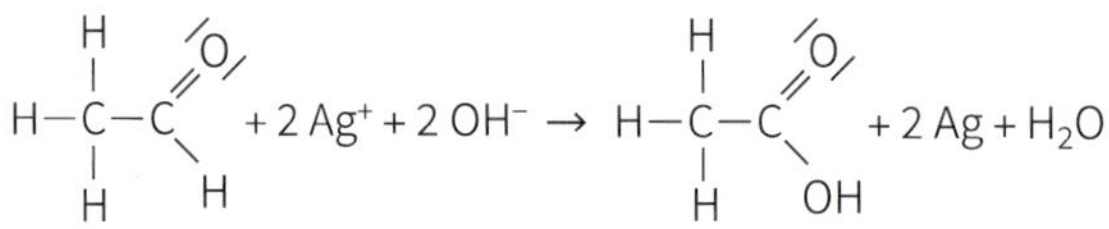

WISSEN

Zur Unterscheidung von Alkanalen und Alkanonen kann ihr unterschiedliches Verhalten gegenüber Oxidationsmitteln herangezogen werden: Nur Alkanale lassen sich durch FEHLING-Lösung oder durch TOLLENS-Reagenz oxidieren.

Stellungs-Isomerie bei Stoffen mit Carbonyl-Gruppe

Definition: Unterschiedliche Verknüpfungsstellen bei gleichen funktionellen Gruppen. Beispiel:

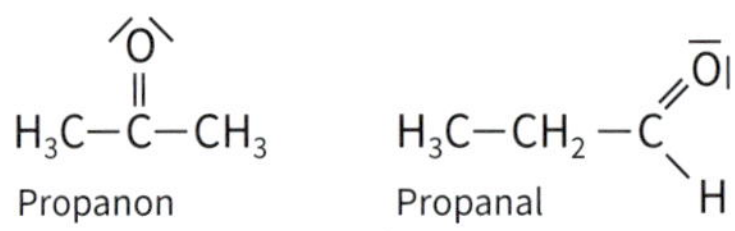

Propanon Propanal

Protonen-Isomerie, Keto-Enol-Tautomerie

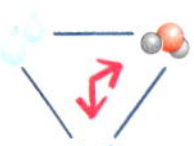

Definition: Unterschiedliche Position eines Protons im Molekül. Carbonylverbindungen mit H-Atomen in α-Stellung können dieses H-Atom vom α-C- zum O-Atom der Carbonyl-Gruppe schieben. Beispiel:

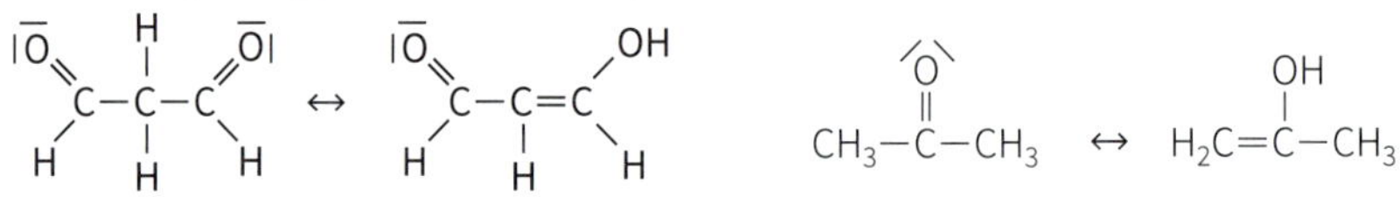

Keto-Form Propandial Enol-Form

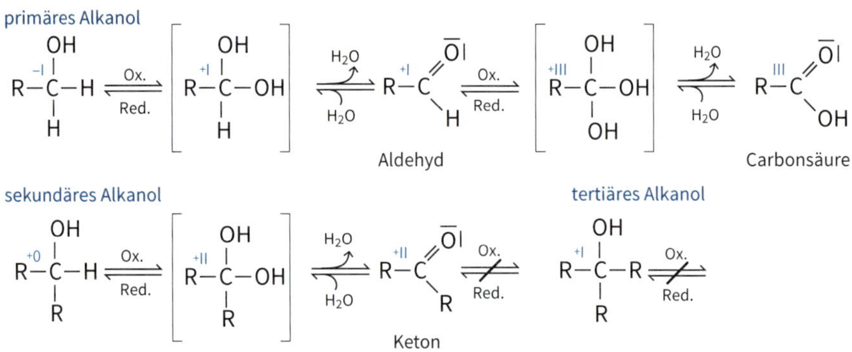

Abb. 11.17: Übersicht über das Oxidationsverhalten verschiedener sauerstoffhaltiger Verbindungen

ALKANALE, ALKANONE

- Die funktionelle Gruppe ist die Carbonyl-Gruppe, wobei der doppelt gebundene Sauerstoff bei den Alkanalen am Rand-Kohlenstoffatom und bei den Alkanonen an einem sekundären Kohlenstoffatom sitzt.
- Die Carbonyl-Gruppe ist polar. Dadurch kommt es zu zwischenmolekularen Dipol/Dipol-Wechselwirkungen.
- Alkanale entstehen als Oxidationsprodukt primärer Alkohole, Alkanone als Oxidationsprodukt sekundärer Alkohole.
- Die Carbonyl-Gruppe ist polar, das positivierte Carbonyl-C-Atom kann durch Nucleophile wie Alkohol oder Wasser angegriffen werden und reagiert mit Addition. Dabei reagieren Alkanale leichter als Alkanone.
- Alkanale können durch milde Oxidationsmittel an der Carbonyl-Gruppe zu Carbonsäuren oxidiert werden, dadurch lassen sie sich von Alkanonen unterscheiden. Als Nachweisreaktionen dienen die FEHLING-Probe und die Reaktion mit TOLLENS-Reagenz.
- Alkanone sind im Gegensatz zu Alkanalen keine Reduktionsmittel.

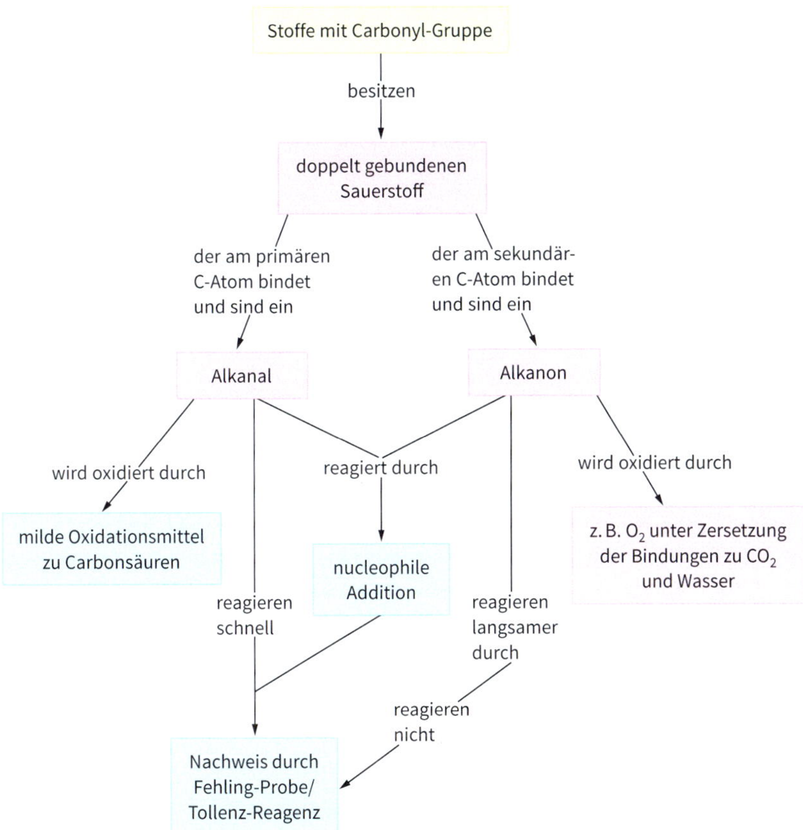

11.3 *Verbindungen mit der Carboxy-Gruppe: Carbonsäuren*

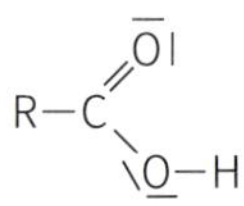

Die funktionelle Gruppe der Carbonsäuren ist die Carboxy-Gruppe, die sich formal aus einer Carbonyl- und einer Hydroxy-Gruppe zusammensetzt.

Name nach IUPAC	Trivialname	Formel	Bedeutung
Methansäure	Ameisensäure	$HCOOH$	zur Konservierung, Desinfektion
Ethansäure	Essigsäure	CH_3COOH	als Essig, zur Herstellung von Kunstseide, Heilmittel
Propansäure	Propionsäure	C_2H_5COOH	Herstellung von Lösemitteln, Aromen, Kunststoffen
Butansäure	Buttersäure	C_3H_7COOH	entsteht beim Ranzigwerden von Fett
Benzoesäure	–	C_6H_5COOH	Konservierungsstoff
Hexadecansäure	Palmitinsäure	$C_{15}H_{31}COOH$	als Fettsäure in Fetten
Octadecansäure	Stearinsäure	$C_{17}H_{35}COOH$	als Fettsäure in Fetten
Aminoethansäure	Glycin	CH_2NH_2COOH	Baustein der Proteine
Aminopropansäure	Alanin	$CH_3CH_2NH_2COOH$	Baustein der Proteine
2-Hydroxypropansäure	Milchsäure	$CH_3CHOHCOOH$	Herstellung von Jogurt, Sauerkraut, Käse, Silofutter
Ethandisäure	Oxalsäure	$HOOC\text{-}COOH$	in Sauerklee und Rhabarber, zum Entfernen von Tinten- und Rostflecken, als Metallputzmittel
Propandisäure	Malonsäure	$HOOC\text{-}CH_2\text{-}COOH$	Herstellung von Barbituraten

Tab. 11.8: Übersicht über wichtige Carbonsäuren

Nomenklatur

Aliphatische Carbonsäuren heißen auch **Alkansäuren**. Bei der Benennung wird an den Stammnamen des Alkans das Wort Säure angefügt. Enthält eine Säure zwei Carboxy-Gruppen, wird dies durch die Silbe -di- gekennzeichnet: Alkandisäure, z. B. Ethandisäure $HOOC-COOH$, trivial Oxalsäure und $HOOC-CH_2-COOH$ Propandisäure, Malonsäure. Bei aromatischen Carbonsäuren trägt der Benzolring mindestens eine Carboxy-Gruppe, z. B. Benzoesäure.

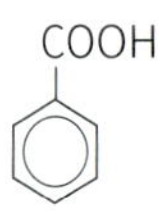

Hybridisierungzustand und Bindung

Das C-Atom der Carboxy-Gruppe ist sp^2-hybridisiert, die drei σ-Bindungen liegen in einer Ebene, der Winkel zwischen den Bindungen beträgt 120°. Eines der beiden Sauerstoffatome ist durch eine zusätzliche π-Bindung doppelt gebunden. Die

Bindungslänge der C—O-Einfachbindung beträgt 143 pm, die der C=O-Doppelbindung 122 pm. Aufgrund der Elektronegativitätsdifferenz zwischen Kohlenstoff und Sauerstoff ist die Carboxy-Gruppe stark polar.

Physikalische Eigenschaften

Siedetemperaturen: Carbonsäuren können durch Dimerisation untereinander zwei Wasserstoffbrücken ausbilden, sodass ihre Siedetemperaturen noch höher liegen als die von Alkoholen vergleichbarer Masse. Sie sind etwa doppelt so hoch wie bei Alkanen vergleichbarer Masse.

Löslichkeit: Wie bei den Alkoholen nimmt mit zunehmender Kettenlänge die Wasserlöslichkeit ab, nur die ersten vier Glieder der homologen Reihe sind unbegrenzt mit Wasser mischbar.

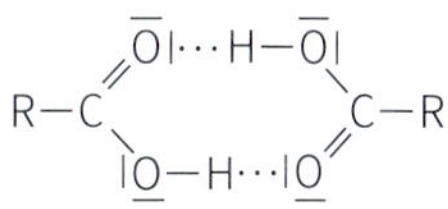

Säurestärke

Wässrige Lösungen der Carbonsäuren reagieren sauer, als korrespondierende Basen entstehen Carboxylat-Anionen.

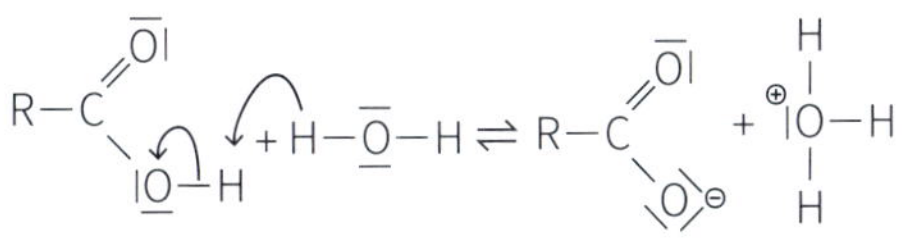

Durch den –I-Effekt des Carbonyl-Sauerstoffs wird die Polarität der Bindung zwischen O- und H-Atom noch verstärkt, sodass Carbonsäuren viel stärker sauer sind als die Alkohole. Hinzu kommt, dass das entstandene Carboxylat-Ion durch Elektronendelokalisation sehr stabil ist.

Die Bindungslänge der beiden C—O-Bindungen ist gleich lang, sie beträgt jeweils 136 pm. Es liegt also weder eine Einfach- noch eine Doppelbindung vor, die negative Ladung ist gleichmäßig über die gesamte Gruppe verteilt. Man geht beim Mesomeriemodell von der Vorstellung aus, dass das p_z-Orbital des Kohlenstoffs mit den p_z- Orbitalen der beiden Sauerstoff-Atome überlappt. Das entstandene π-Orbital erstreckt sich über alle drei Atome, die π-Elektronen sind delokalisiert. Diese Delokalisation ist energetisch begünstigt, sodass das Carboxylat-Anion sehr stabil ist.

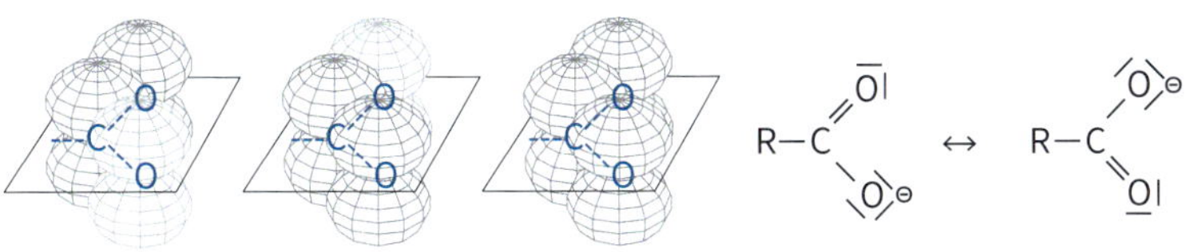

Abb. 11.18: Mesomere Formeln des Carboxylat-Anions

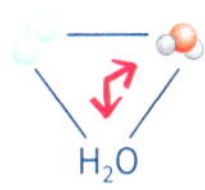

Bei den Carbonsäuren ist die Mesomeriestabilisierung des Carboxylat-Ions für den Säurecharakter verantwortlich. Induktive Effekte im Säurerest beeinflussen die Säurestärke der Carbonsäuren.

Überblick über Säurestärken

Monoalkansäuren

- Säurestärke: Alle Alkansäuren besitzen annähernd die gleiche Säurestärke mit Ausnahme der Methansäure, die mit einem pK_S-Wert von 3,7 eine recht starke Säure ist.
- Erklärung: Methansäure ist die einzige Säure ohne Alkyl-Gruppen, welche durch ihren +I-Effekt die Polarität der O—H-Bindung abschwächen.

pK_S-Werte:
Fluorethansäure 2,66
Chlorethansäure 2,81
Bromethansäure 2,87
Iodethansäure 3,13

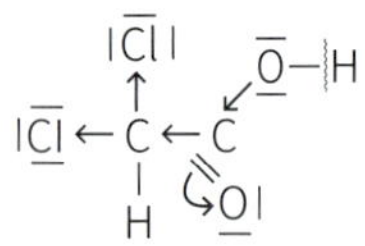

Halogenalkansäuren

- Säurestärke: Halogenalkansäuren sind stärker sauer als die entsprechenden Alkansäuren.
- Erklärung: Die Halogensubstituenten polarisieren durch ihren –I-Effekt die Bindung zwischen Wasserstoff und Sauerstoff noch stärker. Die Polarisierung der O—H-Bindung ist um so stärker, je größer die Elektronegativität des betreffenden Halogen-Atoms ist.

pK_S-Werte:
Ethansäure 4,76
Ethandisäure 1,25
Butandisäure 4,19

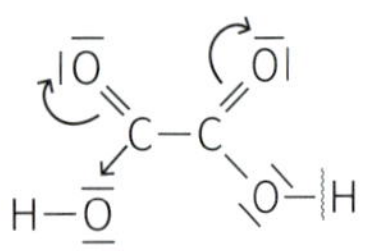

Dicarbonsäuren

- Säurestärke: Sie ist höher als bei den Monocarbonsäuren. Kurzkettige Dicarbonsäuren sind stärker sauer als langkettige.
- Erklärung: Die beiden Carboxy-Gruppen üben aufeinander einen –I-Effekt aus, wodurch die Polarität der O—H-Bindung verstärkt wird. Der –I-Effekt nimmt mit zunehmender Entfernung der beiden Carboxy-Gruppen voneinander rasch ab.

WISSEN

Substituenten mit +I-Effekt erniedrigen die Säurestärke,
Substituenten mit –I-Effekt erhöhen sie.

Spiegelbild-Isomerie bei Hydroxycarbonsäuren

Einige Hydroxycarbonsäuren kommen in zwei Formen vor, die sich wie Bild und Spiegelbild verhalten. Moleküle mit solchen Eigenschaften bezeichnet man als **spiegelbildisomer** oder **chiral**. Spiegelbildisomere heißen auch Enantiomere. Die Spiegelbild-Isomerie der Milchsäure (Hydroxypropansäure) beruht darauf, dass das zweite C-Atome (C*) mit vier unterschiedlichen, tetraedrisch angeordneten Substituenten verbunden ist. Dieses Atom stellt ein Chiralitätszentrum dar und wird auch als asymmetrisches C-Atom bezeichnet.

DEFINITION

Asymmetrische C-Atome sind mit vier unterschiedlichen Substituenten verbunden.

Um die unterschiedlichen Konfigurationen der beiden Spiegelbildisomeren darstellen zu können, verwendet man die Projektionsformeln nach FISCHER. Dabei ordnet man das Molekül zunächst so an, dass die C—C-Kette senkrecht mit dem am höchsten oxidierten C-Atom oben steht. Das asymmetrische C-Atom wird als in der Papierebene liegend angenommen. Die von diesem C-Atom ausgehenden C—C-Bindungen sollen hinter dieser Papierebene liegen, die C—H und die C—OH-Bindungen dagegen davor.

Projiziert man nun alle vier Substituenten auf die Ebene, so erhält man für die C—C-Bindungen vertikale Bindungsstriche und für die C—H und C—OH-Bindungen horizontale. Die beiden spiegelbildisomeren Formen der Milchsäure unterscheiden sich in der Anordnung der OH-Gruppe am chiralen C-Atom. Steht die OH-Gruppe in der FISCHER-Formel nach rechts, spricht man von der D-Milchsäure, zeigt sie nach links, von der L-Form der Milchsäure.

lat. *dexter* = rechts
lat. *laevus* = links

Chirale Verbindungen sind **optisch aktiv**, das heißt sie drehen die Schwingungsebene von linear polarisiertem Licht.

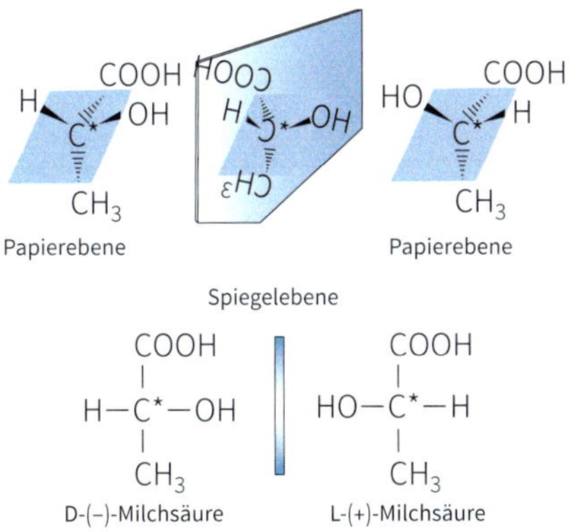

Abb. 11.19: Spiegelbildisomere Milchsäuren

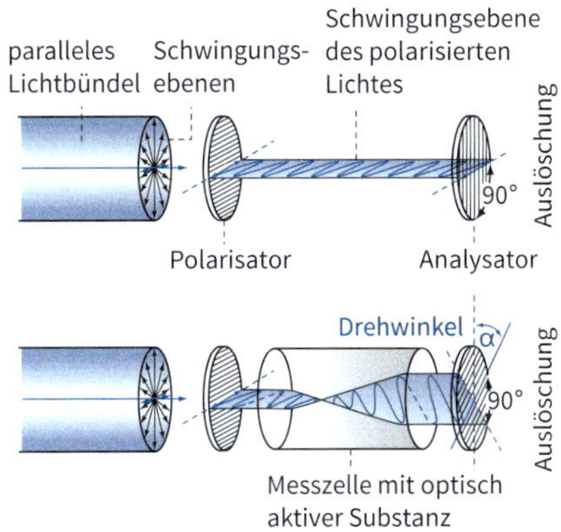

Abb. 11.20: Optisch aktive Substanz in einem Polarimeter

Beim **Polarimeter** lässt ein erster Polarisationsfilter (Polarisator) nur linear polarisiertes Licht in die Messzelle. Der Lichtstrahl trifft dahinter auf den zweiten drehbaren Polarisationsfilter (Analysator). Stimmen die Ausrichtungen der beiden Filter überein, so kann der Lichtstrahl ungehindert passieren. Durch Drehung des Analysators um 90° erscheint das Blickfeld dunkel, da das Licht nicht mehr passieren kann. Füllt man nun die Messzelle mit einer optisch aktiven Substanz, so wird die Schwingungsebene des Lichtstrahl um einen bestimmten Betrag gedreht. Die Richtung dieses Drehwinkels wird durch die Vorzeichen + (rechtsdrehend) und – (linksdrehend) angegeben.

Chemische Reaktionen der Carbonsäuren: Veresterung

Bei der Reaktion von Carbonsäuren mit Alkoholen entstehen unter Abspaltung von Wasser Carbonsäureester (→ Tab. 11.9):

1. Schritt: Die Reaktion beginnt mit einer Protonierung des Sauerstoff-Atoms der Carboxy-Gruppe. Das entstandene Carbenium-Ion ist durch Mesomerie stabilisiert.	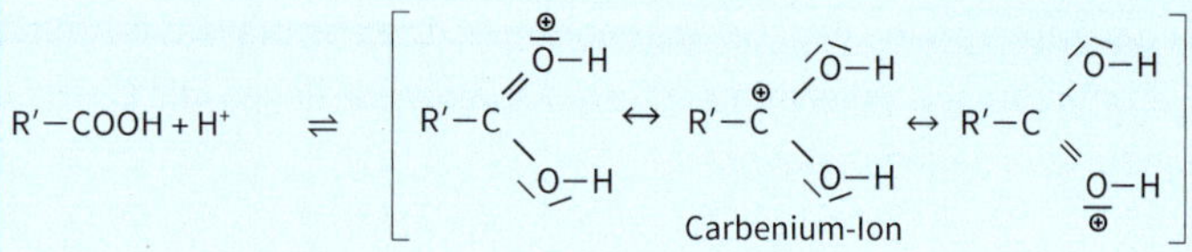
2. Schritt: An das nun stark positivierte C-Atom der Carboxy-Gruppe greift der Alkohol mit einem freien Elektronenpaar des Sauerstoffatoms seiner Hydroxy-Gruppe nucleophil an. In einer Additionsreaktion entsteht ein Oxonium-Ion.	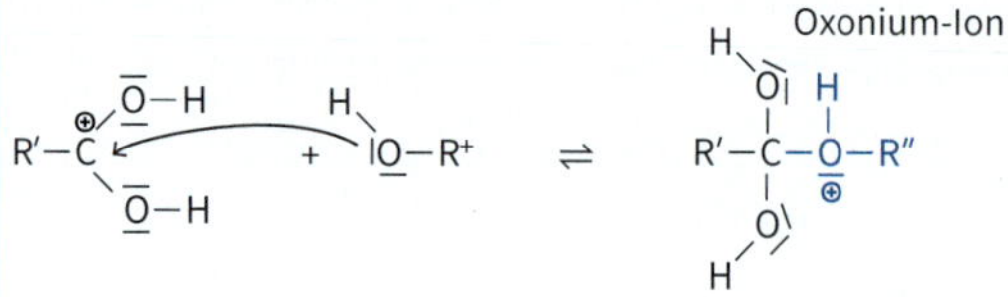
3. Schritt: Das Proton der Hydroxy-Gruppe des addierten Alkohols wandert intramolekular zur Hydroxy-Gruppe der Säure. Anschließend erfolgt eine Eliminierung des Wasser-Moleküls.	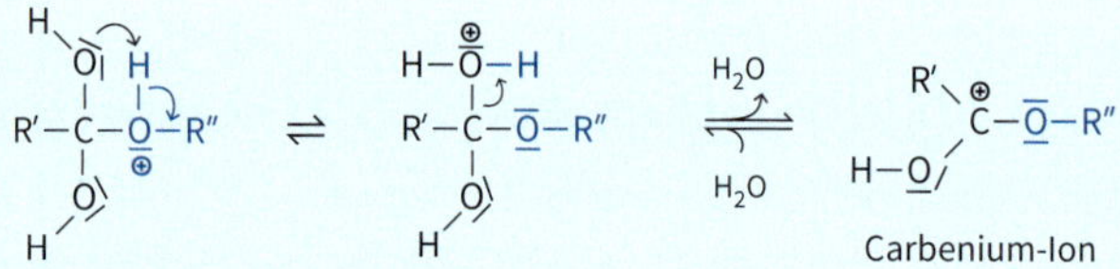
4. Schritt: Durch Abspalten eines H^+-Ions wird der Katalysator rückgebildet.	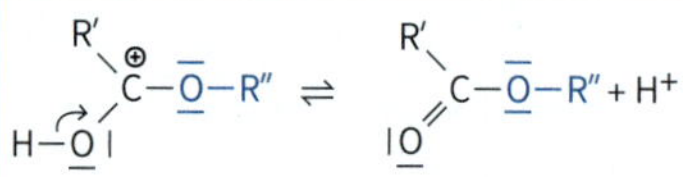

Tab. 11.9: Reaktionsmechanismus der Veresterung

Säure + Alkohol ⇌ Ester + Wasser

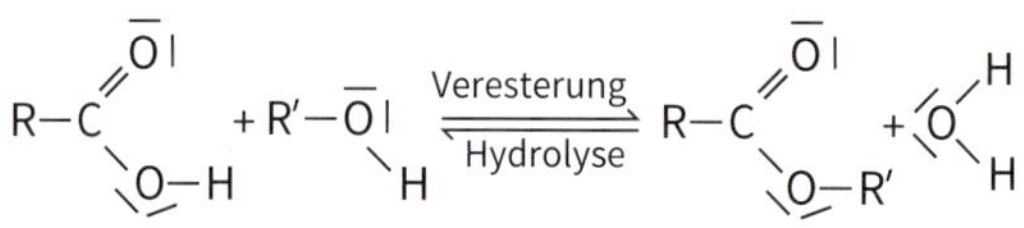

Veresterung und Esterspaltung (Esterhydrolyse) befinden sich in einem dynamischen Gleichgewichtszustand. Die Reaktionsgeschwindigkeit wird jedoch erst bei der Säurekatalyse nennenswert groß. Die funktionelle Gruppe der Ester ist die Ester-Gruppe.

Nomenklatur der Ester und Bedeutung

- Dem Namen der Säure folgt der Alkylrest des Alkohols + -ester: Beispiel: Methansäureethylester oder
- Alkylrest des Alkohols + Salz der Carbonsäure: Beispiel: Ethylmethanoat.

Viele Ester kurzkettiger Alkansäuren haben einen angenehm fruchtigen Geruch und werden von daher als Fruchtaroma verwendet. Viele Ester finden als Lösungsmittel oder als Weichmacher von Kunststoffen Verwendung.

Esterhydrolyse = Verseifung

Die saure Esterhydrolyse entspricht der Rückreaktion der sauren Veresterung und führt daher sehr schnell zu einem Gleichgewichtszustand. Im Alkalischen dagegen lassen sich Ester quantitativ spalten. Da diese Reaktion auch bei der Esterspaltung von Fetten zur Gewinnung von Seifen angewendet wird, bezeichnet man sie auch als Verseifung, → Tab. 11.10.

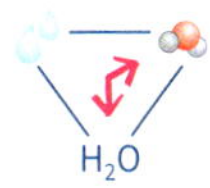

Das Hydroxid-Ion greift am positivierten C-Atom des Esters nucleophil an, wobei gleichzeitig eine Bindung in Richtung des doppelt gebundenen Sauerstoffs verschoben wird.	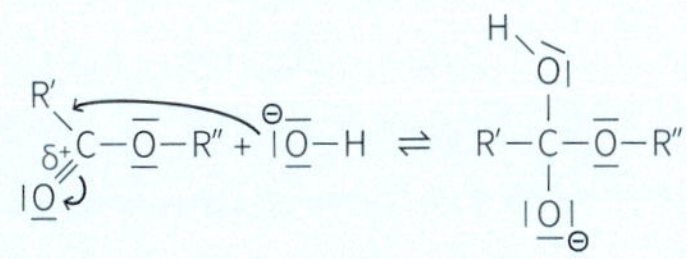
Ein Alkoholat-Ion wird eliminiert.	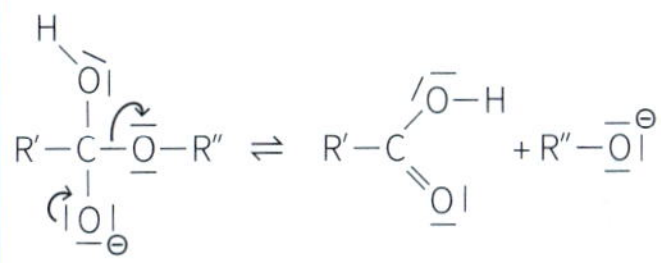
Das entstandene Alkoholat-Ion ist eine sehr starke Base (pK_B des Ethanolat-Ions: −2). Durch Protolyse nimmt das Alkoholat-Ion in einem praktisch irreversiblen Schritt ein Proton auf. Das dabei entstehende Carboxylat-Ion ist durch Mesomerie stabilisiert (→ Seite 205).	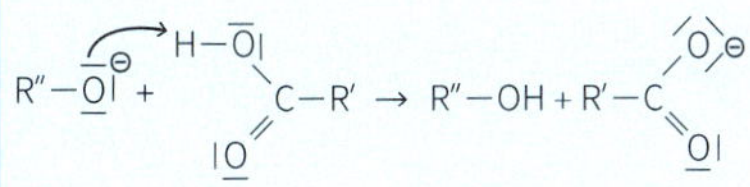

Tab. 11.10: Reaktionsmechanismus der Esterspaltung

Reaktivität von Carbonsäurederivaten und Carbonylverbindungen

Carbonsäurederivate erhält man, wenn man die Hydroxy-Gruppe der Carboxy-Gruppe durch andere Atome oder Atomgruppen ersetzt. Durch den Besitz eines doppelt gebundenen Sauerstoff-Atoms mit großer Elektronegativität trägt das Carbonyl- bzw. Carboxy-Kohlenstoff-Atom eine positive Partialladung. An dieser Stelle erfolgen nucleophile Angriffe, die zu einer Addition führen. Während Carbonsäuren nur langsam mit Nucleophilen reagieren, ist die Reaktionsbereitschaft verschiedener Carbonsäurederivate höher. Bei gleichbleibendem Rest R hängt die Reaktivität der Carbonyl-Gruppe davon ab, welche weiteren Atome bzw. Atomgruppen an das Carbonyl-Kohlenstoff-Atom gebunden sind.

Der nucleophile Angriff wird um so mehr begünstigt, je geringer die Elektronendichte am Carbonyl-Kohlenstoff-Atom und um so stärker dadurch seine positive Partialladung ist. Stark elektronegative Substituenten erhöhen somit die Reaktivität. Carboxylat-Anionen besitzen wegen der Mesomeriestabilisierung und der hohen Elektronendichte praktisch keine Carbonyl-Reaktivität.

Carbonsäurehalogenide

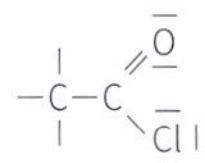

Carbonsäureamide

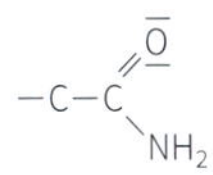

Carbonsäureanhydride

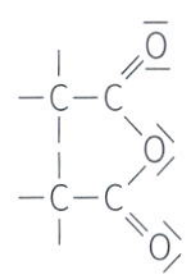

Carbonsäureester

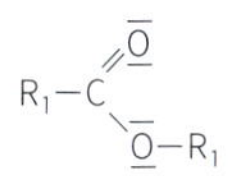

Abb. 11.21: Beispiele von Carbonsäurederivaten

CARBONSÄUREN

- Die funktionelle Gruppe der Carbonsäuren ist die Carboxy-Gruppe.
- Carbonsäuren sind Oxidationsprodukte von primären Alkoholen über Alkanale.
- Die Säurestärke beruht auf der stärkeren Polarität der Bindung zwischen O und H und auf der Mesomeriestabilisierung des entstandenen Anions.
- Eine charakteristische Reaktion der Carbonsäuren ist die Veresterung mit Alkoholen, dabei entstehen in einer Gleichgewichtsreaktion Ester und Wasser.
- Die Esterspaltung nennt man auch Verseifung.
- Carbonsäurederivate erhält man durch Ersatz der Hydroxy-Gruppe durch andere Atome oder Atomgruppen.

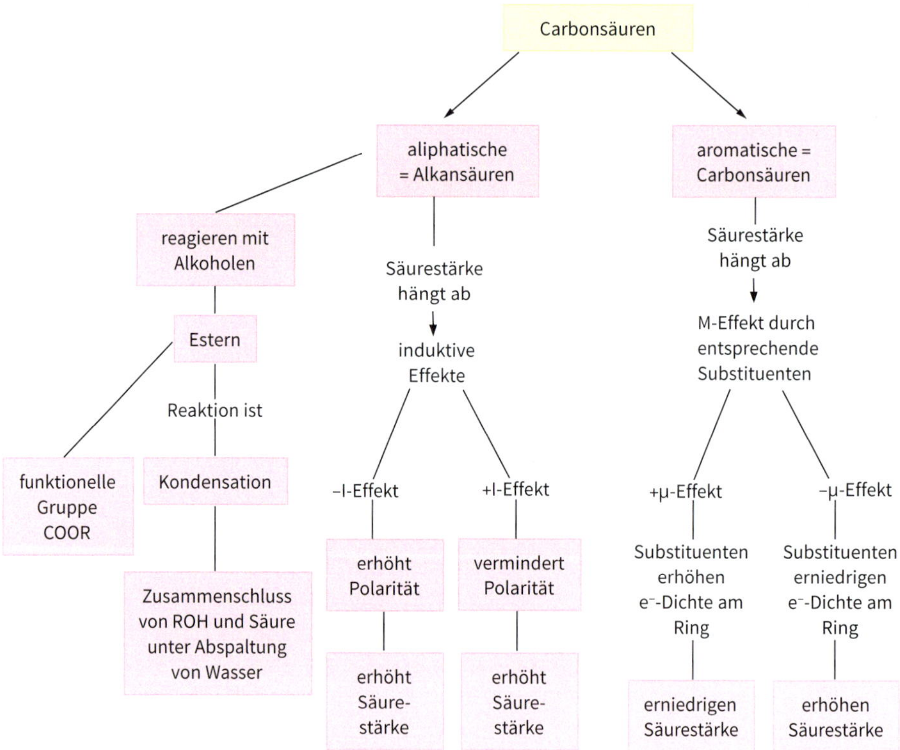

11.4 Allgemeine Übersicht

Einteilung nach der Art des angreifenden Teilchens

angreifendes Teilchen	Kennzeichen	Beispiele	Angriffsort
Radikal	Teilchen mit einem ungepaarten Elektron	Halogen-Atome	Radikale sind so reaktiv, dass sie am C-Atom jeder organischen Verbindung angreifen können.
Nucleophil	Teilchen mit negativer Ladung oder negativer Partialladung	Cl^--Ion, O-Atom im Wasser	Nucleophile Teilchen greifen den Reaktionspartner an Zentren positiver Ladung an, z. B. am C-Atom eines Carbenium-Ions.
Elektrophil	Teilchen mit positiver Ladung oder positiver Partialladung	Br^+-Ion, CH_3Br	Elektrophile Teilchen greifen den Reaktionspartner an Zentren negativer Ladung an, z. B. an den π-Elektronen von Doppelbindungen oder von Benzol.

Typische Reaktionsmechanismen der organischen Chemie

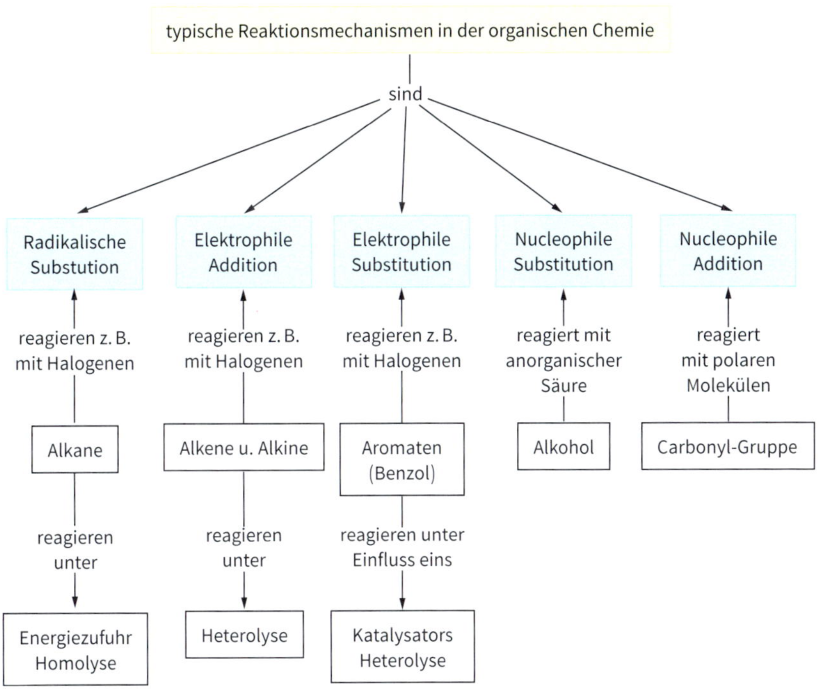

Isomerie

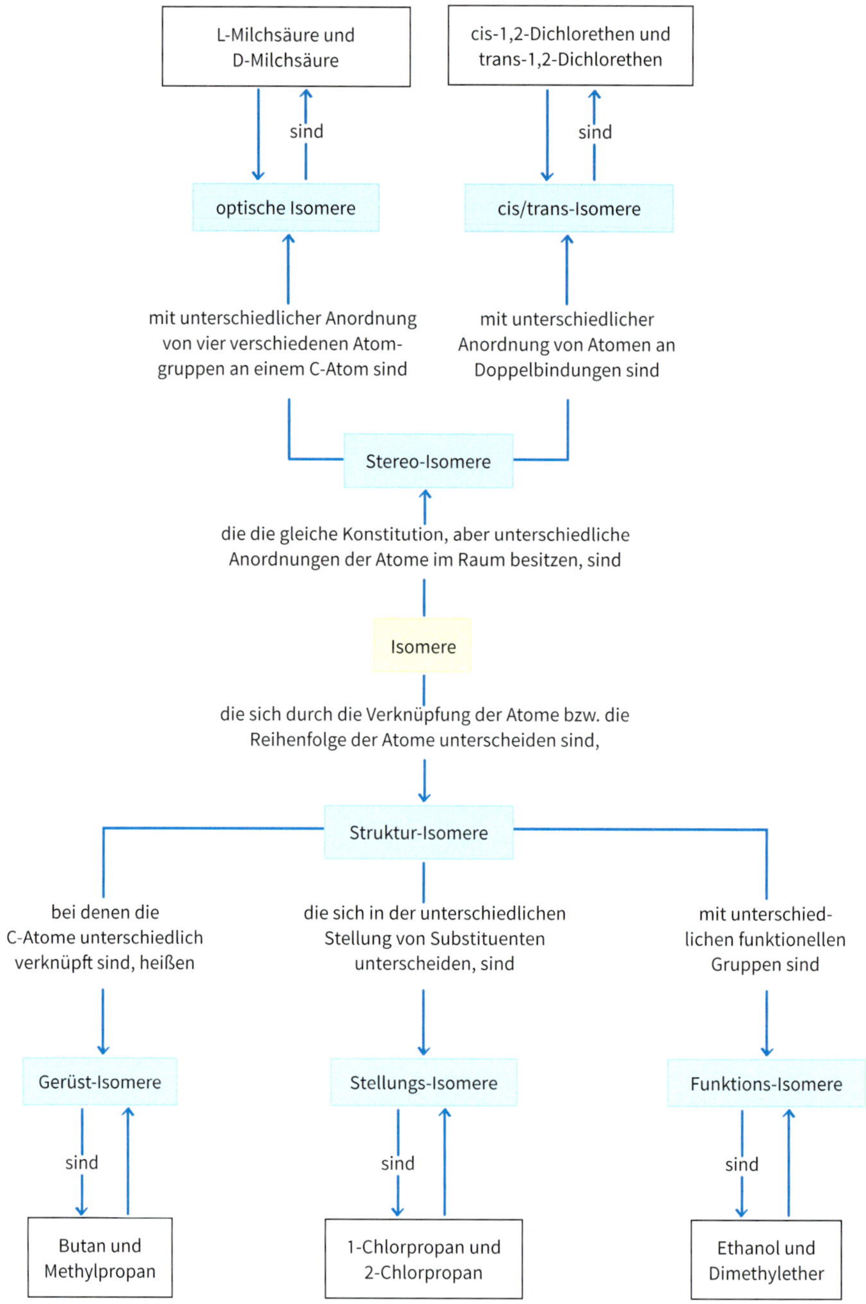
L-Milchsäure und D-Milchsäure
cis-1,2-Dichlorethen und trans-1,2-Dichlorethen
sind
sind
optische Isomere
cis/trans-Isomere
mit unterschiedlicher Anordnung von vier verschiedenen Atomgruppen an einem C-Atom sind
mit unterschiedlicher Anordnung von Atomen an Doppelbindungen sind
Stereo-Isomere
die die gleiche Konstitution, aber unterschiedliche Anordnungen der Atome im Raum besitzen, sind
Isomere
die sich durch die Verknüpfung der Atome bzw. die Reihenfolge der Atome unterscheiden sind,
Struktur-Isomere
bei denen die C-Atome unterschiedlich verknüpft sind, heißen
die sich in der unterschiedlichen Stellung von Substituenten unterscheiden, sind
mit unterschiedlichen funktionellen Gruppen sind
Gerüst-Isomere
Stellungs-Isomere
Funktions-Isomere
sind
sind
sind
Butan und Methylpropan
1-Chlorpropan und 2-Chlorpropan
Ethanol und Dimethylether

Sauerstoffhaltige organische Verbindungen

11

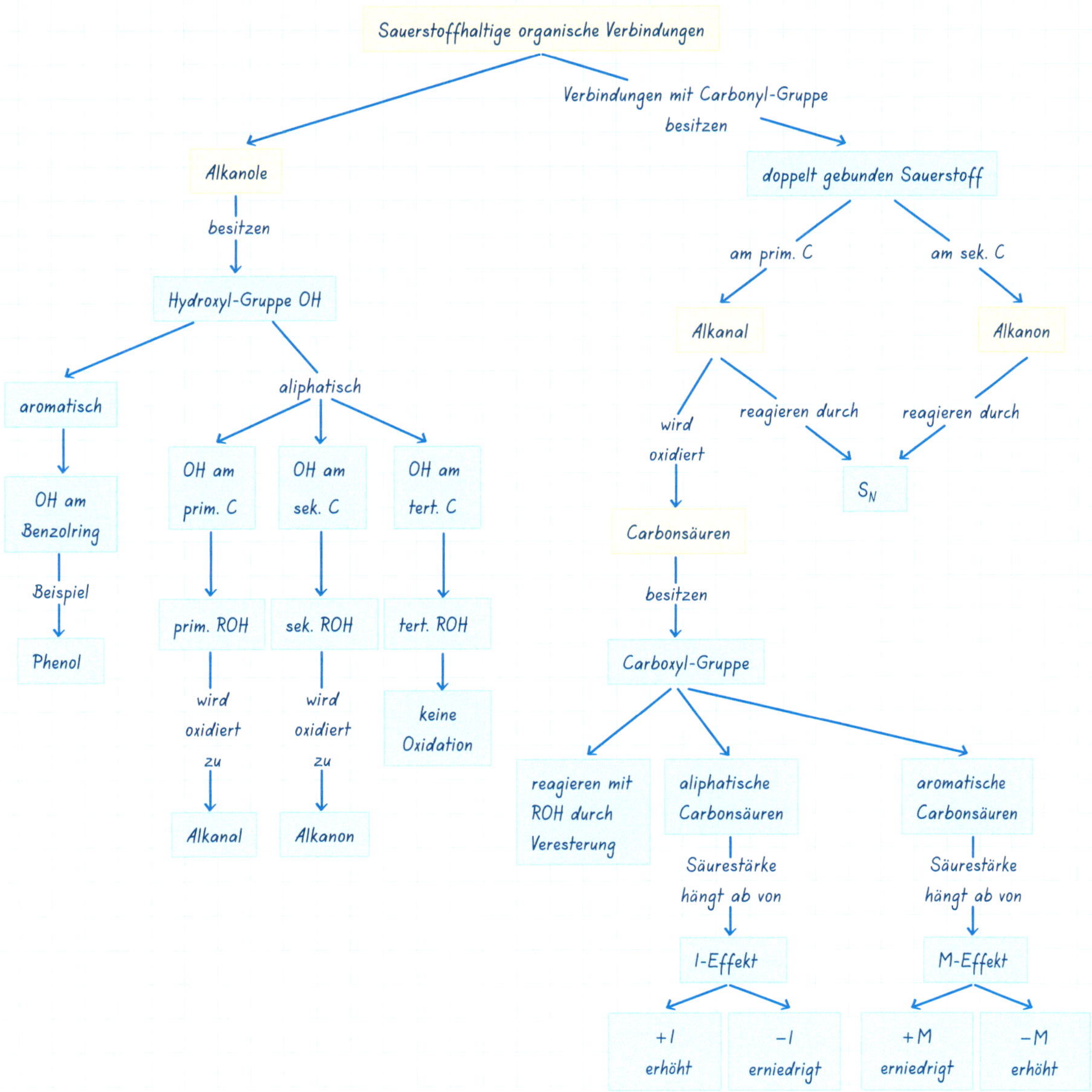

Themengebiet
Wichtige Definition
Erhöhtes Anforderungsniveau

12 Stickstoffhaltige organische Verbindungen

- Amine, Aminocarbonsäuren und Anilin besitzen als funktionelle Gruppe die Aminogruppe $-NH_2$.
- Zwischen den Molekülen herrschen aufgrund der polaren C—N-, N—H-, bzw. N—O-Bindungen Dipol-Wechselwirkungen und Wasserstoffbrücken.
- Aminosäuren liegen am isoelektrischen Punkt als Zwitterionen vor.
- Aliphatische und aromatische Nitroverbindungen enthalten die Nitrogruppe ($-NO_2$) als funktionelle Gruppe.

Basiskonzepte: Struktur-Eigenschafts- und Donator-Akzeptor-Konzept

Aufgrund ihrer stickstoffhaltigen funktionellen Gruppen haben stickstoffhaltige organische Verbindungen stärkere zwischenmolekulare Wechselwirkungen auf der Teilchenebene, damit als Stoffeigenschaften beispielsweise höhere Schmelz- und Siedetemperaturen und eine größere Reaktionsfreudigkeit als Kohlenwasserstoffe.

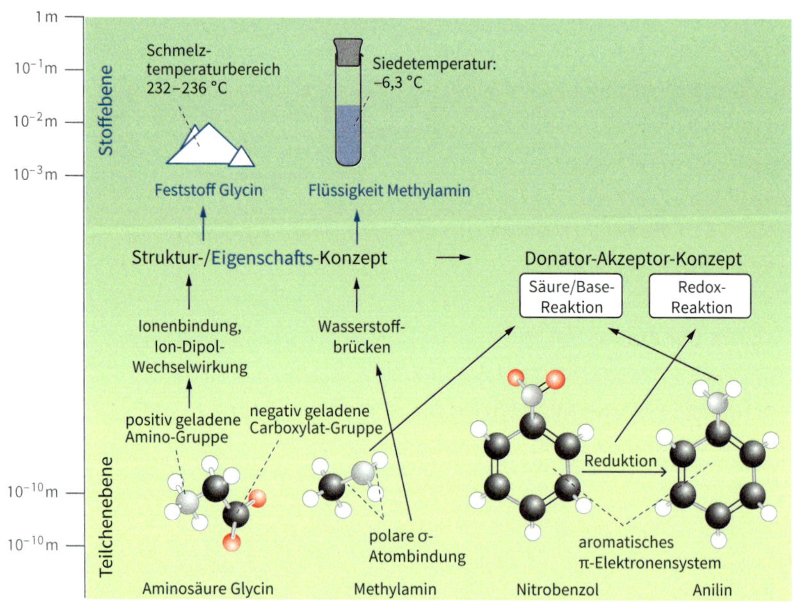

Abb. 12.1: Das Struktur-Eigenschafts-Konzept und das Donator-Akzeptor-Konzept bei stickstoffhaltigen organischen Verbindungen

12.1 Amine

Formal sind **Amine** Substitutionsprodukte des Ammoniaks, bei dem ein oder mehrere H-Atome durch aliphatische oder aromatische Reste ersetzt sind.

Nomenklatur

An den Namen des entsprechenden Alkylrestes wird das Wort -amin angehängt. Je nach Anzahl der ersetzten H-Atome unterscheidet man zwischen primären, sekundären und tertiären Aminen.

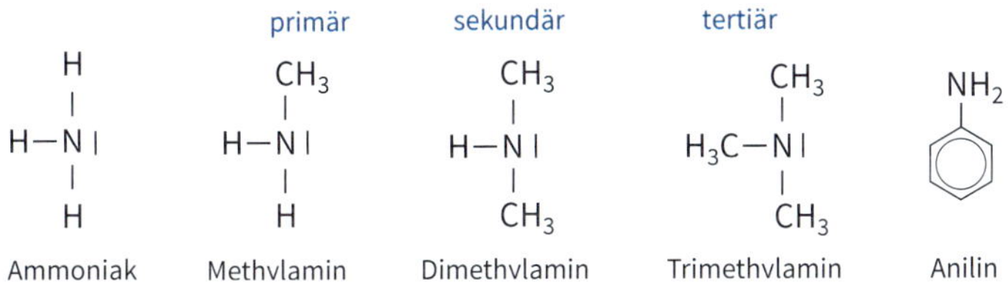

Abb. 12.2: Beispiele für Amine

Bei aromatischen Aminen trägt der Benzolring die Aminogruppe.

Eigenschaften einiger Amine

Aliphatische Amine sind aufgrund der recht großen **Elektronegativität** des Stickstoff-Atoms polar, ihre Siedetemperaturen sind höher als die von Alkanen vergleichbarer Masse, da sie (außer bei tertiären Aminen) Wasserstoffbrücken ausbilden können. Sie sind giftig und haben einen stechenden fischartigen Geruch. Der typische Geruch von Seefisch und Hummer wird durch Dimethylamin und Trimethylamin verursacht.
Aminobenzol (Anilin) ist eine farblose, ölige Flüssigkeit mit unangenehmem Geruch. Es ist ein starkes Blut- und Nervengift und steht im Verdacht, Krebs auszulösen.

Basizität der Amine

Amine reagieren wie Ammoniak mit Wasser als BRÖNSTED-Base, wobei sie mit dem freien Elektronenpaar ein Proton aufnehmen können. Dabei entsteht ein Methylammonium-Kation.

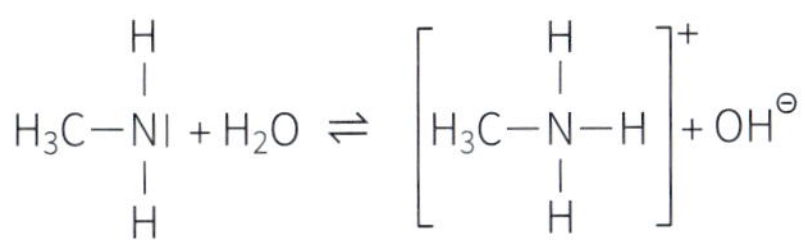

Abb. 12.3: Reaktion als BRÖNSTED-Base

Die Amine haben eine umso größere Basenstärke, je besser das freie Elektronenpaar zur Bindung zur Verfügung gestellt werden kann. Die Alkylsubstituenten bewirken durch ihren +I-Effekt eine Erhöhung der Ladungsdichte am Stickstoff-Atom, was die Aufnahme eines Protons begünstigt.

Die Basenstärke nimmt in der Reihenfolge

NH_3 < primäres Amin < sekundäres Amin

zu. Eine Ausnahme bilden die tertiären Amine, die sehr schwache Basen sind. Der Grund liegt darin, dass das durch Protonenaufnahme gebildete Alkylammonium-Ion in Wasser nur sehr schwer hydratisiert werden kann und von daher instabil ist.

Verbindung	NH_3	CH_3NH_2	$(CH_3)_2NH$	$(CH_3)_3N$
pK_B-Wert	4,75	3,36	3,29	4,26

Tab. 12.1: pK_B-Werte verschiedener Amine

Anilin ist eine sehr schwache Base (pK_B = 9,4), da sich das freie Elektronenpaar des Stickstoffs an der Delokalisation der π-Elektronen des Rings beteiligt. Die Elektronendichte des Stickstoff-Atoms ist dadurch so weit gesenkt, dass die Protonenaufnahme erschwert ist.

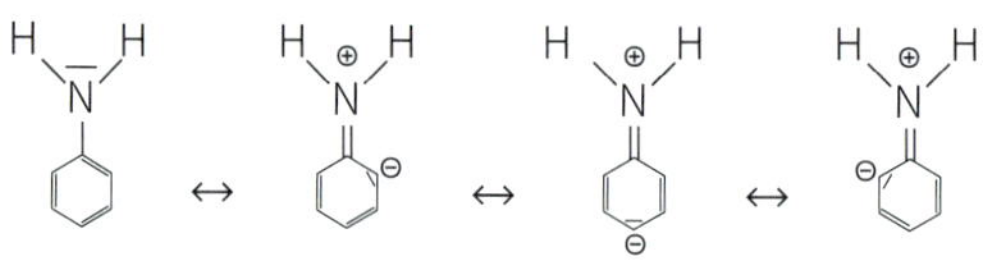

Abb. 12.4: Mesomere Grenzformeln von Anilin

XXX

Der Basencharakter von Anilin ist geringer als der von Ammoniak oder von Aminen.

Anilin kann wie Benzol elektrophile Substitutionsreaktionen durchführen. Da das freie Elektronenpaar des Stickstoff-Atoms an der **Mesomerie** beteiligt ist und dadurch die Elektronendichte im Kern erhöht, verläuft die Reaktion besser als bei Benzol.

Nucleophile Reaktionen

Aliphatische Amine gehen mit Halogenalkanen nucleophile Substitutionsreaktionen ein. Dabei erhält man z. B. aus tertiären Aminen quartäre Ammoniumsalze, wie hier aus der Reaktion von Trimethylamin mit Iodmethan.

$$(CH_3)N| + H_3C^{\delta+}{-}I^{\delta-} \rightarrow (CH_3)_3\overset{\oplus}{N}{-}CH_3 + I^-$$

12.2 Aminosäuren, Aminocarbonsäuren

Ersetzt man bei den Carbonsäuren ein oder mehrere H-Atome der Alkyl-Gruppe durch die Amino-Gruppe $-NH_2$, erhält man **Aminosäuren**.

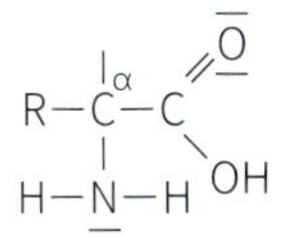

Bei den sogenannten α-Aminosäuren sitzt die Amino-Gruppe stets am unmittelbar zur Carboxy-Gruppe benachbarten C-Atom; nur sie sind Bausteine der Proteine. In ihnen sind die Aminosäuren unter Wasserabspaltung durch Ausbildung von Peptidbindungen miteinander zu Peptidketten verknüpft. Am Aufbau von Proteinen sind 20 verschiedene Aminosäuren beteiligt.

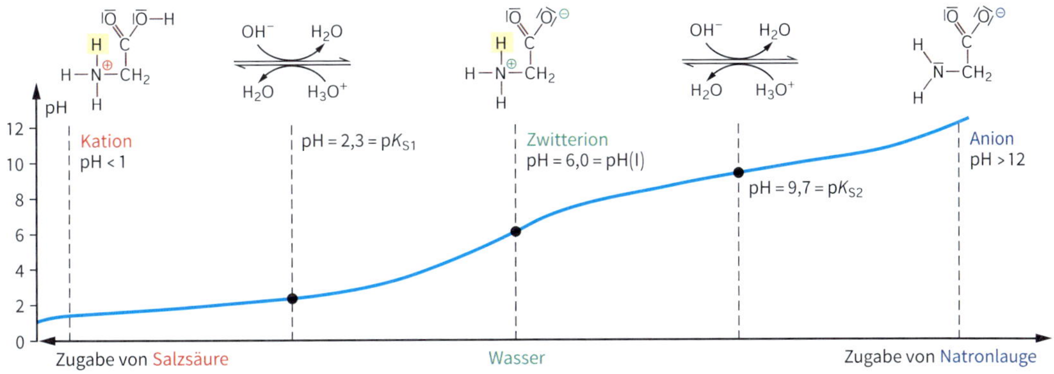

Abb. 12.5: Glycin in wässriger Lösung bei verschiedenen pH-Werten

Säure/Base-Eigenschaften von Aminosäuren

Die ungeladene Form einer Aminosäure existiert praktisch nicht. Sowohl in festem Zustand wie auch in wässriger Lösung sind die funktionellen Gruppen der Aminosäuren geladen: Durch den gleichzeitigen Besitz einer Ammoniumgruppe ($-NH_3^+$) und einer Carboxylat-Gruppe ($-COO^-$) sind Aminosäuren Zwitterionen. Aus diesem Grund haben Aminosäuren hohe Schmelztemperaturen, oft werden sogar die Aminosäuren unter Spaltung ihrer Atombindungen vor Erreichen der Schmelztemperatur zersetzt. In Kristallen und in Lösung liegen Aminosäuren als **Zwitterionen** vor.

Das Zwitteron kann als Säure oder als Base reagieren. Aminosäuren besitzen daher Ampholytcharakter mit Puffereigenschaften. In Abhängigkeit vom pH-Wert der Lösung entstehen Kationform und Anionform: In stark sauren Lösungen liegt praktisch nur die Kationform vor, bei hohen pH-Werten tritt nur die Anionform auf. Bei einem bestimmten pH-Wert, dem **isoelektrischen Punkt,** liegt ausschließlich das Zwitterion vor. Dieses wandert nicht im elektrischen Feld.

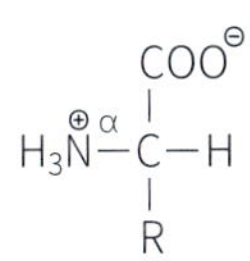

Zwitterion

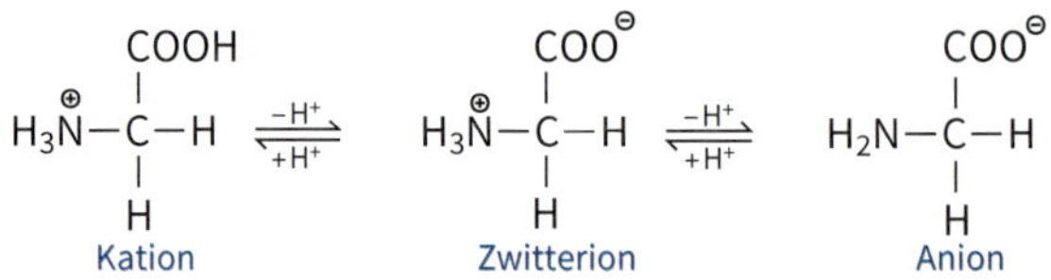

Abb. 12.6: Formen von Glycin bei unterschiedlichen pH-Werten

ISOELEKTRISCHER PUNKT

Der isoelektrische Punkt ist der pH-Wert, bei dem die Aminosäure als Zwitterion vorliegt und nicht im elektrischen Feld wandert.

Glycin ist die einfachste Aminosäure. Alle weiteren leiten sich von Glycin ab, indem ein H-Atom am α-C Atom durch einen Seitenkette −R ersetzt ist. Dadurch entsteht ein asymmetrisches C-Atom, alle α-Aminosäuren außer Glycin sind optisch aktiv (→ Abb. 12.7)

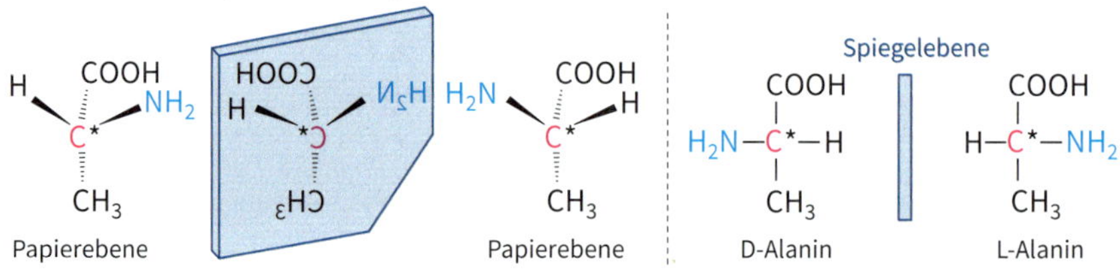

Abb. 12.7: Spiegelbild-Isomere von Alanin

Bei den sogenannten L-Aminosäuren zeigt die Aminogruppe am α-C-Atom in der FISCHER-Projektion nach links. Aminosäuren werden mit Trivialnamen bezeichnet. Dabei werden die ersten drei Buchstaben als Kürzel verwendet.

Zwei Aminosäuremoleküle werden untereinander über eine **Peptidbindung** zu einem Dipeptid verbunden.

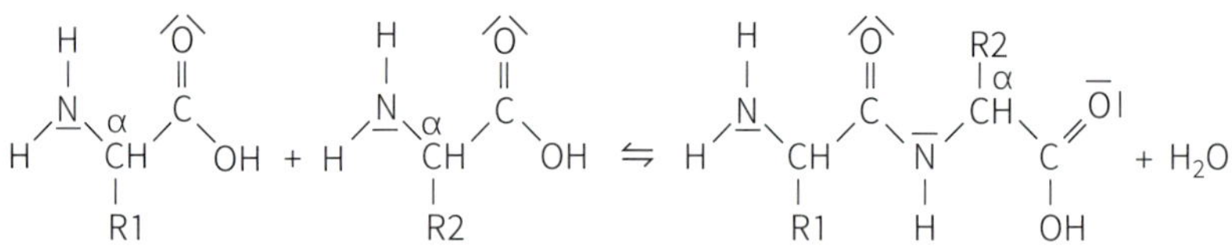

Abb. 12.8: Bildung eines Dipeptids

Formal entsteht die Peptidbindung −CO−NH durch Abspaltung eines H_2O-Moleküls aus der Carboxygruppe der ersten und der Aminogruppe der zweiten Aminosäure.

12 Stickstoffhaltige organische Verbindungen

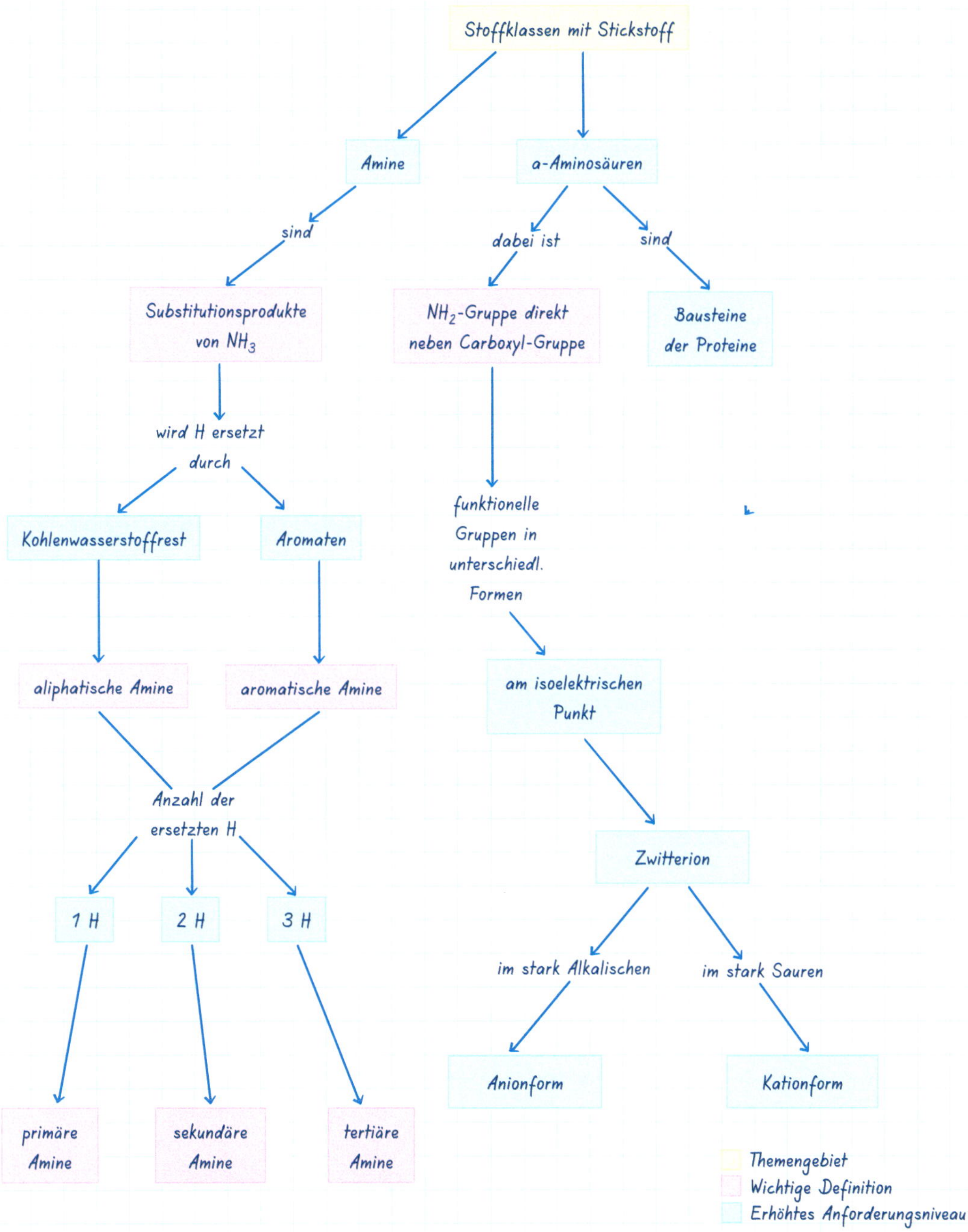

13 Naturstoffe

Zu den Naturstoffen gehören Verbindungen wie Kohlenhydrate, Proteine und Fette.

- **Kohlenhydrate sind aus Kohlenstoff-, Sauerstoff- und Wasserstoffatomen aufgebaut, deren Zahlenverhältnis in der Regel 1:2:1 beträgt. Makromolekulare Kohlenhydrate wie Stärke bestehen aus Tausenden von Glucosemolekülen. Die Bindungen zwischen den einzelnen Glucosemolekülen werden als glycosidische Bindungen bezeichnet.**
- **Fette sind Ester aus Glycerin (Polyalkohol) und langkettigen Carbonsäuren (Fettsäuren). Fette mit einem hohen Anteil an ungesättigten Fettsäuren werden als Öle bezeichnet.**
- **Proteine bestehen aus Aminosäuren, die durch Peptidbindung miteinander verknüpft sind. Die biologische Wirksamkeit ergibt sich aus Primär-, Sekundär- und Tertiärstruktur eines Proteins. Bei der Quartärstruktur sind zwei oder mehrere Polypeptidketten zusammengelagert.**

Basiskonzept: Struktur-Eigenschafts-Beziehungen

Der Bau des Kohlenstoffgerüsts und die funktionellen Gruppen sind als Strukturmerkmale bestimmend für die Eigenschaften von Naturstoffen.

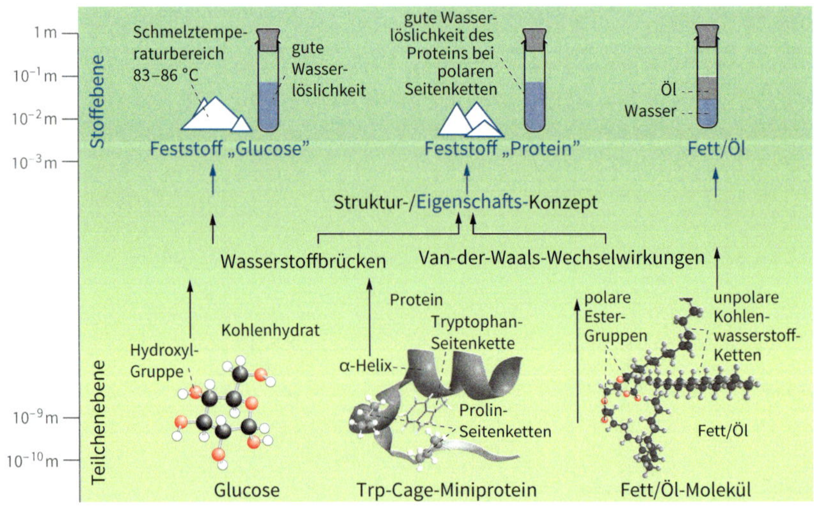

Abb. 13.1: Struktur-Eigenschafts-Beziehungen als Leitkonzept bei Naturstoffen

13.1 Kohlenhydrate

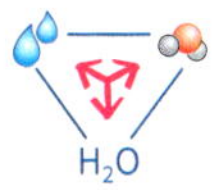

Kohlenhydrate bestehen neben Kohlenstoff aus Sauerstoff und Wasserstoff, die in der Regel im Verhältnis 1 : 2 : 1 stehen, sodass ihre allgemeine Summenformel $C_nH_{2n}O_n$ lautet. Kohlenhydrate werden in Monosaccharide, Oligosaccharide (bestehend aus zwei bis zehn Monosacchariden) und Polysaccharide (mit mehr als zehn Monosacchariden als Bausteine) eingeteilt.

Monosaccharide

Monosaccharide können formal als Oxidationsprodukte der mehrwertigen Alkohole aufgefasst werden: Oxidation an einem primären C-Atom führt zu einer **Aldose**, an einem sekundären C-Atom zu einer **Ketose** (→ Abb. 13.3). Die Einteilung der Monosaccharide erfolgt nach der Anzahl der Kohlenstoff-Atome im Molekül: **Hexosen** bestehen aus sechs C-Atomen, **Pentosen** aus fünf, Tetrosen aus vier und Triosen aus drei C-Atomen.

a) Glucose

Glucose ($C_6H_{12}O_6$, Traubenzucker) besitzt eine Aldehyd-Gruppe und fünf Hydroxy -Gruppen. Vier der C-Atome der Glucose sind jeweils mit vier verschiedenen Atomen oder Atomgruppen verbunden (C*), man bezeichnet sie als asymmetrische C-Atome, sie stellen ein Chiralitätszentrum (→ Seite 207) dar.

Kettenformel (Fischer-Projektionsformel)

Die Struktur der Glucose lässt sich als Kette oder als Ring darstellen. In der Kettenform steht das C-Atom mit der höchsten Oxidationszahl (Carbonyl-Gruppe) oben. Ein asymmetrisches C-Atom liegt in der Zeichenebene; die mit ihm nach oben und unten verbundenen Atome liegen hinter der Zeichenebene; die nach links und rechts verbundenen Atome liegen vor der Zeichenebene.

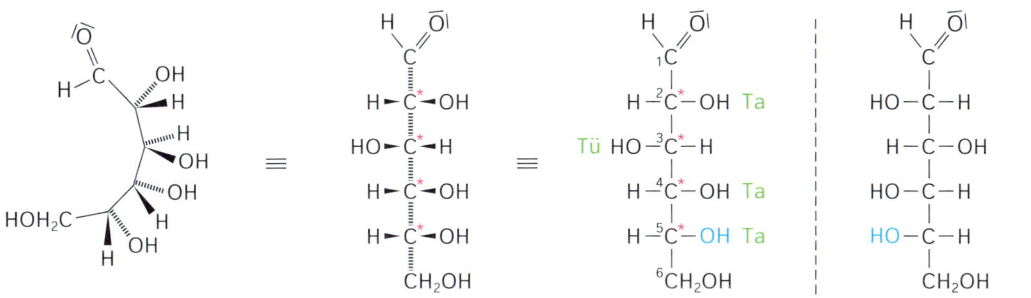

D-Glucose Skelett-Formel | D-Glucose Keil-Strich-Formel | D-Glucose Fischer-Projektionsformel | L-Glucose Fischer-Projektionsformel

Abb. 13.2: Kettenform des Glucosemoleküls in unterschiedlichen Darstellungen

Der natürlich vorkommende Zucker heißt D-Glucose:

Die OH-Gruppe am asymmetrischen C-Atom, das von der Carbonyl-Gruppe am weitesten entfernt steht, zeigt in der FISCHER-Projektionsformel nach rechts. In der L-Glucose zeigt sie nach links.

D-Glucose und L-Glucose sind Spiegelbild-Isomere (**Enantiomere**): Sie verhalten sich wie Bild und Spiegelbild und können nicht durch Drehung ineinander überführt werden.

Polarisiertes Licht wird von D-Glucose um einen bestimmten Winkel gedreht. Im Polarimeter liest man einen positiven Drehwinkel ab. Man bezeichnet daher die natürlich vorkommende Glucose als D(+)-Glucose.

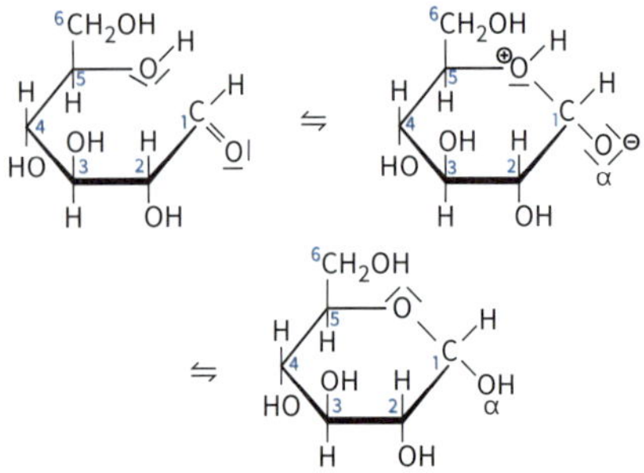

α-D-Glucose

Abb. 13.3: Ringschluss bei Glucose

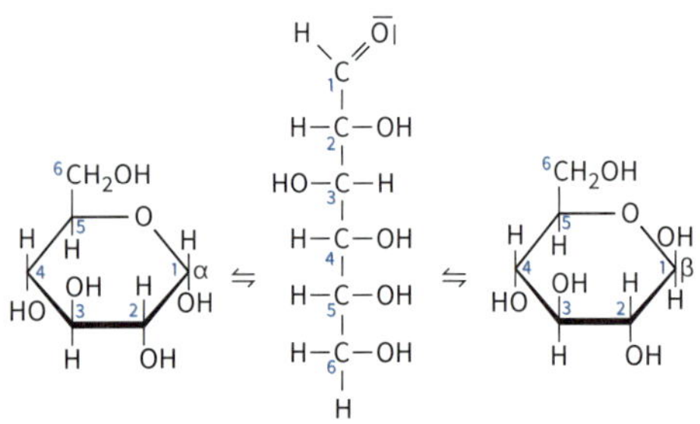

Ringform (Halbacetal) α-Glucose Haworth-Formel	Kettenform (Aldehyd) Fischer-Projektion	Ringform (Halbacetal) β-Glucose

Abb. 13.4: Chemisches Gleichgewicht zwischen α-Glucose, Kettenform und β-Glucose

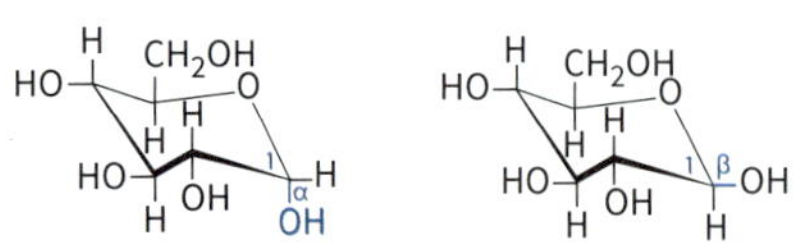

α-D-Glucose β-D-Glucose

Abb. 13.5: Konformationsformeln der D-Glucose

Ringformel (HAWORTH-Formel)

Durch Reaktion der Carbonyl-Gruppe am C-1-Atom mit der OH-Gruppe am C-5-Atom kommt es zum Ringschluss (→ Abb. 13.3). Da das Produkt einer Reaktion zwischen einer Aldehyd-Gruppe und einer OH-Gruppe als **Halbacetal** bezeichnet wird, nennt man den entstandenen Ring Halbacetalform: Das C-1-Atom und das C-5-Atom sind über eine Sauerstoffbrücke verbunden. Da diese Struktur dem Pyran entspricht, nennt man die Ringstruktur Pyranose. Substituenten, die in der FISCHER-Projektionsformel nach rechts zeigen, werden in der HAWORTH-Formel nach unten gezeichnet, die nach links stehenden nach oben.

Durch den Ringschluss wird das Carbonyl-C der Glucose asymmetrisch, sodass man zwei Stereoisomere unterscheiden kann: Bei der α-Glucose zeigt die halbacetalische OH-Gruppe am C-1-Atom nach unten, bei der β-Glucose zeigt sie nach oben (→ Abb. 13.4).

Die HAWORTH-Ringform gibt diese Struktur nur annähernd wieder. Tatsächlich ist der Ring sesselförmig. In wässeriger Glucose-Lösung liegt ein chemisches Gleichgewicht zwischen der offenen Kettenform und den beiden Ringformen vor: 36 % der Glucose-Moleküle liegen als α-Glucose, 64 % als β-Glucose und weniger als 0,1 % der Moleküle liegen als offene Kette vor (→ Abb. 13.4).

Löst man reine α-Glucose oder reine β-Glucose in Wasser, stellt sich ein Gleichgewicht zwischen den beiden Formen und der Kettenform ein. Dadurch ändert sich auch der Drehwinkel der Lösung. Diese Erscheinung bezeichnet man als **Mutarotation**.

Mutarotation

Nachweisreaktionen

Die Aldehyd-Gruppe lässt sich mithilfe der FEHLING-Probe (Cu^{2+}-Ionen werden zu Cu_2O reduziert) und der TOLLENS-Probe (Ag^+ wird zu Ag reduziert) nachweisen (→ Seite 201 f.). Glucose ist daher ein reduzierender Zucker.
Da der Aldehydnachweis nicht spezifisch für Glucose ist, wird in der Medizin Glucose enzymatisch durch den Glucose-Oxidase-Test (GOD-Test) nachgewiesen.

b) Fructose

Fructose (Fruchtzucker) ist zu Glucose isomer und wird in der FISCHER-Projektion als 2-Ketohexose dargestellt. Kristalline Fructose liegt als Pyranose (Sechsring) vor; als Baustein der Saccharose (Rohrzucker) liegt sie als Fünfring vor, der nach dem Furan-Molekül als Furanose bezeichnet wird.
Der Ringschluss in der Pyranoseform erfolgt über die Keto-Gruppe am C-2-Atom und die OH-Gruppe am C-6-Atom. Bei der Furanoseform schließt sich der Ring über die OH-Gruppe des C-5-Atoms.

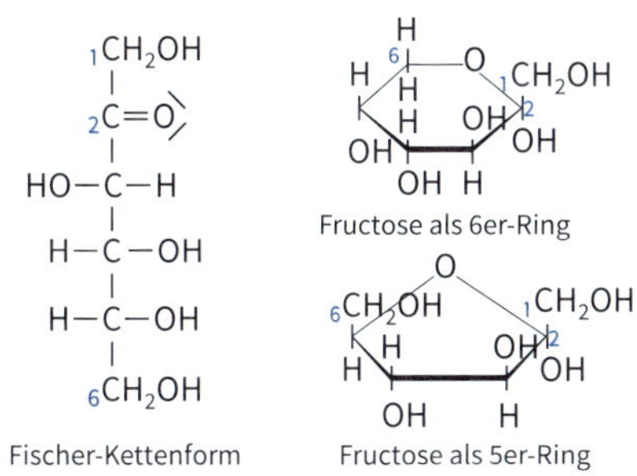

Abb. 13.6: Fructose

Furan

Obwohl Fructose eine Ketose ist, fällt der Nachweis mit FEHLING dennoch positiv aus. Dies beruht auf der Umlagerung von Fructose in Glucose in wässriger alkalischer Lösung.

c) Ribose und Desoxyribose

Ribose und Desoxyribose sind Aldopentosen. Sie kommen in den Nukleinsäuren (DNA, RNA) vor und liegen dort in der Furanoseform vor. Desoxyribose ist gegenüber Ribose am C-2-Atom reduziert. Die DNA enthält Desosyribose, die RNA Ribose.

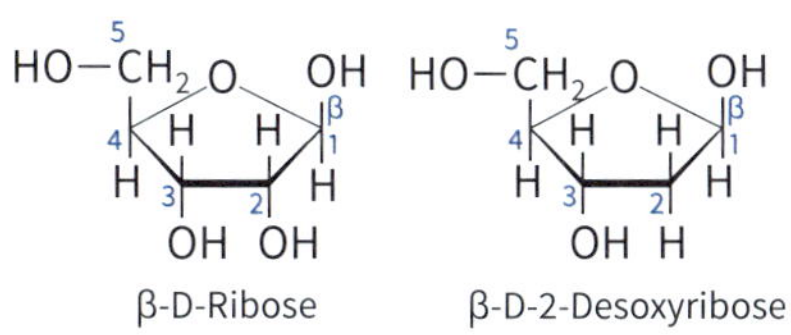

Abb. 13.7: Aldopentosen

Disaccharide

Disaccharid	Monomere Hexosen	Verknüpfungsart	Reduktionsvermögen	Strukturformel
Maltose (Malzzucker)	α-Glucose α-Glucose	α-(1,4)-glykosidisch	ja	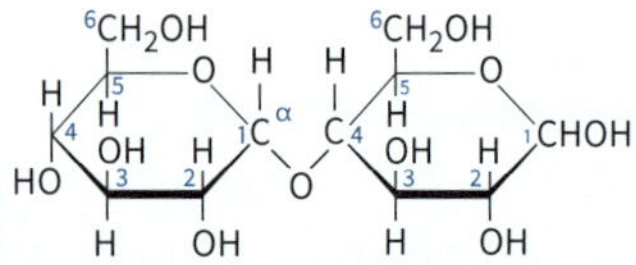
Cellobiose	β-Glucose β-Glucose	β-(1,4)-glykosidisch	ja	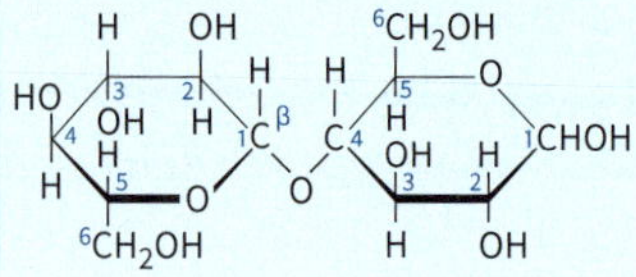
Lactose (Milchzucker)	β-Galactose β-Glucose	β-(1,4)-glykosidisch	ja	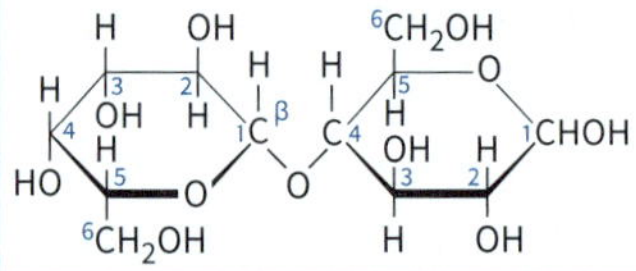
Saccharose (Rohrzucker, Rübenzucker)	α-Glucose β-Fructose	α, β-(1,2)-glykosidisch	nein	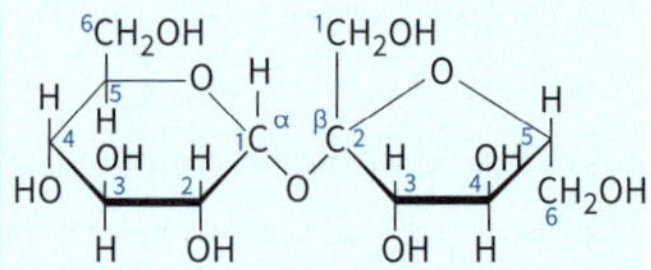

Tab. 13.1: Übersicht über einige wichtige Disaccharide

Disaccharide gehören zu den **Oligosacchariden** und sind durch Zusammenschluss von zwei Monosacchariden entstanden. Dabei reagiert eine halbacetalische OH-Gruppe mit einer alkoholischen OH-Gruppe unter Wasserabspaltung. Es entstehen Acetale, die in der Chemie der Kohlenhydrate als Glykoside bezeichnet werden.

Bei der Verknüpfung zweier Glucose-Moleküle reagiert die OH-Gruppe am C-1-Atom (halbacetalisch) z. B. mit der OH-Gruppe des C-4-Atoms eines zweiten Glucose-Moleküls. Die Bindung bezeichnet man als **glykosidische Bindung.** Steht die halbacetalische OH-Gruppe in α-Stellung, so handelt es sich um eine α-(1,4)-glykosidische Bindung.

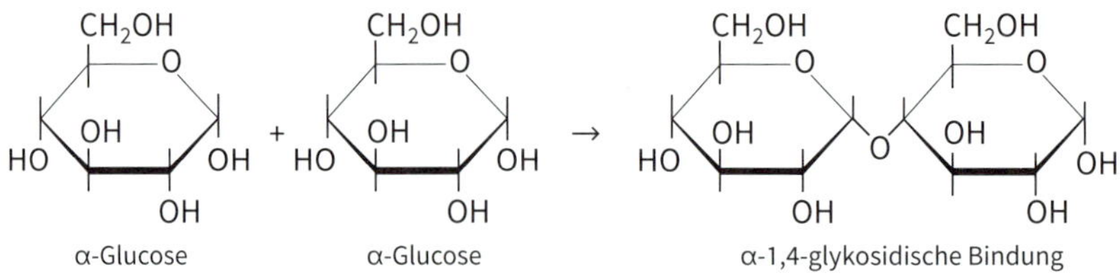

Abb. 13.8: Knüpfung einer 1,4-glykosidischen Verbindung

Liegt bei der Verknüpfung der zweite Ring als Halbacetal vor, das sich zur Kette mit der Aldehyd-Gruppe öffnen kann, so wirkt der Zucker daher reduzierend. Reduzierend wirken Disaccharide mit 1,4- und 1,6-glykosidischer Verknüpfung. Sind dagegen die beiden Zuckermoleküle über ihre halbacetalischen OH-Gruppen verknüpft, kann sich der zweite Ring nicht mehr zur Kette öffnen, das Disaccharid ist nicht reduzierend. Dies ist der Fall bei 1,1- bzw. 1,2-glykosidischen Verknüpfungen.

Bedeutung einiger Disaccharide

- **Maltose** (Malzzucker): bildet sich bei der Keimung von Getreidekörnern, z. B. Gerstenkeimen. Sie wird als Ausgangsstoff für die Bierbereitung und Whiskeyherstellung gewonnen. Die Fehling-Probe verläuft mit Maltose positiv, also ist Maltose ein reduzierender Zucker.
- **Saccharose** (Rohrzucker): kommt im Zuckerrohr und in Zuckerrüben vor. Sie dient als alltäglich verwendeter Zucker im Haushalt. Die Fehling-Probe verläuft negativ.
- **Lactose** (Milchzucker): enthalten in Milch und Milchprodukten. Personen mit Lactoseintoleranz können aufgrund eines Mangels an dem Enzym Lactase die Lactose nicht in die Bausteine spalten. Lactose reagiert auch positiv auf Fehling.

WISSEN

- Monosaccharide können Aldosen oder Ketosen sein, je nach Stellung des doppelt gebundenen Sauerstoffs in der Kettenformel.
- Je nach Anzahl der C-Atome unterscheidet man Triosen, Tetrosen, Pentosen und Hexosen.
- Monosaccharide können durch Halbacetalbildung Ringe bilden, die sich aber wieder zur Kette öffnen können.
- bei α-Monosacchariden zeigt die halbacetalische OH-Gruppe im Ring am C-1-Atom nach unten, bei der β-Form nach oben.
- Monosaccharide lassen sich durch Fehling-Reagenz oder die Silberspiegelprobe nachweisen.
- Disaccharide entstehen durch Zusammenschluss zweier Monosaccharide unter Wasserabspaltung, die Bindung wird als glykosidisch bezeichnet.
- Disaccharide wirken reduzierend, wenn die halbacetalische OH-Gruppe am zweiten Ring nicht an der Bindung beteiligt ist.

Polysaccharide

vgl. Redoxreaktionen in der Analytik, Iodometrie

Polysaccharide entstehen durch die Zusammenlagerung vieler Monomere, meist von Glucosemolekülen.

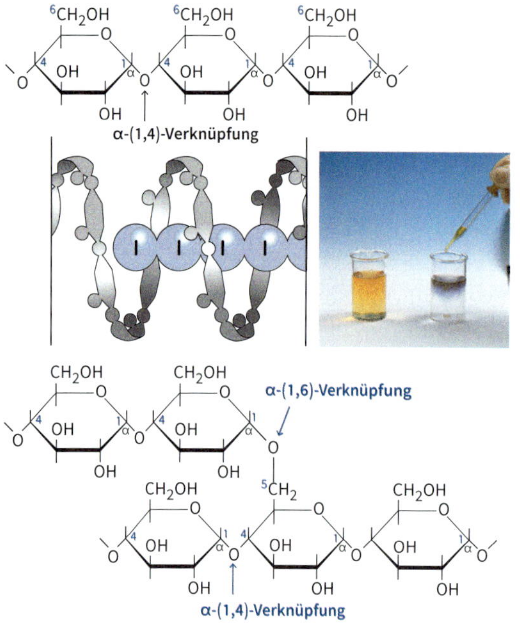

Abb. 13.9: Spiralstruktur mit Iod-Molekülen

a) Stärke

Stärke wird in grünen Pflanzen bei der Fotosynthese als Speicherform von Glucose gebildet. Sie besteht zu 20 % aus **Amylose** und zu 80 % aus Amylopektin. Amylose ist in heißem Wasser löslich, **Amylopektin** ist wasserunlöslich. Bei der Amylose sind bis zu 10 000 α-Glucose-Einheiten α-(1,4)-glykosidisch miteinander verknüpft. Die entstehende Kette besitzt eine schraubenförmige Struktur, die durch Wasserstoffbrücken stabilisiert wird. Iod-Moleküle können sich in diese Wendeln einlagern; es entsteht eine intensive Blaufärbung.

Amylopektin besteht aus bis zu einer Million α-Glucose-Einheiten, die wie in der Amylose α-(1,4)-glykosidisch verknüpft sind. Zusätzlich ist etwa jede 25. Glucose-Einheit α-(1,6)-glykosidisch verknüpft, was zu Verzweigungen der Kette führt. Die menschliche und tierische Speicherform von Glucose heißt **Glykogen**. Dieses ist dem Amylopektin ähnlich, jedoch noch stärker verzweigt und weist meist eine längere Kette auf.

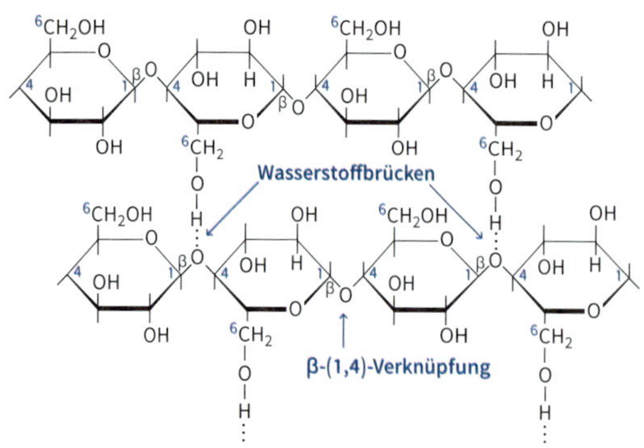

Abb. 13.10: Ausschnitt aus einem Cellulose-Molekül

b) Cellulose (Zellstoff)

Cellulose ist als Bestandteil der pflanzlichen Zellwand weit verbreitet, es ist der Hauptbestandteil von Holz. Mehrere Tausend β-Glucose-Einheiten sind β-(1,4)-glykosidisch miteinander verknüpft, dadurch entstehen riesige Kettenmoleküle, die besonders gut zur Faserbildung geeignet sind. In den Zellwänden liegt Cellulose in Form von Molekülaggregaten (Mikrofibrillen) vor, dabei sind 60 bis 70 Cellulosemoleküle parallel angeordnet und durch Wasserstoffbrücken stabilisiert.

13.2 Fette

Als **Fette** bezeichnet man Ester aus Fettsäuren (langkettigen Carbonsäuren, → Tab. 13.2) und Glycerin (Propan-1,2,3-triol). Da alle drei OH-Gruppen des Glycerins verestert sind, spricht man auch von Triglyceriden. Natürlich vorkommende Fette sind keine Reinstoffe, sondern ein Gemisch verschiedener Triglyceride.

- **Gesättigte Fettsäuren:**
  Fettsäuren, die nur C–C-Einfachbindungen enthalten
- **Ungesättigte Fettsäuren:**
  Fettsäuren, die C=C-Doppelbindungen enthalten

Fettsäuren, wie z. B. Ölsäure und Linolsäure, die unser Körper nicht selbst aus Vorstufen herstellen kann, heißen **essentielle Fettsäuren**.
Je höher der Anteil ungesättigter Fettsäuren im Fett ist, desto niedriger ist die Schmelztemperatur. Da ungesättigte Fettsäuren stets eine cis-Konfiguration an den C=C-Doppelbindungen besitzen, weisen sie daher an dieser Stelle einen Knick im Molekül auf, der zu einer sperrigen räumlichen Anordnung im Fett-Molekül sorgt und das Auskristallisieren erschwert.

Addiert man Wasserstoff an die Doppelbindungen der ungesättigten Fettsäuren, werden aus Ölen feste Fette wie Margarine, man spricht von Fetthärtung.

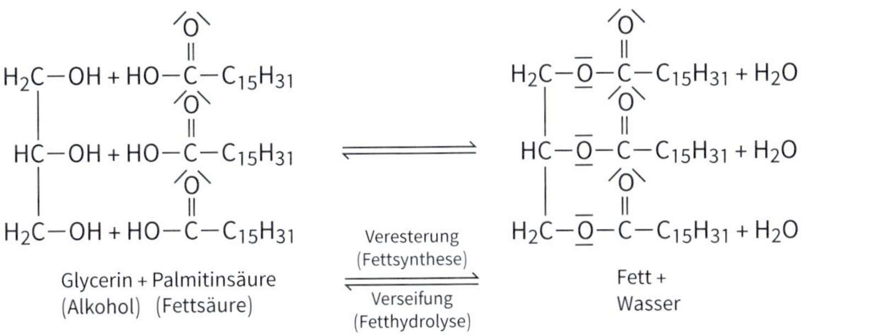

Abb. 13.11: Synthese eines Fettes

IUPAC-Namen	Trivialnamen	Formel
Hexadecansäure	Palmitinsäure	$C_{15}H_{31}COOH$ (gesättigt)
Octadecansäure	Stearinsäure	$C_{17}H_{35}COOH$ (gesättigt)
Octadeca-9-ensäure	Ölsäure	$C_{17}H_{33}COOH$ (ungesättigt)
Octadeca-9,12-diensäure	Linolsäure	$C_{17}H_{31}COOH$ (zweifach ungesättigt)

Tab. 13.2: Übersicht über wichtige Fettsäuren

Natürliche Fette besitzen meist Fettsäurereste mit einer geraden Anzahl von C-Atomen.

Eigenschaften von Fetten

Fette sind trotz dreier polarer Estergruppen hydrophob, da die unpolaren Alkylreste der Fettsäuren überwiegen.
Sie haben einen Schmelzbereich, der um so niedriger liegt, je höher der Anteil an ungesättigten Fettsäuren ist.

Verseifung

Erhitzt man Fette mit Natronlauge oder Kalilauge, so entstehen Glycerin und die Natrium- bzw. Kaliumsalze der Fettsäuren (Natronseifen = Kernseifen, Kaliseifen = Schmierseifen). Die Verseifung ist keine Gleichgewichtsreaktion, da der dritte Schritt nicht umkehrbar ist.

Der erste Schritt ist eine Additionsreaktion durch OH-Ionen am positivierten C-Atom der Estergruppe.

Durch Eliminierung eines Alkoholat-Ions im zweiten Schritt erfolgt die Stabilisierung des Anions.

Der dritte Schritt stellt eine Säure-Base-Reaktion dar, wobei das Alkoholat-Ion als starke Brønsted-Base wirkt.

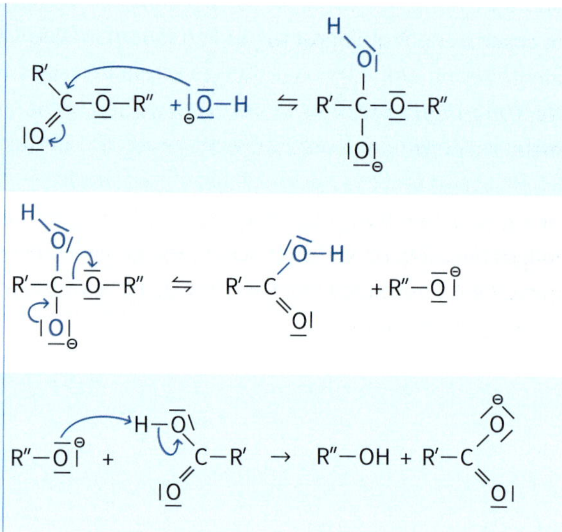

Abb. 13.12: Verseifung

Die Fettsäureanionen sind für die Eigenschaften der Seifen verantwortlich. Sie besitzen einen langhaltigen unpolaren Alkylrest, dieser ist hydrophob. Die Carboxylat-Gruppe ist dagegen hydrophil. Dadurch setzen die Seifen die Oberflächenspannung herab und sind somit grenzflächenaktiv.

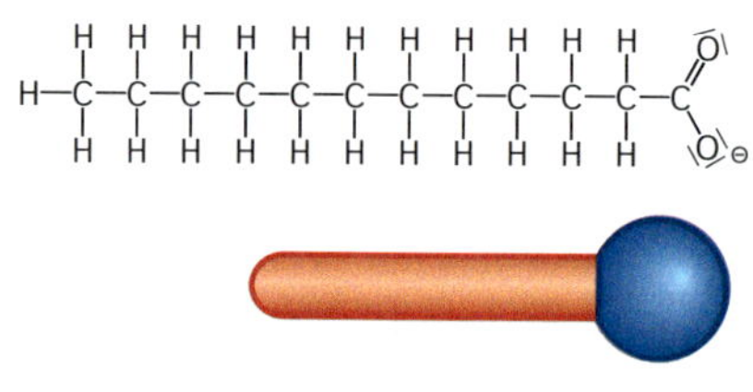

Dabei ist der Kohlenwasserstoffrest mit seinen van-der-Waals-Wechselwirkungen für die lipophilen Eigenschaften, die Carboxylat-Gruppe für die hydrophilen Eigenschaften der Seifen verantwortlich.

13.3 Proteine

Proteine (Eiweißstoffe) sind aus den 20 natürlich vorkommenden α-Aminosäuren aufgebaut, die über Peptidbindungen miteinander verknüpft sind. Sind 10 bis 100 Aminosäuren miteinander verknüpft, spricht man von **Polypeptiden**, bei weniger als zehn von **Oligopeptiden** und bei mehr als 100 von Proteinen.

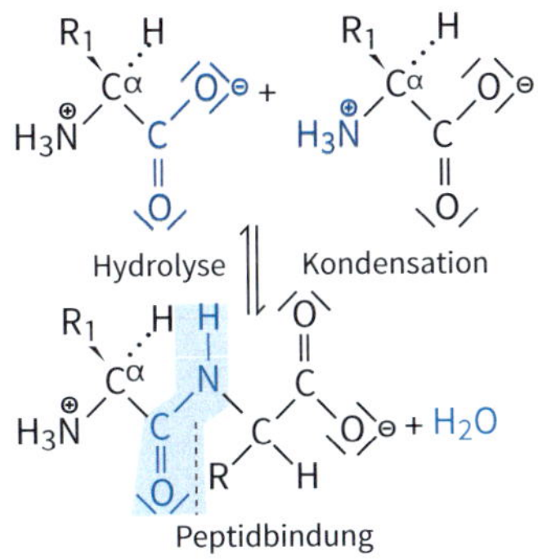

Abb. 13.13: Bildung eines Dipeptids

Von den 20 Aminosäuren sind acht sogenannte **essenzielle Aminosäuren**, sie können im menschlichen Organismus nicht synthetisiert werden und müssen daher mit der Nahrung aufgenommen werden. Aminosäuren haben Trivialnamen, von denen meist die ersten drei Buchstaben als Abkürzung verwendet werden.

Neutrale Aminosäuren reagieren neutral in wässeriger Lösung; saure Aminosäuren reagieren sauer, da sie noch eine Carboxy-Gruppe in der Seitenkette besitzen; basische Aminosäuren reagieren alkalisch, da sie noch eine Amino-Gruppe in der Seitenkette besitzen.

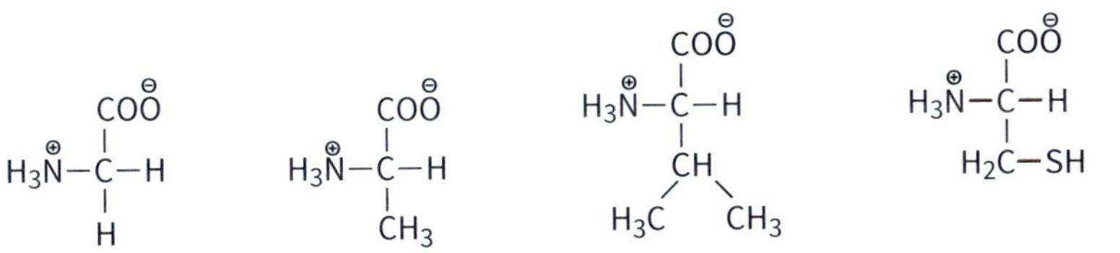

Glycin (Gly) pH (I) = 5,97 | Alanin (Ala) pH (I) = 6,02 | Valin (Val)* pH (I) = 5,97 | Cystein (Cys) pH (I) = 5,02

Abb. 13.14: Neutrale Aminosäuren (* essenziell)

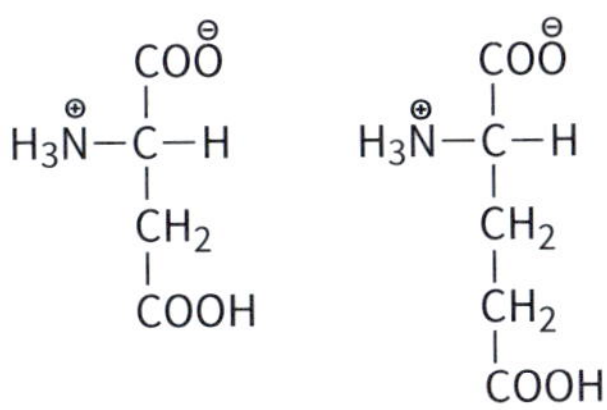

Asparaginsäure (Asp) pH (I) = 3,0 | Glutaminsäure (Glu) pH (I) = 3,2

Abb. 13.15: Saure Aminosäuren

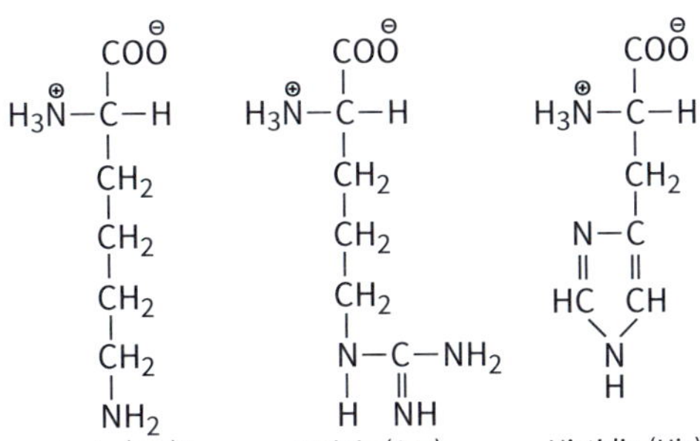

Lysin (Lys)* pH (I) = 9,74 | Arginin (Arg) pH (I) = 10,76 | Histidin (His) pH (I) = 7,59

Abb. 13.16: Basische Aminosäuren (* essenziell)

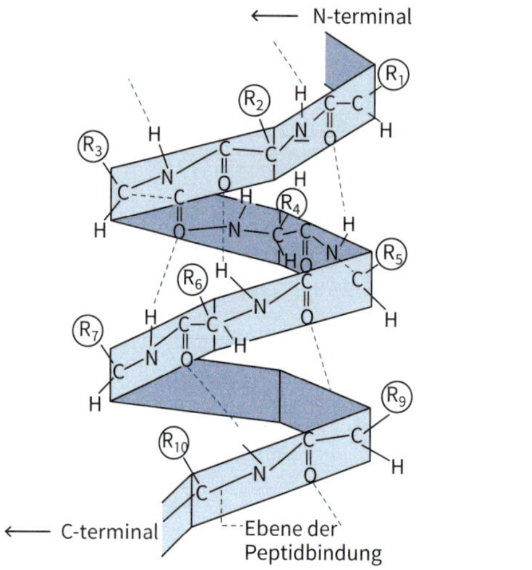

Abb. 13.17: α-Helix

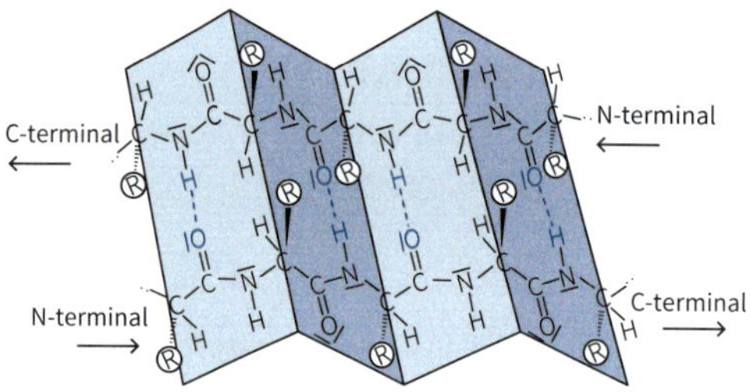

Abb. 13.18: Faltblattstruktur

Struktur der Proteine

Proteine bestehen aus 20 unterschiedlichen α-Aminosäuren, die durch Peptidbindung miteinander verknüpft sind.

a) **Primärstruktur:** Reihenfolge der Aminosäuren im Protein (Aminosäuresequenz)

b) **Sekundärstruktur:** Die regelmäßige räumliche Anordnung von Peptidketten, die durch Wasserstoffbrücken innerhalb einer oder zwischen mehreren Ketten zustandekommt. Zu den wichtigsten Sekundärstrukturen zählen α-Helix- und Faltblattstruktur.

c) **Tertiärstruktur:** Proteine bilden bei gleicher Primärstruktur immer die gleiche charakteristische dreidimensionale Teilchengestalt aus. Diese wird durch VAN-DER-WAALS-Bindungen, Wasserstoffbrücken, Ionenbindungen und Disulfidbindungen stabilisiert.

d) **Quartärstruktur:** Zwei oder mehrere Polypeptidketten lagern sich zu einem funktionsfähigen Protein zusammen, z. B.: Hämoglobin.

Unter **Denaturierung** versteht man die irreversible Zerstörung der Tertiär- und Quartärstruktur der Proteine. Sie ist möglich durch Hitze, energiereiche Strahlung, Säuren, Laugen, Schwermetall-Ionen und Reduktionsmittel. Die biologische Funktionsfähigkeit der Proteine geht dabei meist verloren.

Bedeutung der Proteine – Proteine haben den größten Anteil der organischen Verbindungen in den Zellen. Sie spielen eine bedeutende Rolle als Biokatalysatoren, wo sie als Enzyme Stoffwechselreaktionen im Körper beschleunigen. Fadenförmige Proteine haben Gerüst- und Strukturfunktion: Kollagen und Elastin im Bindegewebe von Tieren, Keratine bilden Haare, Horn und Federn. Speicherproteine: Ovalbumin im Hühnereiweiß, Casein in der Milch von Säugetieren. Kontraktile Proteine wie Aktin und Myosin sind wichtig für die Bewegung von Muskelzellen. Transportproteine: Globin als Bestandteil des Hämoglobins zum Sauerstofftransport bei Wirbeltieren, Membranproteine zum Transport von Stoffen durch Membranen. Rezeptorproteine: In Membranen von Nervenzellen zur Aufnahme und Weitergabe chemischer Signale, in der Membran von Zellen des Immunsystems zur Erkennung von fremden Antigenen.

Naturstoffe ➡ Kohlenhydrate, Fette, Proteine

13

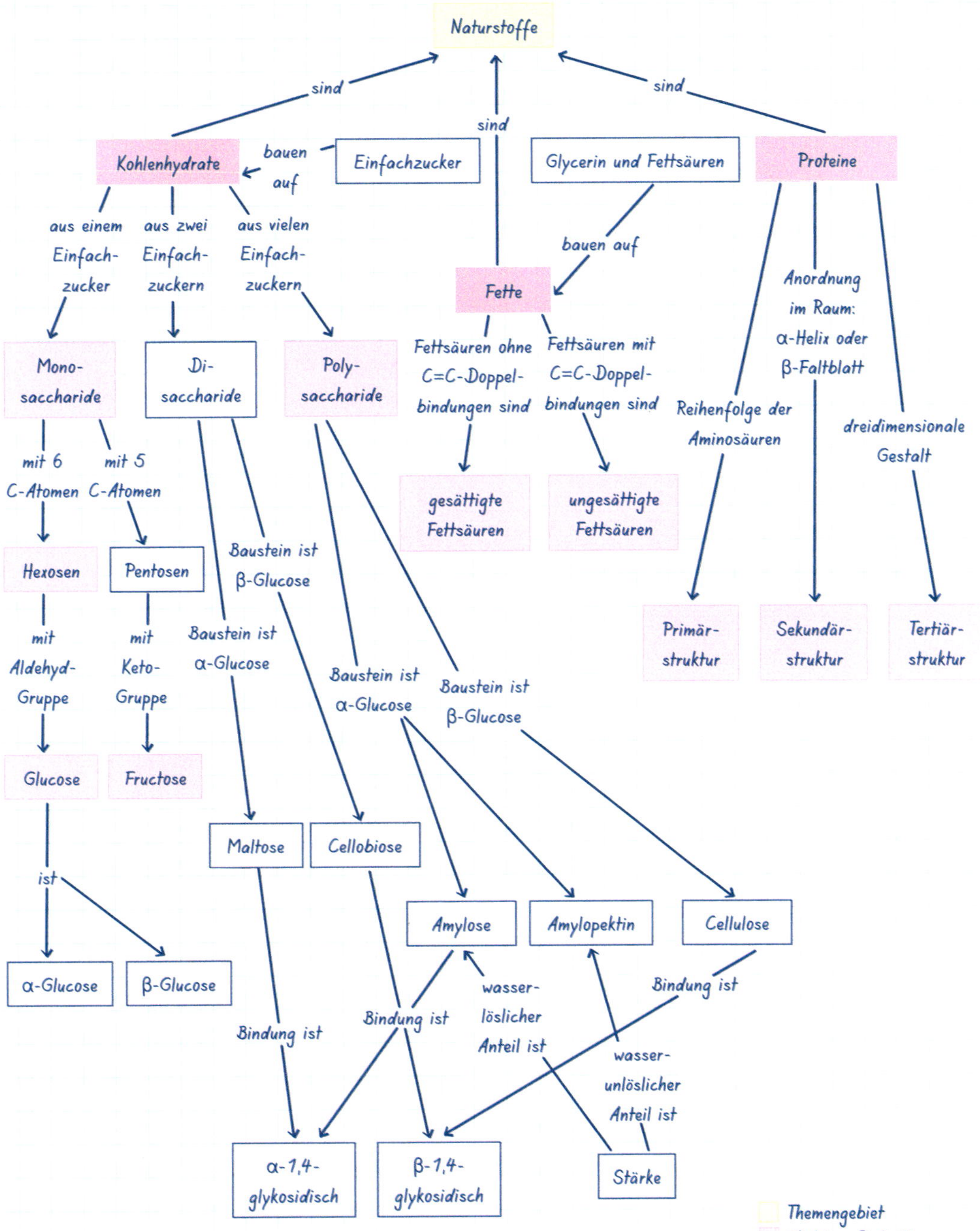

Themengebiet
Wichtige Definition
Erhöhtes Anforderungsniveau

14 Farbstoffe

„Farbigkeit“ ist die hervorstechende Eigenschaft von Farbstoffen. Verantwortlich für diese Stoffeigenschaft sind auf der Teilchenebene Chromophore. Dies sind besondere Atomgruppen in Farbstoffmolekülen, die ein „π-Elektronensystem“ besitzen, das bestimmte Wellenlängen des Lichts absorbiert.

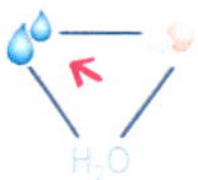

Dabei ist es für den Farbton der Verbindung ausschlaggebend, wie groß das π-Elektronensystem ist und welche funktionellen Gruppen noch mit dem π-Elektronensystem in Wechselwirkung treten. Daher ist das Struktur-Eigenschafts-Konzept bei Farbstoffen dominierend.

Durch geschickte chemische Manipulationen an Farbstoffmolekülen können „maßgeschneiderte Farben“ erzeugt werden.

Konzept vom Aufbau und von den Eigenschaften der Stoffe und ihrer Teilchen – Struktur-Eigenschafts-Beziehungen

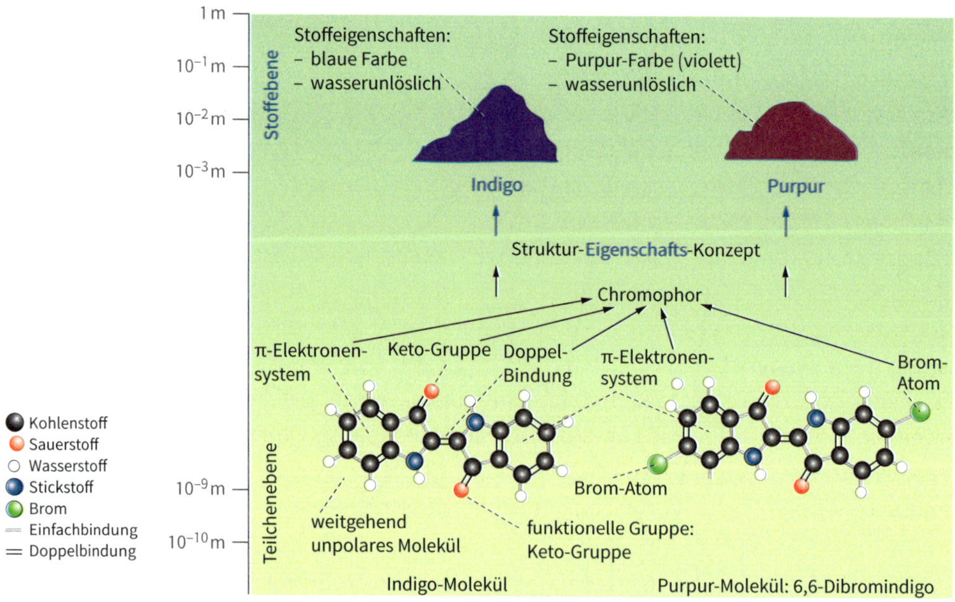

Abb. 14.1: Struktur-Eigenschaftsbeziehungen bei Farbstoffen am Beispiel von Indigo und Purpur. Beim Purpur-Molekül sind die beiden substituierten Brom-Atome für die violette Farbe des Stoffes verantwortlich.

14.1 Struktur-Eigenschafts-Beziehungen bei organischen Farbstoffen

Chemische Verbindungen sind farbig, wenn sie elektromagnetische Strahlung im Wellenlängenbereich des sichtbaren Lichtes zwischen 380 nm und 780 nm (→ Abb. 14.2) absorbieren (verschlucken bzw. aufnehmen) oder reflektieren (zurückwerfen). Für das Auge bleiben die Wellenlängen sichtbar, die nicht absorbiert werden. Diese erzeugen durch Reflektion ein Restlicht, das im Auge durch additive Farbmischung zu einer Farbe komponiert wird, die als **Komplementärfarbe** bezeichnet wird (→ Abb. 14.3 und → Abb. 14.4).

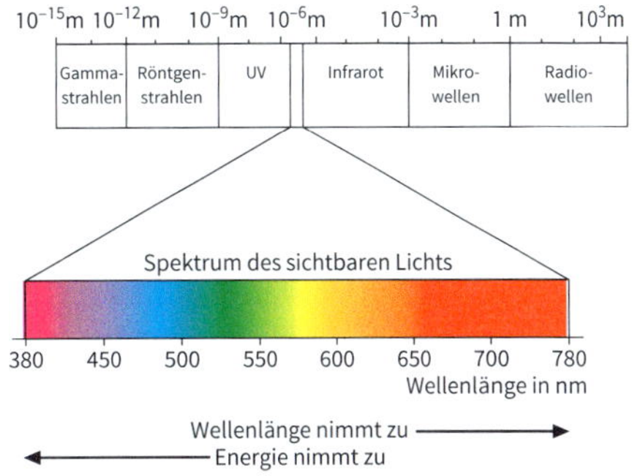

Abb. 14.2: Das Spektrum des sichtbaren Lichts ist ein Teil des elektromagnetischen Spektrums

Farbe durch Absorption. Wird eine rote Tomate mit weißem Licht bestrahlt (→ Abb. 14.4), werden alle Farbanteile des weißen Lichtspektrums von blau bis orange „verschluckt" oder „aufgenommen" (absorbiert). Die roten Farbanteile des Lichtspektrums werden zurückgeworfen (reflektiert), wie →Abb. 14.4 zeigt. Analog werden bei einem blauen Pigment die grünen, gelben, orangen und roten Farbanteile des Lichtspektrums absorbiert, während die blauen Farbanteile des Lichtspektrums zurückgeworfen werden. Stoffe erscheinen weiß, wenn sie keine Wellenlängen des sichtbaren Lichts aufnehmen (absorbieren). Stoffe erscheinen schwarz, wenn sie sämtliche Wellenlängen des sichtbaren Lichts absorbieren (→ Abb. 14.3).

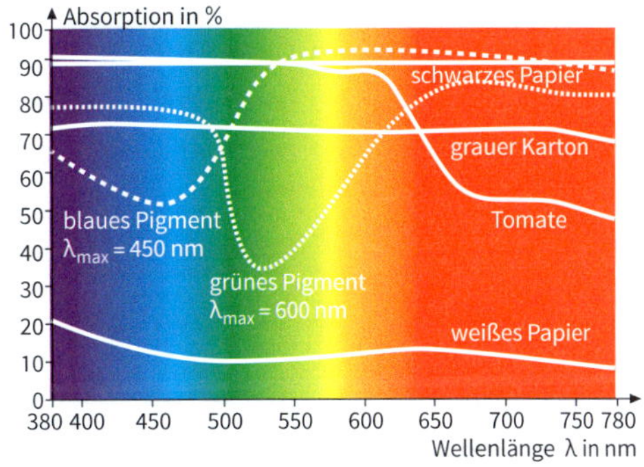

Abb. 14.3: Absorptionsspektren verschiedener Materialien

Als **Emission** von Strahlung wird das Licht einer Flamme, eines Leuchtmittels (z. B. LED → Abb. 14.4 links: strahlendes Leuchtmittel) oder eines glühenden Körpers bezeichnet. Weißglühende Körper senden Licht aller Wellenlängen aus. Die gelbe Flammenfärbung bei Verbindungen des Natriums beruht auf dem Linienspektrum von verdampften Natrium-Atomen. Auf der Teilchenebene werden die Elektronen der Natrium-Atome durch Aufnahme von Wärmeenergie auf ein höheres Energieniveau gehoben, wobei sie bei der Rückkehr in den Grundzustand gelbes Licht der Wellenlänge 589 nm aussenden.

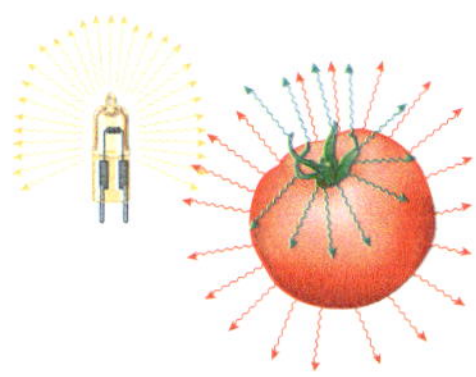

Abb. 14.4: Farbentstehung durch Emission (links) und Lichtabsorption (rechts)

TIPP

Sowohl durch Absorption von Licht als auch durch Emission von Licht, d. h. von Strahlungsenergie im sichtbaren Wellenlängenbereich, können Farben entstehen.

14.2 Struktur-Eigenschafts-Beziehungen bei organischen Stoffen

Chromophore bestehen aus Atomgruppen mit konjugierten und/oder aromatischen π-Elektronensystemen, die bestimmte Wellenlängen des sichtbaren Lichts absorbieren und somit für die Farbigkeit von Verbindungen verantwortlich sind. Dabei können funktionelle Gruppen einen erheblichen Einfluss auf die Farbe der Verbindungen ausüben.

Funktionelle Gruppen mit Mehrfachbindungen, wie beispielsweise die
- C=C-Doppelbindung >C=C<
- Carbonyl-Gruppe >C=O
- Azomethin-Gruppe >C=N–
- Thiocarbonyl-Gruppe >C=S
- Nitroso-Gruppe –N=O und
- Azo-Gruppe –N=N–

sind im Allgemeinen die Ursache für die Lichtabsorption organischer Farbstoff-Moleküle.

Bilden diese Atomgruppen konjugierte und/oder aromatische **π-Elektronensysteme**, so verschieben sich die Absorptionsbanden in der Regel aus dem kurzwelligen UV-Bereich in den sichtbaren Bereich des Spektrums (→ Abb. 14.2). Diese Gruppen in Verbindung mit π-Elektronensystemen sind somit für die Farbigkeit einer Verbindung verantwortlich und werden als **Chromophore** bezeichnet.

Polyene

Polyene sind Kohlenwasserstoffe, deren Moleküle zwei oder mehr, meist **konjugierte C=C-Doppelbindungen**, enthalten. Vergleicht man verschiedene Polyene (→ Abb. 14.5), so zeigt sich, dass die Ausdehnung des konjugierten π-Elektronensystems einen Einfluss auf die Farbe organischer Verbindungen hat.

Cyanine

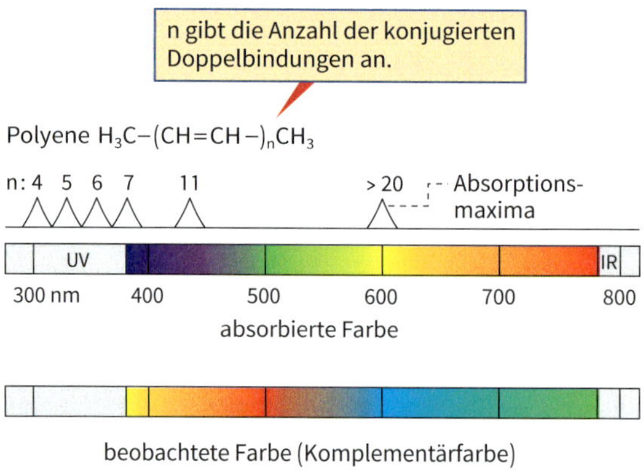

Abb. 14.5: Absorption und Farbe bei Polyenen und Cyaninen.
Cyanine sind Polyene mit Azomethin-Gruppen ($R^1R^2C=N-R^3$).

Carotine

Je größer das konjugierte π-Elektronensystem bei Polyenen ist, desto größer ist die Wellenlänge des absorbierten Lichts. So absorbiert ein Polyen mit sechs konjugierten Doppelbindungen noch deutlich im UV-Bereich, während β-Carotin (Farbstoff in Karotten) mit elf konjugierten C=C-Doppelbindungen sein Absorptionsmaximum bei ca. 450 nm, also im Blaubereich, hat.

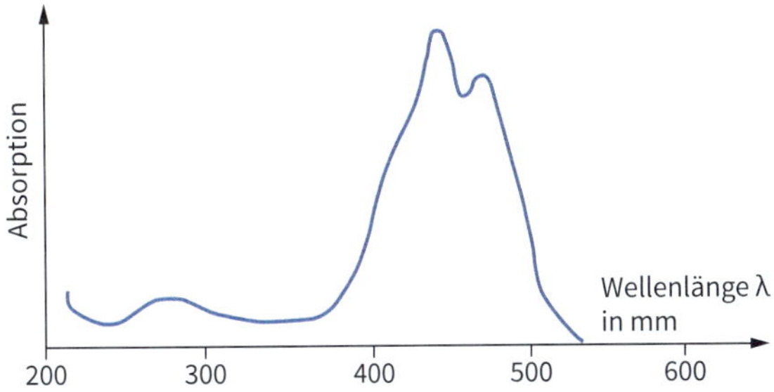

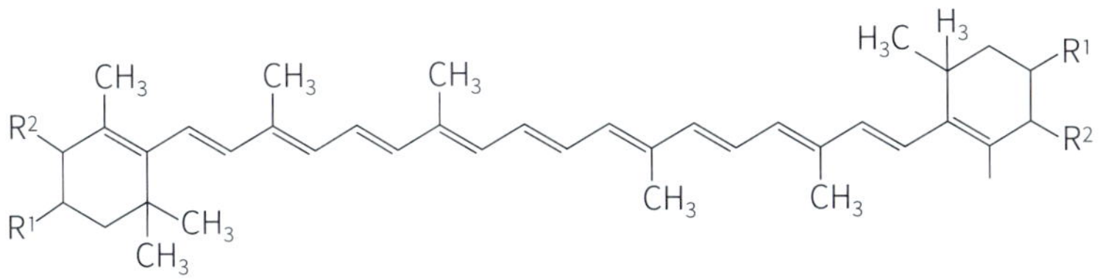

R¹: —H; R²: —H β-Carotin
R¹: —OH; R²: —H Lutein
R¹: —OH; R²: =O Astaxanthin

Abb. 14.6: Absorptionsspektrum von ß-Carotin und Skelettformeln verschiedener Carotinoide. Carotine als natürliche Farbstoffe in Pflanzen mit konjugierten Doppelbindungen (β-Carotin: orangerot; Lutein: gelb; Astaxanthin (Pigment des Hummerpanzers): blau)

Mesomere Wechselwirkungen

Auxochrome
Antiauxochrome

Funktionelle Gruppen können die Absorption durch mesomere Wechselwirkungen mit dem Chromophor in den längerwelligen Bereich des sichtbaren Lichts verschieben. Die Verschiebung des Absorptionsmaximums zu größeren Wellenlängen wird als **bathochromer Effekt** bezeichnet. Die Verschiebung kann durch einen +M-Effekt oder durch einen –M-Effekt der funktionellen Gruppe verursacht werden (→ Seite 183). Funktionelle Gruppen, die einen +M-Effekt bewirken **(Elektronendonatoren)**, werden als **Auxochrome** bezeichnet. Dazu gehören $-NR_2$, $-NH_2$, –OR und –OH.
Einen –M-Effekt erzeugen **Antiauxochrome (Elektronenakzeptoren)**, zu denen z. B. –CHO, $-NO_2$ und $-SO_3H$ gehören.

Wenn sich Auxochrome und Antiauxochrome an den entgegengesetzten Enden eines Chromophors befinden, tritt die stärkste bathochrome Verschiebung auf. Ein Beispiel hierfür ist ein Cyanin (→ Abb. 14.5).

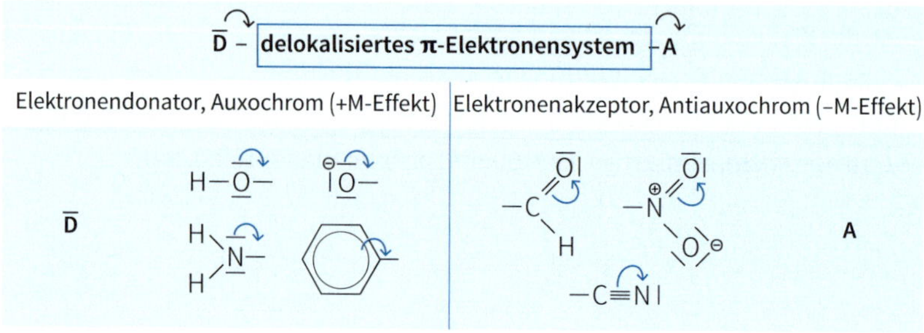

Abb. 14.7: Strukturprinzipien organischer Farbstoffe

Phenylpolyenale lassen sich mit starken Säuren je nach Länge der konjugierten Zweifachbindungen zu blauen, braunen und grünen Farbstoff-Kationen protonieren, was zur Folge hat, dass sich die π-Elektronen leichter delokalisieren lassen. Um die Elektronenverteilung umfassend beschreiben zu können, müssen zwei Grenzformeln formuliert werden: Die Carboxonium-Grenzformel, bei der die positive Ladung am Sauerstoffatom, und die Phenylium-Formel, bei der die positive Ladung im Phenylrest sitzt.

Mesomerie-Modell

Mithilfe von Grenzformeln lässt sich die **Delokalisation** der π-Elektronen in Farbstoff-Molekülen gut beschreiben. Der Vergleich von Farbstoffen ähnlicher Struktur zeigt, dass das Maximum einer Absorptionsbande umso mehr in den Bereich größerer Wellenlängen verschoben ist, je weniger sich die den Grenzformeln entsprechenden Strukturen in ihrem Energieinhalt unterscheiden.

Polyenalfarbstoffe haben eine große Farbvielfalt, die sich über den Bereich des sichtbaren Lichts erstreckt. Polyenalfarbstoffe sind Aldehyde mit einem linearen Chromophor aus konjugierten C=C-Doppelbindungen.
Bei den Phenylpolyenalen, wie z. B. beim hellgelben Phenyltrienal bis hin zum dunkelgelben Phenylheptaenal, sind die π-Elektronen kaum delokalisiert, wie man anhand der Grenzformeln erkennen kann. Bei der wichtigsten Grenzformel treten keine Ladungen auf, bei einer eher unbedeutenden Grenzformel kann man eine Ladungstrennung formulieren, wobei die positiven Ladung im Phenylrest und die negative Ladung am Carbonylsauerstoff lokalisiert werden kann (vergl. Abb. 14.8, rechts).

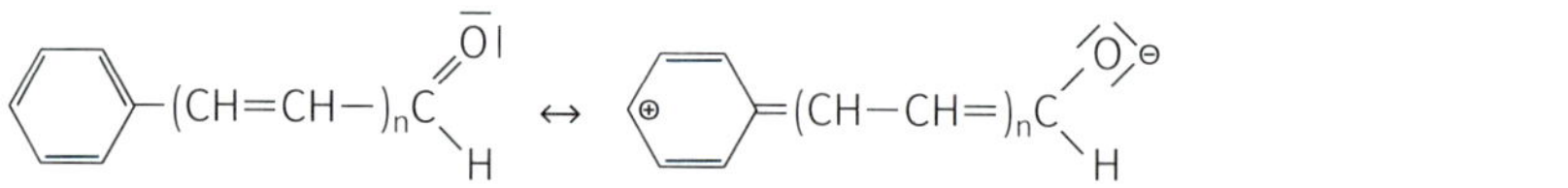

Abb. 14.8: Grenzformeln von unprotonierten Phenylpolyenalen mit gelber Farbe

WISSEN

Chromophore sind Atomgruppen in einer Verbindung mit π-Elektronensystemen (Mehrfachbindungen), die die Farbigkeit der Verbindung verursachen, indem sie bestimmte Wellenlängen des Lichts absorbieren.
Chromophore als Strukturmerkmale von organischen Molekülen auf der Teilchenebene sind für die Eigenschaft „Farbigkeit“ auf der Stoffebene verantwortlich.

14.3 Farbmittel

In der Farbstoffindustrie werden alle farbgebenden Stoffe unter dem Sammelbegriff **Farbmittel** zusammengefasst. Dabei wird zwischen Farbstoffen und Pigmenten unterschieden.

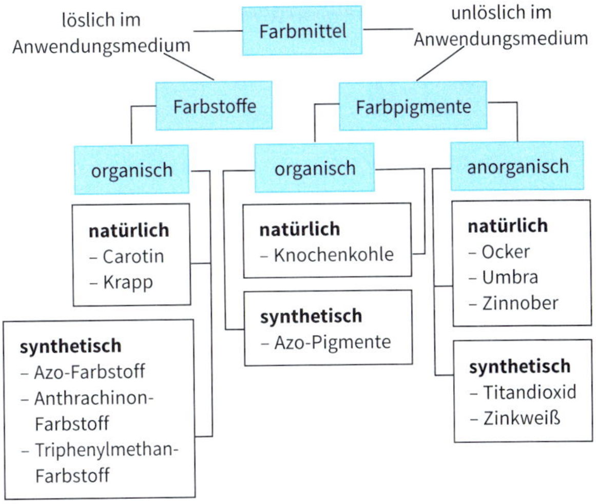

Abb. 14.9: Farbmittel in der Farbstoffindustrie

Farbstoffe sind Farbmittel, die sich im Anwendungsmedium lösen oder in Lösung verarbeitet werden können. Dabei unterscheidet man zwischen organisch natürlichen und organisch synthetischen Farbstoffen. Zu den organisch natürlichen Farbstoffen gehört der Krapp, der aus der Wurzel der Färberröte gewonnen wird. Carotin ist ein natürlicher Farbstoff, der in Karotten vorkommt. Zu den synthetischen Farbstoffen gehören Azo-, Anthrachinon- und Triphenylmethan-Farbstoffe.

Pigmente sind anorganische oder organische Farbmittel, die im Anwendungsmedium unlöslich sind. Sie können natürlichen oder synthetischen Ursprungs sein. Pigmente sind meist kristallin, sodass ihre Eigenschaften wesentlich durch das Kristallgitter bestimmt werden. Sie werden im festen Zustand als Pulverpigmente für Drucke oder zum direkten Einfärben von Kunststoffen, Emaille und Keramik verwendet. Durch Einarbeitung der Pigmente in Bindemittel entstehen Anstrichstoffe wie Lack-, Dispersions- oder Druckfarben.

Beispiele für natürliche anorganische **Bunt-Pigmente** sind Zinnober (HgS), Ocker (eisenoxidhaltiges Aluminiumsilicat) und Umbra (eisenoxid- und mangandioxidhaltiges Aluminiumsilicat). Als synthetische anorganische **Weiß-Pigmente** dienen Bleiweiß ($2\,PbCO_3 \cdot Pb(OH)_2$), Zinkweiß (ZnO) und vor allem Titandioxid (TiO_2). Manganschwarz (MnO_2-haltiges Erz), Graphit und insbesondere Ruß sind als anorganische **Schwarz-Pigmente** in Gebrauch. Zu den organischen Pigmenten gehören als natürliches Pigment Knochenkohle, die aus Knochen gewonnen wird, als synthetisches Pigment Azo-Pigment, das aus Azo-Farbstoffen hergestellt wird.

14.4 Synthetische Farbstoffklassen

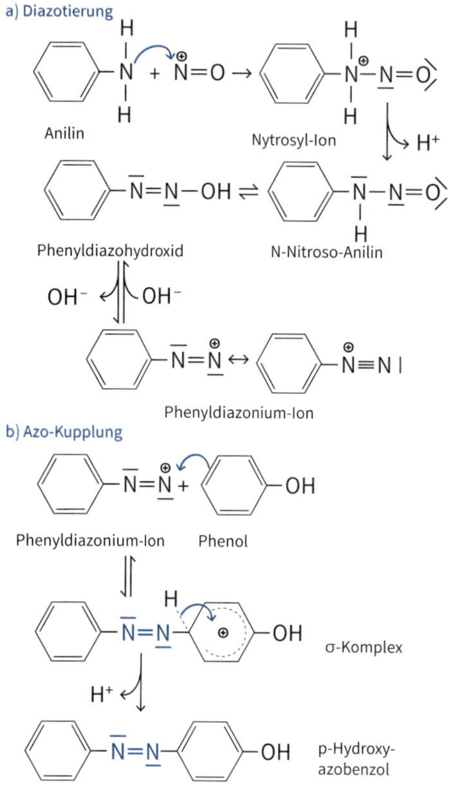

Abb. 14.10: Synthese eines Azo-Farbstoffs

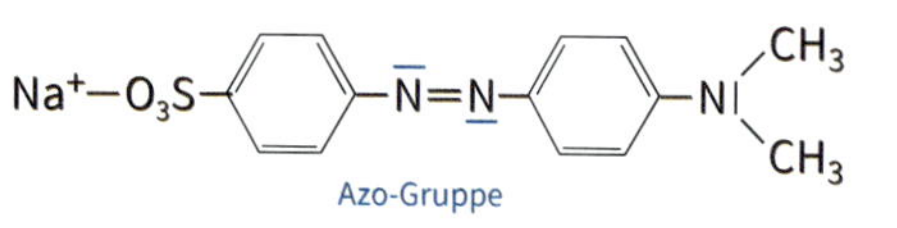

Abb. 14.11: Der Säure/Base-**Indikator Methylorange** als Beispiel für einen Azo-Farbstoff

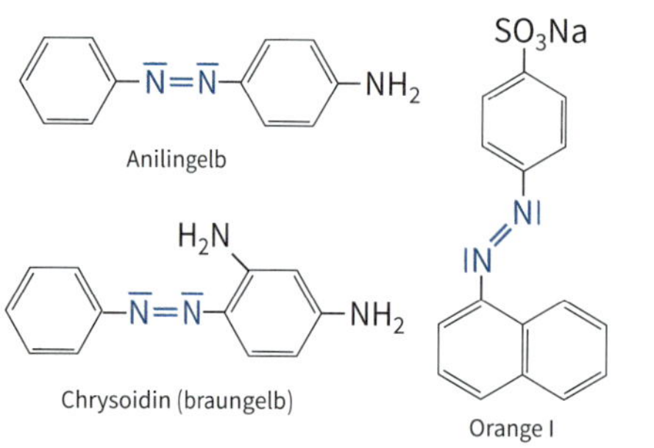

Abb. 14.12: Grenzformeln einiger Azo-Farbstoffe

Azo-Farbstoffe

Die Azo-Farbstoffe stellen die größte Klasse der synthetischen organischen Farbstoffe dar. Chromophor ist die **Azo-Gruppe** (N=N-Gruppe) in Verbindung mit aromatischen Systemen.

Die Synthese verläuft in zwei Schritten: Zuerst wird eine **Diazotierung** eines primären aromatischen Amins und dann eine **Azo-Kupplung** mit einem aromatischen System durchgeführt (→ Abb. 14.10):

1. Schritt: Diazotierung ($\vartheta < 5°$ C)

Beim Ansäuern eines Gemischs aus Natriumnitrit-Lösung und Anilin (primäres aromatisches Amin) bildet sich ein Nitrosyl-Ion (NO^+), das am N-Atom des Anilin-Moleküls **elektrophil** angreift. Die so gebildete N-Nitroso-Verbindung wandelt sich in Phenyldiazohydroxid um, das unter Abspaltung eines Hydroxid-Ions zum Phenyldiazonium-Ion reagiert.

2. Schritt: Azo-Kupplung

In einer elektrophilen Zweitsubstitution wird das Diazonium-Salz mit einer Kupplungskomponente (aromatische Amine oder Phenole) zur Reaktion gebracht. Über den +M-Effekt (siehe auch → Seite 183 f.) des Substituenten – hier die OH-Gruppe im Phenol – wird die Elektronendichte im Benzolring in *ortho*- bzw. *para*-Stellung erhöht. Aus sterischen Gründen kann das Diazonium-Kation jedoch nur in *para*-Stellung angreifen. Es entsteht *p*-Hydroxyazobenzol. Um die nucleophile Kupplungskomponente reaktionsfähiger zu machen, arbeitet man bei Verwendung von Phenolen im schwach alkalischen Bereich, da das Phenolat-Anion der eigentliche Reaktionspartner ist.

Anthrachinon-Farbstoffe

Anthrachinon-Farbstoffe oder Alizarinfarbstoffe stellen eine große Gruppe synthetischer und natürlich vorkommender organischer Farbstoffe dar. Chromophor ist das **Diphenylketon-System**. Durch unterschiedliche Auxochrome erhält man fast alle Farbtöne. Die licht- und waschechten, hochwertigen Farbstoffe werden in der Textilindustrie eingesetzt.

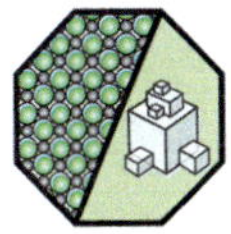

Anthrachinon-Farbstoffe – zum Beizen und zum Färben von Wolle

Anthrachinon, Alizarin und Purpurin kommen in der Wurzel des Färberkrapps vor, einer Pflanze die seit der Antike als Quelle für rote Farbstoffe diente. Seit über 140 Jahre stellt man diese Farbstoffe nun synthetisch her.

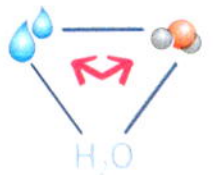

Anthrachinon kann man durch Oxidation von Anthracen oder durch elektrophile Substitution von Benzol mit Phtalsäureanhydrid erzeugen. Die beiden Carbonyl-Gruppen des Anthrachinon-Moleküls sind in das delokalisierten Elektronensystem des Moleküls eingebunden.
Alizarin kann man ebenfalls aus Anthracen herstellen.

Indanthrenblau RS wurde zum ersten Mal 1901 durch Verschmelzen von 2-Aminoanthrachinon in KOH und KNO_3 synthetisiert und ist bis heute als hochwertiger Farbstoff im Handel.

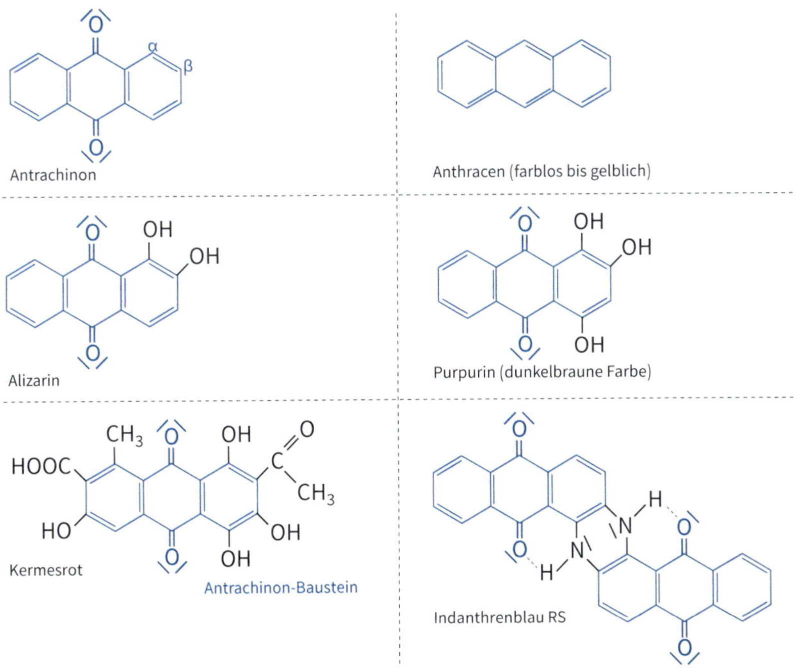

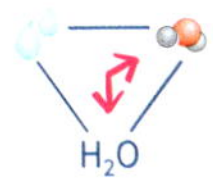

Abb. 14.13: Grenzformeln einiger Anthrachinon-Farbstoffe. Diphenylketon als Chromophor in Anthrachinon (hellgelbe Farbe), Alizarin (rote Farbe), Indanthrenblau RS und Kermesrot.

Triphenylmethan-Farbstoffe

Bei Triphenylmethan-Farbstoffen sind mindestens zwei der aromatischen Ringe mit elektronenliefernden funktionellen Gruppen (Auxochrome) bzw. mit elektronenaufnehmenden funktionellen Gruppen (Antiauxochrome) substituiert.

Triphenylmethan-Farbstoffe sind synthetische, brillante Farbstoffe, die sich von **Triphenylmethan** ableiten. Triphenylmethan weist ein Ringsystem mit **chinoider Struktur** auf, das als Chromophor fungiert. Da diese Farbstoffe nur geringe Lichtechtheit besitzen, sind sie als Textilfarben nicht geeignet. Sie werden jedoch zum Färben von Papier, als Lebensmittel- und Markierungsfarben, für Tinten und als Indikatorfarbstoffe verwendet.

Als **Indikatorfarbstoff** ist in diesem Zusammenhang vor allem **Phenolphthalein** erwähnenswert. Dass es sich um einen Triphenylmethan-Farbstoff handelt, wird im alkalischen Milieu offensichtlich, wenn sich der Lactonring, der im sauren Milieu für die Farblosigkeit verantwortlich ist, geöffnet hat.

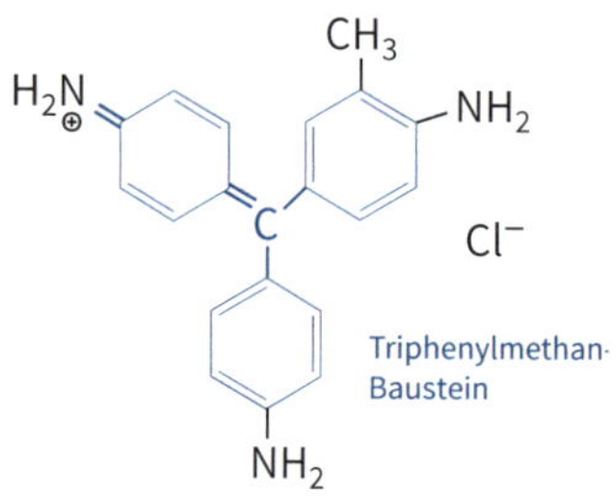

Abb. 14.14: Triphenylmethan als Chromophor in Fuchsin

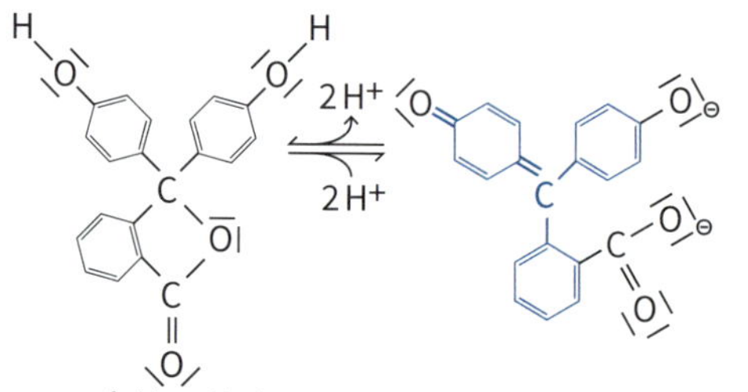

Abb. 14.15: **Phenolphthalein** als Triphenylmethanfarbstoff bei verschiedenen pH-Werten

Auch das in der analytischen Chemie als Indikator verwendete Fluorescein (grüngelbliche Fluoreszenz unter UV-Licht) ist ein Triphenylmethan-Farbstoff. Dies wird erst deutlich, wenn man die stabilere, offene Carbonsäure-Form analysiert. Im Unterschied zum Phenolphthalein sind die beiden Benzolringe durch ein Heteroatom, einem Sauerstoff-Atom, miteinander verknüpft.

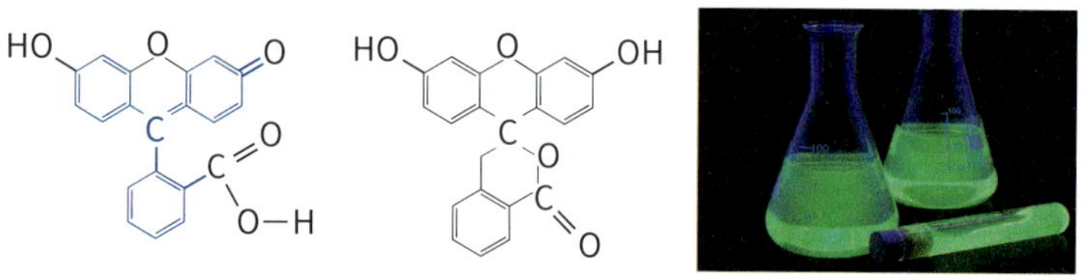

Abb. 14.16: Fluorescein: links: Offene Carbonsäure-Form, rote Verbindung, rechts: instabilere Lacton-Form gelbliche Verbindung in fester Form; Foto: Fluorescein unter UV-Licht

WICHTIGE SYNTHETISCHE ORGANISCHE FARBSTOFFKLASSEN

- Azo-Farbstoffe mit der „Azo-Gruppe in Verbindung mit aromatischen Systemen“ als Chromophor,
- Anthrachinon-Farbstoffe mit dem Chromophor „Diphenylketon“ und
- Triphenylmethan-Farbstoffe mit einem Ringsystem chinoider Struktur als Chromophor

14.5 Indigo und Purpur - traditionelle Farbstoffe

Bis vor über 130 Jahren war die **Indigopflanze** (z. B. europäischer Färberwaid) die wichtigste Quelle für die Gewinnung von blauem Farbstoff. Die Pflanzen wurden während der Blüte geerntet und in mit Wasser gefüllte Gruben gelegt, sodass eine Gärung erfolgen konnte. Dabei bildet sich durch enzymatische Spaltung eine farblose Vorstufe, das Indoxyl. Zwei Indoxyl-Moleküle reagieren mit Luftsauerstoff weiter zu einem Indigo-Molekül. Um 1870 gelang es BAEYER zum ersten Mal, den begehrten blauen Indigofarbstoff synthetisch herzustellen. Ein auch noch heute angewandtes Syntheseverfahren nach HEUMANN verwendet als Ausgangsstoff Phenylglycin-o-carbonsäure. Beim Schmelzen mit Natriumamid entsteht Indoxylcarbonsäure. Durch Abspaltung von Kohlenstoffdioxid aus der Indoxylcarbonsäure entsteht Indoxyl, das durch Luftsauerstoff zu Indigo oxidiert wird.

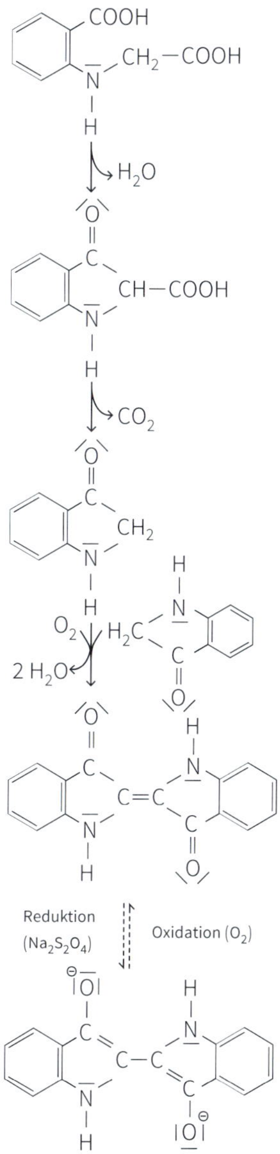

Abb. 14.17: Synthese von Indigo und seiner Leukoform

Indigo bildet dunkelblaue Kristalle mit rötlichem Glanz. Da im Molekülgitter ein Indigo-Molekül über Wasserstoffbrücken mit vier weiteren verbunden ist, weist Indigo als Stoffeigenschaft einen hohen Schmelztemperaturbereich von 390 – 392 °C auf. Trotz der Wasserstoffbrücken im Feststoff ist Indigo nicht wasserlöslich, da die polaren Keto- und N – H-Gruppen nur einen geringen Anteil am sonst unpolaren Kohlenstoffgerüst ausmachen.

Indigo – die Farbe der Blue Jeans

Abb. 14.18: JOHANN FRIEDRICH WILHELM ADOLF (seit 1885 Ritter von) BAEYER 1835 – 1917, deutscher Chemiker, entwickelte die Indigosynthese, synthetisierte Phenolphthalein und Fluorescein und war Wegbereiter für die Alizarin-Synthese. 1905 Nobelpreis für Chemie

KARL HEUMANN 1850 – 1894, deutscher Chemiker, 1890 gelang es ihm, aus Phenylglycin oder Phenylglycin-o-carbonsäure Indigo synthetisch herzustellen

Färbevorgang

Da Indigo nicht wasserlöslich ist, wird es für den Färbevorgang zur wasserlöslichen **Leukoform** (griech. *leukos* = weiß), dem Indigweiß, reduziert. Dazu verwendet man Natriumdithionit ($Na_2S_2O_4$) in alkalischer Lösung.
Früher wurde diese Reaktion mit Urin durchgeführt. Die gärende Urin-Brühe wurde als Küpe, der Vorgang als Verküpung und die Färbetechnik als **Küpenfärbung** bezeichnet. Der zu färbende Stoff wurde mit der Küpe getränkt und aufgehängt. Durch Reaktion mit dem Luftsauerstoff entstand auf der Faser dann aus der Leukoform der blaue Farbstoff (vgl. → Abb. 14.19).

Abb. 14.19: Oxidation von Indigoweiß durch Luftsauerstoff

Ein mit Indigo gefärbter Baumwollstoff hat eine hohe Lichtechtheit, jedoch ist die Reibechtheit gering, da der Farbstoff an stark beanspruchten Stellen verblasst, was auch ein charakteristisches, unverzichtbares Merkmal der „Blue Jeans" ist.

Purpur – ein tierischer Küpenfarbstoff

Purpur: ein sehr wertvoller Farbstoff in der Antike und im Mittelalter, der nur hochgestellten Personen als Statussymbol vorbehalten war.

Neben der Indigopflanze war auch die Purpurschnecke (Hexaplex trunculus) ein natürlicher tierischer Farbstofflieferant. Aus ihr hatten schon die Phönizier und später die Römer in einem aufwändigen Verfahren den Farbstoff „Purpur" gewonnen. Der Farbstoff lässt sich aus dem gelblichen Schleim einer speziellen Drüse in der Atemhöhle der Schnecke über mehrere Vorstufen herstellen. Für die Färbung werden die Purpurschnecken oder auch nur die Drüsen zerstampft, mehrere Tage in Salz eingelegt und dann mit Urin stark eingekocht. Nachdem man die Fleischteile der Schnecken entfernt hat, werden die zu färbenden Stoffe in die Küpe eingetaucht und danach dem Sonnenlicht ausgesetzt. Dabei färben sich Stoffe mit der Zeit von gelb über grün und blau zu purpurrot (vgl. → Abb. 14.22). Als Purpurfarbstoff hat man 6,6′-Dibromindigo identifiziert. Vom Indigo-Molekül unterscheidet sich der Farbstoff lediglich dadurch, dass zwei Wasserstoff-Atome der Benzolkerne durch zwei Brom-Atome substitutiert sind. Die Brom-Atome sind also die Ursache für die Farbveränderung im Vergleich zum Indigo, ein weiterer Beleg für das Struktur-Eigenschafts-Konzept (vgl. → Abb. 14.20).

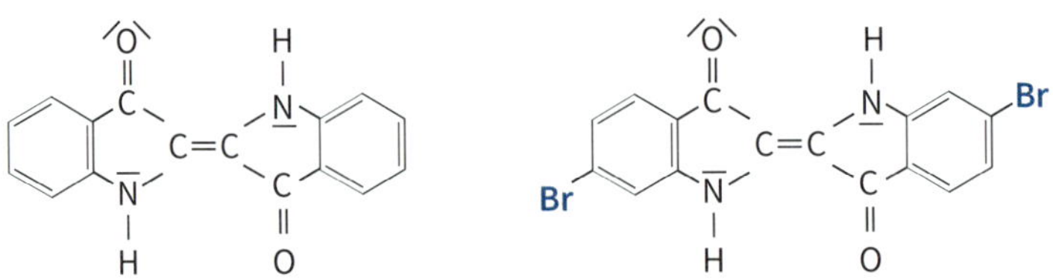

Abb. 14.20: Indigo (links) und 6,6′-Dibromindigo (rechts)

14.6 Färbeverfahren im Überblick

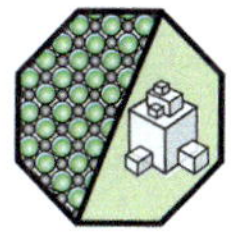

Farbstoff und Textilfaser müssen chemisch zueinander „passen“, um eine dauerhafte Färbung zu erzielen: Bei Fasern mit polaren funktionellen Gruppen wie Baumwolle oder Wolle verwendet man ionische oder polare Farbstoffe. Bei unpolaren Fasern wie Polyester werden unpolare Farbstoffe eingesetzt. Daher werden Farbstoffe häufig nach dem für sie angewandten Färbeverfahren eingeteilt, das sich auf den entsprechenden Fasertyp bezieht.

Farbstoff	Verwendung/Färbegut	Haftung zwischen Farbstoffund Faser
anionische Farbstoffe	Wolle, Seide, Polyamid	Ionenbindung
kationische Farbstoffe	Wolle, Seide, Papier, Polyacrylnitril	Ionenbindung
Metallkomplexfarbstoffe	Wolle, Polyamid	Komplexbindung (Ion-Dipol-Wechselwirkung)
Küpenfarbstoffe	Baumwolle	Einlagerung als wasserunlöslicher Farbstoff in die Faser
Reaktivfarbstoffe	Baumwolle	Atombindung
Dispersionsfarbstoffe	Polyester, Polyamid, Polyacrylnitril	Einlagerung als wasserunlöslicher Farbstoff in die Faser

Tab. 14.1: Farbstoffe und chemische Bindung im Überblick

a) Wolle

Wolle besteht aus Protein und kann mit **kationischen** oder **anionischen Farbstoffen** gefärbt werden. Diese Farbstoffe haften durch ionische Bindung an den negativ geladenen Carboxylat- und den positiv geladenen Ammonium-Seitenkettengruppen der Aminosäurefäden, die die Wollfaser bilden.

Die wasserlöslichen **Metallkomplexfarbstoffe** sind die bedeutendsten Wollfarbstoffe. Sie reagieren mit gelösten Metall-Ionen auf der Wollfaser. Häufig werden dazu Chrom(III)-Ionen verwendet, die sowohl die farbigen Azo-Verbindungen als auch die Amino-Gruppen der Protein-Moleküle binden (→ Abb. 14.21). Dadurch wird der Azo-Farbstoff auf der Wolle fixiert.

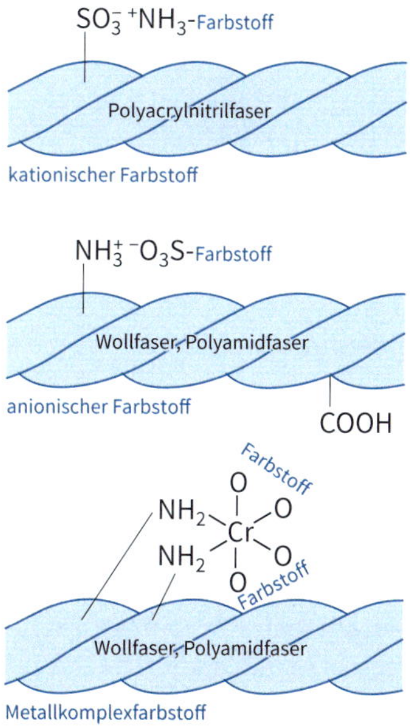

Abb. 14.21: Bindung von Textilfarbstoffen an Fasern

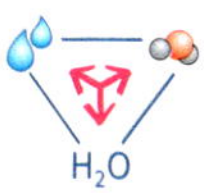

b) Baumwolle

Baumwolle besteht aus **Cellulose**. Zum Färben von Baumwolle eignen sich **Küpenfarbstoffe** (→ Seite 241 f., Indigo und Purpur).

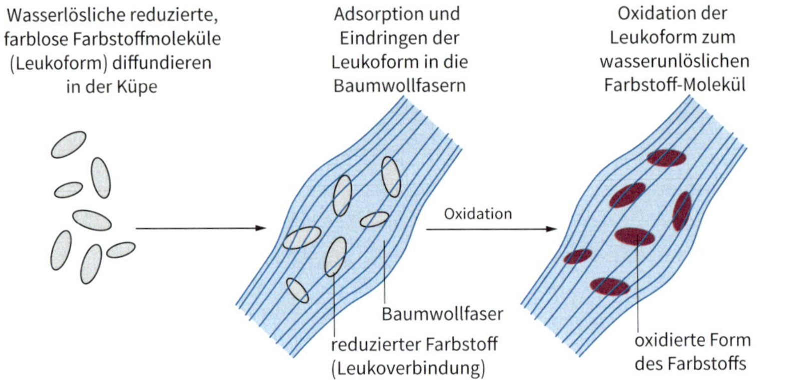

Abb. 14.22: Küpenfärbung mit Indigo und Purpur

Aber auch mit **Reaktivfarbstoffen** lassen sich waschechte Färbungen erreichen. Als Farbstoffkomponenten verwendet man unter anderem Azo-Farbstoffe und Anthrachinonfarbstoffe, die häufig über eine Amino-Gruppe an ein kleines Molekül, den „reaktiven Anker", gebunden werden. Der reaktive Anker, meistens Trichlortriazin, verbindet sich seinerseits mit einer freien Hydroxy-Gruppe der Cellulosefaser, sodass eine stabile Atombindung entsteht und der Farbstoff gut auf der Faser haftet.

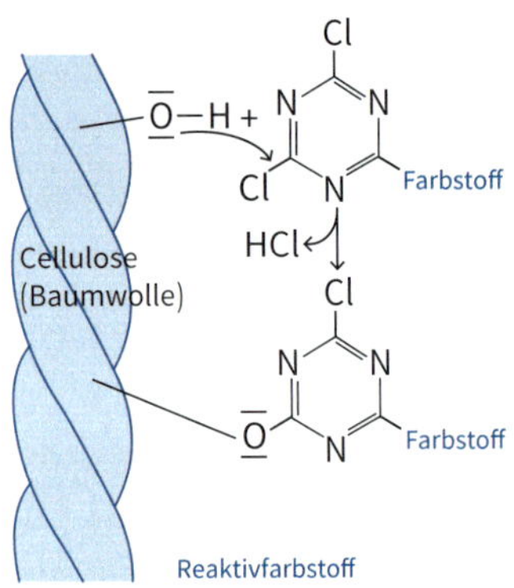

Abb. 14.23: Bindung eines Reaktivfarbstoffs an Cellulose

c) Polyesterfasern

Polyesterfasern wie Trevira und Diolen sind weitgehend unpolar und werden vorwiegend mit **Dispersionsfarbstoffen** gefärbt. Hierzu werden häufig unpolare Azo-Farbstoffe verwendet, die kaum wasserlöslich sind. Daher werden sie mit Hilfsstoffen vermahlen, sodass im Färbebad eine Farbstoff-Suspension entsteht. Der so angerührte (das heißt dispergierte) Farbstoff kann in die Faser, die durch Zusatzstoffe zum Aufquellen gebracht wird, leicht eindringen und sich dauerhaft einlagern.

Farbstoffe 14

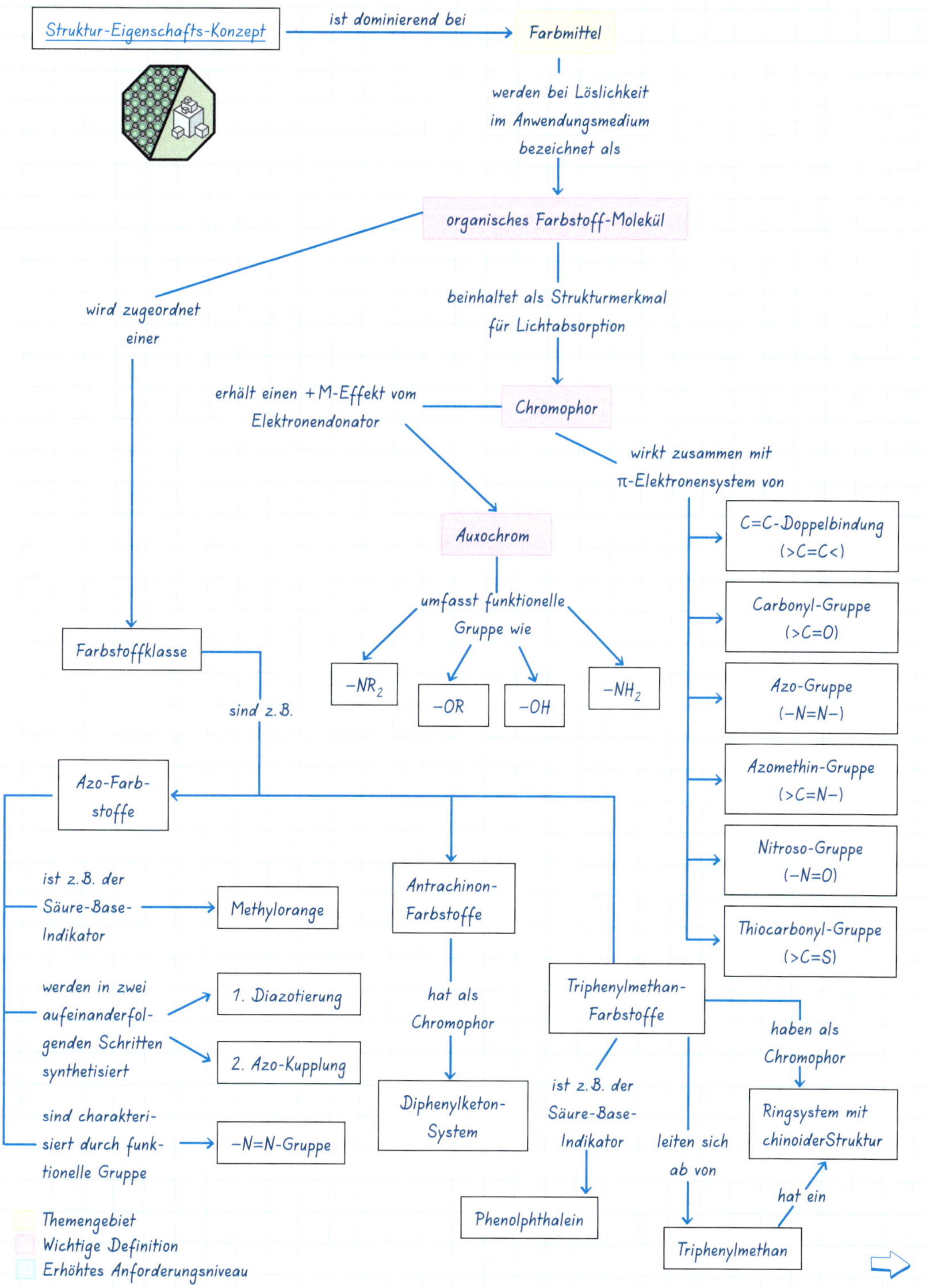

14 Farbstoffe

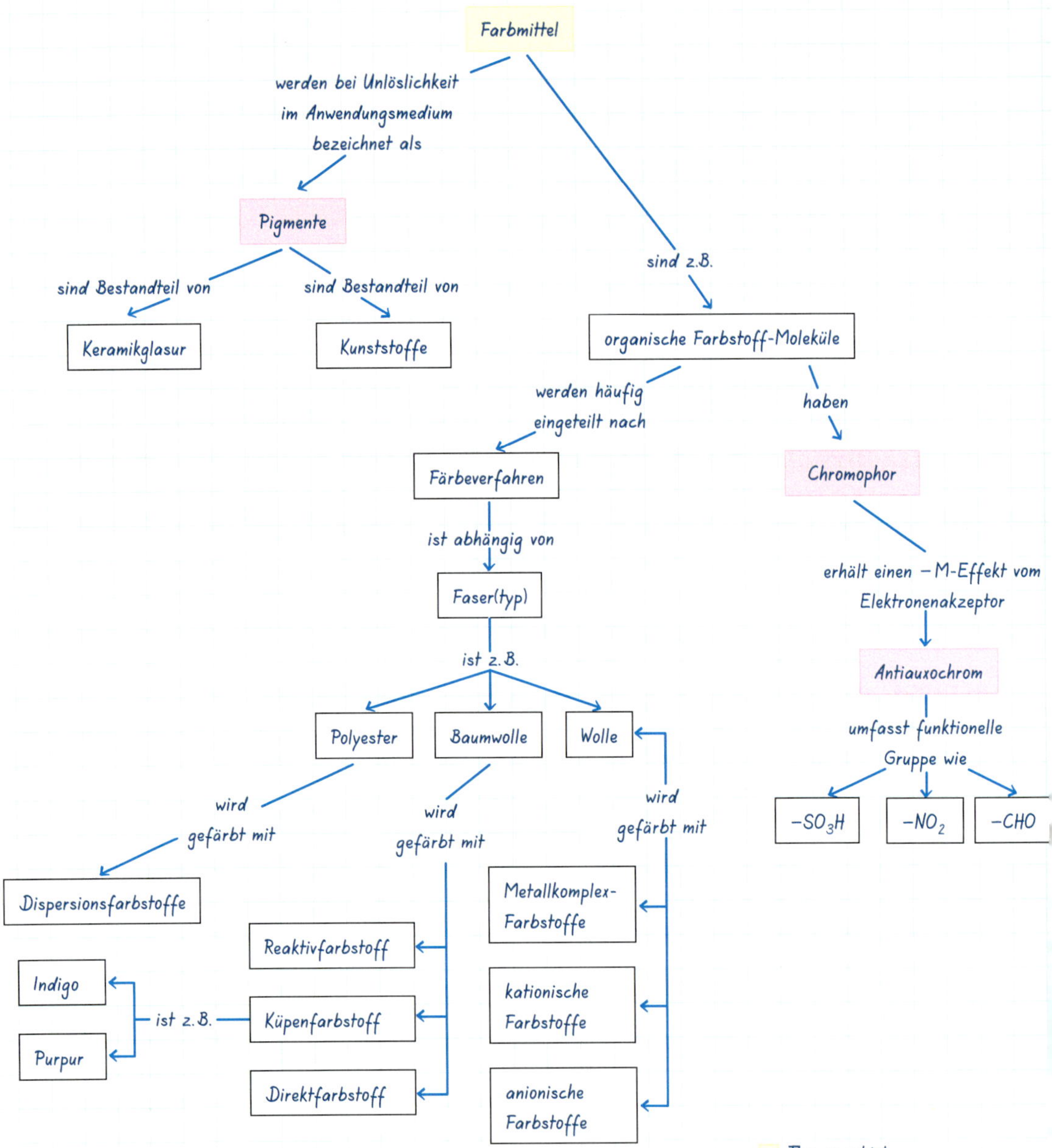

Themengebiet
Wichtige Definition
Erhöhtes Anforderungsniveau

Kunststoffe

15

- **Kunststoffe bestehen aus Millionen miteinander verknüpfter gleicher Einzelbausteine (Monomere).**
- **Die Monomere reagieren miteinander und bilden riesige Molekülketten oder Molekülnetze.**
- **Die Verknüpfung der Monomere kann durch Polymerisation, Polykondensation oder Polyaddition erfolgen.**
- **Die Strukturmerkmale der Monomere ergeben die Stoffeigenschaften der Makromoleküle (Polymere) wie z. B. Formbarkeit, Härte, Elastizität.**
- **Die Makromoleküle der Kunststoffe können kettenförmig linear, wenig verzweigt, dreidimensional eng oder weitmaschig miteinander vernetzt sein.**
- **Nach ihrem Verhalten beim Erhitzen unterscheidet man Thermoplaste, Duroplaste und Elastomere.**

Basiskonzept: Struktur-Eigenschafts-Beziehungen

Bau des Kohlenstoffgerüsts und funktionelle Gruppen sind als Strukturmerkmale bestimmend für die Eigenschaften von Kunststoffen.

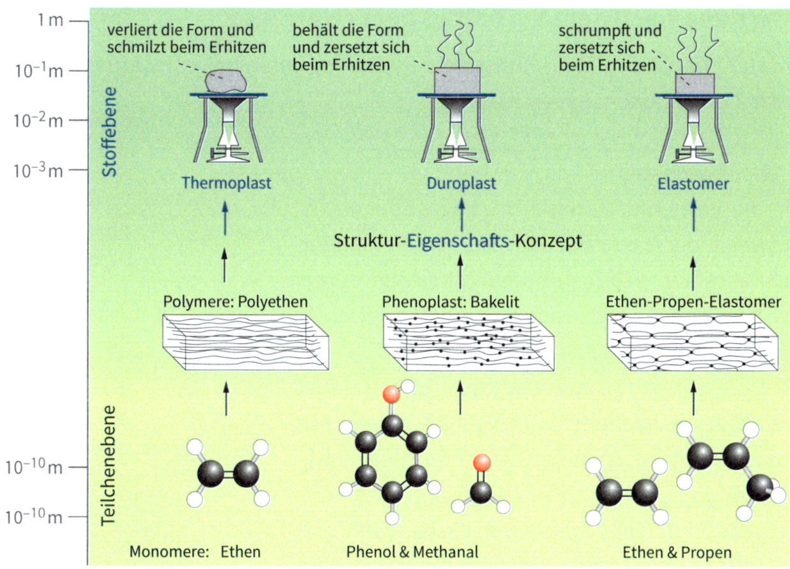

Abb. 15.1: Struktur-Eigenschafts-Beziehungen als Leitkonzept bei Kunststoffen

15.1 Allgemeines

Kunststoffe oder Plaste sind organische Makromoleküle, die entweder durch Umwandlung von Naturprodukten (halbsynthetische Kunststoffe) oder durch Synthese aus Monomeren (Einzelbausteinen) hergestellt werden (vollsynthetische Kunststoffe). Die ersten Kunststoffe wurden aus Naturstoffen erhalten. So produzierte HYATT 1869 aus Nitrocellulose und Campher Celluloid (für Kämme, Puppen, Filme). 1909 synthetisierte BAEKELAND aus Phenol und Methanal Bakelit, den ersten vollsynthetischen Kunststoff. Kunststoffe sind meist von geringer Härte, haben kaum elektrische Leitfähigkeit und Wärmeleitfähigkeit und sind oft resistent gegenüber Säuren und Laugen. Durch ihre unterschiedlichen inneren Strukturen haben sie aber auch sehr viele unterschiedliche Eigenschaften. Es gibt weiche, spröde und elastische Kunststoffe, und solche, die sich deutlich in ihrem Verhalten gegenüber organischen Lösungsmitteln unterscheiden.

Die zwischen unpolaren Makromolekülen herrschenden VAN-DER-WAALS-Kräfte wachsen mit zunehmender Molekülmasse. Dadurch besitzen Stoffe mit höherem Polymerisationsgrad auch eine höhere mechanische Festigkeit.
Sind die Makromoleküle polar gebaut, wirken zusätzlich Dipol-Kräfte; die stärksten zwischenmolekularen Kräfte stellen Wasserstoffbrücken dar, die z. B. den Zusammenhalt in Polyamiden bewirken.

Einteilung nach dem Verhalten bei Erwärmung

Ein wichtiges Merkmal für Kunststoffe ist ihr Verhalten beim Erwärmen. Dabei werden drei Klassen unterschieden:

A Thermoplaste

Thermoplaste sind kettenförmig linear oder wenig verzweigt, die Makromoleküle sind untereinander nicht vernetzt. Der Zusammenhalt erfolgt durch VAN-DER-WAALS-Kräfte oder durch Wasserstoffbrücken.
Die Molekülketten sind sehr lang. Sind sie wirr verknäult, bezeichnet man diesen Zustand als **amorph**; sind sie parallel ausgerichtet, als **kristallin**. Thermoplaste gehen innerhalb eines größeren Temperaturintervalls vom weichen in den zähflüssigen Zustand über. Dabei geraten die Makromoleküle in Schwingungen, wobei die zwischenmolekularen Kräfte überwunden werden.

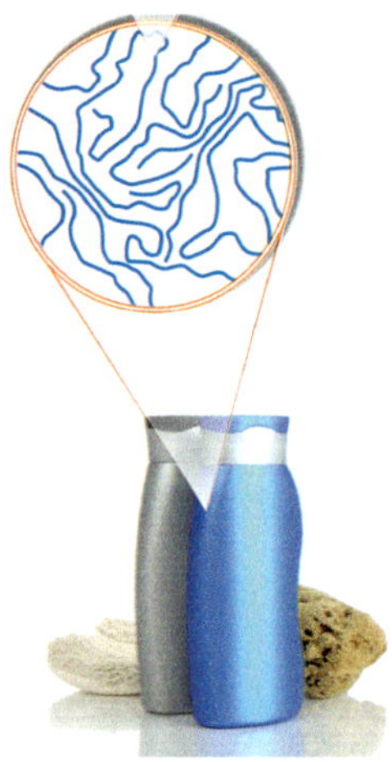

Da die Makromoleküle untereinander nicht vernetzt sind, können sie leicht aneinander vorbeigleiten, der Thermoplast erweicht und schmilzt schließlich. Thermoplasten lassen sich bei der Verarbeitung bei höheren Temperaturen in beliebige Formen pressen. Nach dem Abkühlen behalten sie diese Form bei.
Verwendung: z. B. PET-Flaschen, Plastiktüten

B Duroplaste

In Duroplasten sind die Makromoleküle durch Elektronenpaarbindungen dreidimensional eng vernetzt. Beim Erhitzen bleibt die dreidimensionale Struktur erhalten, die Duroplasten werden also bei mittleren Temperaturen weder weich noch zähflüssig. Man muss duroplastische Werkstücke daher bereits in der fertigen Form herstellen oder anschließend mechanisch bearbeiten. Erst bei etwa 300 °C zersetzen sich Duroplaste unter Aufspaltung der Elektronenpaarbindungen, der Kunststoff verkohlt.
Verwendung: z. B. Leiterplatten elektrischer Bauteile, Karosserieteile

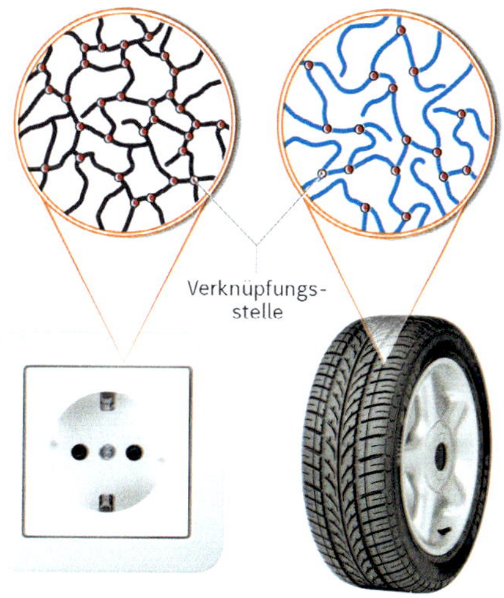

C Elastomere

Elastomere verhalten sich bei mechanischer Belastung wie Gummi. Sie lassen sich durch Zug oder Druck leicht verformen und kehren aufgrund ihrer Elastizität immer wieder in die ursprüngliche Form zurück. Die Struktur der Elastomere ist ähnlich der der Duroplaste, jedoch sind die Netzstrukturen viel weitmaschiger. Elastomere werden beim Verarbeiten meist unter Einwirkung von Wärme und Druck in der Endform synthetisiert. Natürlicher Kautschuk ist ein typisches Elastomer. Durch Härten können Elastomere stärker vernetzt und dadurch in Duroplaste umgewandelt werden.
Verwendung: z. B. Reifen, Dichtungen, Tennisschläger

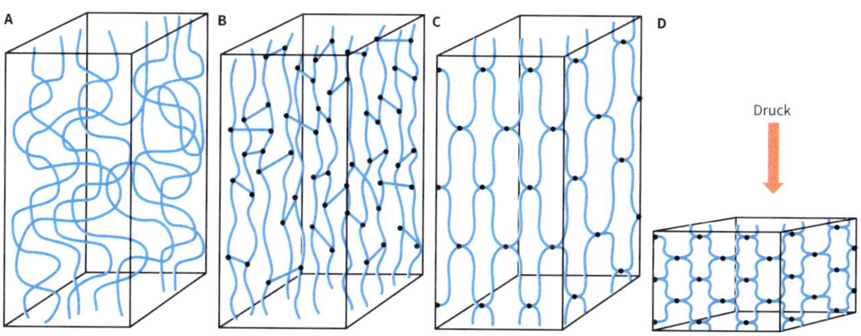

Abb. 15.2: Struktur von Termoplasten (A), Duroplasten (B) und Elastomeren (C) + (D)

15.2 Verfahren zur Kunststoffsynthese

Bei der Synthese von Kunststoffen geht man von Monomeren aus, die zu ketten- oder netzförmigen Makromolekülen zusammengeschlossen werden. Dafür müssen die Monomere entweder Mehrfachbindungen oder mindestens zwei funktionelle Gruppen besitzen. Die Verknüpfung der Monomere erfolgt durch Polymerisation, Polykondensation oder Polyaddition.

Polymerisation

Die Polymerisation erfolgt mit **ungesättigten Monomeren** (→ Abb. 15.3) unter Aufspaltung der Doppelbindungen. Die Reaktion verläuft als **Kettenreaktion**, die durch Initiatoren wie Radikale oder Ionen ausgelöst wird. Es bilden sich zumeist Thermoplaste. Neben der radikalischen Polymerisation ist auch die kationische und die anionische Polymerisation üblich.

Monomer	Polymer	Abkürzungen/Handelsnamen	Verwendung
Ethen 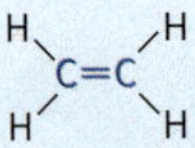	Polyethen $\cdots[CH_2-CH_2]\cdots$	LDPE, Lupolen, Hostalen, Baylon (radikalische Polymerisation unter Hochdruck) LDPE (ionische Polymerisation unter Niederdruck)	Folien, Filme, Haushaltsgeräte, Armaturen, Kabelisolierung Getränkekisten
Propen 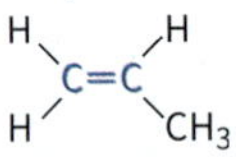	Polypropen $\cdots[CH_2-CH(CH_3)]\cdots$	PP	Haushaltswaren
Vinylchlorid (Monochlorethen) 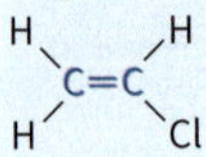	Polyvinylchlorid $\cdots[CH_2-CH(Cl)]\cdots$	PVC (Hinweis: zerfällt beim Erhitzen zu Polyenen und Chlorwasserstoff-Gas)	Tischtücher, Fußbodenbeläge, Rollläden, Rohre
Acrylnitril 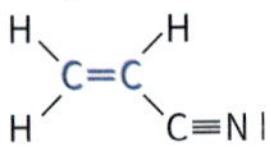	Polyacrylnitril $\cdots[CH_2-CH(CN)]\cdots$	Orlon, Dralon, Acryl, Acrilan	Beimischung für Textilien
Styrol (Monophenylethen) 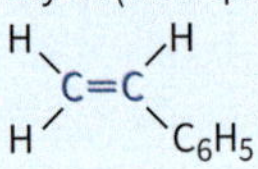	Polystyrol $\cdots[CH_2-CH(C_6H_5)]\cdots$	PS; geschäumt als Styropor	Haushaltswaren, Wärmedämmung
Methacrylsäuremethylester 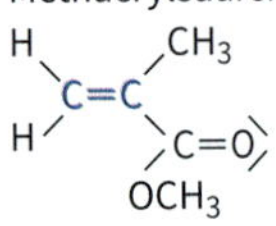	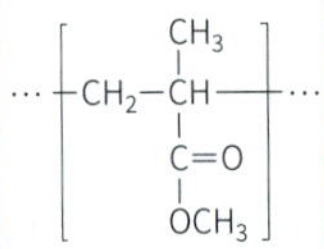	Plexiglas	Sicherheitsglas
Tetrafluorethen 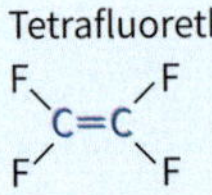	Polytetrafluorethen $\cdots[CF_2-CF_2]\cdots$	Teflon, Hostalon	Antihaftbeschichtungen, Textilien

Abb. 15.3: Übersicht über wichtige Polymerisationsprodukte

a) Radikalische Polymerisation

Diese Reaktion verläuft nach einem radikalischen Kettenmechanismus, der aus den Reaktionsphasen Kettenstart, Kettenwachstum und Kettenabbruch besteht. Beim Kettenstart entstehen Radikale, welche dann die Doppelbindung angreifen. Durch fortgesetzte Reaktion der Alkylradikale mit neuen Monomeren wächst die Kette. Auf diese Weise kommt es zum Kettenwachstum, es entstehen Polymere, welche theoretisch alle Monomere verbrauchen und so immer weiter wachsen könnten. In der Praxis wird die Kettenlänge durch gezielte Abbruchreaktionen beeinflusst. Kettenabruch kann durch Kombination zweier wachsender Polymerketten erfolgen.

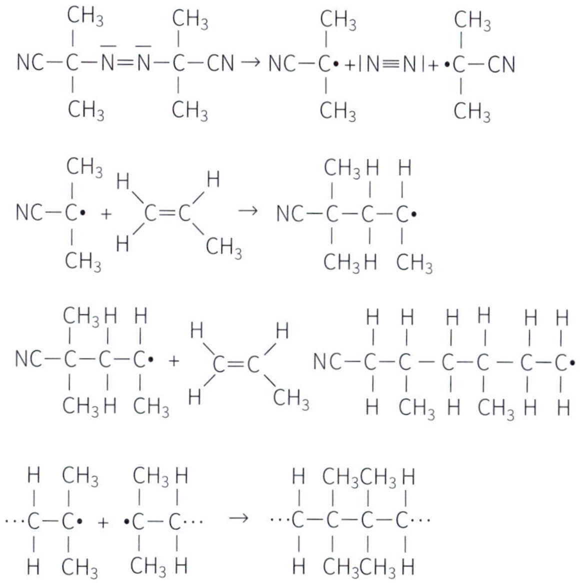

Bildung des Initiators (Radikal)

homolytische Bindungsspaltung und Bildung eines Radikals

Startreaktion

Entstehung eines neuen Radikals

Kettenreaktion

Kettenverlängerung, beliebig oft wiederholbar

Abbruchreaktion

Reaktion von zwei Radikalen

Abb. 15.4: Radikalische Polymerisation von Propen

Ein weiteres Beispiel ist die Bildung von Polystyrol aus Styrol-Monomeren:

Gesamtreaktion:

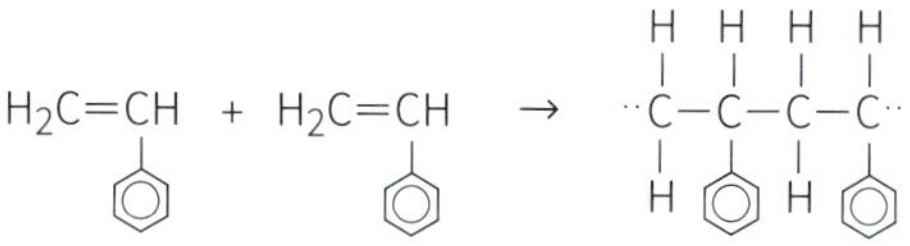

Abb. 15.5: Bildung von Polystyrol

Auch bei der Synthese von Polystyrol müssen zuerst Radikale erzeugt werden. Dafür setzt man Radikalstarter (Initiatoren) zu, deren Moleküle bei Zufuhr von Energie leicht in Radikale zerfallen. Jedes Radikal greift ein Styrol-Molekül an einem C-Atom der C-C- Doppelbindung an, diese wird homolytisch gespalten. Das entstandene Styrol-Radikal kann in der Kettenreaktion ein weiteres Styrol-Molekül angreifen, die Kettenreaktion setzt sich bis zum Kettenabbruch fort.

b) Anionische Polymerisation

Als Kettenstarter eignen sich starke Basen oder Alkalimetalle. Diese reagieren mit ungesättigten Kohlenwasserstoffen zu einem vorübergehend gebildeten Carbanion. Das Kettenwachstum erfolgt durch Reaktion des Carbanions mit einem weiteren Monomer. Der Kettenabbruch wird durch Zusatz von Kationen, Wasser oder Säuren erreicht.

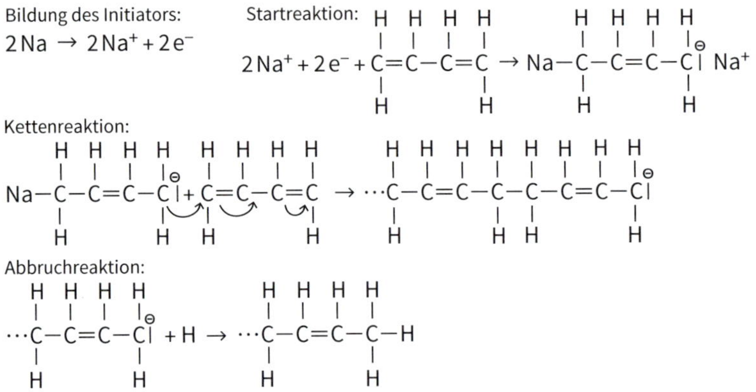

Abb. 15.6: Anionische Polymerisation von Buta-1,3-dien

c) Kationische Polymerisation

Die Reaktion wird durch Säuren initiiert. Das Kettenwachstum erfolgt durch die Reaktion des gebildeten Kations mit weiteren Monomeren. Dabei bleibt stets der ionische Charakter erhalten. Zum Kettenabbruch wird ein Proton abgespalten, was zur Regeneration des Katalysators führt. Dabei greift das Radikal stets an einem C-Atom unter homolytischer Spaltung der Doppelbindung an. Die Kettenreaktion lässt sich bis zum Reaktionsabbruch beliebig verlängern.

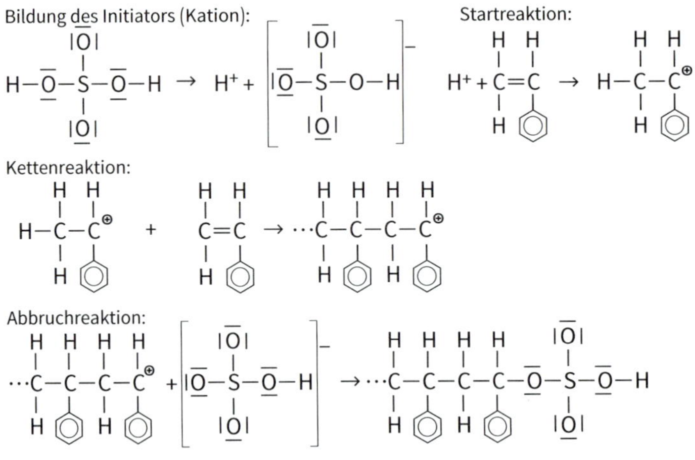

Abb. 15.7: Kationische Polymerisation von Styrol

Polykondensation

Bei der Polykondensation geht man von Monomeren mit zwei funktionellen Gruppen aus (Hydroxy-, Carbonyl-, Carboxy- oder Amino-Gruppen). Die Verknüpfung erfolgt jeweils aus zwei Monomeren unter Abspaltung kleiner Moleküle wie z. B. Wasser, Halogenwasserstoff oder Alkohol. Die Polykondensation von bifunktionellen Monomeren führt zu linearen Makromolekülen, aus trifunktionellen Monomeren bilden sich dreidimensional vernetzte Duroplaste.

Beispiel	Monomere	Herstellung	Verwendung
Polyamid: Nylon	Hexandisäure (Adipinsäure) und 1,6-Diaminohexan	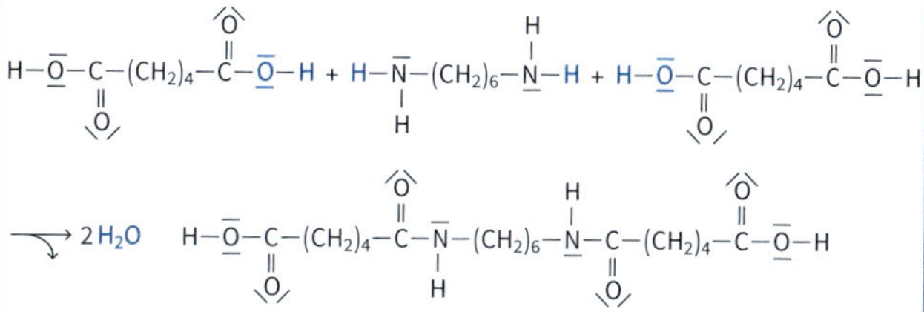	technische Fasern, Textilfasern
Phenoplast: Bakelit	Phenol und Methanal	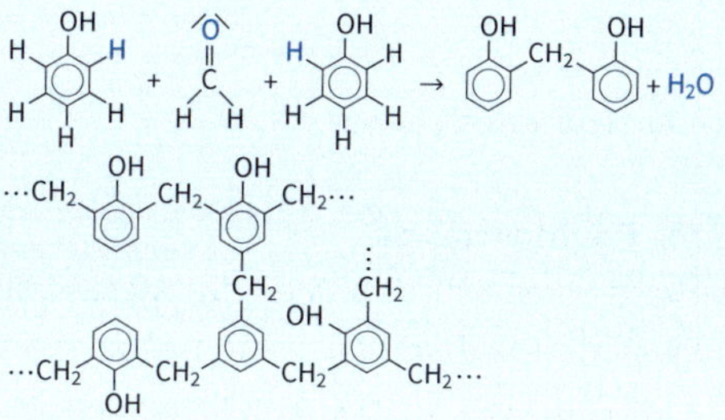	Pressmassen, Gießharze, Bindemittel, Lackrohstoffe
Polyester: Trevira	Ethandiol und Benzol-1,4-dicarbonsäure	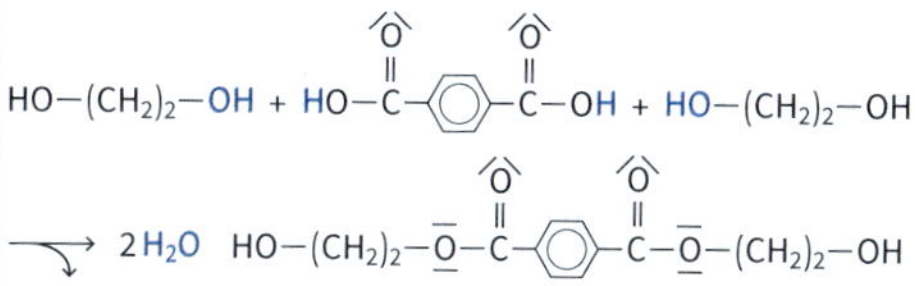	Textilfasern

Abb. 15.8: Wichtige Polykondensationsprodukte

a) Polyamide

In Polyamiden liegen Amid-Bindungen (NH – CO) vor. Sie bilden sich aus Diaminen und Dicarbonsäuren. Polyamide besitzen gute mechanische Eigenschaften. Wegen ihrer hohen Zugfestigkeit werden Stoffe wie Nylon oder Perlon z. B. zur Herstellung von Fasern, Getriebeteilen, Schiffsschrauben, Bekleidung oder Knochenprothesen verwendet.

b) Phenoplaste

Phenoplaste bilden sich aus Phenol oder Phenolderivaten und Methanal-Lösung. Sie waren die ersten vollsynthetischen Kunststoffe. Nach ihrem Erfinder BAEKELAND werden sie auch **Bakelite** genannt.

c) Polyester

Polyester entstehen durch Polykondensation von mehrwertigen Alkoholen mit Dicarbonsäuren. Gesättigte Polyester haben gute mechanische Eigenschaften. Sie sind formstabil und eignen sich besonders zur Herstellung von Fasern. Diese Fasern sind stark hydrophob, sodass Textilien aus Polyestern schnell trocknen und eine hohe Formbeständigkeit aufweisen.
Ein wichtiger Rohstoff für Textilfasern ist **Trevira**, das durch Veresterung von Ethandiol und Benzol-1,4-dicarbonsäure entsteht.

Polyaddition

Die Verknüpfung der bifunktionellen Monomere erfolgt über Endgruppen, die Additionsreaktionen eingehen, ohne dass kleinere Moleküle abgespalten werden. Dies setzt voraus, dass die funktionellen Gruppen des einen Monomers Doppelbindungen besitzen, an die sich die funktionellen Gruppen des anderen Monomeren addieren lassen.
Additionsreaktionen bifunktioneller Monomere führen zu Thermoplasten; trifunktionelle Monomere bilden Duroplaste.

Polyurethane

Polyurethane gehören zu den wichtigsten Kunststoffen, die man durch Polyaddition herstellt. Sie bilden sich durch Addition von mehrwertigen Alkoholen an bi- oder trifunktionelle Isocyanate. Durch chemisches Schäumen entstehen Polyurethan-Schaumstoffe. Dazu setzt man bei der Synthese Spuren von Wasser zu, die sich mit den Isocyanat-Gruppen zu Amino-Gruppen und Kohlenstoffdioxid umsetzen.

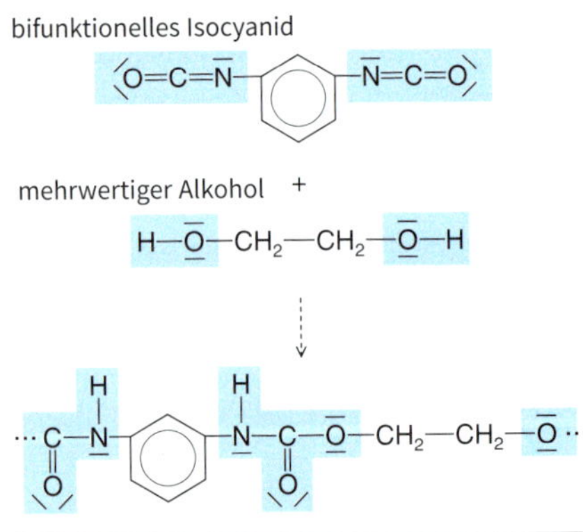

Abb. 15.9: Bildung eines Polyurethans

Das Kohlenstoffdioxid-Gas treibt den sich bildenden Kunststoff zum Schaum auf. Schaumstoffe aus Polyurethanen können je nach Monomeren weich, hart oder hochelastisch sein. Hartschaum dient als Isoliermaterial, die Moleküle sind dreidimensional eng vernetzt. Hochelastische Schäume werden z. B. zu Schuhsohlen verarbeitet, hier besteht ein mittlerer Vernetzungsgrad. Der in der Möbelindustrie für Polster und Matratzen verwendete Weichschaum enthält längere Ketten zwischen den Verknüpfungspunkten.

15.3 Kunststoffe aus Naturprodukten

Zur Vermeidung von Kunststoffmüll wird die Umstellung auf **Biokunststoffe** angestrebt. Dabei unterscheidet man zwischen Kunststoffen aus ganz oder teilweise nachwachsenden Rohstoffen (biobasierte Kunststoffe) und durch Mikroorganismen biologisch abbaubaren und dadurch kompostierbaren Kunststoffen.

- **Naturkautschuk** kommt im Milchsaft (Latex) des Kautschukbaums vor und ist ein natürliches Polymerisat aus Isopren-Monomeren (2-Methylbuta-1,3-dien), siehe rechts. Naturkautschuk erweicht bereits bei etwa 30 °C und ist wenig chemikalienbeständig. Daher erfolgt bei der Verarbeitung eine Vernetzung der weitmaschigen Moleküle durch Einbau von Schwefelbrücken. Diesen Prozess bezeichnet man als **Vulkanisation** (1883, GOODYEAR). Das Vernetzungsprodukt heißt Gummi.
- Biokunststoff aus **Milchsäure.** Hierbei wird die Milchsäure durch Polykondensation zu der biologisch abbaubaren Polymilchsäure umgewandelt. Verwendung findet dieser Ester als Folien, Dosen, Flaschen ...

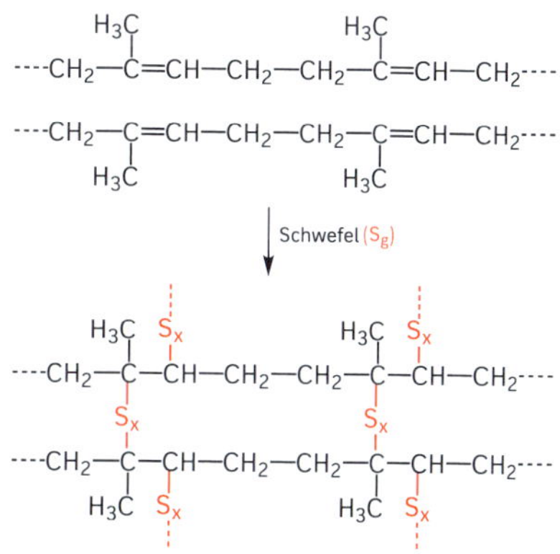

Abb. 15.10: Vulkanisation von Naturkautschuk

- Biologisch abbaubare biobasierte Kunststoffe werden auf der Basis von **Stärke** hergestellt. Dabei wird der Stärke durch Zusatz von Glycerin und Sorbit thermoplastisch verarbeitbar gemacht.

- **Celluloid** – Durch Veresterung des Polysaccharids Cellulose mit Salpetersäure erhält man Cellulosenitrat, welches mit Campher zu Celluloid verarbeitet wird. Celluloid dient als Trägermaterial für Filme und zur Fertigung von Billardkugeln. Ester aus Cellulose und Essigsäure dienen zur Herstellung von Kämmen, Folien, Klarsichtverpackungen und ähnlichen Materialien.

Kunststoffrecycling

- **Werkstoffliches Verfahren:** Dies ist die am häufigsten durchgeführte Methode. Nur wenn sortenreine thermoplastische Kunststoffe eingeschmolzen werden, kommt es zu keinem Qualitätsverlust. Dabei werden sie gereinigt, zerkleinert und direkt weiter verarbeitet oder mit neuem Kunststoffgranulat vermischt.
- **Energetische Verwertung:** Der anfallende Kunststoffmüll wird in Müllverbrennungsanlagen verbrannt, die dabei freiwerdende Energie kann dann in Kraftwerken genutzt werden, um Strom zu erzeugen oder dient als Fernwärme.
- **Rohstoffliche Verwertung:** Hier werden vor allem Mischkunststoffe verwertet. Die Polymerketten werden dabei bei hohen Temperaturen (Pyrolyse) mit Lösemitteln und Katalysatoren zu kürzeren Einheiten oder bis zu dem Monomeren aufgespalten. Entstehen dabei Kohlenwasserstoffe , können diese zur Gewinnung von Kraftstoffen genutzt werden.

Gebrauchte Kunststoffe sind noch reich an Energie und Rohstoffen, sodass Kunststoffabfälle durch verschiedene Verfahren wieder aufbereitet werden.

15 Kunststoffe

- **bestehen aus Polymeren, welche aus Monomeren zusammengesetzt sind**
- **können synthetisch hergestellt oder aus Naturstoffen gewonnen werden**

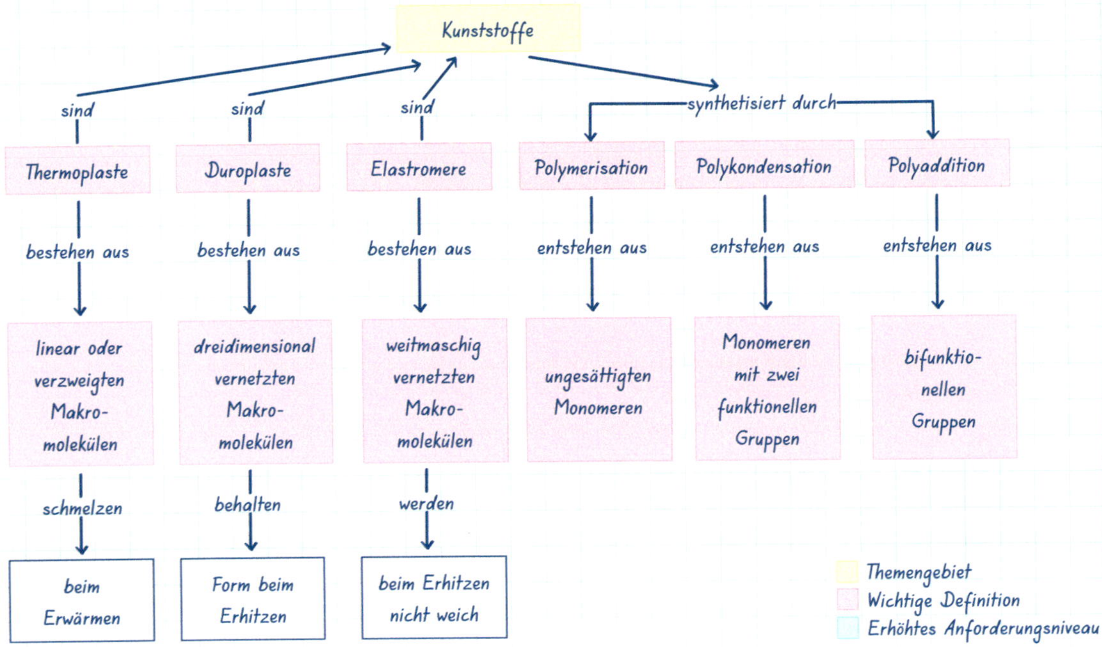

ÜBERBLICK ÜBER DIE BILDUNG VON MAKROMOLEKÜLEN DURCH

1 POLYKONDENSATION

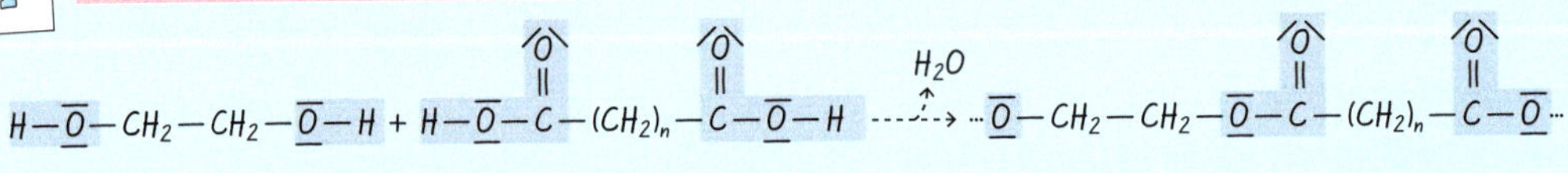

2 POLYMERISATION

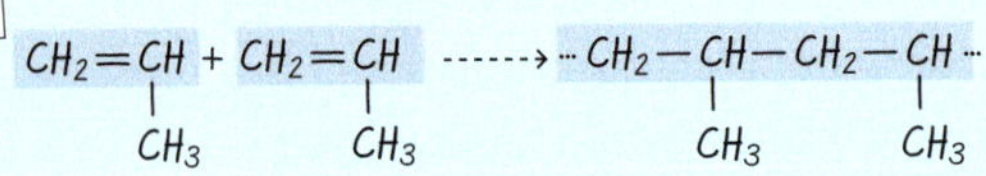

3 POLYADDITION

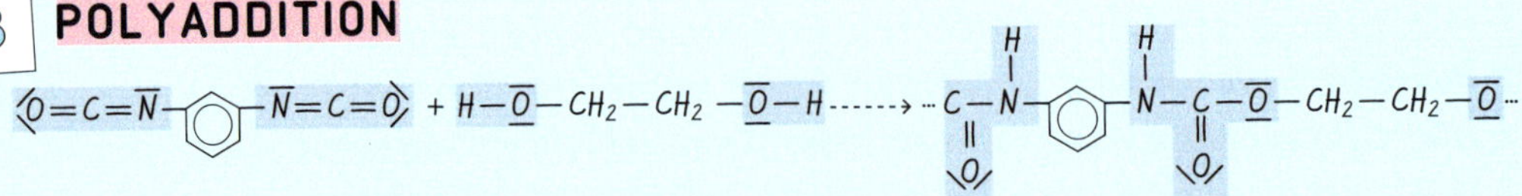

Nanotechnologie

16

Neben modernen Kunststoffen gehören Nanomaterialien zu den Schlüsseltechnologien des 21. Jahrhunderts.
Man findet sie unter anderem in Sonnencremes, in der Halbleiterindustrie oder im modernen Automobil.

16.1 Allgemeines

DEFINITION

Nanoteilchen sind Teilchen, die einen Durchmesser von weniger als 100 Nanometern aufweisen.

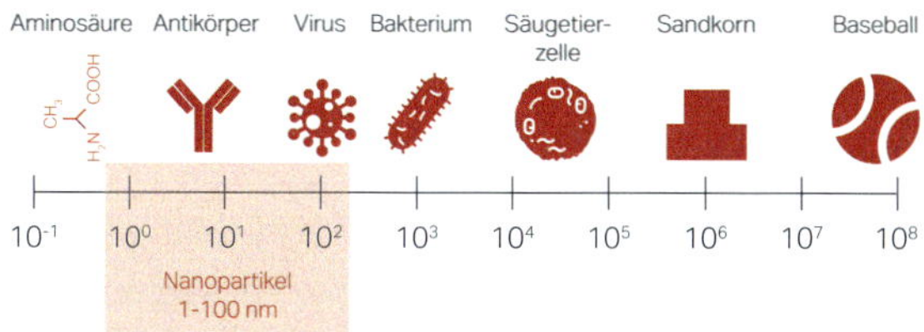

Abb. 16.1: Größenvergleich von Nanopartikeln mit anderen Objekten, dargestellt auf einer logarithmischen Skala in Nanometern; aus: swissinfo.ch; Quelle: MDPI

TIPP

Ein Nanometer …

- entspricht dem Durchmesser eines Moleküls aus zehn Atomen
- ist mehr als tausendmal kleiner als der Durchmesser eines menschlichen Haares
- verhält sich zu einem Meter wie der Durchmesser einer Haselnuss zu dem unseres Erdballs.

Je weiter man die Strukturen verkleinert, desto mehr Atome liegen auf ihrer Oberfläche und können mit der Umgebung wechselwirken. Dadurch laufen chemische Reaktionen mit Nanopartikeln beispielsweise deutlich schneller ab als bei größeren Strukturen. Ein Würfel der Kantenlänge 1 cm hat auf der Würfeloberfläche nur etwa 0,000 01 Prozent aller Atome, während bei einem Würfel mit einer Kantenlänge von 5 nm bereits 20 % aller Atome auf der Oberfläche liegen. In der Realität ergeben sich teilweise komplett neue physikalische und chemische Eigenschaften durch veränderte Zustände der Elektronen. So können Nanostrukturen im Vergleich zu ihren makroskopischen Verwandten Veränderungen in der Leitfähigkeit, im magnetischen Verhalten, im Schmelz- und Siedepunkt, in der Zähigkeit, in der Bruchfestigkeit oder in der Farbe aufweisen.

16.2 Herstellung

Grundsätzlich existieren zwei Möglichkeiten der Herstellung von Nanopartikeln, das „Top-down“- und das „Bottom-up“-Verfahren.

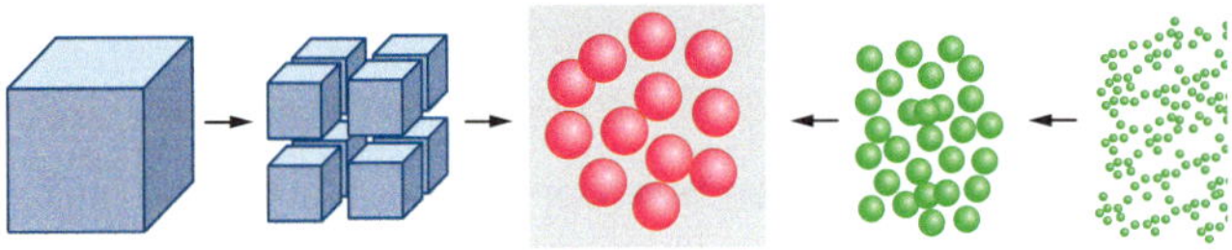

Abb. 16.2: „Top-down“- und „Bottom-up“-Verfahren im Vergleich

Top-down – Aus groß mach klein
Bei der Herstellung mithilfe des „Top-down“-Verfahrens werden aus größeren Strukturen Nanoteilchen hergestellt. Dazu verwendet man spezielle Kugelmühlen, die körnige Substanzen mechanisch zerkleinern. Als Mühlsteine dienen sehr harte, 0,1 Millimeter kleine Keramikkugeln. Das wohl bekannteste Produkt: Nano-Farbpartikel für Tintenstrahldrucker. Die Methode eignet sich jedoch nicht für jeden Verwendungszweck, so existieren verschiedene Varianten der „Top-down“-Verkleinerung, die beispielsweise durch energiereiche UV-Strahlung oder Ionenstrahlen kleinste Strukturen erzeugen, wie sie für Transistoren oder Leiterbahnen auf Computerchips benötigt werden.

Bottom-up – Gezielter Aufbau von Nanostrukturen
Vom umgekehrten „Bottom-up“-Weg existieren noch mehr Varianten. Das bekannteste Verfahren ist der Sol-Gel-Reaktor, in dem sich durch Kombination von anorganischen und organischen Bausteinen gezielt neue Werkstoffe oder Beschichtungen von Kunststoffen herstellen lassen.

So kompliziert diese Prozesse sind, so haben sie alle gemeinsam, dass einzelne Atome oder Moleküle bis zu einer gewissen Größe anwachsen und das Teilchenwachstum in einer bestimmten Phase gestoppt wird. Man erhält dadurch Partikel mit definierter Größe, deren Oberfläche je nach Einsatzzweck noch weiter verändert werden kann.

16.3 Nanotechnologie im Alltag

Man unterscheidet eine Reihe von Nanostrukturen, die in unterschiedlichen Alltagsprodukten eine Rolle spielen:

Nanoteilchen und Nanokugeln

Hierzu zählen alle dreidimensionalen Partikel, die in ihrer Länge, Breite, Höhe kleiner als 100 Nanometer sind. Die chemische Zusammensetzung und Form, aber auch die Einbettung in flüssige, zähflüssige oder feste Umgebungen haben andere Eigenschaften zur Folge.

Schmutzfreie Dachziegel
Titandioxid-Nanopartikel (TiO_2) zersetzen bei Bestrahlung mit UV-Licht Wasser zu OH-Radikalen und bilden daraus mit Luftsauerstoff Wasserstoffperoxid (H_2O_2). Der als **Photokatalyse** bekannte Vorgang schützt Dachflächen vor Algen. Durch den gleichen Vorgang können außerdem Metallflächen in Operationssälen leichter steril gehalten werden.

Leistungsfähigere Computerchips
Elektronische Bauteile aus halbleitenden Materialien, die in Form von Leiterbahnen wie Tinte aus einem Drucker auf eine Oberfläche gebracht werden können, setzen neue Maßstäbe in der Chiptechnologie. Die Reduzierung der Arbeitsschritte und der verwendeten Materialien helfen durch Einsparung von Energie und Rohstoffen außerdem der Umwelt.

Hochwertige Lautsprecher
Magnetische Nanopartikel, die sogenannten Ferrofluide, bestehen aus Nanopartikeln und können mit Magnetfeldern zur gewünschten Position geleitet werden, wo sie gezielt als Schwingungsdämpfer wirken können.

Unsichtbarer Sonnenschutz
Titandioxid bietet Schutz vor UV-Strahlung, indem es diese reflektiert. Sind die Teilchen klein genug, erscheint die Schicht transparent statt weiß auf der Haut und bleibt für langanhaltenden Schutz dort, wo sie aufgetragen wurde.

Farbenfrohe Lackierungen

Nanokugeln als Zusatz für Farblacke lassen das Auto je nach Blickwinkel in unterschiedlichen Farben erstrahlen. Die Farblacke sind zudem weniger anfällig. Seit 2003 nutzt die Automobilindustrie beispielsweise einen Klarlack, der aus einem organischen Bindemittel und Keramik-Nanopartikeln besteht. Der Vorteil besteht in einer sehr dichten Netzstruktur, in der die Nanoteilchen dafür sorgen, dass die Kratzbeständigkeit und der Glanz der Karosserie deutlich erhöht werden.

Silber gegen Bakterien, Viren, Pilze

Kleidung mit Nanosilber kann geruchsbildende Bakterien abtöten und bekämpft eingearbeitet in Socken sogar Fußpilz.

Nanoröhrchen und Nanofasern

Diese Strukturen besitzen ebenfalls einen Durchmesser von weniger als 100 Nanometern, aber sind wesentlich länger als Nanoteilchen. Sie dienen deshalb als Negativformen für die Herstellung von Nanodrähten oder können als besonders stabile Fasern für Kunststoffe eingesetzt werden.

Kohlenstoff-Nanoröhren

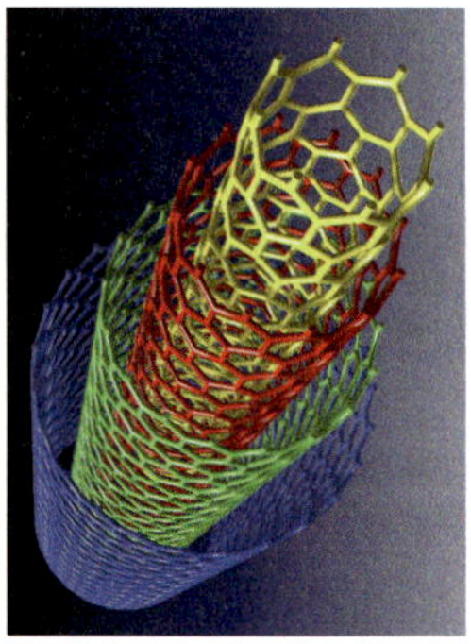

Die Wände dieser Röhrchen bestehen aus wabenförmig angeordneten Sechsringen aus Kohlenstoffatomen, manchmal aus mehreren Lagen aufgebaut. Sie leiten die Wärme und den elektrischen Strom und sind extrem reißfest: Ihre Zugfestigkeit ist zehnfach höher als die von Stahl. Sie werden deshalb in der Bauindustrie eingesetzt. Auch der Bau effizienterer Computer wäre damit möglich.

Filter aus Nanofasern

Filter spielen eine wichtige Rolle für den Umweltschutz. Sie bestehen aus einer Anordnung übereinander liegender feinster Fasern. Je dünner diese Fasern sind, desto größer ist die Filteroberfläche, an der sich Teilchen wie Gasmoleküle anlagern können.
Die Filterleistung verbessert sich dadurch deutlich. Selbst vorhandene Filteranlagen können durch zusätzliches Aufbringen von Nanofasern optimiert werden, da sie kaum dicker werden.

Nanoplättchen

Als Nanoplättchen bezeichnet man zweidimensionale Objekte, die eine Dicke von unter 100 Nanometer aufweisen, dafür aber in Länge und Breite deutlich größer sein können. Insbesondere Lichtreflektionen von Oberflächen lassen sich dadurch beeinflussen. Außerdem können Eigenschaften von Kunststoffen so verändert werden, dass z. B. Verpackungsfolien gas- und wasserdicht werden.

Flammschutz durch Nano-Bentonit

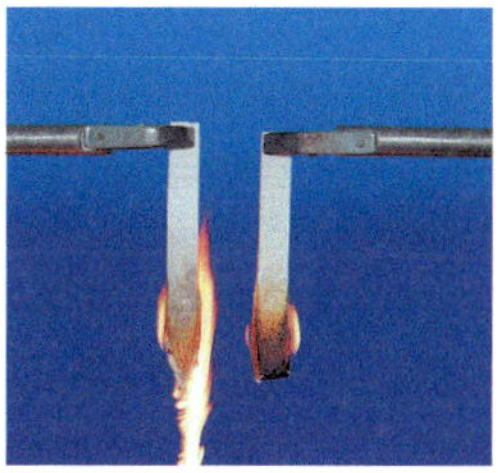

Dieser schon länger bekannte Stoff besteht zum großen Teil aus einem natürlich vorkommenden Tonmineral. Er kann als Flammschutzmittel in Kabelverkleidungen die herkömmlichen halogenhaltigen Flammschutzmittel ersetzen. Im Brandfall bildet sich eine Kruste, die die Brandgefahr in der Umgebung eindämmt. Zudem entwickelt die Nano-Alternative weniger Rauch und setzt keine giftigen Verbindungen frei.

Schillernde Nanobeschichtungen

Oberflächen, die wie die Flügel eines Schmetterlings oder einer Seifenblase schillern, lassen sich durch Nanoplättchen künstlich erzeugen und sind als Autolackierung bei Metallic- oder Perleffektlacken heute nicht mehr wegzudenken.

Nanoporen

Nanoporen beschreiben einen komplett anderen Ansatz, der über winzige Hohlräume im Mikro- bis Nanometermaßstab definiert wird. Solche Stoffe weisen eine unvorstellbar große Oberfläche auf und dienen deshalb als Katalysatoren oder Materialien zur Anlagerung von Gasen oder Ionen.

Zeolithe als Waschmittelzusatz

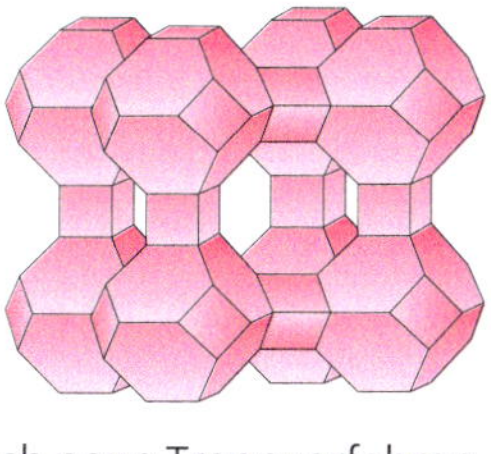

Zeolithe findet man in der Natur oder sie lassen sich künstlich herstellen. Gemeinsam haben die Stoffe ihre riesige Oberfläche von bis zu 1000 Quadratmeter pro Gramm durch verteilte Nanoporen. Eingesetzt werden sie als **Katalysatoren** oder Ionenaustauscher in Waschmitteln zur Wasserenthärtung. Denkbar sind auch neue Trennverfahren, bei denen die Oberfläche der Zeloithe so verändert wird, dass ein gewünschter Stoff angelagert wird. Der Markt für Zeolithe ist nach wie vor ein Wachstumsmarkt, sodass intensiv auf dem Gebiet der Nanoporen geforscht wird.

16.4 Der Lotus-Effekt

Besondere Oberflächenstrukturen

Die vielen Einsatzmöglichkeiten der Nanotechnologie beinhalten auch Oberflächen und Beschichtungen. Wir kennen diese aus dem Alltag von kratzfesten Brillengläsern und Kühlschränken, bei denen Fingerabdrücke kaum noch zu sehen sind, und auch von Waschbecken, an denen Wasser einfach abperlt.

Ultraglatte Oberflächen

Der „easy-to-clean"-Effekt beschreibt, wie der Name es vermuten lässt, viele leicht zu reinigende Materialien. Auch wenn hier zahlreiche Produkte auf dem Markt sind, z. B. Sanitärkeramiken, Brillengläser oder Textilien, sie weisen keine selbstreinigenden Eigenschaften wie die Lotos-Pflanze auf. Dennoch haftet Schmutz weniger stark an ihrer Oberfläche als an unbehandelten Oberflächen. Die oberste Schicht ist dabei sehr glatt und mit wasserabweisenden Substanzen behandelt, sodass ein Wassertropfen nicht an ihr haften kann und über Schmutzteilchen hinwegrollt. Diese werden dadurch mitgeschleppt und lassen sich dann leicht entfernen. Der Schmutz haftet jedoch nicht stark genug an den Wassertropfen, um ihn damit komplett von der Oberfläche fernzuhalten.

Selbstreinigende Oberflächen

In den 1970er-Jahren erforschte der Bonner Wissenschaftler Prof. Dr. BARTHLOTT eine Pflanze, die in Sümpfen wächst und dennoch keinerlei Schmutz an ihren Blättern aufweist. In Asien gilt die Lotos-Pflanze (auch Lotus genannt) als Symbol der Reinheit und als heilig. Der Forscher und sein Team beschrieben die entdeckten Eigenschaften schließlich als Lotus-Effekt. Mittlerweile sind rund 20 000 Pflanzenarten bekannt, deren Oberfläche selbst ein Anhaften von klebrigem Honig verhindert, darunter viele Kohlarten. Das Geheimnis dieser Pflanzen konnte erst unter dem Rasterelektronenmikroskop gelüftet werden. Ihre Blätter weisen statt einer ultraglatten Oberfläche eine hügelige Mikrostruktur aus Wachskristallen mit wenigen Nanometern Größe auf.

Superhydrophobie

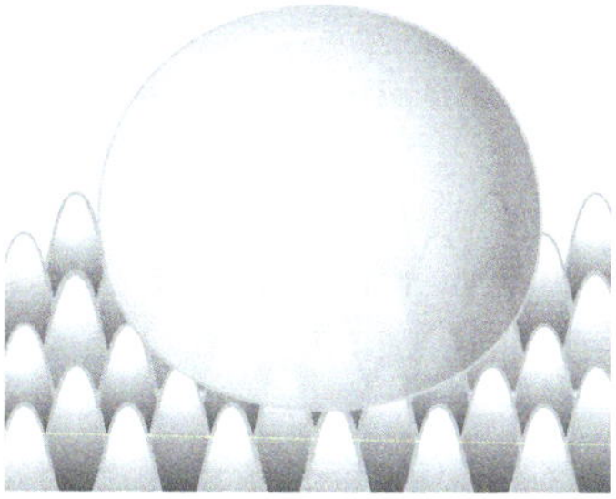

Wie sehr ein Stoff mit Wasser benetzt wird, hängt von den Grenzflächenspannungen ab. Festkörper mit hoher Grenzflächenspannung, beispielsweise eine Glasplatte, werden dabei leichter mit Wasser benetzt als ein Wachspapier mit niedriger Grenzflächenspannung. Wählt man nun auf einer Glasplatte eine sehr **hydrophile** („wasserliebende") Beschichtung, breitet sich ein Wassertropfen zu einem Film aus einzelnen Wassermolekülen aus. Dadurch kann ein Brillenglas vorm Beschlagen geschützt werden. Ist die Oberfläche jedoch wasserabweisend (**hydrophob**), kugelt sich der Wassertropfen ab.

Neben der hydrophilen oder hydrophoben Oberfläche spielt auch deren Rauigkeit eine große Rolle. Raue hydrophile Oberflächen werden leichter benetzt als glatte, vgl. Küchenpapier im Haushalt. Raue hydrophobe Flächen werden dagegen superhydrophob und die Kontaktfläche zwischen Untergrund und Wassertropfen wird verschwindend gering.

Genau das ist beim Lotus-Effekt der Fall: Die Oberfläche des Blattes besteht aus einem hydrophoben Wachs, welches aus Mikrostrukturen, die unter dem Rasterelektronenmikroskop wie eine Hügellandschaft aussehen, aufgebaut ist. Tropfen rollen damit ohne Widerstand über das Blatt hinweg und reißen Schmutzpartikel mit sich. Selbst Bakterien, Viren, Pilze haben auf einer solchen Oberfläche keine Chance anzuhaften.

Lotus-Effekt im Alltag

Materialwissenschaftler können die superhydrophobe Oberfläche eines Lotos-Blattes in Polymeren nachbilden, die anschließend als Dachziegel, Badmöbel oder Kleidung den Weg in den Haushalt finden.
Die Herstellung ist allerdings technisch anspruchsvoll und relativ teuer. Deshalb ist das Aufbringen von Strukturen, die der des Lotus-Blattes ähneln, mithilfe von Fassadenfarben die bekannteste Anwendung.

16 Nanotechnologie

Nanoteilchen sind Teilchen, die einen Durchmesser von weniger als 100 Nanometern aufweisen.

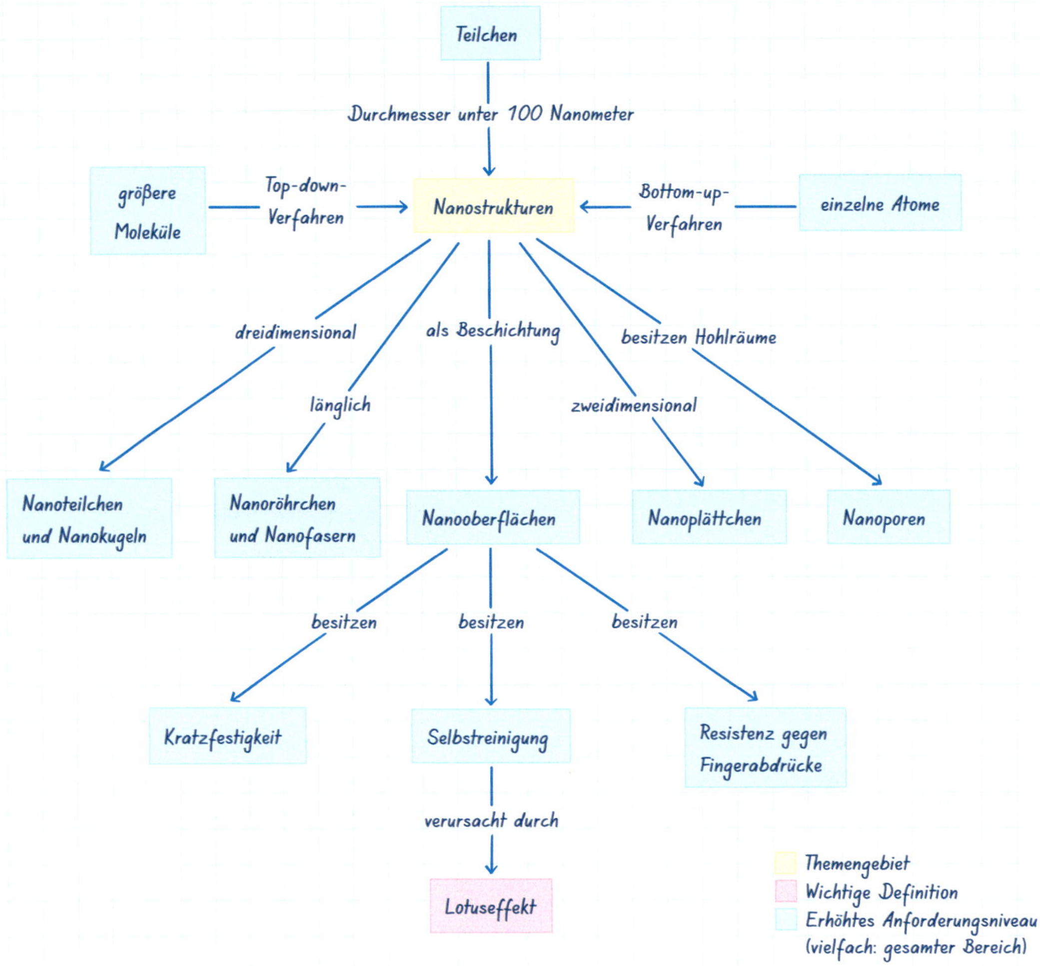

DER LOTUS-EFFEKT

- → Raue Oberfläche aus hydrophobem Wachs
- → Superhydrophobie
- → Wassertropfen rollen ohne Widerstand
- → Selbstreinigung

Ökonomische und ökologische Aspekte der Chemie

17

Die Nutzung der Sonnen- und Windenergie ist oftmals nur schwer mit dem Bedarf der Industrie und Privathaushalte abzustimmen. Die Speicherung von Energie ist demnach unabdingbar für eine erfolgreiche Energiewende. Energiespeicher basieren auf dem Prinzip, dass elektrische Energie in chemische, thermo(chemische), mechanische oder potenzielle Energie umgewandelt wird. Die Chemie liefert Lösungen für viele Bereiche des Lebens: Medizin, Klimaschutz, Mobilität, Elektronik und Ernährung. So werden neue Technologien und Produkte entwickelt. Zugleich aber ist die Chemie Ursache vieler Probleme wie Umweltverschmutzung und Krankheiten.

17.1 Energiespeicherung

Umwandlung elektrischer Energie in chemische Energie

Batterien und Akkumulatoren

→ Kapitel 7, Redoxreaktionen in Alltag und Technik. Eine besondere Rolle könnte Vehicle-to-grid bzw. bidirektionales Laden spielen. Dabei wird das Elektroauto zum Energiespeicher für das Wohnhaus.

Power-to-Gas-Verfahren: Die Elektrolyse von Wasser in Wasserstoff und Sauerstoff ist lange bekannt (→ Kapitel 7). Ebenso bekannt ist die Möglichkeit, überschüssige elektrische Energie aus Windkraftanlagen oder Solarkraftwerken dafür zu nutzen. Wasserstoff besitzt mit einer Energiedichte von 33 kWh pro kg eine deutlich höhere Energiedichte als moderne Akkus (0,2 kWh pro kg). Allerdings ist Wasserstoff schwer zu lagern.

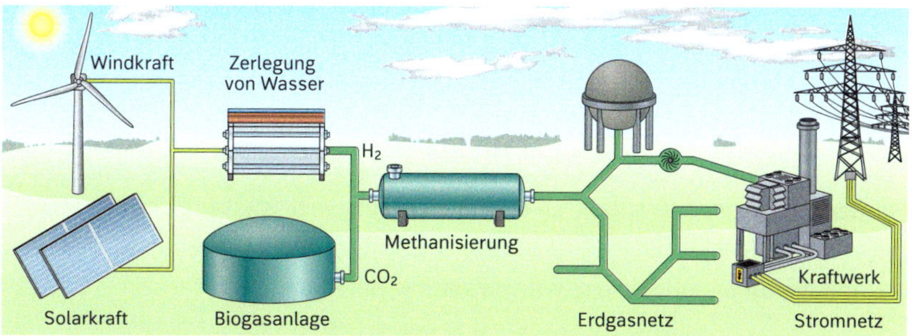

Abb. 17.1: Schema der Nutzung von Wasserstoff im bestehenden Erdgasnetz

Methanisierung

Eine Möglichkeit der Speicherung von Wasserstoff ist die Reaktion von Wasserstoff mit Kohlenstoffdioxid zu Methan und Wasser:

$$4\ H_2\ (g) + CO_2\ (g) \rightarrow CH_4\ (g) + 2\ H_2O\ (g)$$

Das benötigte Kohlenstoffdioxid kann aus Biogasanlagen oder Industrieanlagen entnommen werden. Die Methanisierung hat den Vorteil, dass bestehende Erdgasnetze ohne Umbau weiter genutzt werden können. Es gibt allerdings auch Versuche, die Erdgasnetze direkt mit Wasserstoff zu betreiben, da jede Energieumwandlung in andere Energieformen hohe Verluste mit sich bringt.

Umwandlung elektrischer Energie in thermo(chemische) Energie

Latentwärmespeicher

In Latentwärmespeichern wird ein Feststoff durch Wärmezufuhr geschmolzen (endothermer Vorgang). Der umgekehrte Prozess, das Kristallisieren, gibt die Wärme wieder ab (exothermer Vorgang). Der bekannteste Latentwärmespeicher ist der Handwärmer (siehe Randspalte), bei dem das Salz Natriumacetat-Trihydrat durch Erhitzen geschmolzen wird und bei Zimmertemperatur durch ein Metallplättchen wieder zur Kristallisation gebracht werden kann.

Eisspeicher

Der Eisspeicher nutzt das Prinzip des Handwärmers im großen Maßstab. Hierzu wird eine Betonzisterne im Erdboden mit Wasser befüllt und mit Leitungen durchzogen. Die Leitungen, die mit einer frostsicheren Flüssigkeit gefüllt sind, entziehen dem Wasser Wärme. Der einsetzende Gefrierprozess setzt durch die Kristallisationswärme große Mengen an Energie frei. Aufgeladen wird der Speicher beispielsweise durch Solarthermie.

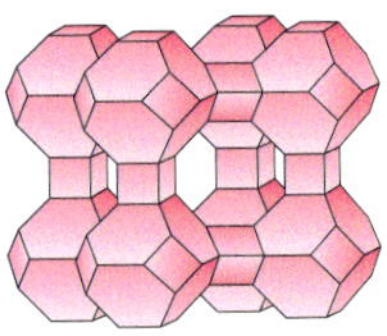

Wärmespeicher aus Zeolith

Forschende des Fraunhofer Instituts für Organische Elektronik, Elektronenstrahl- und Plasmatechnik haben Kügelchen aus Zeolith mit einer hauchdünnen Aluminiumschicht überzogen, um damit der sehr schlechten Wärmeleitfähigkeit des Materials entgegenwirken zu können. Zeolithe speichern durch ihren Aufbau aus Nanoporen pro Volumeneinheit fünfmal so viel Wärme wie heißes Wasser und verlieren diese deutlich langsamer. Zur Energiespeicherung werden die Kügelchen erhitzt, so dass das eingelagerte Wasser in ihren Nanoporen verdunstet. Wird die Energie wieder benötigt, leitet man Wasser in die Poren ein und die dabei freigesetzte Wärme kann genutzt werden.

Umwandlung elektrischer Energie in mechanische Energie

Schwungräder

Das Speicherprinzip dieser Anlage beruht auf einem Kreisel: In einem Zylindergehäuse sitzt ein Rotor aus Kohlefasern, der bis zu 45 000 Umdrehungen pro Minute reibungsarm und lautlos durch magnetische Lagerung erreichen kann. Ziel ist es, Wandlungsverluste durch Reibung so gering wie möglich zu halten, denn hier wird überschüssiger Strom benutzt, um mithilfe eines Motors das Schwungrad schneller drehen zu lassen. Elektrische Energie wird so in Bewegungsenergie umgewandelt. Wird Strom benötigt, wird der Motor zum Generator und gibt elektrische Energie an das Netz zurück. So können vor allem schnelle Reaktionen auf Stromschwankungen erfolgen, die bei Sonnen- und Windenergie häufig auftreten.

Umwandlung elektrischer Energie in potenzielle Energie

Pumpspeicherkraftwerke

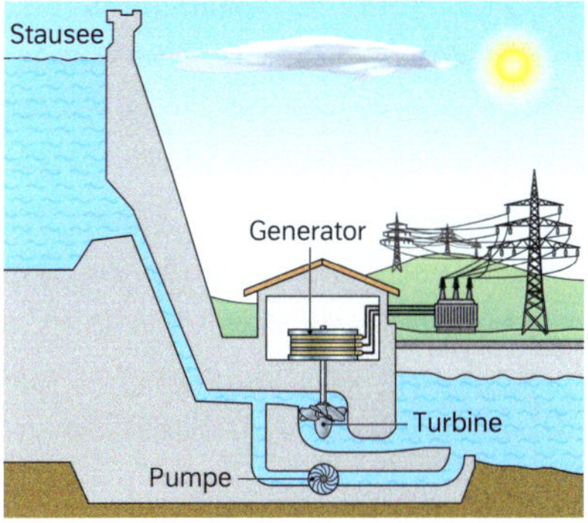

Diese seit Jahrzehnten genutzte Technik mit hohem Wirkungsgrad besteht aus zwei Wasserbecken. Steht viel Energie zur Verfügung, wird Wasser von einem tiefer gelegenen Becken in ein höher gelegenes Speicherbecken (Stausee) gepumpt. Benötigt man Energie, fließt das Wasser wieder in das tiefer gelegene Becken zurück. Die Lageenergie wird durch Turbinen in elektrische Energie umgewandelt.

Lageenergiespeicher

Da die Wasserbecken viel Platz beanspruchen, gibt es mittlerweile einige Abwandlungen des Lageenergiespeichers. So zieht z. B. ein Aufbau mehrerer Kräne riesige Betonblöcke nach oben und senkt sie bei Strombedarf wieder ab.
Ein Prototyp eines solchen Speichers mit sechs Kranauslegern wurde 2020 im Schweizer Tessin gebaut.

17.2 Recycling und Wertstoffkreisläufe

Recycling

Im Jahr 2021 betrug das Brutto-Abfallaufkommen in Deutschland 411,5 Mio. t (Quelle: Umweltbundesamt). Dabei handelt es sich hauptsächlich um Bau- und Abbruchabfälle (222 Mio t). Die haushaltstypischen Siedlungsabfälle setzen sich folgendermaßen zusammen:

- Hausmüll 30,6 %
- Papier, Pappe, Kartonagen 14,3 %
- gemischte Verpackungen/Wertstoffe 11,3 %
- Garten- und Parkabfälle 12,9 %
- Biotonne 11,3 %
- Glas 5,9 %
- Elektrogeräte 1,7 %

Recycling ist ein Prozess, bei dem Abfallprodukte in neue Produkte umgewandelt werden. Das Ziel des Recyclings ist es, Abfall zu reduzieren und die Umweltbelastung zu minimieren. Dabei werden Abfallprodukte in neue Produkte umgewandelt.

- Glasrecycling: Altglas kann eingeschmolzen und zu neuen Glasprodukten verarbeitet werden. Glas lässt sich beliebig oft in den Schmelzprozess zurückführen und zu neuen Produkten verarbeiten. Recyceltes Glas schmilzt bei niedrigeren Temperaturen als die zur Glasherstellung erforderlichen Rohstoffe.Dies senkt den Energiebedarf. Jedes Prozent Altglas im Schmelzofen reduziert den Energiebedarf um etwa 0,2 bis 0,3 %.
- Papierrecycling: Altpapier kann wiederverwendet werden, um neues Papier herzustellen
- Kunststoffe: werkstoffliches und rohstoffliches Recycling (→ Kunststoffe, Seite 255)
- Textilrecycling: Alte Kleidung kann recycelt werden, um neue Kleidung oder andere Textilprodukte herzustellen
- Elektroschrott-Recycling: Elektronische Geräte können recycelt werden, um wertvolle Rohstoffe wie Kupfer und Aluminium zurückzugewinnen
- Metallrecycling: Metalle wie Aluminium und Stahl können recycelt werden, um neue Metallprodukte herzustellen

Beispiel: Recycling der Lithium-Ionen-Akkus

In vielen Haushalten sind heute Geräte mit Lithium-Ionen-Akkus (→ Redoxreaktionen in Alltag und Technik) zu finden. Der Bedarf an Akkus mit steigender Kapazität nimmt kontinuierlich zu, insbesondere aufgrund des wachsenden Einsatzes der Elektromobilität und der vermehrten Nutzung von privaten Photovoltaik-Anlagen mit Energiespeichern.
Für alle Batterien gilt, dass sie am Ende ihrer Lebensdauer vom Handel zurückgenommen und fachgerecht entsorgt oder recycelt werden müssen.
Die Lithium-Batterien besitzen einen schichtartigen Aufbau und sind deshalb kompliziert zu recyclen.

Eine typische Lithium-Ionen-Batterie eines **E-Autos** aus dem Jahr 2020 enthält folgende recycelbare Rohstoffe:
Graphit: 28 %
Aluminium: 19 %
Nickel: 16 %
Kupfer: 11 %
Stahl (Zellgehäuse): 11 %
Mangan: 5 %
Kobalt: 4 %
Lithium: 3 %
Eisen: 3 %
(Angaben in Gewichtsprozent)
Quelle: elements.visualcapitalist.com/the-key-minerals-in-an-ev-battery/

Ursprüngliches Recyclingverfahren: Zunächst werden die einzelnen Schichten getrennt. Die einzelnen Komponenten werden dann zerkleinert. Da sie unterschiedliches magnetisches Verhalten zeigen, werden sie aufgrund des magnetischen Verhaltens aufgetrennt. Die Rückgewinnung des Lithiums ist allerdings noch teuer, da die metallurgischen Verfahren energieaufwändig sind und schädliche Nebenprodukte liefern.

Es werden daher Verfahren entwickelt, die weniger Energie verbrauchen. So arbeitet ein Team des Karlsruher Instituts für Technologie (KIT) an einem Recyclingverfahren, bei dem Aluminium, das bereits in der Kathode enthalten ist, als Reduktionsmittel dient: Die Batterieabfälle werden zunächst zermahlen. Eine Reaktion mit Aluminium sorgt dafür, dass metallische Verbundwerkstoffe mit wasserlöslichen Li-Verbindungen entstehen. Die wasserlöslichen Verbindungen werden im Wasser aufgelöst. Die Lösung wird dann erhitzt, um das Wasser zu entfernen. Dadurch sollen bis zu 70 % des Lithiums zurückgewonnen werden, ohne dass schädliche Nebenprodukte, hohe Temperaturen oder eine vorherige Sortierung der Materialien erforderlich sind.

Quelle: https://www.vdi-nachrichten.com/technik

Cradle to cradle (C2C)

- Entwickelt in den 1990er-Jahren von dem US-Architekten William McDonough und dem deutschen Chemiker Michael Braungart
- C2C bedeutet, dass ein geschlossener Rohstoffkreislauf nach dem Vorbild der Natur stattfindet. Dabei bleiben alle Rohstoffe nach dem Nutzungszeitraum im Kreislauf und können ohne Qualitätsverlust wiederverwendet werden.
- Prinzip des C2C wird vor allem in der Architektur verwendet.
  Beispiel: der Sitz der RAG auf Zeche Zollverein

17 Ökonomische und ökologische Aspekte der Chemie

Chemie als Chance (Energiewende, Fortschritt) und Gefahr (Umweltverschmutzung)

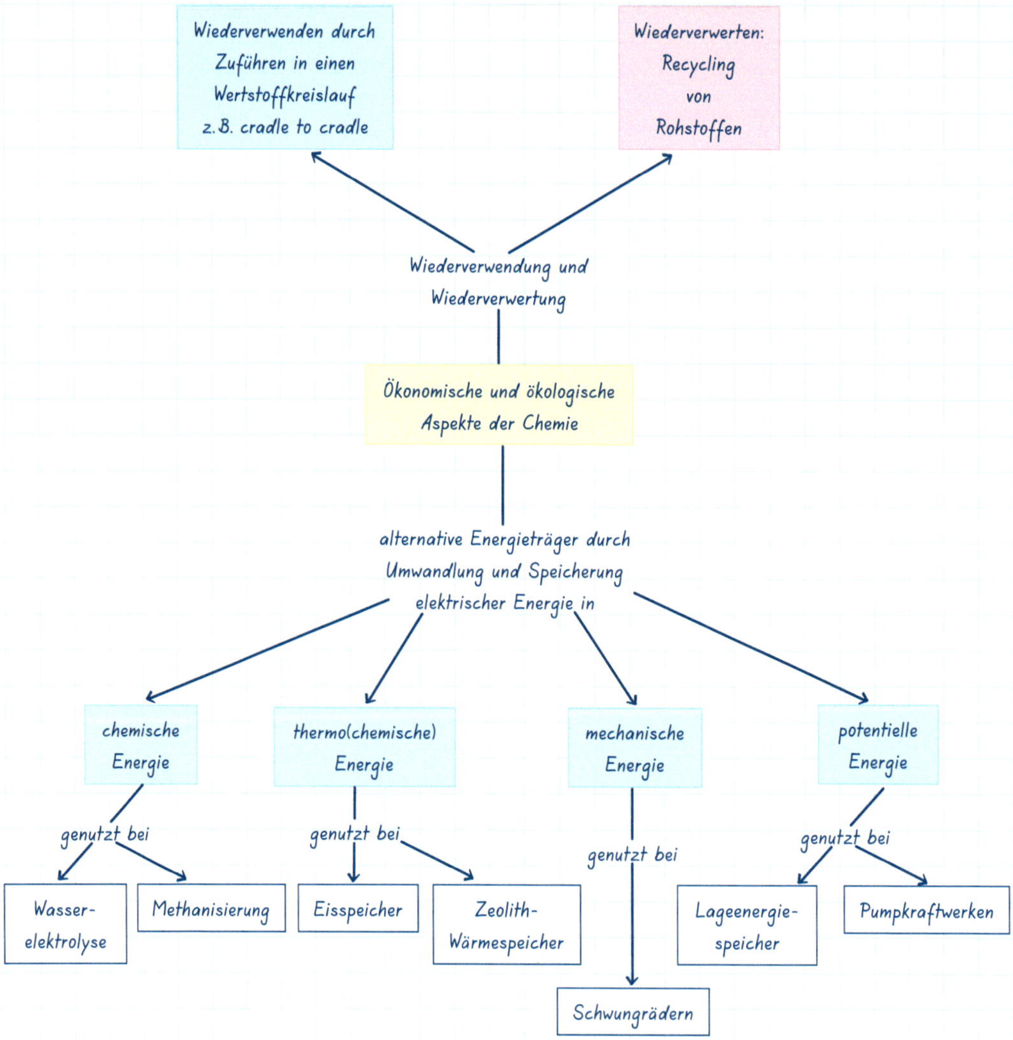

Themengebiet
Wichtige Definition
Erhöhtes Anforderungsniveau

Glossar

α-Aminosäuren: Bausteine der → Proteine, bei denen die Amino-Gruppe stets am unmittelbar zur → Carboxy-Gruppe benachbarten C-Atom sitzt.

π-Bindung: Ist Komponente einer Mehrfachbindung. Sie kann nur entstehen, wenn schon eine → σ-Bindung als Elektronenpaarbindung (→ Atombindung) vorhanden ist. Bei der π-Bindung überlappen die nichthybridisierten p-Elektronen zu einem → Molekülorbital. Aufgrund der Mehrfachbindung ist sie nicht rotationssymmetrisch.

σ-Bindung: Ist eine Elektronenpaarbindung (→ Atombindung) hybridisierter → Orbitale, die rotationssymmetrisch zur Bindungsachse der beiden Atomkerne ist und daher eine freie Drehbarkeit der Atome um die Bindungsachse ermöglicht.

Aktivierungsenergie: Mindestenergie, die zugeführt werden muss, damit Reaktionen in Gang kommen.

Aldose: Monosaccharid mit endständiger → Carbonyl-Gruppe (Aldehyd-Gruppe).

Alkanale: Organische Verbindungen mit endständiger → Carbonyl-Gruppe (Aldehyd-Gruppe).

Alkane: Haben die allgemeine Formel: C_nH_{2n+2}, sind Kohlenwasserstoffe mit maximal möglicher Zahl an Wasserstoff-Atomen (gesättigte Kohlenwasserstoffe).

Alkanone: Organische Verbindung. Kohlenwasserstoff mit einer → Carbonyl-Gruppe (Keto-Gruppe) an einem → sekundären C-Atom.

Alkene: Haben die allgemeine Formel C_nH_{2n}. Sie sind ungesättigte Kohlenwasserstoffe mit mindestens einer C=C-Doppelbindung.

Alkine: Haben die allgemeine Formel C_nH_{2n-2}. Sie sind ungesättige Kohlenwasserstoffe mit mindestens einer C≡C-Dreifachbindung.

Amine: Substitutionsprodukte des Ammoniaks, bei dem ein oder mehrere H-Atome durch aliphatische oder aromatische Reste ersetzt sind.

Ampholyt: Teilchen, das sowohl als Säure als auch als Base reagieren kann.

Aminosäuren: Carbonsäuren, bei denen ein H-Atom oder mehrere H-Atome der Alkyl-Gruppe durch die Amino-Gruppe $-NH_2$ ersetzt sind.

Amylopektin: Bestandteil der Stärke: Bis zu einer Million α-Glucose-Einheiten sind α-(1,4)-glykosidisch verknüpft. Zusätzlich ist etwa jede 25. Glucose-Einheit α-(1,6)-glykosidisch verknüpft, was zu Verzweigungen der Kette führt.

Amylose: Bestandteil der Stärke: Bis zu 10 000 α-Glucose-Einheiten sind α-(1,4)-glykosidisch miteinander verknüpft.

Anion: Negativ geladenes Teilchen.

Anode: Elektrode, an der eine → Oxidation stattfindet.

Anthrachinon-Farbstoffe: stellen eine große Gruppe synthetischer und natürlich vorkommender organischer → Farbstoffe dar. Chromophor ist das Diphenylketon-System.

asymmetrisches C-Atom: C-Atom ist mit vier unterschiedlichen Substituenten verbunden.

Atombindung (Elektronenpaarbindung): Bindung zwischen Nichtmetall-Atome durch gemeinsame Elektronenpaare (→ Molekül).

Autoprotolyse: → Protolyse, die zwischen gleichartigen Teilchen abläuft.

Azo-Farbstoffe: stellen die größte Klasse der synthetischen organischen → Farbstoffe dar. → Chromophor ist die Azo-Gruppe (–N=N-Gruppe) in Verbindung mit aromatischen Systemen.

Base (nach Brönsted): Protonenakzeptor

Basenkonstante KB: Maß für die Basenstärke.

Bindungsenergie: → Energie, die benötigt wird, um um eine Elektronenpaarbindung (→ Atombindung) zu spalten.

Born-Haber-Kreisprozess: Eine Anwendung des Satzes von Hess (→ Hess, Satz von) zur Bestimmung der → Gitterenergie von Ionengittern, da diese Größe experimentell nicht messbar ist.

Bottom-up-Verfahren: Atome oder Moleküle wachsen erst zu größerem Verbund und dann zu einer Nanostruktur.

Brennstoffzelle: → Primärzellen, bei denen die Reaktanden von außen kontinuierlich zugeführt und an Elektroden mit Katalysatorwirkung elektrochemisch umgesetzt werden.

Carbonsäurederivat: Die → Hydroxy-Gruppe der → Carboxy-Gruppe ist durch andere Atome oder Atomgruppen ersetzt.

Carbonyl-Gruppe: Funktionelle Gruppe der → Alkanale und → Alkanone sowie der Carbonsäureester, bei der ein Sauerstoff-Atom über eine Doppelbindung an ein Kohlenstoff-Atom gebunden ist: C=O.

Carboxy-Gruppe: Funktionelle Gruppe der Carbonsäuren: −COOH.

Cellulose: Bestandteil der pflanzlichen Zellwand; mehrere Tausend β-Glucose-Einheiten sind β-(1,4)-glykosidisch miteinander verknüpft.

Chelat-Komplex: Bindung an bis zu maximal sechs Positionen des Zentralatoms durch mehrzähnige Liganden führt zu Chelat-Komplexen mit ringförmigen Anordnungen. Fünf- bis sechsgliedrige Ringe gelten dabei als besonders stabil.

chemisches Gleichgewicht: In einem geschlossenen System stellt sich für eine umkehrbare Reaktion bei konstanter Temperatur und bei konstantem Druck ein gleich bleibendes Stoffmengenverhältnis zwischen den Edukten (Ausgangsstoffen) und den Produkten (Endstoffen) ein, wobei auf der Teilchenebene die Geschwindigkeit der Hinreaktion gleich der Geschwindigkeit der Rückreaktion ist (dynamisches Gleichgewicht).

chirale Moleküle: Moleküle, die sich wie Bild und Spiegelbild verhalten. Gegenteil: achirale Moleküle.

Chromophore: Chromophore sind Atomgruppen in einer Verbindung mit π-Elektronensystemen (Mehrfachbindungen), die die Farbigkeit der Verbindung verursachen, indem sie bestimmte Wellenlängen des Lichts absorbieren.

cis-trans-Isomerie: Unterschiedliche Stellung von Substituenten an Doppelbindungen von Molekülen. *cis:* beide Substituenten befinden sich auf der gleichen Seite der Doppelbindung; *trans:* beide Substituenten sind gegenüberliegend bezogen auf die Doppelbindung.

delokalisierte Elektronen: π-Elektronen sind nicht einer Bindung zuzuordnen. Sie verteilen sich über mehr als zwei Atome.

Denaturierung: Veränderung der räumlichen Struktur von → Proteinen oder DNA, sodass diese Biomoleküle nicht mehr funktionsfähig sind.

Diazotierung: Reaktion von primären aromatischen → Aminen mit Nitrit-Ionen bei der Herstellung von → Azo-Farbstoffen.

Dipol: Molekül mit polaren Elektronenpaarbindungen und Zentren positiver und negativer Ladung.

Dipol-Dipol-Wechselwirkung: Elektrostatische Anziehung zwischen (permanenten) → Dipolen.

Disaccharide: Entstehen durch die Verknüpfung von zwei Monosacchariden unter Wasserabspaltung.

Disproportionierung: Vorgang bei einer → Redoxreaktion, bei der ein- und dasselbe Teilchen zugleich oxidiert und reduziert wird.

Donator-Akzeptor-Konzept: Chemisches Basiskonzept; Austausch von Teilchen wie Protonen (→ Protolyse) oder Elektronen (→ Redox-Reaktion) zwischen den Reaktionspartnern beim Zusammenstoß, der zu einer chemischen Reaktion führt. Dabei wird der abgebende Reaktionspartner als Donator, der aufnehmende Reaktionspartner als Akzeptor bezeichnet.

Duroplasten (Kunststoffe): Die Makromoleküle des Kunststoffs sind durch Elektronenpaarbindungen dreidimensional eng vernetzt und lassen sich nach ihrer Aushärtung nicht mehr verformen.

Elastomere: Kunststoffe, die sich durch Zug oder Druck leicht verformen lassen und aufgrund ihrer Elastizität immer wieder in die ursprüngliche Form zurückkehren.

Elektrode: Mehrdeutiger Begriff in der Elektrochemie, der sich auf das Redoxsystem einer → Halbzelle bezieht:
1. Metall als Bestandteil eines Redoxsystems, das an der Potentialbildung beteiligt ist, wie z. B. Cu/Cu^{2+}.
2. Inertes Metall, das Elektronen in das Redoxsystem einer Halbzelle zu- oder ableitet, beispielsweise Platin oder Graphit.
3. Metall als Bestandteil eines Redoxsystems, das man als Messpunkt für die Zellspannung nutzen kann.

Elektronenpaarbindung: → Atombindung

Elektrolyse: ist eine durch Gleichstrom erzwungene → Redoxreaktion, die in einer Elektrolysezelle abläuft. Dabei bleibt im Vergleich zur galvanischen Zelle die Zuordnung von Minus- und Pluspol bestehen, jedoch wird der Minuspol zur → Kathode (Reduktionsreaktion) und der Pluspol zur → Anode (Oxidationsreaktion).

Elektrolyt: Ein elektrisch leitendes Medium (Lösung, Schmelze, Feststoff) auf der Grundlage von beweglichen Ionen.

Elektron: Teilchen mit einer quantifizierbaren negativen Ladung, das eine außerordentlich geringen Masse besitzt.

Elektronegativität: Maß für die Fähigkeit eines Atoms, in einer Elektronenpaarbindung Bindungselektronen anzuziehen.

Elektronenaffinität: Energie, die umgesetzt wird, wenn Atome ein Elektron aufnehmen (→ Elektronegativität).

Elektronenakzeptor: Elektronen aufnehmendes Teilchen bei einer → Redoxreaktion.

Elektronendonator: Elektronen abgebendes Teilchen bei einer Redoxreaktion.

Elektronenkonfiguration: Man erhält sie für ein Atom, indem man alle Elektronen des Atoms Orbitalen zuordnet.

Elektronenübergang: Findet bei Redoxreaktionen statt. Der Reaktionspartner, der Elektronen abgibt, wird als Elektronendonator, der aufnehmende Reaktionspartner als Elektronenakzeptor bezeichnet.

elektrophil: „Elektronen liebend", Teilchen mit Elektronenmangel.

Enantiomere: Spiegelbild-Isomere, verhalten sich wie Bild und Spiegelbild und können nicht durch Drehung ineinander überführt werden. Gegenteil: Diastereomere.

endergonische Reaktion: Wenn die Änderung der → freien Enthalpie $\Delta_R G_m$ positiv ist ($\Delta_R G_m^0 > 0$), kann die Reaktion nicht spontan ablaufen. Sie kann aber durch Arbeit, bzw. durch Zuführung von Energie, erzwungen werden.

endotherme Reaktion: Bei einer endothermen Reaktion wird Wärme vom System aus der Umgebung aufgenommen. Die → Reaktionsenthalpie ist größer null: $\Delta H > 0$.

Energie: Energie kann weder geschaffen noch vernichtet werden. Energiearten können ineinander umgewandelt werden. Die Energie eines Systems ist ein Maß für die Fähigkeit dieses Systems, Arbeit zu verrichten oder Wärme abzugeben.

Energie, chemische: Teil der Energie des Systems, der in chemischen Bindungen und zwischenmolekularen Wechselwirkungen gespeichert ist. Im Verlauf einer chemischen Reaktion wird durch Abbau und Neuaufbau von Bindungen ein Teil dieser chemischen Energie in andere Energiearten umgewandelt.

Energie/Entropie-Konzept: Chemisches Basiskonzept; alle chemischen Reaktionen sind mit Energieumsatz verbunden. Dabei tendieren chemische Systeme zu einem Zustand, der möglichst energiearm und ungeordnet ist.

Enthalpie *H*: Energieinhalt eines chemischen Systems unter konstantem Druck, wobei nur Enthalpieänderungen (ΔH) messbar sind. Wärmeaufnahme des Systems: $\Delta H > 0$, Wärmeabgabe des Systems: $\Delta H < 0$.

Entropie *S*: Maß für die Unordnung eines chemischen Systems bzw. die Wahrscheinlichkeit eines bestimmten Zustandes. Sie ist neben der → Reaktionsenthalpie Faktor für die Triebkraft einer chemischen Reaktion.

essenzielle Aminosäuren: Können im menschlichen Organismus nicht synthetisiert werden und müssen mit der Nahrung aufgenommen werden.

exergonische Reaktion: Wenn die Änderung der → freien Enthalpie $\Delta_R G_m$ negativ ist ($\Delta_R G_m < 0$), läuft eine Reaktion **freiwillig** ab und es kann dabei physikalisch Arbeit geleistet werden.

exotherme Reaktion: Bei einer exothermen Reaktion wird Wärme vom System an die Umgebung abgegeben. Die → Reaktionsenthalpie ist kleiner null: $\Delta H < 0$.

FARADAY-Gesetze: Mithilfe der FARADAY-Gesetze lassen sich bei → Elektrolysen umgesetzte Ladungs- und → Stoffmengen quantitativ bestimmen.

Farbmittel: Farbgebende Stoffe.

Farbstoffe: → Farbmittel, die sich im Anwendungsmedium lösen oder in Lösung verarbeitet werden können.

Fette: Ester aus Fettsäuren (langkettigen Carbonsäuren) und Glycerin (Propan-1,2,3-triol).

Formalladungen: Man erhält sie, indem man von der Anzahl der Valenzelektronen des freien Atoms die freien Elektronen und die Hälfte der Bindungselektronen des Atoms im Molekül subtrahiert.

freie Elektronenpaare: Valenzelektronen eines Atoms, die nicht an einer Bindung beteiligt sind.

freie Enthalpie (GIBBS'sche Energie) *G*: ist Maß für die faktisch nutzbare oder notwendige Energie einer chemischen Reaktion. Die freie Enthalpie lässt sich aus der Differenz von der (Gesamt-) → Enthalpie H und dem Produkt aus Temperatur T und → Entropie S eines Systems berechnen: $G = H - T \cdot S$

Funktions-Isomerie: Verbindungen mit unterschiedlichen funktionellen Gruppen bei gleicher Summenformel. Beispiel: C_2H_6O: Ethanol und Dimethylether.

galvanische Zelle (galvanisches Element): Ist eine elektrochemische Spannungsquelle (z. B. Batterie), die entsteht, wenn zwei unterschiedliche → Halbzellen über eine → Elektrolytbrücke und einen äußeren Leiter miteinander verbunden werden.

Galvanisieren: Überziehen von Werkstücken mit einem Metall durch → Elektrolyse.

Geschwindigkeitskonstante: Sie ist charakteristischer Bestandteil einer Reaktionsgeschwindigkeitsgleichung und temperaturabhängig.

GIBBS-HELMHOLTZ-Gleichung: verknüpft mathematisch die → Enthalpie- und → Entropie-Änderung einer chemischen Reaktion: $\Delta G = \Delta H - T \cdot \Delta S$ (ΔG → freie Enthalpie).

Gitterenergie: Energiebetrag, der freigesetzt wird, wenn Ionen aus der Gasphase heraus ein Ionengitter bilden.

Glykogen: Nennt man tierische Stärke, die ein stark verzweigtes Polysachccarid aus Glucose-Grundeinheiten darstellt.

glykosidische Bindung: Bindung zwischen zwei Monosacchariden, die durch Abspaltung von Wasser zwischen einer → halbacetalischen OH-Gruppe und einer alkoholischen OH-Gruppe entstanden ist.

Gruppe im PSE: Vertikale Reihe des Periodensystems. Elemente einer Gruppe besitzen die gleiche Anzahl an Elektronen auf der äußeren Schale bzw. dem größten Hauptenergieniveau.

Halbacetal: Das Produkt einer Reaktion zwischen einer Aldehyd-Gruppe und einer alkoholischen OH-Gruppe.

halbsynthetische Kunststoffe: Bestehen aus natürlichen Polymeren, die chemisch verändert wurden.

Halbzelle (Halbelement): Bezeichnung für ein Redoxsystem mit → Elektrode. Dabei kann die Elektrode Teil des Redoxsystems oder inerte Ableitelektrode sein. Zwei Halbzellen können zu einem galvanischen Element kombiniert werden.

Hauptquantenzahl (n): Gibt die Energie und die Größe des Orbitals an.

HESS, Satz von: Die → Reaktionsenthalpie bei einer chemischen Reaktion ist unabhängig vom Reaktionsweg, sie hängt nur vom Ausgangs- und Endzustand des Systems ab.

heterogene Katalyse: Katalysator und Edukt liegen in verschiedenen Phasen vor.

Heterolyse: Spaltung einer → Atombindung (Elektronenpaarbindung) in der Weise, dass eines der beteiligten Atome beide Elektronen der Bindung erhält und so zum → Anion wird und das andere Atom durch den Elektronenverlust zum → Kation.

Hexose: Monosaccharid mit sechs C-Atomen.

Homogene Katalyse: Katalysator und Edukt liegen in gleicher Phase vor.

Homolyse: Spaltung einer → Atombindung (Elektronenpaarbindung) in der Weise, dass jedes der beteiligten Atome eines der beiden Elektronen erhält. Auf diese Weise entstehen zwei Radikale.

Hund'sche Regel: Energiegleiche → Orbitale gleicher → Nebenquantenzahl werden zunächst einfach besetzt.

Hybridisierung: Neukombination von Atomorbitalen hinsichtlich Energie und Gestalt.

Hybridorbital: Orbital, das durch → Hybridisierung entstanden ist.

Hydrathülle: In wässriger Lösung sind alle Ionen von einer Hülle aus Wassermolekülen umgeben.

hydrophil: Wasserliebend; hydrophile Verbindungen lösen sich gut in Wasser.

hydrophob: Wasserabstoßend; hydrophobe Verbindungen lösen sich nicht in Wasser.

Hydroxy-Gruppe: Funktionelle Gruppe der Alkanole.

Indikatoren: Farbige organische schwache Säuren oder Basen, deren korrespondierende Basen oder Säuren eine andere Farbe besitzen.

induktiver Effekt: Atome und Atomgruppen beeinflussen die Reaktivität einer funktionellen Gruppe in einem Molekül (Nachbargruppeneffekt).

Ionenbindung: Elektrostatische Anziehung bzw. Bindung zwischen positiv (Metall, Ammonium) und negativ (Nichtmetall) geladenen Ionen in einem Ionengitter. Sie kam dadurch zustande, dass das Metall-Atom Elektronen abgegeben hatte, das Nichtmetall-Atom Elektronen aufgenommen hatte.

isoelektrischer Punkt: Der → pH-Wert, bei dem die → Aminosäure als → Zwitterion vorliegt und nicht im elektrischen Feld wandert.

isolierte Doppelbindung: Mindestens zwei Einfachbindungen zwischen zwei Doppelbindungen.

Isomerie: Unterschiedliche Verbindungen mit gleicher Molekülformel (Summenformel).

Katalysatoren: Stoffe, die eine Reaktion beschleunigen, am Ende aber wieder in der ursprünglichen Form vorliegen. Sie erniedrigen die benötigte → Aktivierungsenergie.

Kathode: Elektrode, an der eine → Reduktion stattfindet.

kathodischer Korrosionsschutz: Konstruktionen, die nicht durch Galvanisierung vor Korrosion geschützt werden können, wie beispielsweise unterirdische Rohrleitungen, Öltanker, Öl-Bohrplattformen und Brücken, werden elektrisch leitend mit einem unedleren Metall verbunden, das sich in direkter Nähe ebenfalls im Wasser oder in feuchter Erde befindet. Dabei löst sich die Anode auf – man spricht von einer Opferanode. Dadurch ist die Kathode vor Korrosion geschützt und bleibt unbeschädigt.

Kation: Positiv geladenes Teilchen.

Keto-Enol-Tautomerie: Isomerieart mit unterschiedlicher Position eines Protons im Molekül.

Ketone: Organische Carbonyl-Verbindungen mit einem doppelt gebundenen Sauerstoff (Keto-Gruppe) an einem sekundären C-Atom.

Ketose: Monosaccharid mit doppelt gebundenem (Carbonyl-) Sauerstoff am zweiten C-Atom der Kohlenstoffkette (Keto-Gruppe).

Kohlenhydrate: Bestehen neben Kohlenstoff aus Wasserstoff und Sauerstoff, welche in der Regel im Verhältnis 2:1 stehen, wie z. B. bei Glucose: $C_6(H_2O)_6$.

Komplex-Verbindung: Kollektiv aus Atomen, Molekülen oder Ionen, das bei vielen Reaktionen als Ganzes auftritt.

Konformations-Isomerie: Unterschiedliche Atompositionen durch Drehung um Einfachbindungen.

konjugierte Doppelbindung: Alternierende Anordnung von Einfach- und Doppelbindungen.

Konstitutions-Isomere: Isomere mit unterschiedlicher Verknüpfung in der Reihenfolge ihrer Atome.

Konzept des chemischen Gleichgewichts: Chemisches Basiskonzept; reversible chemische Reaktionen können in geschlossenen Systemen zu einem Gleichgewichtszustand führen, der mathematisch mithilfe des → Massenwirkungsgesetzes (MWG) beschreibbar ist.

koordinative Bindung: Elektronenpaarbindung, bei der die Bindungselektronen nur von einem Reaktionspartner stammen. Sie unterscheidet sich sonst meist nicht von der normalen Atombindung.

Koordinationszahl: Anzahl der direkt an ein Zentralatom gebundenen Atome in einem Komplex.

korrespondierendes Säure/Base-Paar: Zwei Teilchen, die sich nur durch ein Proton unterscheiden, wie z. B. H_2O/H_3O^+.

Korrosion: Zerstörung von Metallen von der Oberfläche her durch elektrochemische Reaktionen mit ihrer Umgebung.

KOSSEL, Regel von: Die Reaktionsfähigkeit von Atomen beruht auf deren Bestreben, durch Abgabe oder Aufnahme von Elektronen in der Reaktion mit anderen Atomen Edelgaskonfiguration zu erreichen.

kumulierte Doppelbindung: Die Doppelbindungen befinden sich unmittelbar nebeneinander.

LEWIS-Formel: = Valenzstrichformel = Strukturformel.

Liganden: Moleküle mit freien Elektronenpaaren, welche durch koordinative Bindung um ein Zentralatom angeordnet sind. Sie können auch aus Anionen bestehen.

Lokalelement: Ein Lokalelement ist eine kurzgeschlossene → galvanische Zelle, bei der → Anode und → Kathode nicht räumlich voneinander getrennt sind, sondern sich berühren.

Löslichkeitsprodukt K_L: Gleichgewichtskonstante für das Löslichkeitsgleichgewicht schwerlöslicher Salze.

Lotus-Effekt: Hydrophobe wachsartige Blattoberfläche einiger Pflanzen lässt Wassertropfen ohne Widerstand über das Blatt hinweg rollen und reißt dabei Schmutzpartikel mit sich.

Magnetquantenzahl m: Gibt die Lage des → Orbitals im Raum an.

Massenkonzentration β: Umrechnungsgröße: Quotient aus der Masse gelösten Stoffs und dem Volumen der Lösung mit der Einheit g/l: $\beta = m/V$.

Massenwirkungsgesetz (MWG): Bei einem homogenen System im chemischen Gleichgewicht ist das Produkt der Konzentrationen der rechts vom Reaktionspfeil stehenden Teilchen dividiert durch das Produkt der Konzentrationen der links vom Reaktionspfeil stehenden Teilchen bei einer bestimmten Temperatur konstant.

Mesomerie: Elektronenverteilung in einem Molekül wird durch mehrere (fiktive) → LEWIS-Formeln (Grenzformeln) beschrieben.

Mesomerieenergie: Energiedifferenz zwischen den Verbindungen mit delokalisierten Elektronen und der hypothetischen Form mit lokalisierten Doppelbindungen.

Mesomeriestabilisiert: Teilchen mit delokalisierten π-Elektronen sind energiearm (= stabil).

Mol: Einheit der Stoffmenge *n*. Ein Mol entspricht $6{,}022 \cdot 10^{23}$ Teilchen gleicher Art eines Stoffes.

molare Masse *M*: Umrechnungsgröße: Quotient aus Masse *m* und Stoffmenge *n* eines reinen Stoffes mit der Einheit g/mol: $M = m/n$

molares Volumen Vm: Umrechnungsgröße: Quotient aus dem Volumen *V* und Stoffmenge *n* eines reinen Gases mit der Einheit l/mol.
$V_m = V/n$.
V_m (Gase, 25 °C, 1000 hPa) = 24 l/mol

Molekül: Verbindung aus Nichtmetall-Atomen, die auf der Bildung gemeinsamer Elektronenpaare beruht.

Molekülorbitale: Entstehen durch Überlappen benachbarter Atomorbitale.

Mutarotation: Die Änderung des Drehwinkels einer Lösung aus α- und β-Isomeren bis zur Gleichgewichtseinstellung.

Nanoteilchen: Teilchen, die einen Durchmesser von weniger als 100 Nanometern aufweisen.

Nebenquantenzahl (l): Gibt die Form des → Orbitals an.

NERNST-Gleichung: Stellt den quantitativen Zusammenhang zwischen der → Elektrolytkonzentration *c* und dem → Elektrodenpotential her. Mit der NERNST-Gleichung lässt sich die Konzentrationsabhängigkeit des Redoxpotentials eines → Redoxpaares beschreiben, das heißt, man kann das Potential einer → Halbzelle mit beliebiger Elektrolytkonzentration berechnen.

Nitroverbindungen: Derivate aliphatischer oder aromatischer Kohlenwasserstoffe mit einer oder mehreren Nitrogruppen im Molekül.

nucleophil: „Kernliebend" d. h. wird von positiver Ladung angezogen; Teilchen mit Elektronenüberschuss.

Oktettregel: Jedem Atom werden in der → LEWIS-Formel vier Elektronenpaare zugeordnet.

Oligopeptide: Molekül, bei dem weniger als → 10 Aminosäuren miteinander verknüpft sind.

Oligosaccharide: Molekül, bei dem zwei bis zehn Monosaccharide miteinander verknüpft sind.

optisch aktive Verbindungen: Drehen die Schwingungsebene von linear polarisiertem Licht.

Orbital: Aufenthaltsbereich in einem Atom bzw. Molekül, in dem ein Elektron mit großer Wahrscheinlichkeit anzutreffen ist.

Oxidation: Abgabe eines Elektrons oder mehrerer Elektronen an einen Reaktionspartner bzw. Teilreaktion, bei der die → Oxidationszahl eines Atoms erhöht wird; historisch: Reaktion, bei der sich ein Stoff mit Sauerstoff verbindet.

Oxidationsmittel: Reaktionsteilnehmer, dessen → Oxidationszahl durch Elektronenaufnahme erniedrigt wird. Das Oxidationsmittel ist → Elektronenakzeptor und wird aufgrund dessen bei der → Redoxreaktion reduziert.

Oxidationszahl: Fiktive Ladung eines Atoms in einer Verbindung. Für die Ermittlung der Oxidationszahl werden die beiden Bindungselektronen jeweils den elektronegativeren Atomen zugeordnet.

Passivierung: Bildung einer schwer angreifbaren Deckschicht auf unedlen Metallen, meistens durch Bildung einer lückenlosen, festhaftenden Metalloxidschicht. Beispiel: Aluminiumoxidschicht bei Aluminium.

PAULING-Schreibweise: Orbitalschreibweise, bei der das → Orbital als Kästchen dargestellt, die Elektronen durch Pfeile symbolisiert werden.

PAULI-Prinzip: Alle Elektronen eines → Orbitals müssen sich in mindestens einer der vier → Quantenzahlen unterscheiden.

Pentose: Monosaccharid mit fünf C-Atomen.

Periode im PSE: Horizontale Reihe des Periodensystems der Elemente. Elemente einer Periode besitzen dieselbe Schalenzahl bzw. dasselbe Hauptenergieniveau.

Phenole: Verbindungen, bei denen eine oder mehrere OH-Gruppen unmittelbar an einen Benzolring gebunden sind.

pH-Wert: Der negative dekadische Logarithmus des Zahlenwertes der (H_3O^+)-Konzentration bzw. H^+ (aq)-Konzentration einer wässrigen Lösung.

Pigmente: Anorganische oder organische → Farbmittel, die im Anwendungsmedium unlöslich sind.

polare Atombindung (Elektronenpaarbindung): Bindung zwischen Atomen mit unterschiedlicher → Elektronegativität.

Polyaddition: Verknüpfung bifunktioneller Monomere über Endgruppen, die Additionsreaktionen eingehen, zu Polymeren.

Polykondensation: Reaktion von Monomeren mit je zwei funktionellen Gruppen zu Polymeren unter Abspaltung kleiner Moleküle wie z. B. Wasser.

Polymerisation: Reaktion von ungesättigten Monomeren unter Aufspaltung der Doppelbindungen zu Polymeren.

Polypeptide: 10 bis 100 → Aminosäuren sind miteinander zu Makromolekülen verknüpft.

Polysaccharide: Makromoleküle mit mehr als 10 Monosacchariden als Bausteine.

primärer Alkohol: Die → Hydroxy-Gruppe sitzt an einem primären Kohlenstoff-Atom.

primäres C-Atom: Hat in einem organischen Teilchen nur ein einziges C-Atom als Bindungsnachbarn.

Primärstruktur der Proteine: Reihenfolge der miteinander über Peptidbindungen verknüpften → Aminosäuren (Aminosäuresequenz).

Primärzelle: → Galvanische Zellen, deren Zellreaktion nicht umkehrbar ist, das heißt, sie lassen sich nur entladen, aber nicht mehr aufladen.

Prinzip von LE CHÂTELIER: (= Prinzip vom kleinsten Zwang); jede Störung eines Gleichgewichts durch die Änderung der äußeren Bedingungen (Temperatur-, Druck- oder Konzentrationsänderung) führt zu einer Verschiebung des chemischen Gleichgewichts, die der Störung entgegenwirkt.

Promotion (Promovierung): Energetische Anhebung eines Elektrons in ein energiereicheres → Orbital.

Proteine (Eiweißstoffe): Sind aus den 20 natürlich vorkommenden → α-Aminosäuren aufgebaut, die über Peptidbindungen miteinander verknüpft sind.

Protolyse: Protonenübergang zwischen einer BRÖNSTED-Säure und einer BRÖNSTED-Base.

Proton: Protonen haben eine positive Elementarladung und sind Bestandteile des Atomkerns. Sie haben eine Masse von etwa 1 u. Die Ordnungszahl eines Elements entspricht der Anzahl der Protonen im Atomkern.

Puffer: Eine wässrige Lösung, deren → pH-Wert sich bei Zusatz nicht allzu großer Mengen an Säuren oder Basen oder bei Verdünnung nur unwesentlich ändert.

Quantenzahl: Charakterisiert den Zustand des Elektrons im Atom. Man unterscheidet: → Hauptquantenzahl n, → Nebenquantenzahl l, → Magnetquantenzahl m und → Spinquantenzahl s.

quartäres C-Atom: Hat in einem organischen Teilchen vier C-Atome als direkte Bindungsnachbarn.

Quartärstruktur der Proteine: Zwei oder mehrere Polypeptidketten lagern sich zu einem funktionsfähigen Protein zusammen.

Reaktionsenergie ΔU: Wärme, die ein System bei einer chemischen Reaktion unter **konstantem Volumen** abgibt oder aufnimmt.

Reaktionsenthalpie ΔH: Wärme, die ein System bei einer chemischen Reaktion unter **konstantem Druck** abgibt oder aufnimmt. Sie ist unabhängig vom Reaktionsweg und hängt nur vom Ausgangs- und Endzustand des Systems ab.

Reaktionsgeschwindigkeits-Konzept: Chemisches Basiskonzept; Stoffe reagieren unterschiedlich schnell miteinander. Ausschlaggebend für die Reaktionsgeschwindigkeit sind (neben der Natur der beteiligten Stoffe) Faktoren wie Zerteilungsgrad, Temperatur, Konzentration und Katalysator.

Recycling: Wiederverwertung von Produkten und Materialien.

Redox-Flow-Zelle: Redoxflow-Zellen zeichnen sich als Sekundärzellen dadurch aus, dass die Energieumwandlung in einer Reaktionskammer von der Energiespeicherung, die in beliebig großen Behältern erfolgen kann, zeitlich und örtlich getrennt sein kann. In der Reaktionskammer verwendet man zwei Elektrolyte auf Basis von Redox-Paaren, die in Lösung vorliegen und die durch eine halbdurchlässige Membran voneinander getrennt sind. Während des Lade- und Entladevorgangs reagieren die Redoxpaare entsprechend ihrer Redoxpotentiale in den Eektrolyten und dabei werden Elektronen über inerte Elektroden und einen äußeren Leiter übertragen.

Redoxpaar, korrespondierendes: Reduktionsmittel und Oxidationsmittel, die bei Redoxreaktionen ineinander übergehen.
Reduktionsmittel → Oxidationsmittel + $z\,e^-$
z: Anzahl der pro Formelumsatz ausgetauschten Elektronen.

Redoxreaktion: Elektronenaustauschreaktion, chemische Umsetzung bei der gleichzeitig Oxidation und Reduktion, also ein Elektronenübergang stattfindet; historisch: Sauerstoffaustauschreaktion.

Reduktion: Aufnahme eines Elektrons oder mehrerer Elektronen vom Reaktionspartner bzw. Teilreaktion, bei der die → Oxidationszahl eines Atoms erniedrigt wird; historisch: Reaktion, bei der eine Verbindung Sauerstoff abgibt.

Reduktionsmittel: Reaktionsteilnehmer, dessen → Oxidationszahl durch Elektronenabgabe erhöht wird. Das Reduktionsmittel ist → Elektronendonator und wird deswegen bei der → Redoxreaktion oxidiert.

RGT-Regel (Reaktionsgeschwindigkeits-Temperatur-Regel: Die Reaktionsgeschwindigkeit steigt auf das Doppelte bis Vierfache, wenn man die Temperatur um 10 °C erhöht.

salzartige Stoffe: Ionenverbindungen.

Sauerstoff-Korrosion: Die Zerstörung von Metallen, bei der in der Elektrolytlösung gelöster Sauerstoff kathodisch zu Hydroxid-Ionen reduziert wird.

Säure (nach Brönsted): Protonendonator.

Säureamide: Derivate von Carbonsäuren bzw. der Kohlensäure, bei denen die → Hydroxy-Gruppe durch eine Amino-Gruppe ersetzt ist.

Säurekonstante K_S: Maß für die Säurestärke.

Säure-Korrosion: Unter Säure-Korrosion versteht man die Zerstörung von Metallen durch die Hydronium-Ionen einer → Elektrolytlösung unter Wasserstoffentwicklung.

sekundärer Alkohol: Die → Hydroxy-Gruppe sitzt an einem C-Atom, welches mit zwei weiteren C-Atomen Bindungen eingeht.

sekundäres C-Atom: Hat in einem organischen Teilchen zwei C-Atome als Bindungsnachbarn.

Sekundärstruktur der Proteine: Die regelmäßige räumliche Anordnung von Peptidketten zu α-Helices und / oder β-Faltblattstrukturen.

Sekundärzellen: Sind → galvanische Zellen, deren Zellreaktion umkehrbar ist. Sie lassen sich mehrfach entladen und mit einer fremden Stromquelle wieder aufladen. Sie werden auch als Akkumulatoren oder „Akkus" bezeichnet.

Spannungsreihe: Zusammenstellung der Standard-Elektrodenpotentiale, nach Größe geordnet, in einer Tabelle.

sp-Hybridisierung: Neukombination eines s- und eines p-Orbitals zu zwei neuen Atomorbitalen, die hinsichtlich Energie und Gestalt eine Mischung der ursprünglichen → Orbitale darstellen.

sp²-Hybridisierung: Neukombination eines s- und zweier p-Orbitale zu drei neuen Atomorbitalen, die hinsichtlich Energie und Gestalt eine Mischung der ursprünglichen → Orbitale darstellen.

sp^3-Hybridisierung: Neukombination eines s- und dreier p-Orbitale zu vier neuen Atomorbitalen, die hinsichtlich Energie und Gestalt eine Mischung der ursprünglichen Orbitale darstellen.

Spinquantenzahl (s): Gibt die Eigenrotation des Elektrons im → Orbital an.

Standard-Bildungsenthalpie, molare $\Delta_f H_m^0$: Die molare Standard-Bildungsenthalpie einer Verbindung entspricht der bei der Bildung von einem Mol der Verbindung bei Standardbedingungen ($p = 1000\,hPa$, $T = 298\,K$) aus den Elementen freigesetzten oder aufgenommenen Wärme. Einheit: $kJ \cdot mol^{-1}$.

Standard-Bildungsentropie ΔS_m^0: Ist die → Entropieänderung, die mit der Bildung von einem → Mol einer Verbindung bei Standardbedingungen aus den Elementen einhergeht.

Standard-Bindungsenthalpie, molare $\Delta_B H_m^0$: Die → Enthalpie, die man unter Standardbedingungen ($p = 1013\,hPa$, $T = 298\,K$) zur Spaltung von einem → Mol Atombindungen benötigt. Einheit: $kJ \cdot mol^{-1}$.

Standard-Elektrodenpotentiale: Halbzellenpotentiale, die auf die Standard-Wasserstoff-Halbzelle bezogen sind.

Standard-Reaktionsenthalpie, molare $\Delta_R H_m^0$: Die bei einer chemischen Reaktion unter konstantem Druck pro Formelumsatz abgegebene ($\Delta H < 0$) oder aufgenommene Wärme ($\Delta H > 0$) bei Standardbedingungen ($p = 1000\,hPa$, $T = 298\,K$).

Standard-Reaktionsentropie, molare $\Delta_R S_m^0$: Ergibt sich aus der Differenz der Standard-Bildungsentropien der Produkte und der Edukte $\Delta_R S_m^0 = \Sigma\, \Delta S_m^0\,(\text{Produkte}) - \Sigma\, \Delta S_m^0\,(\text{Edukte})$

Stereoisomere: Unterscheiden sich in ihrer räumlichen Anordnung.

Stoffmenge *n*: Basisgröße für Menge eines Stoffes mit der Einheit → Mol.

Stoffmengenkonzentration *c*: Quotient aus der Stoffmenge des gelösten Stoffs und dem Volumen der Lösung mit der Einheit mol/l: $c = n/V$.

Stellungs-Isomerie: Unterschiedliche Verknüpfungsstellen bei gleichen funktionellen Gruppen.

Stoff-Teilchen-Beziehungen: Chemisches Basiskonzept; die erfahrbaren Phänomene der stofflichen Welt sind auf der Teilchenebene deutbar. Stoffebene und Teilchenebene müssen dabei immer konsequent unterschieden werden.

Struktur-Eigenschafts-Beziehungen: Chemisches Basiskonzept; Strukturmerkmale, Art, Anordnung und Wechselwirkung der Teilchen bestimmen die Eigenschaften und somit auch das Reaktionsverhalten eines Stoffes.

Substitution: Austausch einzelner Atome oder Atomgruppen im Molekül einer organischen Verbindung gegen andere Atome oder Atomgruppen.

Superhydrophobie: Hydrophobe, sehr raue Oberflächen sind so stark wasserabstoßend, dass Wassertropfen kaum noch eine Kontaktfläche zum Untergrund besitzen.

Synproportionierung: (auch Komproportionierung) nennt man in der Redoxchemie einen Vorgang, bei dem Verbindungen höherer und niedrigerer → Oxidationsstufen desselben Elements miteinander unter Bildung von Verbindungen mittlerer Oxidationsstufe reagieren.

System (und Umgebung): „System“ ist in der Energetik ein genau begrenzter Teil der Welt, der Gegenstand einer Beobachtung oder Messung ist (z. B. Messung eines Energieumsatzes bei einer chemischen Reaktion). Alles, was sich außerhalb des Systems befindet wird als Umgebung bezeichnet

System, geschlossenes: Kann mit seiner Umgebung nur Energie austauschen (z. B. geschlossene Sprudelflasche).

System, isoliertes (abgeschlossenes): Kann mit seiner Umgebung weder Energie noch Materie austauschen (z. B. Flüssigkeit in in einer „idealen“ Thermoskanne).

System, offenes: Kann mit seiner Umgebung sowohl Energie als auch Materie austauschen (z. B. offene Sprudelflasche).

tertiäres C-Atom: Hat in einem organischen Teilchen drei C-Atomen als Bindungsnachbarn.

Tertiärstruktur der Proteine: Räumliche Anordnung der Sekundärstruktur, die über → Ionenbindungen, Disulfidbindungen, → Wasserstoffbrücken und → hydrophobe Wechselwirkungen der → Aminosäureseitenketten stabilisiert ist.

Thermoplaste (Kunststoffe): Makromoleküle, die kettenförmig linear oder wenig verzweigt angeordnet und untereinander nicht vernetzt sind. Sie lassen sich in einem bestimmten Temperaturbereich verformen.

Titration: Ein maßanalytisches Verfahren zur quantitativen Bestimmung der in einer Probelösung enthaltenen Stoffmenge. Die Säure/Base-Titration beruht auf einer Neutralisationsreaktion.

„Top-down"-Verfahren: Herstellung von Nanoteilchen aus größeren Festkörpern durch mechanische Zerkleinerung.

Triphenylmethan-Farbstoffe: Synthetische, brillante Farbstoffe, die sich von Triphenylmethan ableiten. Triphenylmethan weist ein Ringsystem mit chinoider Struktur auf, das als → Chromophor fungiert.

Überspannung: Differenz zwischen der theoretischen → Zellspannung und der an den → Elektroden tatsächlich gemessenen → Zersetzungsspannung bei einer → Elektrolyse. Der Überspannungsanteil einer Elektrodenreaktion hängt von der Stromdichte, der Temperatur, vom abzuscheidenden Stoff, der → Elektrolytkonzentration, vom Elektrodenmaterial und dessen Oberflächenbeschaffenheit ab.

Valenzelektronen: Elektronen der äußeren Schale bzw. des größten Hauptenergieniveaus eines Atoms.

VAN-DER-WAALS-Kraft: Schwache elektrostatische Anziehungskräfte zwischen den induzierten → Dipolen.

Veresterung: Reaktion zwischen Alkohol und → Säure unter Ausbildung einer Esterbindung.

Verseifung: Die alkalische Hydrolyse von Estermolekülen.

vollsynthetische Kunststoffe: Werden nach Plan aus Monomeren synthetisiert.

Wärme: Energie, die aufgrund einer Temperaturdifferenz zwischen einem → System und seiner Umgebung übertragen wird.

Wärmeenergie: Energie, die ein Objekt aufgrund seiner Temperatur besitzt.

Wasserstoffbrücken: Starke elektrostatische zwischenmolekulare Kraft zwischen polaren Molekülen oder Molekülteilen. Dabei wird das polar gebundene H-Atom eines Moleküls oder Molekülteils von dem F-, O- oder N-Atom mit freiem Elektronenpaar eines anderen Moleküls oder Molekülteils angezogen.

Zähnigkeit: Anzahl der koordinativen Bindungen, die ein einzelner Ligand mit einem Zentralatom ausbilden kann.

Zellspannung: Die elektrische Spannung, die man zwischen den Polen einer galvanischen Zelle misst. Die Zellspannung U zwischen verschiedenen → Halbzellen einer galvanischen Zelle kann aus den Standardpotentialen U_H^0 berechnet werden $U = U_H^0$ (Akzeptorhalbzelle) − U_H^0 (Donatorhalbzelle).

Zersetzungsspannung: Spannung, die man bei einer → Elektrolyse anlegen muss, damit sich Stoffe in nennenswerter Konzentration abscheiden.

zwischenmolekulare Kraft: Elektrostatische Anziehung zwischen Molekülen bzw. isolierten Atomen.

Zwitterion: Molekül, das eine postiv geladene funktionelle Gruppe und eine negativ geladene funktionelle Gruppe aufweist, wie beispielsweise Aminosäuren.

Periodensystem

Metalle
Halbmetalle
Nichtmetalle

Ordnungszahl (Protonenzahl) – 4 Be – 9,0122 – Atommasse in u; 1,57 – Elektronegativität nach Pauling; Beryllium

Hauptgruppenelemente

	I. Gruppe	II. Gruppe	III. Gruppe	IV. Gruppe	V. Gruppe	VI. Gruppe	VII. Gruppe	VIII. Gruppe
1. Periode	1 H 1,0097 2,2 Wasserstoff							2 He 4,0026 – Helium
2. Periode	3 Li 6,941 0,98 Lithium	4 Be 9,0122 1,57 Beryllium	5 B 10,811 2,04 Bor	6 C 12,011 2,55 Kohlenstoff	7 N 14,007 3,04 Stickstoff	8 O 15,999 3,44 Sauerstoff	9 F 18,998 3,98 Fluor	10 Ne 20,180 – Neon
3. Periode	11 Na 22,990 0,93 Natrium	12 Mg 24,305 1,31 Magnesium	13 Al 26,982 1,61 Aluminium	14 Si 28,086 1,9 Silicium	15 P 30,974 2,19 Phosphor	16 S 32,065 2,58 Schwefel	17 Cl 35,453 3,16 Chlor	18 Ar 39,948 – Argon
4. Periode	39 K 39,098 0,82 Kalium	20 Ca 40,078 1 Calcium	31 Ga 69,723 1,81 Gallium	32 Ge 72,64 2,01 Germanium	33 As 74,922 2,18 Arsen	34 Se 78,96 2,55 Selen	35 Br 79,904 2,96 Brom	36 Kr 83,798 3,0 Krypton
5. Periode	37 Rb 85,468 0,82 Rubidium	38 Sr 87,62 0,95 Strontium	49 In 114,82 1,78 Indium	50 Sn 118,71 1,96 Zinn	51 Sb 121,76 2,05 Antimon	52 Te 127,60 2,1 Tellur	53 I 126,90 2,66 Iod	54 Xe 131,29 2,6 Xenon
6. Periode	55 Cs 132,91 0,79 Caesium	56 Ba 137,33 0,89 Barium	81 Tl 204,38 1,8 Thallium	82 Pb 207,2 1,8 Blei	83 Bi 208,98 1,9 Bismut	84 Po (209) 2 Polonium	85 At (210) 2,2 Astat	86 Rn (222) – Radon
7. Periode	87 Fr (223) 0,7 Francium	88 Ra (226) 0,9 Radium						

Nebengruppenelemente (Übergangsmetalle)

	III. Gruppe	IV. Gruppe	V. Gruppe	VI. Gruppe	VII. Gruppe	VIII. Gruppe			I. Gruppe	II. Gruppe
4. Periode	21 Sc 44,96 1,36 Scandium	22 Ti 47,87 1,54 Titan	23 V 50,94 1,63 Vanadium	24 Cr 52 1,66 Chrom	25 Mn 54,94 1,55 Mangan	26 Fe 55,845 1,83 Eisen	27 Co 58,93 1,88 Cobalt	28 Ni 58,69 1,91 Nickel	29 Cu 63,55 1,9 Kupfer	30 Zn 65,41 1,65 Zink
5. Periode	39 Y 88,91 1,22 Yttrium	40 Zr 91,22 1,33 Zirconium	41 Nb 92,91 1,6 Niob	42 Mo 95,94 2,16 Molybdän	43 Tc (98) 1,9 Technetium	44 Ru 101,07 2,2 Ruthenium	45 Rh 102,91 2,28 Rhodium	46 Pd 106,42 2,2 Palladium	47 Ag 107,87 1,93 Silber	48 Cd 112,41 1,69 Cadmium
6. Periode	57 La 138,91 1,1 Lanthan	72 Hf 178,49 1,3 Hafnium	73 Ta 180,95 1,5 Tantal	74 W 183,84 2,36 Wolfram	75 Re 186,21 1,9 Rhenium	76 Os 190,23 2,2 Osmium	77 Ir 192,22 2,2 Iridium	78 Pt 195,08 2,2 Platin	79 Au 196,97 2,4 Gold	80 Hg 200,59 1,9 Quecksilber
7. Periode	89 Ac (227) 1,1 Actinium	104 Rf (267) – Rutherfordium	105 Db (268) – Dubnium	106 Sg (271) – Seaborgium	107 Bh (270) – Bohrium	108 Hs (277) – Hassium	109 Mt (270) – Meitnerium	110 Ds (281) – Darmstadtium	111 Rg (280) – Roentgenium	

Lanthaniden

6. Periode	58 Ce 140,12 1,12 Cer	59 Pr 140,91 1,13 Praseodym	60 Nd 144,24 1,14 Neodym	61 Pm (145) 1,13 Promethium	62 Sm 150,36 1,17 Samarium	63 Eu 151,96 1,2 Europium	64 Gd 157,25 1,2 Gadolinium	65 Tb 158,93 1,1 Terbium	66 Dy 162,50 1,22 Dysprosium	67 Ho 164,93 1,23 Holmium
	68 Er 167,26 1,24 Erbium	69 Tm 168,93 1,25 Thulium	70 Yb 173,04 1,1 Ytterbium	71 Lu 174,97 1,27 Lutetium						

Actiniden

7. Periode	90 Th 232,04 1,3 Thorium	91 Pa 231,04 1,5 Protactinium	92 U 238,03 1,7 Uran	93 Np (237) 1,3 Neptunium	94 Pu (244) 1,28 Plutonium	95 Am (243) 1,13 Americium	96 Cm (247) 1,28 Curium	97 Bk (247) 1,3 Berkelium	98 Cf (251) 1,3 Californium	99 Es (252) 1,3 Einsteinium
	100 Fm (257) 1,3 Fermium	101 Md (258) 1,3 Mendelevium	102 No (259) 1,3 Nobelium	103 Lr (262) – Lawrencium						

Standard-Elektrodenpotentiale U_H^0 einiger Redox-Paare

Man bezeichnet diese Reihen auch als **Spannungsreihe** oder **Redoxreihe**.
Mit zunehmendem Standardpotential nimmt die reduzierende Wirkung ab, die oxidierende Wirkung dagegen zu.

Tabellierungsbedingungen: 25 °C (298 K)
s: fester Stoff; g: gasförmig; l: flüssig; aq: in wässriger Lösung

oxidierte Form	⇆	reduzierte Form	U_H^0 (V)
Li^+ (aq) + e^-	⇆	Li (s)	−3,04
K^+ (aq) + e^-	⇆	K (s)	−2,92
Ca^{2+} (aq) + e^-	⇆	Ca (s)	−2,87
Na^+ (aq) + e^-	⇆	Na (s)	−2,71
Mg^{2+} (aq) + 2 e^-	⇆	Mg (s)	−2,36
Al^{3+} (aq) + 3 e^-	⇆	Al (s)	−1,66
Mn^{2+} (aq) + 2 e^-	⇆	Mn (s)	−1,18
2 H_2O (l) + 2 e^-	⇆	H_2 (g) + 2 OH^- (aq)	−0,83
Zn^{2+} (aq) + 2 e^-	⇆	Zn (s)	−0,76
Cr^{3+} (aq) + 3 e^-	⇆	Cr (s)	−0,74
S (s) + 2 e^-	⇆	S^{2-} (aq)	−0,48
Fe^{2+} (aq) + 2 e^-	⇆	Fe (s)	−0,44
Cr^{3+} (aq) + e^-	⇆	Cr^{2+} (aq)	−0,41
Cd^{2+} (aq) + 2 e^-	⇆	Cd (s)	−0,40
Co^{2+} (aq) + 2 e^-	⇆	Co (s)	−0,28
Ni^{2+} (aq) + 2 e^-	⇆	Ni (s)	−0,25
Sn^{2+} (aq) + 2 e^-	⇆	Sn (s)	−0,14
Pb^{2+} (aq) + 2 e^-	⇆	Pb (s)	−0,13
2 H (aq) + 2 e^-	⇆	H_2 (g)	0,00
So_4^{2-} (aq) + 4 H^+ (aq) + 2 e^-	⇆	SO_2 (aq) + 2 H_2O (l)	0,16
Cu^{2+} (aq) + e^-	⇆	Cu^+ (aq)	0,16
S (s) + 2 H^+ (aq) + 2 e^-	⇆	H_2S (g)	0,17
Cu^{2+} (aq) + 2 e^-	⇆	Cu (s)	0,34
O_2 (g) + 2 H_2O (l) + 4 e^-	⇆	4 OH^- (aq)	0,40
Cu^+ (aq) + e^-	⇆	Cu (s)	0,52
I_2 (aq) + 2 e^-	⇆	2 I^- (aq)	0,62
Fe^{3+} (aq) + e^-	⇆	Fe^{2+} (aq)	0,77
Ag^+ (aq) + e^-	⇆	Ag (s)	0,80
Hg^{2+} (aq) + 2 e^-	⇆	Hg (l)	0,85
NO_3^- (aq) + 4 H^+ (aq) + 3 e^-	⇆	NO (g) + 2 H_2O (l)	0,96

oxidierte Form	⇆	reduzierte Form	U^0_H (V)
Br_2 (aq) + 2 e^-	⇆	2 Br^- (aq)	1,09
Pt^{2+} (aq) + 2 e^-	⇆	Pt (s)	1,20
O_2 (g) + 4 H^+ (aq) + 4 e^-	⇆	2 H_2O (l)	1,23
MnO_2 (s) + 4 H^+ (aq) + 2 e^-	⇆	Mn^{2+} (aq) + 2 H_2O (l)	1,23
$Cr_2O_7^{2-}$ (aq) + 14 H^+ (aq) + 6 e^-	⇆	2 Cr^{3+} (aq) + 7 H_2O (l)	1,33
Cl_2 (g) + 2 e^-	⇆	2 Cl^- (aq)	1,36
PbO_2 (s) + 4 H^+ (ap) + 6 e^-	⇆	Pb^{2+} (aq) + 2 H_2O (l)	1,46
Au^{3+} (aq) + 3 e^-	⇆	Au (s)	1,50
MnO_4^- (aq) + 8 H^+ (aq) + 5 e^-	⇆	Mn^{2+} (aq) + 4 H_2O (l)	1,51
Au^+ (aq) + e^-	⇆	Au (s)	1,69
H_2O_2 (aq) + 2 H^+ (aq) + 2 e^-	⇆	2 H_2O (l)	1,77
$S_2O_8^{2-}$ (aq) + 2 e^-	⇆	2 SO_4^{2-} (aq)	2,01
F_2 (g) + 2 e^-	⇆	2 F^- (aq)	2,85

pK_S-Werte einiger Säuren bei 25 °C

HA (aq) ⇌ H^+ (aq) + A^- (aq)		pK_s
Oxalsäure	$(COOH)_2$	1,25
Schweflige Säure	$SO_2 + H_2O$	1,89
Hydrogensulfat-Ion	HSO_4^-	1,94
Phosphorsäure	H_3PO_4	2,16
Fluorwasserstoff	HF	3,17
Salpetrige Säure	HNO_2	3,29
Ameisensäure	HCOOH	3,77
Essigsäure	CH_3COOH	4,76
Kohlensäure	$CO_2 + H_2O$	6,37
Schwefelwasserstoff	H_2S	7,05
Hydrogensulfit-Ion	HSO_3^-	7,20
Dihydrogenphosphat-Ion	$H_2PO_4^-$	7,21
Hypochlorige Säure	HOCl	7,53
Borsäure	H_2BO_3	9,23
Ammonium-Ion	NH_4^+	9,25
Cyanwasserstoff	HCN	9,31
Hydrogencarbonat-Ion	HCO_3^-	10,32
Wasserstoffperoxid	H_2O_2	11,75
Hydrogenphosphat-Ion	HPO_4^{2-}	12,32
Hydrogensulfit-Ion	HS^-	12,92

Stichwortverzeichnis

Bildquellenverzeichnis

agn Niederberghaus & Partner GmbH, Ibbenbüren: 266.3. | akg-images GmbH, Berlin: Keystone / STR 154.1. | Alamy Stock Photo, Abingdon/Oxfordshire: Pictorial Press Ltd 14.2; public domain sourced / access rights from Balfore Archive Images 241.3. | Alamy Stock Photo (RMB), Abingdon/Oxfordshire: IanDagnall Computing 121.1; K-PHOTOS 249.3; Leudej Rodjanapaitoon 242.2; McPHOTO 248.3; Panther Media GmbH 249.2. | Biermann-Schickling, Birgitt, Hannover: 10.1, 10.2, 10.3, 10.4, 11.1, 11.2, 12.1, 12.2, 12.3, 12.4, 12.5, 12.6, 13.1, 18.1, 20.3, 28.1, 32.3, 33.1, 34.1, 35.1, 39.1, 39.3, 40.1, 40.2, 44.1, 47.1, 47.2, 47.3, 56.1, 57.1, 63.1, 66.2, 67.1, 68.2, 73.1, 77.1, 81.1, 82.1, 88.1, 89.1, 91.2, 92.2, 95.1, 96.1, 97.1, 98.3, 98.5, 106.1, 108.1, 110.1, 111.1, 111.2, 113.1, 120.2, 122.3, 125.2, 126.2, 132.1, 134.1, 134.3, 136.1, 138.1, 141.1, 148.1, 148.2, 148.3, 148.4, 148.5, 148.6, 148.7, 150.2, 155.1, 168.3, 170.2, 171.3, 173.5, 177.1, 217.2, 221.2, 228.5, 229.3, 232.1, 234.1, 234.3, 235.1, 235.6, 236.1, 236.6, 239.1, 240.1, 241.4, 242.1, 242.3, 243.1, 245.1, 247.2, 248.2, 249.1, 261.3, 263.1, 266.4; B.B.S. 152.2; berabeitet von imprint 189.4. | bpk-Bildagentur, Berlin: Mathew B. Brady 50.2. |BYK-Gardner GmbH, Geretsried: 261.1. | CMS - Cross Media Solutions GmbH, Würzburg: 228.4, 255.2. |fotolia.com, New York: afe207 255.3; HLPhoto 262.1. | Gall, Eike, Enkirch: 152.1. | iStockphoto.com, Calgary: ababil12 1.3; Colin_Davis 1.2; Dimension Aesthetic 1.4; DragonImages 2.2; Halfpoint 1.1; peshkov 2.1; Synenko, Artur 259.3; YvanDube Titel. | Karnath, Brigitte, Wiesbaden: 40.3, 42.1, 97.3, 98.4, 100.1, 101.2, 122.1, 129.2, 135.2, 141.4, 233.2, 233.3, 249.4; bearbeitet von imprint 101.1, 105.3, 233.1. | Langner & Partner Werbeagentur GmbH, Hemmingen: berabeitet von imprint 69.2. | Mall, Karin, Berlin: berabeitet von imprint 60.4, 60.5, 60.6. | mauritius images GmbH, Mittenwald: Alamy Stock Photos/Malp 267.1; Alamy Stock Photos/Trottmann, Marlon 267.3; Hackenberg, Klaus 259.1; Pitopia/Hempel, Shawn 259.2; Rosenfeld 260.1. | mauritius images GmbH (RF), Mittenwald: Alamy/GL Archive 22.1. Picture-Alliance GmbH, Frankfurt a.M.: dpa/Haber, Fritz 69.1; maxppp ©Leemage 90.1. | Prof. Dr. Wilhelm Barthlott, Universität Bonn, Bonn: 263.2. |Schlierf, Birgit und Olaf, Lachendorf: 46.2, 235.2. |Science Photo Library, München: Chillmaid, Martyn F. 52.5; Durham, John 162.3; Health & Safety Laboratory / Nasa / Esa / Stsci 57.2; Lawry, Lawrence 261.2; Power and Syred 162.2; SPL 69.3. | Science Photo Library (RF), München: Pasieka 260.3. | Shutterstock.com, New York: Lotfi, Ebrahim 201.3; Photographee.eu 162.1. | stock.adobe.com, Dublin: biker3 89.4; Elnur 260.2; natros 37.1, 37.3, 37.6; Photographee.eu 268.1; Schlierner 240.6; Stillfx 265.1. | SWI swissinfo.ch, Bern: SWI swissinfo.ch, Kai Reusser, 02. Oktober 2021; https://www.swissinfo.ch/ger/wissen-technik/die-nanotechnologie-ist-die-medizin-der-zukunft/46968620 257.1. | take five - Joachim Seifried, Essen: berabeitet von imprint 61.1. | Tegen, Hans, Hambühren: 53.1, 95.2, 162.4, 226.3, 266.1, 266.2. | ullstein bild, Berlin: Granger Collection 50.1. | Viertel, Judith, Geesthacht: 259.4. | Wildermuth, Werner, Würzburg: 265.2, 267.2. | andere Grafiken: imprint, Zusmarshausen